Guerreiros de Hitler

Guido Knopp

Guerreiros de Hitler

ZAHAR
Rio de Janeiro

Título original:
Hitlers Krieger

Publicado originalmente por C. Bertelsmann Verlag,
de Munique, Alemanha

Jorge Zahar Editor Ltda.
rua México 31 sobreloja
20031-144 Rio de Janeiro, RJ
tel.: (21) 2108-0808 / fax: (21) 2108-0800
e-mail: jze@zahar.com.br
site: www.zahar.com.br

Tradução: Vivian Mannheimer
Projeto gráfico e composição: Mari Taboada
Capa: Sérgio Campante
Foto da capa: © Bettmann/Corbis

CIP-Brasil. Catalogação-na-fonte
Sindicato Nacional dos Editores de Livros, RJ.

K78g Knopp, Guido, 1948-
Guerreiros de Hitler/Guido Knopp; tradução, Vivian Mannheimer. — Rio de Janeiro: J. Zahar, 2009.
il.

Tradução de: Hitlers Krieger
Inclui índice
ISBN 978-85-378-0126-0

1. Hitler, Adolf, 1889-1945. 2. Generais – Alemanha – Biografia. 3. Nazismo – Alemanha – Biografia. 4. Nazismo. I. Mannheimer, Vivian. II. Título.
CDD: 923.5
09-0527 CDU: 929.356.21

Sumário

Introdução

"Eu acreditei, e estava errado." A demonstração tardia de remorso do marechal-de-campo Wilhelm Keitel antes dos julgamentos de Nuremberg foi uma tentativa isolada de um oficial nazista enfrentar seu passado. A maior parte dos oficiais do alto escalão que apoiou o ditador em sua guerra de agressão alegou obediência militar e negou qualquer culpa pessoal. Na Alemanha pós-guerra, que privilegiava a supressão da verdade em detrimento de uma investigação honesta, trabalhou-se duro para criar a lenda de uma Wehrmacht que tinha as mãos limpas, que não participou nem estava ciente dos assassinatos em massa perpetrados pelo regime.

Desde os primeiros dias da ditadura de Hitler, muitos dos oficiais mais experientes fecharam os olhos para o crescente terror nazista. Desde o início da guerra, as Forças Armadas, lideradas pelo Estado-Maior Geral, foram um instrumento fiel de tirania. Nos dias inebriantes das primeiras vitórias, muitos oficiais ansiavam por fama, reconhecimento, promoções e recompensas. Apenas alguns estavam dispostos a prestar atenção nas palavras de advertência do general Beck: "a obediência de um soldado tem limites, que é quando o conhecimento, a consciência e a responsabilidade" proíbem o cumprimento de uma ordem. Entretanto, poucos tiveram coragem de oferecer resistência ativa contra os criminosos que controlavam o país. Visando apenas ascender na carreira, a maioria dos militares mais experientes se apegou ao conceito de dever e à tradicional obediência de um soldado. Como o teólogo Dietrich Bonhoeffer previu, "O homem que é guiado por deveres acabará servindo ao próprio diabo". Tal profecia viria a ser materializada pela elite militar da Alemanha nazista.

Mesmo quando se deparavam com crimes monstruosos, a resistência dos oficiais que viam a ideologia nazista com ceticismo permanecia restrita a um pequeno círculo. Nenhum marechal-de-campo em serviço apoiou o homem que quase conseguiu matar Hitler em 20 de julho de 1944. Erich von Manstein foi um dos que repeliu os conspiradores de maneira categórica: "Marechais-de-campo prussianos não se rebelam." Essa tentativa foi um erro desastroso, pois só a liderança militar teria o poder necessário para, de dentro, derrubar o Reich de Hitler. A única forma legítima de pôr um fim à catástrofe foi chamada de "alta traição".

No final da guerra, apenas alguns daqueles para os quais Beck dirigiu seu apelo sobre senso de responsabilidade foram chamados a prestar contas. O general Beck, porém, manteve-se firme em suas convicções e precisou pagar por elas com a vida. Esses dois diferentes arranjos de circunstâncias mostram que a Wehrmacht estava acima de tudo, inclusive dos generais.

As carreiras destes seis homens – Rommel, Keitel, Manstein, Paulus, Udet e Canaris – são muito diferentes, mas todas enfrentaram o conflito entre obediência e consciência, entre autocensura e protesto. Eles não poderiam ser mais díspares. Esta seleção de generais alemães (e um almirante) não é de todo representativa, mas suas carreiras nos ajudam a responder como "aquilo" pôde ter acontecido. O que fez esses homens usarem suas habilidades a serviço de um déspota assassino? O que eles sabiam sobre os crimes do regime? Até que ponto estavam implicados? Quais os limites da obediência deles?

"Hitler confia em mim, e isso é tudo o que desejo", disse Erwin Rommel certa vez. A máquina de propaganda nazista transformou Rommel em um mito que sobreviveu ao Terceiro Reich, ao qual acreditou estar servindo durante toda a vida. Até hoje a lendária "Raposa do Deserto", o brilhante comandante da campanha no Norte da África, tem defensores em ambos os lados. No auge do sucesso, sua reputação se equiparava à de divisões inteiras. Por gratidão, Hitler o promoveu e o transformou no marechal-de-campo mais jovem das Forças Armadas. Como oficial, havia atingido seu objetivo, mas foi quando sua derrocada começou. Deste momento em diante, colecionou derrotas.

Porém, diferentemente de grande parte dos generais da Wehrmacht, Rommel tinha coragem para criticar Hitler abertamente pelos erros de sua "liderança". Em 15 de julho de 1944, exigiu que o Führer abrisse mão do comando supremo da Wehrmacht. Os conspiradores de 20 de julho souberam da postura de Rommel e por isso planejavam, caso o golpe fosse bem-sucedido, nomeá-lo comandante supremo – mas tudo sem informar o candidato escolhido, uma vez que Rommel nunca teria aprovado um tiranicídio. Até o atentado contra a vida de Hitler, ele nutria a ilusão de que conseguiria persuadir o Führer a selar uma paz em separado com os Aliados ocidentais. Os homens da resistência tentaram diversas vezes conversar com o marechal-de-campo, mas sempre fracassaram em razão de seu conflito de consciência não-resolvido. De um lado, o juramento de lealdade que fizera como soldado e a obrigação de cumprir seu dever. Do outro, a percepção da realidade militar.

Após 20 de julho, contudo, ele foi alvo de uma "limpa". O homem que mexia os pauzinhos nos bastidores era seu inimigo pessoal de longa data, Martin Bormann, para quem o "general favorito do Führer" era irritante. Em outubro de 1944, Hitler mandou dois generais à casa de Rommel. Eles lhe apresentaram uma escolha difícil: suicídio seguido de um funeral de Estado ou um julgamento diante do "júri popular"* e represálias contra sua família. Rommel optou pelo fim da própria vida.

O ilustre soldado nunca soube da exata extensão do genocídio promovido pelos nazistas. Foi um exemplo de virtude militar em sua forma mais pronunciada. A seu ver, estava apenas servindo à Pátria; como provou a história, servia a um criminoso. Assim como muitos alemães, foi convencido pela propaganda nazista, que, de forma mentirosa, colocava os objetivos de Hitler como idênticos aos interesses alemães. Quando afinal, conseguiu perceber a fraude, houve uma mudança que, forçosamente, permaneceu incompleta. "Virtudes secundárias como obediência, disciplina e bravura são admiráveis", disse seu filho, Manfred Rommel, recentemente, "contanto que estejam a serviço de uma virtude primária: amor à humanidade e à verdade." Não era o caso de Erwin Rommel, e é nesse ponto que reside sua tragédia.

Com Wilhelm Keitel foi diferente. Ele era o arquétipo do soldado submisso a serviço de um ditador. Sua obediência não conhecia limites. Keitel declarou após a guerra: "Quando uma ordem me era dada, cumpria o que considerava ser meu dever, sem me deixar distrair pelas possíveis e nem sempre verificáveis conseqüências." Sua atitude de devoção a Hitler lhe rendeu o irônico apelido de Lackeitel (em alemão, *Lackey* significa "lacaio"). Como

---

* Tribunal de honra instituído pelos nazistas para investigar os suspeitos de conspirar contra Hitler. (N.T.)

uma galinha que toma conta de seus ovos, protegia Hitler dos poucos que tinham coragem de confrontá-lo.

Entretanto, Keitel era mais do que uma simples marionete com medalhas penduradas em seu uniforme: no início de 1930, teve papel crucial no rearmamento secreto do Reichswehr, o que viabilizou as guerras de agressão de Hitler. Como chefe do Comando Supremo da Wehrmacht, foi fundamental no envolvimento do Exército nas atividades sangrentas do regime. As terríveis ordens que assinou – em particular aquelas para a invasão da União Soviética – abriram caminho para inúmeros crimes de guerra. A famigerada "Ordem do Comissário" trazia a assinatura de Keitel, assim como as instruções para transferir 100 mil soldados regulares para o SD (o "Serviço de Segurança" de Himmler) como reforço para os assassinatos em massa. A morte de mais de 3 milhões de prisioneiros de guerra soviéticos por inanição ou doenças foi aprovada por ele, com o comentário de que "estava apenas lutando contra uma ideologia".

Nas últimas semanas da guerra, sua ordem para que os soldados alemães se "livrassem", sem qualquer julgamento, dos desertores custou a vida de milhares de pessoas, sobretudo jovens. O fato de Keitel, entre outros, ter sido forçado a assinar a rendição incondicional da Alemanha é visto como uma das maiores ironias da história. Mesmo assim, com seu monóculo e seu bastão de marechal, continuava se portando como um oficial prussiano que vivia apenas para o "cumprimento do dever".

Entretanto, com sua submissão e obediência ilimitada, Keitel não era um mero produto do sistema, ele preenchia os requisitos mais importantes para o bom funcionamento do sistema: a supressão de escrúpulos e reservas em favor da realização incondicional das vontades do Führer.

O remorso de Keitel diante dos juízes em Nuremberg, a declaração de que havia "acreditado" e que estava "errado" vieram tarde demais, e diante de erros tão monstruosos soou tão tola quanto cínica. Seu último desejo, morrer fuzilado como um soldado, foi recusado pelos juízes. Keitel foi enforcado em 16 de outubro de 1946.

Erich von Manstein sobreviveu à guerra. Para Hitler, Manstein tinha o "melhor cérebro" de seus generais; para os Aliados, era "o adversário mais perigoso". Sua vida foi similar à da maioria dos generais prussianos conservadores que não gostavam do nazismo e se distanciaram dele, mas que ao mesmo tempo serviram a uma guerra cruel, como ferramentas nas mãos de Hitler. Em 1940, Erich von Manstein elaborou o plano para a invasão da França, solidificando sua reputação de "gênio militar". Vários generais se pronunciaram contra os conceitos arriscados de Manstein. Apenas Hitler apoiou de forma veemente o plano "suicida" que lhe rendeu o maior triunfo militar de sua carreira – a vitória sobre a França.

Após a invasão da Rússia em 1941, Manstein e o 11º Exército conquistaram a Criméia e tomaram a principal fortaleza de Stálin, Sebastopol. Depois disso, já promovido a marechal-de-campo, não conseguiu romper o cerco soviético ao 6º Exército. Pediu a Hitler que ordenasse uma fuga, mas o Führer se recusou, selando o destino de mais de 250 mil soldados alemães encurralados na região de Stalingrado. Após a rendição de Stalingrado, Manstein desejava um honroso "empate" militar, mas para Hitler isso era algo inconcebível. Depois de muitos desentendimentos a respeito da condução da guerra no leste, Hitler retirou Manstein do comando do Grupo de Exércitos Sul. O grande estrategista jamais recebeu outro cargo.

As tentativas da resistência militar para convencer Manstein a apoiar a causa foram recusadas. Profundamente arraigado à tradição prussiana, sentiu-se, até o final, comprometido com o juramento de obediência que fizera ao Führer. Contestava Hitler em questões militares, mas assassiná-lo seria demais para ele. Sempre se referia a si mesmo como um soldado "apolítico", que fazia aquilo em que era melhor: conduzir a guerra sem considerar a natureza criminosa dos objetivos perseguidos por Hitler.

Por fim, veio a catástrofe e o próprio reconhecimento de que "minha criação e educação não me prepararam para os desafios da ditadura de Hitler". Em 1949, um tribunal militar britânico em Hamburgo condenou Manstein a 18 anos de prisão. Cumpriu apenas parte da sentença. Em maio de 1953, graças a protestos de Churchill e Montgomery, foi libertado por alegar que estava com problemas de saúde. Ao sair, ofereceu seus serviços como consultor para a criação do Bundeswehr, o Exército da República Federal.

Manstein era um estrategista talentoso, porém inocente em termos políticos. Não foi capaz de reconhecer a natureza e os verdadeiros objetivos de Hitler. Colocou suas habilidades a serviço de um criminoso, acreditando servir à pátria. Essa foi a contribuição de Manstein para a ruína da Alemanha, país que ele, como comandante militar, acreditava poder preservar. Não era nada menos que um soldado brilhante, mas também não era nada além disso.

O mesmo se aplica a Friedrich Paulus. É impossível dissociar seu nome da derrota em Stalingrado. Como comandante do 6º Exército, encurralado contra o rio Volga, não teve qualquer chance contra a esmagadora superioridade do Exército Vermelho. A cada dia as tropas cercadas viam seus suprimentos minguarem; e a cada dia a distância da linha de frente alemã tornava-se maior. Entretanto, após semanas de resistência, as exaustas unidades de Paulus conseguiram conter oito exércitos soviéticos e uma considerável parte da Força Aérea deles. Dessa forma, permitiram que o Grupo A do Exército alemão se retirasse de suas operações no Cáucaso.

Porém, para mais de 250 mil soldados da Wehrmacht, a situação não oferecia qualquer esperança. Todas as tentativas de obter uma ordem de Hitler para evacuar a área com uma fuga para o oeste fracassaram. O ditador decidiu que era melhor sacrificar o 6º Exército do que abandonar voluntariamente Stalingrado, a cidade que trazia o nome de seu adversário mais importante. Mandou por rádio uma mensagem cínica de agradecimento às tropas sitiadas por terem "contribuído para salvar a civilização ocidental". Paulus sabia que sua promoção a marechal-de-campo pouco antes do fim do cerco era uma ordem de suicídio. Entretanto, não concedeu tal satisfação ao Führer: Paulus optou pelo cativeiro. Mas foi só no momento da derrota que se recusou a cumprir ordens, preferindo ter o mesmo destino de seus soldados. Em 31 de janeiro de 1943, tornou-se o primeiro marechal-de-campo na história da Alemanha a virar prisioneiro do inimigo.

Os eventos de Stalingrado viraram tema de diversos filmes e livros, mas a história da vida de Paulus, antes e depois do episódio, continuou inexplorada. Foi ele quem elaborou os planos para invadir a União Soviética. Mais tarde, como testa-de-ferro do "Comitê Nacional pela Alemanha Livre", tentou convencer seus antigos colegas de Exército a mudarem de lado. Como testemunha de acusação em Nuremberg, ofereceu provas contra seus ex-superiores. Foi prisioneiro na União Soviética até 1953, sendo o troféu de guerra mais importante de Stálin. Durante a Guerra Fria, sua decisão de permanecer na comunista Alemanha Oriental rendeu amplo material para a guerra propagandística de ambos os Estados alemães. Assim, Paulus, que sempre quis continuar sendo um oficial apolítico do Exército, tornou-se pela segunda vez objeto de escrutínio público. Isso o destruiu. Quatro anos após ter sido libertado, morreu em Dresden, no dia 1º de fevereiro de 1957, no 14º aniversário da rendição de Stalingrado.

Ernst Udet não viveu o suficiente para ver a rendição. Ele disse o seguinte sobre si mesmo: "Para voar, às vezes é necessário fazer um pacto com o diabo. Mas é preciso não se deixar devorar por ele." Tendo servido de inspiração para Harras, herói da peça *The Devil's General*, de Carl Zuckmayer, seu destino não ficou esquecido na Alemanha pós-guerra. No entanto, a licença poética a que Zuckmayer se permitiu distorceu nossa visão do "verdadeiro" Udet. Para o regime nazista, sua fama de ás da aviação durante a Primeira Guerra Mundial e de ator de filmes de aventura renderam um bem-vindo material de propaganda para a criação da Luftwaffe. Herman Göring promoveu Udet e o transferiu de uma cabine de avião para uma mesa de escritório, como "general de armamentos aéreos", de onde ele ajudou a coordenar o rearmamento da Alemanha.

O sucesso da Luftwaffe durante as *blitzkrieg* convenceram até mesmo Udet da invencibilidade dos bombardeiros e aviões de caça alemães. Porém, no Ministério da Aviação de Göring, ele parecia ser o homem errado no lugar errado. O piloto talentoso acabou por se tornar um administrador ruim. Seu rival Erhard Milch declarou: "De forma acertada, Hitler considerava Udet um dos maiores pilotos da Alemanha e, equivocadamente, um dos melhores tecnólogos em aviação." Envolvido com uma área de grande responsabilidade e em contínua expansão, foi derrotado nas disputas com sua equipe e com seus superiores, que, já cansados das metas inatingíveis, deixaram-no sozinho para tomar decisões que seriam fatais para ele.

Passava menos tempo em seu gabinete do que aproveitando a vida e correndo atrás de mulheres nos bares de Berlim. Nas festas e encontros nazistas, era sempre o centro das atenções, famoso por seus inúmeros casos amorosos e por suas bebedeiras. As socialites de Berlim amavam as caricaturas que ele fazia e as histórias que contava. E Udet desfrutou ao máximo de sua popularidade.

O fraco desempenho da Luftwaffe contra a Força Aérea Real britânica acabou com as ilusões de invencibilidade dos pilotos alemães e expôs os erros de planejamento. Göring, o chefe da Luftwaffe, pegou Udet como bode expiatório e o demitiu de seu cargo. Em 17 de novembro de 1941, Ernst Udet pôs fim à própria vida. Na parede de seu quarto, deixou uma carta de despedida com acusações contra seus rivais no Ministério da Aviação. A última frase era dirigida a Hermann Göring: "Ironsides,* você me traiu." O regime tentou encobrir o suicídio. Anunciou que Udet havia sofrido um acidente durante um teste de vôo e encenou um funeral grandioso com honras de Estado. Com a voz falsamente embargada, Göring lamentou a perda de seu "melhor amigo".

Diferentemente de Harras, o piloto da peça de Zuckmayer, Udet não participou da resistência antinazista. Seu suicídio não foi resultado de algu-

* Referência aos membros da cavalaria de Oliver Cromwell (1599–1658), líder político e militar britânico conhecido por lutar contra o absolutismo e a favor do parlamentarismo. (N.T.)

ma percepção a respeito da natureza criminosa do regime. Sua oposição ao Terceiro Reich não foi além de piadas banais feitas no refeitório dos oficiais. Anos de bebedeira e abuso de drogas o transformaram num alvo fácil para as intrigas de seus rivais. Do heróico piloto da propaganda nazista restou apenas a beleza aparente.

Se Udet sabia ou não dos rumos que o regime estava tomando, não ofereceu qualquer indicação disso às pessoas que o cercavam. Ele deve ter tido suas dúvidas, mas o certo é que escondeu os fracassos de sua vida profissional e pessoal por trás da máscara de beberrão feliz até atingir um nível tal de ruína física e psíquica que a única saída seria o fim teatral que ele próprio escolheu.

Wilhelm Canaris não teve a oportunidade de se suicidar; foi executado pelo regime ao qual serviu. Sua rede de espionagem era conhecida como a "arma milagrosa" de Hitler nas batalhas invisíveis dos serviços secretos. Por causa de suas conexões com os homens que tentaram matar o ditador, e devido ao fato de ter sido morto em um campo de concentração, Canaris tornou-se uma lenda da resistência militar. O chefe do Abwehr, o serviço secreto militar, era um mestre da dissimulação e do jogo duplo. De forma discreta e eficiente, seus espiões abriram caminho para as guerras de agressão promovidas por Hitler, enquanto o próprio Canaris trabalhava para derrubar o ditador. Pediu a seus agentes que cooperassem com a Gestapo, a polícia secreta mais temida da Alemanha, ao passo que ele próprio, alegando estar conduzindo operações do serviço secreto, organizava a fuga de vítimas de perseguições raciais e políticas.

O jogo arriscado do almirante é simbolizado por sua relação de amor e ódio com Reinhard Heydrich, chefe do Serviço de Segurança da SS. Enquanto os agentes do Abwehr e seus rivais do Escritório Central de Segurança do Reich, comandado por Heydrich, travavam uma batalha nos bastidores, durante muitos anos os dois chefes mantiveram uma "amizade" no âmbito privado, com direito a noites de muita música e manhãs de cavalgadas.

Será que era necessário ser cúmplice de Hitler para conseguir se manter como seu adversário? Como chefe da Polícia Secreta de Campo, Canaris foi responsável pelo papel desempenhado por seus agentes nas atrocidades cometidas na Polônia e na Rússia. No entanto, ao mesmo tempo ele agia como um "anjo protetor" para aqueles de seu comando que faziam parte da resistência, como Hans Oster e Hans von Dohnanyi, cujos planos para derrubar Hitler eram incentivados por ele.

No início de 1944, erros graves nas operações de espionagem do Abwehr criaram o pretexto para que Canaris, já sob suspeita, fosse retirado do cargo e mandado para um posto sem importância. Após o atentado contra a vida de Hitler em 20 de julho de 1944, o almirante foi preso e por fim enviado para o campo de concentração de Flossenbürg. Apenas alguns dias antes do final da guerra, foi assassinado por um esquadrão da SS.

Só no último momento confessou ter tido algum envolvimento com a resistência. A partir do momento em que foi nomeado chefe do serviço secreto, tentou jogar uns contra os outros, ficando encurralado entre a obediência e a moralidade. Sem a ajuda dele, muitas pessoas não teriam sido salvas. Mas muitos morreram por causa de suas ordens. Como vários dos conservadores da era do kaiser, ele acreditava estar servindo à pátria, e não ajudando Hitler. Continuou agarrado à sua crença equivocada até o último momento.

Gostaria de agradecer a todos que me ajudaram na produção deste livro: os autores Christian Deick, Friederike Dreykluft, Rudolf Gültner, Henry Köhler e Jörg Müllner; os pesquisadores Silke Schläfer, Christine Kisler e Heike Rossel; e os meus consultores Ralf Georg Reuth, Winfried Meyer, Sönke Neitzel, Torsten Dietrich e Armand von Ishoven. Sobretudo, gostaria de agradecer a meu editor Johannes Jacob, sem a sensibilidade e a habilidade dele este livro não seria possível.

CAPÍTULO UM

O ídolo – Erwin Rommel

Dê o suor à vontade, mas não o sangue.

Coragem é a conquista do medo.

A Wehrmacht é a espada da nova ideologia alemã.

O Führer sabe exatamente o que é melhor para nós.

Hitler confia em mim, e isso é tudo o que desejo.

Aquele mentiroso patológico ficou completamente louco: impôs seu sadismo aos homens do 20 de julho e ainda não sabemos quando isso acabará!

A guerra está praticamente perdida.

Hitler morto é mais perigoso do que vivo.

Não tenho sentimentos de culpa. Não me envolvi em crime algum. Durante toda a vida, apenas servi à minha pátria.

ERWIN ROMMEL

Rommel, Rommel, Rommel, Rommel! O que mais importa senão vencê-lo?

WINSTON CHURCHILL

A Alemanha produziu vários generais de muita capacidade. Rommel era de uma grandeza diferente. Estava muito à frente de todos.

SIR CLAUDE AUCHINLECK, COMANDANTE-EM-CHEFE DAS FORÇAS BRITÂNICAS NO ORIENTE MÉDIO

O povo alemão, que deposita uma inabalável confiança em suas qualidades de líder e na bravura dos soldados alemães e italianos sob seu comando, seguirão comigo na heróica luta para defender a Itália.

Adolf Hitler

Para mim, Rommel é um homem muito convencido que adora ser fotografado. Entretanto, a experiência mostra que os vaidosos nunca são os mais capazes, já que um homem verdadeiramente capaz não vê necessidade de se jogar toda hora na frente das câmeras.

Martin Bormann, "secretário" de Hitler

Na verdade, meu pai era uma pessoa com um grande coração. Ele escondia isso atrás de uma carapaça. Ficava profundamente mexido quando homens que conhecia eram mortos ou feridos.

Manfred Rommel

Em retrospecto, Rommel foi um dos militares mais arrogantes que já conheci. Isso ficava evidente pela forma como tratava seus subordinados.

Baldur von Schirach

Rommel é um lobinho; não uma raposa.

Gerd von Runstedt, comandante-em-chefe das forças alemãs no oeste

Meu marido é um otimista. Quando enxerga uma luz em algum lugar, vai na direção dela. Mas caso não veja e decida fazer algo, sua decisão continua sendo sempre a correta.

Lucie Rommel

Qualquer homem que caísse em seus encantos se tornava um soldado. Apesar da enorme pressão que sofria, parecia possuir uma força e uma vitalidade inesgotáveis, além da habilidade de entrar na mente do inimigo e prever sua reação. Os planos dele eram cheios de surpresa, intuitivos, espontâneos e nem sempre fáceis de serem interpretados.

Theodor Werner, oficial de artilharia comandado por Rommel

As falhas de caráter de Rommel o definem como um fenômeno particularmente desagradável, alguém com quem ninguém deseja uma briga, pois seus métodos são brutais e ele recebe apoio do topo.

Franz Halder, chefe do Estado-Maior do Exército

Talvez Rommel não tenha sido um grande estrategista. Mas certamente foi o melhor homem em todo o Exército alemão na guerra no deserto.

General Fritz Bayerlein

Não há dúvidas de que Rommel depositou grandes expectativas em Hitler e depois as viu se dissolverem de forma vergonhosa. Do mesmo modo, não tenho dúvidas de que Hitler depositou grandes expectativas em Rommel e também se decepcionou no final.

Meinhard Glanz, general reformado
do pelotão alemão Afrikakorps

Rommel é uma pessoa de difícil trato porque não gosta de subordinar-se a ninguém. Na África ele foi muito independente.

Wilhelm Keitel, chefe do Alto Comando da Wehrmacht

Considero a resistência de Rommel à tirania de Hitler, o que lhe custou a vida, outro mérito que ele teve.

Winston Churchill

O Führer não queria humilhá-lo diante do povo alemão, por isso lhe deu a oportunidade de pôr fim à própria vida com uma pílula que lhe foi dada por dois generais. A morte ocorreu em três segundos. Caso recusasse, teria sido preso imediatamente e levado a júri popular em Berlim. Meu pai optou por acabar com a própria vida.

Manfred Rommel

Gostaria de esclarecer que meu marido não teve qualquer participação na preparação nem na execução do golpe de 20 de julho de 1944, pois, como soldado, recusou-se a seguir esse caminho. Ao longo de sua carreira, sempre foi um soldado, nunca um político.

Lucie Rommel

A decoração no Ministério da Propaganda em Berlim estava longe da habitual pompa nazista. Em vez de mármore, apenas paredes brancas. A falta de emblemas do Terceiro Reich era notória. Não havia nenhuma bandeira, suporte para tochas ou lustre suntuoso, apenas um refletor que produzia uma imensa sombra do ator principal.

O homem parecia o protótipo do soldado alemão. Com cabelos louros e olhos azuis, simbolizava o ideal do período. E as feições eram marcantes, como se o escultor preferido de Hitler, Arno Breker, as tivesse esculpido em pedra. Porém, esse não foi o motivo que o tornara o general mais filmado da Wehrmacht. O vitorioso comandante do Exército, que agora projetava todo seu carisma para as câmeras, encaixava-se perfeitamente nos clichês da propaganda de Goebbels: um oficial que viu a Primeira Guerra Mundial na linha de frente e que fora um dos poucos comandantes do Exército a receber a mais alta condecoração do Império Alemão, a *Pour le Mérite.* Era um indivíduo valente, que fez o impossível acontecer. Era o homem que Hitler um dia considerou "um dos melhores comandantes do Exército alemão". E este homem dizia exatamente o que os principais nazistas adoravam escutar: falava de "vitórias contra forças superiores" e de como, "apesar das grandes dificuldades, a tarefa seria concluída". Segundo Rommel, "o que importa é a vontade de vencer", e nisso ninguém o superava.

Goebbels o escolheu para um projeto novo: era necessário registrar para a posteridade o sucesso da Wehrmacht alemã, que sob as ordens de seu comandante supremo, Adolf Hitler, tornara-se a dona do continente europeu, do Cabo Norte ao Norte da África; do Atlântico ao Volga. Como porta-voz de Hitler, Goebbels foi responsável pela produção de uma série de perfis de generais vitoriosos; os heróis de Hitler deveriam mostrar à nação alemã as façanhas do nacional-socialismo na guerra. O homem com o qual as filmagens começaram na primavera de 1943 parecia especialmente apto para o papel: Erwin Rommel, o conquistador de Tobruk, o herói do Norte da África, a "Raposa do Deserto".

Naquele momento, nenhum comandante do Exército gozava de tamanha reputação. Hitler promoveu seu "general favorito" e desejava lucrar com o sucesso dele. A máquina de propaganda de Goebbels, com reportagens feitas para o cinejornal semanal alemão, transformou Rommel em um ídolo. Os nazistas passaram a explorar seu herói, que por sua vez adorava se deixar explorar. Quando se tratava de política, Rommel era ingênuo. Para ele, política era servir à pátria. E como o

Erwin Rommel com um de seus tanques a caminho do rio Scarpe, França, 1940.

líder dessa pátria chamava-se Hitler, para Rommel, "*Führer, Volk und Vaterland*"* eram uma coisa só.

No entanto, esse cenário também mostrava claramente o dilema pessoal do marechal-de-campo Erwin Rommel: apesar de sua experiência à frente das câmeras, não parecia seguro de si e falava como um estudante de teatro que sabia bem o texto mas não tinha idéia do que os professores esperavam dele. Preocupado com a aprovação dos outros, parecia estar procurando seu mentor por trás das câmeras para perguntar se estava indo bem. Mas é claro que isso é uma generalização. Na verdade, era um homem convencido de que suas ações militares eram necessárias, um homem que não levava em consideração as conseqüências de suas ações. Se lhe perguntassem se ele tinha servido, responderia de forma inocente: "Sim, servi e continuo servindo." A serviço de quem o convicto soldado estava ele não mencionaria.

No epílogo de seu livro *Infanterie greift an* (*Ataques de infantaria*), Rommel escreveu: "No oeste, no leste e no sul estavam os fuzileiros alemães que foram até o fim do caminho do dever para com a nossa terra natal. Somos constantemente cobrados, pelos que sobreviveram e pelas futuras gerações, a não fazer nada menos do que esses homens fizeram quando foram convocados para se sacrificarem pela Alemanha." Senso de dever e auto-sacrifício, coragem e patriotismo – esses eram os princípios que guiavam suas ações. Tais palavras são essenciais para entendermos por que ele agiu da forma como agiu, palavras que podem explicar o triunfo e a tragédia de uma extraordinária figura da história militar alemã.

O menino que viu a luz pela primeira vez no dia 15 de novembro de 1891 na cidade de Heidenheim, no Sul da Alemanha, era filho de um professor secundário, portanto não havia nascido para a carreira militar. Em sua família, não existia qualquer tradição de servir às Forças Armadas. Como o mundo militar era um ambiente esnobe, vir de uma família intelectual de classe média da provinciana Suábia não ajudava ninguém a chegar ao topo. Suas características físicas também não eram as melhores para a vida no serviço militar. Quando criança, era pequeno e pálido. Seus resultados na escola secundária local eram medianos. Mostrava uma aptidão particular para a matemática. As belas-artes despertavam algum interesse, mas não

---

* Líder, povo e pátria. (N.T.)

muito. Tinha a ambição de tornar-se engenheiro aeronáutico e ficou entusiasmado ao conseguir emprego em uma fábrica de zepelins na cidade vizinha de Friedrichshafen, no Lago Constança.

Entretanto, o pai tinha outros planos para o futuro do filho mais velho: queria que ele se tornasse oficial do Exército. Obediente, Erwin concordou. Porém, a artilharia e os veteranos rejeitaram o jovem magricela. Tão obstinado quanto obediente, Erwin Rommel tentou pela terceira vez e afinal conseguiu. Em 19 de julho de 1910, entrou para o Exército de Wüttemberg* como cadete do 124º Regimento de Infantaria do rei Wilhelm I. No ano seguinte, durante um curso de guerra na Escola Real de Cadetes, em Danzig, conheceu Lucie-Maria Mollin, filha de um dos diretores, com quem se casou cinco anos mais tarde.

A carreira militar de Erwin teve um início promissor. Em 1912, foi promovido a tenente e voltou para o regimento de sua cidade natal, que estava estacionado em Weingarten, onde passou a treinar recrutas. Por um curto período de tempo, foi deslocado para o 49º Regimento de Artilharia de Campanha, em Ulm. Quando a guerra começou, em 1914, Rommel, mesmo já sendo um soldado profissional, sucumbiu ao júbilo geral e escreveu à noiva: "Finalmente aconteceu." Foi na Bélgica e no Norte da França que o jovem oficial viu pela primeira vez a ação no front. Depois de apenas um mês de combate, foi condecorado com a Cruz de Ferro (segunda classe), e em janeiro de 1915 foi o primeiro soldado em sua divisão a receber a mesma Cruz, porém de primeira classe, sendo promovido a *Oberleutnant* (primeiro-tenente).

Aos 25 anos, já comandante de companhia no Batalhão de Montanha de Württemberg, teve sua primeira experiência na liderança de uma unidade. O Exército imperial mandou seu jovem e hábil oficial para os Bálcãs. Na França, Rommel conheceu a realidade das trincheiras; ao lutar contra os russos no front romeno, teve sua primeira experiência de guerra móvel. Em 1917, viu-se no front de Isonzo, entre a Áustria e a Itália, e participou da batalha pelo Monte Matajur, considerado uma fortaleza italiana impenetrável. Tornava-se cada vez mais evidente que o jovem oficial tinha talento para motivar seus homens e era brilhante em se adaptar às mudanças de circunstâncias.

Pela primeira vez, Rommel lutava em uma guerra por iniciativa própria; se a situação exigisse, ignorava as ordens originais e fazia o que con-

---

* Naquele momento, Württemberg, assim como a Baviera e a Saxônia, era uma monarquia semi-independente do Império Alemão, que era dominado pela Prússia.

siderava necessário do ponto de vista militar. O sucesso que obteve provou que ele estava certo. Contudo, no ataque ao Monte Kuk, foi-lhe negada a condecoração que merecia. Por causa de um relatório errado, a medalha foi concedida ao tenente Ferdinand Schörner, que, assim como Rommel, também viria a se tornar marechal-de-campo na Segunda Guerra Mundial. Mas no final de dezembro de 1917, Rommel recebeu a cobiçada *Pour le Mérite* pela conquista do Monte Matajur. Ele sabia do significado especial da medalha, conhecida como "Blue Max". Rommel declarou mais tarde: "Naquele momento, foi uma condecoração sem precedentes para um batalhão como o nosso."

Como Rommel disse a seu filho Manfred muitos anos depois, achou a condecoração totalmente justa. A falsa modéstia não fazia parte de seu estilo. "Mesmo jovem, eu sabia como comandar um pelotão." O ambicioso oficial exalava autoconfiança. Lutando em vários fronts da Primeira Guerra Mundial, Rommel já havia mostrado as características que mais tarde fariam com que ele se destacasse: obstinação, habilidade tática, ambição, iniciativa e autoconfiança para ignorar ordens de oficiais superiores. Em janeiro de 1918, foi transferido da linha de frente para o Estado-Maior do 64º Comando. Em outubro do mesmo ano, pouco antes do fim da guerra, foi promovido a *Hauptmann* (capitão).

... Econômico, confiável e hábil em exercícios físicos.

Pai de Rommel, elogiando o desempenho do filho na tropa de Württemberg, 1910

Meu pai falava o dialeto da Suábia, embora almejasse o alemão castiço. Em casa, ou quando estava irritado, algo que acontecia com freqüência, acabava voltando para o Schwäbisch. Mas em geral se esforçava para falar o Hochedeutsch.

Manfred Rommel

Na Primeira Guerra Mundial, quando o vi pela primeira vez, ele era magro, parecia um adolescente. Mas era imbuído de uma vontade impressionante, estava sempre em busca de ação, isso o fascinava.

Theodor Werner, oficial de artilharia comandado por Rommel

Com a rendição da Alemanha imperial, Rommel, como outros soldados que retornaram da guerra, teve dificuldades para encontrar sentido na nova vida. As antigas autoridades não existiam mais, o kaiser havia abdicado do trono e a velha classe dominante fora banida. A unidade da Alemanha era ameaçada internamente por movimentos separatistas e, externamente, pelas políticas das nações vitoriosas. Da mesma maneira que a maioria dos alemães nos anos que se seguiram à derrota, o maior desejo de Rommel era a remoção dos grilhões do Tratado de Versalhes, "não importa por quem". Com a velha ordem, a calma e a segurança também desapareceram, prevalecendo o caos e a revolução. Fome e frio ameaçavam a vida do povo, que até aquele momento não pensava muito nas políticas de poder.

Mas a sorte não abandonou Erwin Rommel. O experiente soldado estava entre os 100 mil homens das Forças Amadas que as potências vitoriosas autorizaram a nova república alemã a manter. O jovem capitão Rommel, que passou a ser considerado um "expert em combates de curta distância", conseguiu um emprego no drasticamente reduzido Reichswehr da República de Weimar. Em 1921, tornou-se comandante de companhia no 13º Regimento de Infantaria, com base em Ludwigsburg, perto de Stuttgart. Mas nos anos que se seguiram, sua carreira ficou estagnada. Por oito longos anos, precisou seguir a velha máxima dos homens de infantaria: entrincheirar-se e ficar quieto.

Então, iniciou-se o período em que o especialista em guerras móveis precisou provar sua capacidade de mobilidade também em tempos de paz, e longe dos campos de batalha. Em outubro de 1929, foi trabalhar como instrutor na Escola de Infantaria de Dresden, que fora obrigada a se transferir de Munique. Em 1923, os jovens graduados pela escola mostravam uma clara simpatia pelo homem que, ao liderar uma marcha ao prédio do Feldherrnhalle, tentou tomar o poder da capital bávara e depois de toda a Alemanha. O nome dele era Adolf Hitler.

Rommel não demonstrou interesse pelas idéias políticas propagadas pelo cabo austríaco. Considerava-se um soldado, não um político. Seu desejo era lutar em qualquer guerra futura. Ao analisar as causas de algumas derrotas militares, concluiu que o Exército, com sua velha estrutura dominada pela aristocracia, não estava preparado para a guerra moderna. As palestras que proferiu sobre estratégias e táticas militares tinham como base suas próprias experiências de guerra. Ao mesmo tempo, estava escrevendo um livro no qual resumia seus pensamentos sobre a guerra contemporânea. Tinha muito tempo para se dedicar à escrita, já que a carreira de soldado estava paralisada.

Na Primeira Guerra Mundial, contrariou muitas vezes os limites impostos pela tradição militar. É verdade que tinha sido bem-sucedido como comandante de companhia e que os resultados que obteve foram excepcionais e deram brilho à sua participação na linha de frente, mas quando as tarefas exigiam mais experiência ou havia oficiais de patentes mais altas disponíveis, ele era colocado de lado. Não era só o desempenho que era levado em conta no Exército imperial; tradição familiar e antiguidade vinham primeiro.

Durante a República de Weimar, Rommel sentia-se em desvantagem. Apesar das diversas tentativas, não foi aceito no curso militar. Os oficiais do Estado-Maior, em geral aristocratas, não eram muito receptivos em relação a possíveis rivais ou àqueles que trilharam seus caminhos sozinhos. Na família de Rommel não havia antepassados ilustres que lutaram em grandes batalhas ao lado de seus senhores feudais.

Por outro lado, os superiores de Rommel não deixaram de reconhecer os resultados que ele obteve. Achavam que tinha um "ótimo caráter" e o definiam como "generoso, simples, modesto, popular entre os colegas e muito admirado por seus subordinados". O diretor da Escola de Infantaria, Wilhelm List, promovido a marechal-de-campo em 1940, foi um dos muitos a considerá-lo um "excelente soldado". Mas em duas décadas como oficial do Exército, Rommel recebeu apenas quatro promoções, que o levaram de segundo-tenente a major. Até então, a grande carreira com a qual havia sonhado ainda não era uma realidade. E certamente a frustração teria continuado se não fossem as transformações drásticas que atingiram a Alemanha.

Hitler leu o livro escrito por meu pai sobre a Primeira Guerra Mundial.
Manfred Rommel

Em nossa família, ninguém pertencia ao Partido Nacional-Socialista.
Manfred Rommel

Ele nunca pedia a um soldado algo que ele mesmo não pudesse fazer.
Wilfried Armbruster,
um dos intérpretes de Rommel

Em outubro de 1933, Rommel assumiu seu novo posto, o de comandante do III batalhão do 17º Regimento de Infantaria, baseado em Goslar, nas montanhas da Baixa Saxônia. O passado do regimento era glorioso: participara da Guerra dos Sete Anos e lutara contra Napoleão em Waterloo. Foi em sua nova função que Rommel conheceu o homem que havia chegado à posição de "Führer e chanceler do Reich". Em setembro de 1934, Hitler participou da conferência de produtores agrícolas do Reich em Goslar. Como de hábito, uma unidade da SS foi designada para fazer a escolta pessoal do Führer, além de oferecer uma "guarda de honra". Rommel protestou, insistindo que a guarda de honra deveria ser formada por seus homens. Caso não pudessem confiar em seus soldados para fazer a proteção de Hitler, disse Rommel, ele os dispensaria. Rommel tinha seus próprios métodos, ao menos era o que parecia. Quando Hitler fez uma inspeção das tropas no local do desfile, os soldados de Rommel se posicionaram à frente da formação da SS. Mais do que isso, Rommel marchou na segunda fila, apenas alguns metros atrás de Hitler. E a relação deles depois se tornou ainda mais próxima.

O soldado apolítico nunca entrou para o Partido Nazista ou para qualquer uma de suas ramificações. Nos primeiros anos do regime, o poder de Hitler ainda estava em processo de consolidação e ele não podia ignorar a antiga elite, em particular a militar, o que Rommel considerava positivo. Assim como muitos outros oficiais, apreciava o fato de a Alemanha agora ter um regime que parecia valorizar virtudes militares, como obediência, disciplina e ordem. Se o objetivo era pôr fim ao isolamento internacional da Alemanha, que patriota se oporia a tal intenção, propagada por Hitler como um mantra? Se o Exército parecia estar se modernizando e se fortalecendo, qual a objeção que um soldado profissional como Rommel poderia ter?

Na ocasião em que – no "dia de Potsdam", na Igreja Garrison e na presença do grisalho presidente Hindenburg – o novo chanceler do Reich declarou seu respeito à tradição prussiana, todos que estavam presentes, mesmo um suábio como Rommel, sentiram que o Führer falava com a alma. Em junho de 1934, Hitler destituiu a liderança das tropas de assalto da SA, que contava com seu velho amigo Ernst Röhm entre seus integrantes, e decidiu apoiar a Wehrmacht. Naquele momento, parecia haver uma completa identificação entre os interesses do novo chanceler do Reich e os dos militares. Tinham objetivos comuns e agora precisavam lutar juntos por eles.

Na verdade, era um subterfúgio proposital. Mas quantas pessoas sabiam, ou mesmo desconfiavam, disso na época? Rommel foi um dos que se deixou iludir. Acreditou nas promessas de Hitler e não percebeu que eram a primeira tacada de um jogo completamente distinto, um jogo no qual Rommel teria um papel muito importante.

Em setembro de 1935, apenas dois anos após ter se tornado major, foi promovido a tenente-coronel e passou a dirigir a Escola de Infantaria de Potsdam. O Ministério da Guerra do Reich acreditava que ele era a pessoa mais indicada para melhorar a relação entre a Wehrmacht e a liderança da Juventude Hitlerista. Entretanto, a missão de Rommel terminou sem ter muito sucesso. Seu jeito bruto e sua dureza irritavam o refinado Baldur von Schirach, líder da Hitlerjungend e filho de uma norte-americana. Nesse período, Rommel foi mais bem-sucedido como escritor. Em 1937, publicou *Infanterie greift an,* baseado em suas palestras na Escola de Infantaria de Dresden. Nos anos seguintes, o livro viria a se tornar um best-seller, com quase meio milhão de exemplares vendidos. Seu leitor mais célebre foi ninguém menos do que Adolf Hitler. Um ex-aluno de Rommel nos tempos de Dresden, Nikolaus von Below, era tenente na Luftwaffe de Hitler e chamou a atenção do Führer para o livro. Hitler disse que o livro fez ele se lembrar da época "mais feliz" de sua vida. Muitas das passagens descritivas correspondiam à sua própria experiência na Primeira Guerra Mundial.

Dois anos depois, Rommel foi promovido mais uma vez. No início de outubro de 1938, o recém-nomeado coronel conseguiu se aproximar do *entourage* de Hitler, embora, naquele momento, apenas brevemente. Passou a ser responsável pela guarda pessoal do Führer. Neste posto, testemunhou o entusiasmo da população de língua alemã dos Sudetos, que aclamou o invasor da Tchecoslováquia como se ele fosse um messias, considerando a jornada do Führer um progresso triunfal. Rommel também estava cada vez mais encantado com Hitler. Ele "irradia um poder magnético, quase hipnótico", escreveu para a esposa. E ainda fez uma série de elogios ao ditador da Alemanha: "Enviado por Deus ou pela Providência para levar o povo alemão à luz."

Era uma relação de benefício mútuo. Quando Hitler precisou nomear alguém para comandar a nova Escola de Guerra da cidade austríaca de Wiener Neustadt, lembrou-se do autor de *Infanterie greift an.* A fim de aprimorar seus planos para uma futura guerra, era muito importante que Hitler instilasse na nova geração de oficiais as idéias modernas sobre uma forma flexível, rápida e móvel de guerra. Rommel assumiu a escola de Wiener Neustadt em novembro de 1938. Com a energia e as metas ambiciosas que lhe eram habituais, começou a construir a escola de guerra mais moderna da Europa, sempre fiel às instruções de Hitler. Contudo, precisava interromper o trabalho toda vez que o Führer lhe desse novas tarefas.

Ao lembrar de seu triunfal avanço pelos Sudetos, Hitler precisou novamente de Rommel, pois "tinha que lidar com o resto da Tchecoslováquia" quando entrasse em Praga como seu conquistador. Rommel, mais uma vez, providenciaria a guarda para garantir a segurança do Führer. Mas por recomendação do próprio Rommel, Hitler não esperou por um grande pelotão de segurança e se dirigiu diretamente à base do governo tcheco no Castelo de Praga. Em Goslar, Rommel havia andado alguns passos atrás do Führer, agora os cinejornais alemães mostravam Rommel ao lado de Hitler enquanto dirigia pela montanha íngreme em direção à fortaleza de Hradčany.

Entretanto, foi a invasão da Polônia que deu o impulso decisivo à carreira de Rommel. Quando a guerra irrompeu, ele foi nomeado comandante do quartel-general de Hitler, que o promoveu a general-de-brigada. Rommel escreveu para a esposa: "Soube que minha última promoção saiu graças ao Führer. Você pode imaginar como fiquei feliz. O reconhecimento dele por minhas ações é o máximo que eu poderia desejar."

Em sua nova função, Rommel estava constantemente no campo de visão do Führer. Foi autorizado a assistir às conferências de guerra e, em determinadas ocasiões, a contribuir com a discussão – o ápice do reconhecimento. O que mais admirava em Hitler era "a capacidade de compreender imediatamente os pontos essenciais e elaborar soluções para eles". Rommel estava cada vez mais impressionado com Hitler. Acreditava de fato que todas as ações dele eram para o bem da Alemanha. Em agosto de 1940, Rommel escreveu em seu diário: "Onde estaríamos se não fosse Hitler? Não sei se já existiu um alemão com tal maestria quando se trata de liderança, tanto política quanto militar."

Rommel havia se tornado um guerreiro fiel de Hitler, ao menos era o que parecia. Mesmo em sua correspondência pessoal, com freqüência se despedia com um "*Heil* Hitler!" Nas inúmeras cartas escritas por ele à mulher, fica evidente sua crescente admiração pelo ditador. "Tenho passado muito tempo com o Führer. A confiança que ele tem em mim me dá um prazer imenso, maior do que o proporcionado pelas minhas estrelas de general. O Führer com certeza irá tomar a decisão correta. Ele sabe exatamente o que é melhor para nós." A estima do Führer era tudo para Rommel. Ele parecia sedento por novos sinais de aprovação de Hitler. Nas cartas para sua esposa, contava com orgulho cada demonstração de simpatia que recebia. "Ontem, fui autorizado a sentar-me ao lado dele." Registrava cada pequeno gesto de atenção de seu adorado Führer ("Ele é excepcionalmente amável comigo" e "ocasionalmente me permite contribuir com as discussões").

No entanto, Rommel era um soldado por natureza e não queria ter que se preocupar com questões de etiqueta. Assim, pediu um comando de linha de frente. Em um primeiro momento, o departamento pessoal do Exército reagiu com ceticismo ao pedido feito por Rommel para comandar uma divisão Panzer, não sabia se um oficial de infantaria teria qualquer conhecimento sobre como preparar operações com blindados. Rommel não pôde evitar que tais dúvidas surgissem. Portanto, é provável que Hitler tenha intervindo pessoalmente a favor de Rommel em fevereiro de 1940 e conseguido que ele fosse designado para o comando da 7ª Divisão Panzer, com base na Renânia. Quando deixou o quartel-general do Führer, o novo general panzer recebeu um exemplar de *Mein Kampf* com uma dedicatória do autor: "Ao *Herr* general Rommel com cordiais saudações."

Onde quer que Rommel se encontre, lá estará o front.

DITO DO EXÉRCITO

Para aqueles senhores acostumados à guerra de trincheiras na França, a maneira como Rommel e sua 7ª Divisão Panzer irromperam ... era uma forma inacreditavelmente nova de se guerrear. E todos sabiam que Hitler tinha feito aquilo acontecer.

WINRICH BEHR, AFRIKAKORPS

Para Erwin Rommel, na condição de um comandante em serviço, a guerra começou em 10 de maio de 1940 nas montanhas Eifel, perto da fronteira com a França. Pela primeira vez, ele estava no comando de uma unidade Panzer, organizada de acordo com os princípios concebidos por Heinz Guderian,* e iria liderar o ataque perpetrado pelo 4º Exército. O "pai da guerra de blindados" concordava com as idéias de Rommel sobre a guerra moderna: "rapidez" e "mobilidade" eram as palavras de ordem. O que Rommel escreveu sobre guerra de infantaria em seu livro era semelhante ao que Guderian expôs em *Achtung, Panzer!*

Assumir o comando da 7ª Divisão Panzer deixou Rommel muito feliz. Agora, podia pôr em prática suas idéias de combate: avançar com rapidez, pegar o inimigo de surpresa e se utilizar de um alto grau de liberdade de decisão. O período entre sua nomeação e o início das operações foi longo o bastante para que seus soldados o conhecessem.

Diferentemente do que em geral faziam os comandantes de grandes formações, Rommel não conduzia suas tropas a partir de um mapa em um posto de comando na retaguarda. Podia ser visto na linha de frente, e esta iniciativa mostrou-se eficaz. "Um controle estrito da batalha", escreveu ele

---

* Heinz Guderian (1888-1954) foi o pioneiro no uso de blindados. Em 1938, foi nomeado chefe das Tropas Móveis e em setembro de 1939 liderou o 19º Corpo Panzer até a Polônia.

mais tarde, "fez com que fosse possível atravessarmos o Mosa com uma velocidade surpreendente." O pré-requisito disso foi o fato de o próprio Rommel ter percebido a situação militar no local e dado pessoalmente as devidas ordens aos comandantes do regimento. Na liderança de um ataque, Rommel era a imagem de uma estrela em ascensão no firmamento militar. Nos primeiros cinco dias de avanço, ele foi condecorado duas vezes por suas ações. Seis dias após o início da invasão, seus tanques já haviam cruzado a Bélgica e estavam em solo francês.

Sua tropa logo ficou conhecida como a "divisão fantasma". Um general francês, em uma conversa posterior com o jovem comandante do Exército, explicou-lhe o motivo de seu sucesso: "O senhor é rápido demais para nós!" Medidas arriscadas, blefes bem elaborados, compreensão intuitiva da situação, senso tático, um novo procedimento no tratamento de informações que viria a ser introduzido em todo o Exército e a organização perfeita dos veículos blindados foram as razões que garantiram o triunfo. Entretanto, em razão da grande velocidade do avanço, esse estilo de guerra também tinha seus momentos críticos. Por exemplo: Rommel não parou, como havia sido planejado, para deixar que seus soldados o alcançassem. Conduzindo o blindado principal, continuou forçando o avanço até chegarem à França. Proteger os flancos e oferecer proteção para as unidades mais adiantadas à medida que fossem avançando – tais princípios tradicionais de táticas militares foram desafiados por Rommel com sua nova estratégia de ofensiva. Caso os inimigos tivessem tido tempo de atacar a extensa fileira de soldados alemães, Rommel não teria conseguido liderar suas próprias unidades de forma que pudesse perceber e evitar um contra-ataque. Se os Exércitos da França e da Inglaterra tivessem tido tempo e força para organizar uma ofensiva, isso teria sido fatal para os soldados de Rommel, até porque o contato entre o comandante e sua divisão nem sempre era mantido.

Em apenas uma semana, os tanques de Rommel cruzaram o Mosa e avançaram 288 quilômetros pelo território inimigo. Sofreram muito poucas baixas e ainda capturaram milhares de franceses. O primeiro teste sério ocorreu quando as poderosas forças britânicas penetraram no flanco alemão, mas até isso Rommel superou com bravura. Em 26 de maio, depois de os britânicos terem sido forçados a uma retirada, Hitler ofereceu-lhe uma condecoração mais alta, acrescentando a Cruz de Cavaleiro à Cruz de Ferro. O general foi recebido como herói em sua cidade natal. O longa-metragem *Vitória no Oeste*, que em parte era uma reconstituição da batalha, fez com que Rommel se tornasse um astro na Alemanha. Nascia um mito que seria cuidadosamente cultivado.

Essa aclamação toda, porém, tinha suas desvantagens. Por ser um dos "favoritos de Hitler", Rommel não era particularmente respeitado pelos oficiais do alto escalão da hierarquia militar. No decurso de seu bem-sucedido avanço até a França, Rommel tomou muitas decisões independentes. Burlava as regras quando julgava necessário e, apesar do sucesso, mais uma vez provocou a desaprovação de seus superiores. Ainda que os soldados o venerassem, a oposição à sua conduta era imensa. Foi o major Heidkämper, oficial do Estado-Maior de uma de suas divisões, que elaborou um documento com as objeções ao estilo de liderança do bem-sucedido comandante. Dessa forma, a opinião sobre Rommel entre os generais mais antigos da Wehrmacht continuou dividida. Por um lado, o general Hoth permitiu que seu subordinado "assumisse o comando das divisões Panzer e seguisse novas linhas de conduta". Ao mesmo tempo, o chefe do Estado-Maior do Exército, Franz Halder, considerava-o "um general louco" que descumpria ordens de seus superiores com demasiada freqüência.

Porém, nada ofuscou seu sucesso. Hitler dava muito valor ao êxito que Rommel lhe trouxe. O Führer sabia que Rommel tivera um papel crucial na vitória sobre a França; e Rommel sabia muito bem a quem ele devia essa oportunidade de provar suas habilidades militares.

Como comandante do Exército, a estrela de Rommel estava em ascendência. Em dezembro de 1940, Hitler lhe escreveu uma carta dizendo que ele deveria ficar orgulhoso "do que tinha conseguido". Mas a maior vitória ainda estava por vir.

No entanto, a partir do final da campanha ocidental, Rommel passou a se preocupar cada vez mais com a ideologia do regime nazista e com a conduta deste na guerra. Sua angústia seria confirmada por uma experiência dolorosa.

HANS SPEIDEL, GENERAL REFORMADO

Rommel era um general que liderava do front, que ficava à frente de seus soldados. Para nós, jovens, ele era o ideal de um líder militar.

MEINHARD GLANZ, GENERAL REFORMADO DO AFRIKAKORPS

Em setembro de 1940, Mussolini propôs ao Exército uma invasão ao Egito. Não queria ficar muito atrás da Alemanha, que acabara de dar um golpe devastador em seu "inimigo tradicional", a França. Mas a ofensiva italiana logo foi contida pelas posições defensivas dos britânicos e de seus aliados da Comunidade Britânica de Nações. Quando essas tropas contra-atacaram, os italianos perderam oito divisões. No início de sua aventura pela África, Mussolini alardeou que desejava travar sua própria guerra no sul, "não com a Alemanha, não pela Alemanha, mas pela Itália, ao lado da Alemanha". Poucas semanas após o início do malsucedido ataque italiano, o império colonial fascista do *Duce* estava a ponto de entrar em colapso. Ele foi forçado a recorrer a seu aliado alemão e lhe pedir ajuda para evitar uma derrota completa.

Hitler prometeu ajudar, mais por um claro interesse alemão do que por um senso de solidariedade: ao apoiar as forças italianas no Norte da África, poderia evitar a rendição iminente de seu aliado e as indesejadas conseqüências que tal evento traria. Além disso, poderia cercar os soldados inimigos e, ainda mais importante, obstruir as vulneráveis rotas de suprimentos da Grã-Bretanha no Mediterrâneo. Foi uma medida de importância estratégica, decidida em uma conferência secreta realizada no dia 3 de fevereiro de 1941, sob o codinome *Sonnenblume* ("girassol").

O fato de Hitler não ter mandado o primeiro candidato disponível para o Norte da África não foi nenhuma surpresa. Em vez disso, convocou o "mais audacioso general de blindados que tínhamos no Exército alemão". Erwin Rommel foi o escolhido para tirar as forças de Mussolini da confusão em que haviam se metido no Norte da África. Originalmente, o Alto Comando do Exército havia escalado outros generais para a missão. A primeira opção para liderar a operação seria Erich von Manstein, o mentor do plano de batalha que derrotou a França. Depois, propuseram mandar o general Von Funck. Mas Hitler optou pelo homem que havia sido privado do treinamento do Estado-Maior durante a República de Weimar. Hitler promoveu Rommel a general-de-divisão e o instruiu pessoalmente para a nova tarefa.

Rommel sentiu-se na obrigação de fazer jus à decisão de Hitler o mais rápido possível. Assim que pisou pela primeira vez em solo africano, em 12 de fevereiro, ganhou o respeito de todos com um plano para enganar o inimigo. Em Trípoli, mandou os poucos tanques que levou consigo se movimentarem em círculos pelo bloqueio, dando aos observadores a falsa impressão de uma força que os alemães certamente não tinham. O "General Blefe" havia tirado outro ás da manga. Um agente logo relatou a Londres que mais de mil tanques alemães tinham aportado no Norte da África. Esse foi um dos primeiros exemplos da criatividade desse líder militar pouco convencional que viria a ser responsável por muitos outros feitos aparentemente impossíveis no futuro.

O novo comandante sabia como utilizar a vertigem do calor do deserto para causar nos observadores distantes a impressão de que uma imensa frota de tanques avançava contra eles – embora tais tanques não passassem de carrocerias improvisadas de madeira construídas sobre bases com rodas feitas pela Volkswagen. Vistos de perto, os "tanques de Rommel" provavelmente não assustariam nem uma criança – mas à distância, eram capazes de impressionar o inimigo.

Entretanto, o sucesso obtido por Rommel nessa primeira ofensiva no final de março de 1941 não podia ser explicado apenas por tais truques. A posição militar das formações italianas no Norte da África era desastrosa. Os britânicos desprezavam a habilidade delas para a luta. "Areia no carburador é um problema bem mais sério do que os italianos", esta era uma opinião comum. Cerca de 150 mil soldados da Itália foram feitos prisioneiros. Os estoques de suprimentos de seus aliados alemães estavam em mãos inimigas e o moral dos soldados parecia baixo. Tobruk, El Agheila e a Cirenaica tinham sido capturadas pelos britânicos, que agora ameaçavam Trípoli.

O que Rommel conseguiu no início da ofensiva deu poucos motivos para que os alemães ficassem otimistas: as unidades italianas, a divisão de blindados Aríete e a divisão motorizada Trento, ainda não estavam completamente equipadas. Mesmo assim, eram bastante superiores em número às formações alemãs, uma vez que o Afrikakorps tinha acabado de ser criado. É verdade que o oficial de comando já estava no front, mas naquele momento podia contar apenas com os soldados da 4ª Divisão Ligeira, sob o comando do general Streich. O 5º Regimento Panzer, que fazia parte dessa divisão, possuía apenas cerca de 120 tanques. Os alemães ainda não tinham equipamentos adequados para uma guerra no deserto. Não contavam com filtros de areia em seus carburadores – essenciais para a sobrevivência em guerras no deserto – nem pneus largos, que não afundam imediatamente na areia.

Em suma, os soldados alemães não estavam preparados para lutar no deserto. Não estavam acostumados ao clima nem equipados para os desafios do calor, da areia e do vento. Muitos deles, assim como seus comandantes, tinham uma impressão equivocada da guerra que os aguardava. Quando soube de sua nova missão, Rommel escreveu uma carta para sua esposa dizendo que as altas temperaturas do deserto ao menos seriam boas para seu reumatismo. Ele não levou em conta que as noites seriam muito frias.

Em 19 de fevereiro de 1941, as unidades militares de Rommel receberam o título oficial que as lançariam para a fama: Deutsches Afrikakorps.*

* Nome dado às forças alemãs que combateram na campanha do Norte da África. (N.T)

Mas foi em maio que a 15ª Divisão Panzer chegou ao Norte da África para dar apoio. As rotas de suprimento das potências do Eixo, tanto marítimas quanto aéreas, estavam sob constante ameaça da Força Aérea Real e da Marinha Real britânicas, estacionadas em Malta. Outro problema era a confusão a respeito das responsabilidades. Embora Rommel tenha construído sua carreira durante a campanha do Norte da África, ao ser promovido de comandante do Afrikakorps a comandante-em-chefe de um grupo de blindados, e por fim comandando um batalhão, ele continuava formalmente subordinado ao comando supremo italiano. Não só todas as operações precisavam da aprovação do Supremo Commando como o OKH (Alto Comando do Exército) alemão, que aconselhou Rommel a agir com cautela, queria, antes do ataque principal, ver o plano de Rommel para reconquistar a Cirenaica. Além disso, o OKW (Alto Comando das Forças Armadas), e portanto Hitler, a princípio também deixou claro que o "general Rommel recebeu ordens para não correr qualquer risco e não arriscar seu flanco estendendo suas fileiras na direção de Benghazi."

De 24 de março em diante, Rommel testou a força de seus inimigos em poucas e ainda cautelosas incursões, durante as quais, no final de março, suas tropas conseguiram retirar as forças britânicas de suas posições avançadas em El Agheila. Uma semana depois, em 31 de março, os soldados de Rommel fizeram a primeira grande ofensiva deles. O objetivo era retomar a Cirenaica. O efeito surpresa e a habilidade estratégica de Rommel tornaram possível a primeira vitória contra as sabidamente superiores forças britânicas, que por coincidência passavam por uma reestruturação.

O novo comandante na Cirenaica, o general Neame, era tão inexperiente em guerras no deserto quanto seu adversário alemão, ao passo que o Alto Comando britânico, sob as ordens do general Wavell, aguardava em segurança no Nilo, bem longe do campo de batalha. Diferentemente de seus opositores, Rommel utilizou as semanas anteriores para obter um panorama da situação e estudar as melhores condições para um ataque. Voando em um pequeno Fiesler "cegonha" Fi 156, fez, ele mesmo, um reconhecimento do terreno e percebeu que os britânicos ainda não tinham definido suas posições.

O que mais o impressionou foram as enormes distâncias que qualquer ataque precisaria cobrir. Apesar das advertências e até de uma ordem expressa do OKW para não forçar passagem ultrapassando a fronteira de Agedabia, Rommel arriscou um avanço maior quando percebeu que a situação era favorável. El Agheila, Agedabia, Benghazir, Derna, Mechili – esses foram os lugares que Rommel atingiu na sua primeira incursão em direção ao Egito. Em dez dias, ele havia feito a linha de frente britânica recuar quase até a fronteira egípcia. Tudo o que as forças britânicas comandadas por Wavell tinham conseguido em dois meses de luta o general alemão e o Afrikakorps retomaram em cerca de duas semanas, apesar da enorme superioridade do inimigo. O cinejornal alemão mostrou um soldado do país riscando as palavras "estrada de Wavell" em placas britânicas e as substituindo por "Rommels Weg" (Caminho de Rommel), um claro sinal de que o Norte da África tinha um novo conquistador. O sucesso da "Operação Girassol" foi enorme e criou uma lenda que se auto-alimentava.

> *Era considerado um general capaz, corajoso e seguro, que liderava suas campanhas de forma brilhante e prudente. Também não travava batalhas para sua própria glória, mas para vencê-las. Era o inimigo dos britânicos e, claro, a esperança dos egípcios, pois acabaria com a ocupação do país.*
>
> MAHMOUD ANIS FATHY, HISTORIADOR MILITAR EGÍPCIO

Após conseguir levar os soldados até a França e depois à África, Rommel ganhou fama de ser um general que sabia como incentivar seus homens. Ainda na Primeira Guerra Mundial, já havia demonstrado a habilidade de liderar e motivar os soldados. Seus comandados logo descobriram que Rommel não pediria nada que ele mesmo não fosse capaz de fazer. "Ele não era do tipo didático e presunçoso que achava que podia fazer tudo melhor do que os outros", lembrou Meinhard Glanz, um dos militares que participaram da campanha africana. Rommel tinha um estilo inovador: "Ser um líder significa cuidar de seus soldados, compartilhar todas as adversidades. Foi o que Rommel fez, por isso teve sucesso com suas tropas."

É nesse aspecto que encontramos as raízes das transformações que ele promoveu na guerra no deserto. "O suor une as pessoas" – no deserto do Norte da África, esta frase não era um simples clichê. "Rommel era um pai para nós, era até mais do que isso. Ele significava tanto para nós que até hoje um laço invisível une nossas mãos. Isso cresceu espontaneamente em nossa experiência nos campos de batalha do deserto." É assim que um ex-combatente do Afrikakorps, com lágrimas nos olhos, descreve o mito de Rommel.

O comandante-em-chefe não evitava as zonas de perigo, mesmo quando a própria vida estava em risco. "Onde quer que Rommel se encontre, lá estará o front", era um dito comum. Rommel ia a toda parte para motivar seus soldados. Ele não era do tipo de general que permanecia em segurança num posto de comando na retaguarda tomando decisões em uma mesa coberta com uma toalha verde e exigindo o impossível dos soldados no front sem nunca ter estado lá. Karl Zimmermann, oficial que lutou ao lado dele, ainda lembra das qualidades especiais do general Rommel: "Ele não era daqueles generais que ficavam na retaguarda dando ordens. Estava sempre na dianteira, ao lado dos soldados comuns."

Gerd Schmückle, que mais tarde seria general da Otan, descreveu o grande respeito com o qual Rommel tratava os mensageiros, cujo serviço apreciava. Rommel era um general acessível, mas também levava seus homens ao limite. Quando viu uma unidade motorizada parada durante um ataque, voou com seu F-56 sobre os soldados que descansavam e jogou um bilhete. "Se vocês não começarem a dirigir imediatamente, descerei até aí! Rommel." A história logo passou a circular entre os soldados. Hoje o episódio pode parecer engraçado, mas é preciso lembrar que se Rommel era duro com seus homens (e igualmente duro consigo), se os conduzia de forma incansável dia após dia, também estava pondo em prática, como ex-instrutor de jovens oficiais, o mesmo ideal que seu comandante supremo impunha aos jovens alemães: ser tão duro quanto o aço Krupp,* tão forte quanto couro, tão rápido quanto um galgo inglês.

Grande parte do sucesso de Rommel se devia apenas à confluência de muitos fatores distintos, os quais nenhum tipo de planejamento poderia ter levado em conta. É o distanciamento que o transforma em um estrategista brilhante. Rommel não costumava desenvolver planos elaborados, mas era um estrategista talentoso, que reconhecia as oportunidades que apareciam e as explorava. "Nenhum plano sobrevive ao primeiro contato com o inimigo", era sua frase favorita. Confiava na improvisação, na compreensão rápida da situação e, sobretudo, em uma reação imediata. Apesar de seu sucesso no Norte da África, Rommel admitiu posteriormente que em certos momentos não tinha mais do que uma vaga idéia da localização de suas tropas.

Devido à natureza da guerra no deserto, às vezes as forças do inimigo estavam tão unidas que nem sempre era possível perceber onde exatamente estava o front. Em mais de uma ocasião, Rommel quase aterrissou no meio de uma unidade inimiga porque o vento e a areia prejudicavam a visibilidade. Halder, chefe do Estado-Maior Geral, escreveu em seu diário que o pretensioso e impopular Rommel "de modo algum é capacitado para comandar unidades. Ele passa o dia todo correndo atrás de seus soldados

* Referência ao aço produzido pela antiga empresa alemã Krupp AG. (N.T.)

dispersos, faz operações de reconhecimento e não dispõe corretamente suas tropas. Ninguém consegue ter uma visão geral da distribuição de seus soldados nem de seu poder de luta".

Contudo, na "Operação Girassol" ele contou com a sorte que favorece as pessoas corajosas. Estimulado pelo êxito, Rommel escolheu Tobruk como alvo de seu ataque seguinte. Entretanto, suas duas ofensivas contra esse porto importante em termos estratégicos, realizadas em 14 e 30 de abril, falharam e pela primeira vez ele enfrentou problemas graves. A má sorte do oficial ainda ficaria pior. Em 27 de abril, o Estado-Maior Geral enviou o general Paulus* ao Norte da África para relatar o progresso da operação. Mais tarde, Paulus descreveu Rommel como um "líder enérgico com seus soldados". Mas também percebeu que o general mandava suas tropas avançar repetidamente, apesar do temor italiano de que ele estivesse esticando demais as rotas de suprimentos. Ele era como um "jogador" que avança sem a preparação necessária – este foi o veredicto pouco favorável dos militares alemães do alto escalão. Franz Halder, chefe do Estado-Maior Geral, escreveu em seu diário no dia 6 de julho de 1941: "As relações pessoais são enevoadas pela natureza extravagante e pela ambição doentia do general Rommel. Suas falhas de caráter o destacam como um fenômeno controverso, alguém com quem ninguém desejava uma briga, isso graças ... ao apoio que recebe do topo."

Porém, havia uma pessoa que continuava fiel a ele, e este era Hitler. Rommel, por sua vez, fazia jus à expectativa que lhe era depositada. Após o fracasso da ofensiva alemã realizada na primavera, britânicos, australianos e indianos contra-atacaram com a "Operação Battleaxe". Mas na batalha de tanques em Sollum, Rommel e seus soldados passaram no teste com louvor. Os britânicos e seus aliados chegaram à fronteira da Líbia com o Egito com cerca de 200 tanques para reconquistar os territórios tomados pelos alemães.

O ataque começou no início da manhã de 15 de junho. Após três dias, os britânicos foram forçados a recuar. Embora a Grã-Bretanha contasse com equipamentos superiores e com o apoio da Força Aérea Real, que controlava o espaço aéreo sobre o campo de batalha, o pequeno exército de Rommel conseguiu frustrar o ataque. Metade dos tanques britânicos foi destruída, ao passo que os alemães perderam apenas um décimo dos

---

* O general Friedrich Paulus ganhou notoriedade ao entregar-se em Stalingrado em janeiro de 1943 e tornar-se prisioneiro de guerra dos russos (ver Capítulo 4).

seus. As conseqüências psicológicas foram imensas. Essa vitória fez com que Hitler ficasse "no melhor dos humores". Ele parabenizou seu general, condecorou-o com novas medalhas e o promoveu novamente. Os rivais de Rommel no Estado-Maior espumaram de raiva. Erwin Rommel subiu para o cargo de general da Força Panzer e passou a comandar nada menos do que dez divisões alemãs e italianas.

Os jornais britânicos estão fazendo muitos elogios ao general Rommel. Este é um sinal de que eles estão se sentindo desconfortáveis, pois só se louva o inimigo quando se está perdendo. Assim eles conseguem justificar a derrota.

JOSEPH GOEBBELS EM SEU DIÁRIO, 20 DE DEZEMBRO DE 1941

Apenas com um desempenho acima do normal, e só se ultrapassar certos tipos de obstáculos, um comandante do lado inimigo alcança tal reputação.

GENERAL SIR CLAUDE AUCHINLECK,
OPONENTE DE ROMMEL NO NORTE DA ÁFRICA

Nada parecia abalar a grande admiração de Hitler por Rommel naquele momento, nem mesmo o fato de as tropas do general terem precisado se retirar quando o novo comandante-em-chefe britânico, sir Claude Auchinleck, iniciou sua contra-ofensiva, batizada de "Crusader", em 18 de novembro de 1941. Para os oficiais do comando do general e para Hitler, Rommel era uma unanimidade. Em suas memórias, Fritz Bayerlein, chefe do Estado-Maior do Afrikakorps, diz: "Um oficial de comando deve se distinguir por sua obstinação, por sua dedicação a seus soldados, pela avaliação instintiva do terreno e das intenções do inimigo, pelas reações rápidas e pelo temperamento forte. Todas essas características estão presentes em seu mais alto grau no general Rommel." Essa opinião, vinda de alguém que trabalhou junto com Rommel, foi expressa de forma semelhante em uma mensagem de Ano-Novo enviada por Hitler do quartel-general da Toca do Lobo, na distante região Leste da Prússia: "Sei que neste novo ano posso contar com o meu grupo Panzer."

E de fato 1942 foi o ano das maiores vitórias para as forças de Rommel – e também das derrotas mais duras. Primeiro vieram as vitórias: "A fortaleza de Tobruk foi rendida. Todas as unidades estão se reagrupando e se preparando para continuar avançando", anunciou Rommel no dia 21 de junho em uma mensagem de rádio para todo o Afrikakorps. Mais uma vez, o general liderou o ataque à frente de suas unidades. De acordo com as anotações do grupo de Rommel, "após a investida do inimigo com blindados velozes, o comandante-em-chefe lançou pessoalmente um contra-ataque e fez com que os tanques adversários recuassem". O ataque foi uma combinação bem-sucedida de blefes, habilidades táticas, força de combate, velocidade e coragem. Por meio de um ataque simulado, Rommel fez com que o inimigo achasse que os soldados dele se preparavam para avançar por Alexandria. Ao mesmo tempo, a Luftwaffe utilizou todas as aeronaves que conseguiu reunir para um bombardeio em massa às fortificações de Tobruk. Depois chegaram os blindados, que conseguiram abrir caminho por entre os soldados britânicos comandados pelo general Ritchie e romperam o círculo de posições defensivas. Mais de 30 mil soldados da Grã-Bretanha e da Comunidade Britânica de Nações foram feitos prisioneiros.

Rommel estava no auge de sua carreira. Fazia pouco tempo que recebera a patente mais alta de general – o mais jovem da Wehrmacht em tal posição – e agora Hitler o nomeava *Generalfeldmarschall* e o condecorava com a espada e as folhas de carvalho para sua Cruz de Cavaleiro. Quando soube que Hitler lhe daria o bastão de marechal-de-campo, dizem que ele teria falado a pessoas próximas: "Preferiria que ele me desse uma divisão." Entretanto, outros relatos abordam o deleite quase infantil expresso por Rommel quando soube de sua promoção, a quinta em três anos. O novo marechal-de-campo era vaidoso o suficiente para se orgulhar dessas honras. Na primeira carta que enviou para casa, ele não assinou o nome e terminou com as seguintes palavras: "Seu marechal-de-campo."

Mantenha-se saudável, sobretudo por seus dois "homens", e siga levando com coragem sua condição de mulher de soldado.

Rommel em carta enviada para a esposa,
20 de maio de 1942

Em todas as áreas, cumpra seus deveres e seja disciplinado. Essas são suas principais tarefas em tempos de guerra. Fico especialmente satisfeito com o fato de você estar gostando de servir à Juventude Hitlerista. Isso lhe será de enorme valor no futuro.

Rommel em carta enviada ao filho Manfred,
16 de maio de 1942

"Rumo à vitória pelo Führer, pelo povo e pelo Reich", com essas palavras um tanto batidas, Rommel respondeu ao telegrama de congratulações mandado por Hitler. Mas para ele, "Rumo à vitória" estava longe de ser um slogan vazio. Pretendia agarrar a oportunidade que lhe era oferecida, derrotar os desmoralizados britânicos e seus ajudantes da Comunidade Britânica de Nações, e depois avançar até o Canal de Suez, que era importante do ponto de vista estratégico.

Nesse momento, as idéias de Rommel o empurravam cada vez mais para o leste. Como disse Wilfried Armbruster, o intérprete de Rommel no Norte da África, "no ritmo que estávamos, poderíamos ter ido direto para a Palestina". Naquela época, ainda existia o "Grande Plano": os soldados do Grupo de Exércitos Sul, em operação no Sul da Rússia, deveriam lutar no Cáucaso e então, após invadirem o Irã e o Iraque, iriam se juntar aos blindados de Rommel em algum lugar do Oriente Médio. Alguns dos soldados já sabiam onde seria. No refrão da música sobre o "passarinho na floresta", as palavras foram trocadas por algumas semanas em 1942, de forma que os amigos se encontrariam novamente não "em casa", mas "na estação em Jerusalém".

Em um primeiro momento, tanto o ditador italiano e seu Supremo Commando quanto o Alto Comando do Exército alemão não aprovaram esse plano delirante. Em vez disso, exigiram a ocupação de Malta, localizada na parte mais estreita do Mediterrâneo, entre a Sicília e o Norte da África, que já vinha sendo planejada havia tempos. O objetivo era garantir as rotas de suprimentos do Eixo para o Norte da África. Em 23 de junho de 1942, Hitler, que havia considerado a queda de Tobruk "um golpe do destino em favor do povo alemão", aconselhou Mussolini, o figurativo comandante-em-chefe das Forças do Eixo no Norte da África, a perseguir o 8º Exército britânico "até que não restasse um único homem, já que em uma batalha a sorte não bate duas vezes na porta de um comandante. Aquele que não a aproveita no momento em que aparece, provavelmente não a alcançará de novo." Rommel não conseguiu aproveitá-la. A decisão de forçar o avanço pelo Egito, tomada de forma precipitada na euforia da vitória, voltaria para assombrá-lo. Após apenas algumas semanas, os poucos tanques que ainda restavam a Rommel começaram a parar de funcionar na estreita faixa de terra entre a depressão de Quattara e o Mediterrâneo – no vilarejo de El Alamein, esquecido por Deus no meio do deserto.

Naquele momento, a máquina de propaganda de Goebbels estava a todo vapor. Os "Boletins Especiais" eram publicados com rapidez e em grande número. "A magnífica vitória de Rommel" e "Golpe de Rommel deixa britânicos sem fôlego" foram duas das manchetes lidas na imprensa nazista. Usavam o sucesso de Rommel para que os "compatriotas" retomassem a confiança na vitória que havia sido perdida nos campos de batalha do front oriental. No inverno de 1941-42, seu avanço pelo calor do deserto já fora usado para desviar a atenção dos desastres gelados no leste – embora o Norte da África fosse somente um palco menor da guerra, no qual apenas três divisões alemãs estavam presentes, enquanto mais de 150 divisões da Wehrmacht lutavam contra o Exército Vermelho no front oriental.

Após o triunfo em Tobruk, Goebbels fez com que um dos informantes de Rommel fosse a Berlim especialmente para fornecer um panorama da situação e das oportunidades de propaganda oferecidas pela vitória no Norte da África. "Aperto de mão pela vitória certa", foi a manchete estampada na primeira página do *Hamburger Illustrierte* de 10 de outubro de 1942. O Führer oferecia a mão para o mais condecorado marechal-de-campo. No terceiro ano da guerra, quem fosse ao cinema podia assistir a um documentário com o radiante herói. Rommel com seu uniforme limpo e pomposo; Rommel triunfante diante dos britânicos; Rommel, o brilhante comandante, dando ordens para suas vitoriosas divisões e gesticulando de forma expansiva. Tais imagens davam pouca importância à verdade histórica. Para o benefício de Goebbels, as câmeras mostravam Rommel transmitindo suas instruções a unidades que simplesmente não existiam. O honorífico título de "Divisão Fantasma", como sua 7ª Divisão Panzer foi apelidada pelos adversários na campanha da França, ganhou um novo significado no deserto.

Joseph Goebbels reconheceu o potencial da vitória de Rommel para a propaganda nazista. O front doméstico necessitava de heróis. Nesse terceiro ano de conflitos, os alemães, cansados de tantas guerras, precisavam de vencedores típicos. E Rommel parecia predestinado para este papel, o qual ele estava disposto a desempenhar. Goebbels percebeu que "nenhum outro general estava mais convencido do que Rommel a respeito da importância da propaganda para os esforços de guerra". Para este fim, não era possível contar com o Estado-Maior Geral alemão, que, por iniciativa própria e não raramente por instruções de Hitler, evitava a notoriedade e se esquivava da imprensa nazista. Heinz Guderian, um estrategista na disposição de tanques não menos talentoso do que Rommel ou Manstein, escreveu o seguinte para sua esposa, desconfiado das perspectivas de vitória na Rússia: "De modo algum queria uma propaganda à la Rommel, concentrando-se em minha personalidade." O recém-nomeado marechal-de-campo era menos hesitante em relação a isso. Rommel era um general moderno.

Mesmo durante a luta na França, dois integrantes do Ministério da Propaganda, Karl Hanke e Karl Holz, tentaram um contato direto com o comandante da 7ª Divisão Panzer. O sucesso de Rommel em campo virou um tema popular. A versão de Hans Albers* para a canção popular "Auf der Reeperbahn nachts um halb eins" ["Meia-noite e meia na Reeperbahn"] foi feita em homenagem ao marechal-de-campo:

Auf der Rommelbahn nachts um halb drei
Jagen Geister mit achtzig vorbei
Rommel selbst voran, jeder halt sich dran,
*Auf der Rommelbahn nachts um halb drei***

Ainda em 1940, as vitórias de Rommel viravam sucessos populares. O secretário permanente do Ministério da Propaganda, Alfred-Ingemar Berndt, tornou-se um oficial de artilharia no Norte da África e assim estabeleceu um canal direto entre a "Raposa do Deserto" e o chefe da propaganda. A adoração ao herói por vezes caía em um completo *kitsch*. Um retrato pintado lançado como cartão-postal mostrava um Rommel determinado, com feições um tanto estilizadas. A propaganda retratava o general alemão ideal, moldando os fatos de forma a atingir tal objetivo.

De maneira enganosa, um artigo publicado em 1940 na revista semanal *Das Reich* dizia que Rommel era filho de um operário. Este não era o único erro: também afirmava que após a Primeira Guerra Mundial, Rommel saiu do Exército e foi estudar na Universidade de Tübingen. E a informação de que, como oficial da SA, era adepto da ideologia nazista, explicada a ele pelo próprio Hitler, pertence à ordem do mundo da fantasia. Esta era a forma como Goebbels e seus criadores de contos de fadas gostariam que fosse o general alemão ideal. Entretanto, Rommel jamais fora da tropa de assalto da SA, tampouco integrou o Partido Nazista, nem antes nem depois de 1933.

Por mais que gostasse de ser definido como o "mestre da guerra no deserto", ficava irritado por ser usado pela máquina de propaganda nazista. Apresentou uma reclamação formal em Berlim, mas foi ignorado. Rommel simplesmente aceitou que as pessoas dissessem que ele falava árabe com fluência. Isso explicaria sua popularidade entre os árabes, que odiavam os britânicos por considerá-los conquistadores e saudavam os soldados de Rommel como libertadores. Na realidade, Rommel mal sabia 50 palavras

---

* O cantor e ator alemão foi um dos principais astros de cinema do país nos anos 1930. (N.T.)

** Meia-noite e meia na Estrada de Rommel/ Os fantasmas passam a 80/ Rommel vai à frente, os demais o seguem/ Meia-noite e meia na Estrada de Rommel. (N.T.)

em árabe – mas o que isso importava para Goebbels? Ele preferia romantizar o Afrikakorps do general. Além disso, já que as tempestades de areia e o incômodo das moscas rendiam imagens tão desagradáveis quanto os soldados famintos, sedentos e cobertos de sujeira, Goebbels precisou reinventar a guerra no deserto. Então ele mostrava ao público homens satisfeitos e bem alimentados tirando um prazeroso cochilo nas areias do deserto, fritando ovos no capô quente de um caminhão, além de cenas idílicas, como um oásis com burros, tamareiras e crianças beduínas brincando. A guerra tornou-se uma fantasia, sem qualquer palavra sobre sofrimento, problemas de abastecimento, penúria ou morte.

Naquele momento, até os britânicos pareciam ter sucumbido à fascinação pelo homem que os derrotara. Ao serem expulsos de Tobruk, os Aliados se depararam com um problema militar e psicológico: de acordo com uma pesquisa de opinião feita nos Estados Unidos, Rommel era o alemão mais famoso depois de Adolf Hitler. Na Casa dos Comuns britânica, Churchill apresentou o general alemão como um homem com habilidades de gênio. Os soldados do 8º Exército Britânico admiravam Rommel pela derrota imposta a eles. Era esse o problema dos Aliados. O nome de Rommel tinha se tornado uma potente arma da guerra psicológica. Douglas Walter, soldado do 8º Exército, descreveu os sentimentos evocados pelo nome do general, a quem os Aliados, assim como os alemães, chamavam de Raposa do Deserto: "Todos em nosso quartel-general continuam dizendo: 'Ele não é invencível.' Mas não conseguimos acreditar nisso."

A fim de combater a própria falta de coragem, o Alto Comando britânico foi obrigado a adotar algumas medidas. Seus soldados até podiam mostrar certa deferência com relação às habilidades de seu adversário, porém era necessário um limite. O comandante-em-chefe britânico, general Auchinleck, deu as devidas ordens a seus oficiais:

> Existe o perigo de nosso amigo Rommel vir a se tornar um tipo de mágico ou espantalho para nossos soldados, que estão falando demais nele. Ele não é, de forma alguma, um super-homem, ainda que, sem dúvida, seja muito enérgico e capaz. O importante agora é pararmos de sempre falar de Rommel quando nos referirmos ao inimigo na Líbia. Temos que dizer "os alemães" ou "o inimigo", e não ficar sempre repetindo o nome dele.

Em nenhum outro lugar o reconhecimento dos feitos de seu adversário foi expresso de maneira tão explícita como na frase que Auchinleck acrescentou à ordem: "Não tenho ciúmes de Rommel."

Auchinleck não viria a ter outra chance de quebrar pessoalmente o encanto suscitado por seu antagonista alemão. Rommel foi responsável pela demissão de dois comandantes-em-chefe britânicos consecutivos. O terceiro homem a chefiar as forças britânicas no Norte da África foi o general Montgomery. A tarefa de seu 8º Exército era fazer com que os heróis alemães, que estavam em El Alamein, a apenas 80 quilômetros de Alexandria e do delta do Nilo, recuassem. Apesar de todas as vitórias alemãs anteriores, as perspectivas eram favoráveis. Diante do controle aéreo dos Aliados e da superioridade numérica deles em terra, as forças de Rommel não ofereceriam grande resistência à terceira ofensiva britânica, iniciada em 23 de outubro.

Além disso, o comandante-em-chefe alemão não estava junto de seus soldados. Acometido por uma doença, recuperava-se em casa. Entretanto, mesmo um comandante com a sua capacidade não teria como combater a superioridade das forças britânicas – exceto com sua lendária reputação. Mas o que faria o mito da invencibilidade contra os mais de 1.100 tanques que Montgomery colocou na batalha? As formações italianas e alemãs juntas não tinham nem a metade desse número. As posições do Eixo se alastravam por uma grande área. "Não é possível parar um rolo compressor com um Volkswagen", declarou Douglas Walter, comparando a superioridade dos Aliados com as vitórias anteriores do General Blefe. A única saída seria uma retirada de forma ordenada. Esse foi o pedido feito por Rommel a Hitler assim que o marechal-de-campo voltou ao front africano.

Em 3 de novembro, recebeu uma resposta por telegrama que destruiu sua confiança ilimitada na capacidade do "maior comandante militar de todos os tempos": "Dada a situação em que você se encontra, o único pensamento possível é resistir, não entregar um centímetro sequer e empregar todos os homens e todas as armas na batalha. O único caminho que você pode mostrar para os soldados é o que leva à vitória ou à morte."

Essa foi uma das ordens de não-rendição típicas de Hitler, que empurrava as forças de combate para tarefas impossíveis e, de maneira inflexível, ignorava as necessidades militares e a inviabilidade das situações. Relutante, porém obediente, Rommel ordenou a suspensão da retirada, que já havia sido iniciada, "porque", como ele próprio escreveu, "eu mesmo venho repetidamente exigindo uma obediência inconteste. Por este motivo, desejo subordinar-me também a este princípio".

Rommel, contudo, logo viria a descobrir as conseqüências de sua obediência – e dessa vez resolveu agir por conta própria. Desafiando as instruções de seu comandante, o marechal-de-campo ordenou a retirada, a fim de salvar o que ainda havia para ser salvo. Um dia depois, Hitler acabou concedendo a Rommel a autorização pedida para que recuassem até a posição dos quartéis-generais. O que restava do Afrikakorps de Rommel foi empurrado de volta para além de Benghazi pelas forças superiores de Montgomery.

A batalha de El Alamein estava perdida. E o pior ainda viria: em 7 e 8 de novembro de 1942, as forças britânicas e norte-americanas aterrissaram na costa do Marrocos e da Argélia, na retaguarda de Rommel. As potências do Eixo agora enfrentavam o pesadelo de qualquer Exército: precisavam lutar em dois fronts. Os Aliados superavam de longe os alemães e seus parceiros italianos em número. Enquanto a logística do adversário funcionava perfeitamente, Rommel sofria sérios problemas de abastecimento. O poderio relativo dos dois lados mudava cada vez mais rápido. Mesmo para alguém com a habilidade de Rommel, naquele momento era apenas uma questão de adiar a derrota, que não poderia mais ser evitada. Suas forças Panzer precisaram se retirar.

Em 26 de novembro, o marechal-de-campo fez uma tentativa desesperada e foi até Hitler se explicar. Disse que, em função dos problemas de abastecimento, da superioridade das forças aéreas aliadas e da mortal "movimentação de alicate" dos exércitos de Eisenhower e Montgomery, havia apenas uma possibilidade: retirar-se do Norte da África, poupar os equipamentos de valor e preservar as unidades de combate para o conflito na Europa. Rommel apareceu no quartel-general de Hitler em Rastenburg, no leste da Prússia, sem avisar. O general foi franco: "A situação no Norte da África exigiu que eu viesse pessoalmente explicá-la e apresentar-lhe minhas idéias sobre como ela evoluirá daqui em diante", disse a Hitler, vendo logo em seguida o completo descontrole do Führer. Rommel experimentava pela primeira vez aquilo que diversos generais mais experientes já tinham vivido e que outros de grande responsabilidade militar ainda viriam a experimentar. Hitler gritou com seu general favorito: "Uma retirada está fora de cogitação. Devemos continuar firmes. Desistir da África? Impossível."

Assim que terminou seu ataque de nervos, mostrou a porta para o marechal-de-campo, que estava completamente pasmo. O que aconteceu depois soa grotesco, embora muitos outros que lidavam com Hitler já tivessem passado por situações semelhantes. Manfred Rommel contou como seu pai descreveu a cena: "Hitler expulsou meu pai, depois correu atrás dele e o chamou de volta. Então, perguntou-lhe: 'Quantos rifles vocês têm?' Meu pai disse: 'Não contamos.'" Isso teria irritado tanto Hitler que ele começou a insultá-lo, até que o general gritou: "O senhor deveria ir pessoalmente à África, *Mein* Führer, e mostrar a meus homens como se defender dos tanques britânicos com rifles." Podemos culpar Rommel pela admiração que nutria por Hitler, mas é preciso reconhecer que naquele momento ele não guardou para si o que pensava – e nisso não se parecia em nada com os generais da Wehrmacht.

Alguns biógrafos de Rommel entenderam o episódio como a primeira causa de sua gradual mudança de atitude em relação a Hitler. A falta de autocontrole e de discernimento não eram características do tipo de estadista que Rommel desejava ver no comando da Alemanha. "Eles não vêem o perigo, e nem querem ver", disse à sua esposa. Mas Rommel era um soldado; princípios como ordem e obediência faziam parte de sua natureza. Assim, contrariando as próprias convicções, decidiu obedecer.

Aconteceu o que era inevitável desde o começo: uma retirada gradual porém constante. Por dois meses, o Grupo de Exércitos África continuou resistindo – sem seu grande comandante. Hitler afinal aprovou a retirada, mas "o maior comandante militar de todos os tempos" estava cada vez mais irritado com a forma como seu outrora general favorito agia "por conta própria". No dia 9 de março de 1943, mandou Rommel voltar da Tunísia. Existem muitas especulações sobre os motivos. Talvez Rommel estivesse tão enfraquecido pela doença – o que já lhe havia exigido tirar uma licença e ausentar-se do front na fase mais crítica da ofensiva britânica – que não tinha mais condiçoes de seguir conduzindo a luta. Será que o fato de terem ordenado que Rommel retornasse foi uma punição por seu fracasso em campo ou uma reação por ele ter contestado o Führer? Ou, em vez disso, será que Hitler queria poupar o seu ex-favorito da desgraça de uma rendição? Ou quem sabe ele temia perder mais um marechal-de-campo para o adversário, já que havia apenas duas semanas que Paulus tinha se rendido em Stalingrado?

Apesar de Rommel não considerar a situação no Norte da África com o otimismo que Hitler exigia, e apesar de a Raposa do Deserto não ter sido capaz de evitar a derrota iminente, o ditador da Alemanha seguiu sendo generoso com seu general favorito. Com um atraso de dois meses, anunciou a entrega de uma espada para a Cruz de Cavaleiro de Rommel. E o nome do conquistador de Tobruk ainda foi poupado dos noticiários sobre o amargo fim da luta no Norte da África. Sua lendária reputação não poderia ser manchada com derrotas; sua aura de vitorioso seria preservada. O mito do grande ídolo tinha um enorme valor para a propaganda no front doméstico. Antes do colapso final do front alemão na Tunísia, Rommel foi dispensado porque "teria sido muito prejudicial para seu nome" permanecer no Norte da África. Em 12 e 13 de maio, o sucessor de Rommel foi forçado a se render. A guerra no deserto chegava ao fim.

O marechal-de-campo Erwin Rommel ficou conhecido como um herói invencível. Esse era um título com o qual ele, comandante de batalhões e homem de ação, não se sentia confortável: "Enquanto a guerra segue, um marechal-de-campo é prisioneiro em seu próprio país", disse ele à mulher com um tom profundamente deprimido. Mas o dedicado soldado não era um mero prisioneiro do front doméstico; permitiu que o exibissem e o levassem a toda parte como um animal amestrado.

Nem mesmo a derrota do Afrikakorps abalou o prestígio do marechal-de-campo dispensado. A mando de Goebbels, lançaram uma nova campanha de propaganda centrada em Rommel. Equiparar seus feitos militares aos de Moltke, Hindenburg, Blücher e Gneisenau talvez fosse justificável, porém, o general foi elevado ao status de super-homem; a forma como apresentavam Rommel era tão exagerada que se tornava ridícula. Era enaltecido como "um cometa em uma grande órbita", dizia-se que tinha sido "contaminado por um zelo sagrado". Sua personalidade foi transformada em mito. O propagandista Alfred-Ingemar Berndt tentou até mesmo vender sua derrota como vitória. "Vinte e sete meses de luta na África", este foi o título de uma entrevista de rádio na qual Berndt glorificava a luta heróica de Rommel contra um adversário bastante superior. E Rommel encenava o papel que lhe fora designado.

Na primavera de 1943, foi para a frente das câmeras, no Ministério da Propaganda, contar sobre sua experiência na guerra do deserto. Elogiou o feito heróico dos soldados alemães. Disse que tinham massacrado o adversário em "ataques relâmpago" e travado energicamente uma "luta incessante" pelo objetivo final, desafiando as forças da natureza, fossem elas uma tempestade de areia ou uma invasão de moscas, e por fim "jogando os britânicos na areia". Falou do calor, do sofrimento, das rações escassas e da superioridade do inimigo no que dizia respeito ao número e aos armamentos.

Em suma, dizia sempre o que a liderança nazista queria ouvir: "Os soldados alemães superaram esse período difícil com êxito." Contava que tinham sofrido ataques incessantes de um adversário poderoso; é claro que aquelas foram "semanas duras que nos deixaram à beira da destruição". No entanto, mesmo na situação mais desesperadora, os resultados foram positivos: "E apesar de tudo, os soldados alemães superaram esses dias difíceis." Seria Rommel – a Raposa do Deserto – um patriota fervoroso ou um ingênuo porta-voz da propaganda nazista, um fantoche impotente?

A correspondência de Rommel está repleta de grandes elogios a Hitler, expressando uma devoção quase religiosa pelo Führer. Além da crescente admiração pelo ditador alemão, as cartas de Rommel também contêm declarações que contrariam a realidade. Quando os alemães entraram em Varsóvia, ele escreveu: "A população está respirando aliviada por termos vindo salvá-la." Contudo, Rommel não admirava Hitler tão cegamente quanto é mostrado em suas cartas. Quando examinamos sua correspondência como fonte de informação, é preciso lembrar que o Terceiro Reich possuía muitos informantes; todos estavam cientes de que tudo o que era dito ou escrito poderia chegar às mãos da Gestapo ou de outro órgão do regime nazista. Não existia correspondência confidencial, quase todas as cartas eram abertas pelos censores. Se Rommel tivesse posto suas críticas no papel, estaria arriscando a própria vida e a de sua família. Qualquer carta incriminadora punha em perigo não só o remetente, mas o destinatário.

Se a correspondência de Rommel oferece muitas evidências, é preciso observar que, nas cartas que mandou para sua mulher, raras vezes falava de política. Isso era mais uma questão de ingenuidade do grande estrategista do que falta de interesse. Se não concordasse com as decisões tomadas pelo regime, Rommel culpava outros, mas nunca Hitler. "Infelizmente, o Führer está rodeado de patifes. Porém, quase todos os canalhas do partido são sobras dos velhos tempos, da época em que o movimento ainda brigava nas ruas." Rommel parecia acreditar que com o tempo essa questão se resolveria.

Rommel não era nem de longe um anti-semita. Seu filho relembrou um episódio ocorrido no início do Terceiro Reich, quando o pai comandava um batalhão em Goslar e ainda estava distante da influência de Hitler. Com uma ingenuidade juvenil, perguntou sobre o nariz "judaico" de um médico do batalhão. O círculo de amizade de Rommel continha judeus e ele nunca foi visto fazendo declarações anti-semitas. É evidente que não foi poupado do processo de reeducação pelo qual os poderes de Berlim tentavam influenciar todas as camadas da sociedade a nutrir o ódio dos nacional-socialistas pelos judeus. É evidente que Rommel via os excessos das noites dos *pogroms,* quando as hordas nazistas espalhavam violência por cidades tão longínquas como Wiener Neustadt, na Áustria.

É muito pouco provável que um homem de idéias próprias como Rommel tenha se comprometido de fato com a teoria de uma conspiração judaica internacional. Um episódio ocorrido em 1943 mostra bem a inocência com a qual Rommel desafiava a atitude da liderança nazista. Em uma conversa à mesa durante um jantar, Hitler falou a Rommel sobre a perda de respeito internacional da Alemanha devido às políticas do país em relação aos judeus. Quando Rommel sugeriu que "a reputação da Alemanha melhoraria diante do mundo se um judeu pudesse se tornar um de nossos dirigentes", Hitler ficou bastante irritado: "Rommel, você não entendeu nada sobre minhas intenções." Quando o marechal-de-campo saiu da mesa, Hitler olhou para os outros espantado: "Ele não percebeu que os judeus são a causa dessa guerra?" Rommel de fato não havia percebido.

Será que ele era tão inocente a ponto de fechar os olhos para o que estava acontecendo com os judeus na Alemanha? Será que os nazistas entenderiam que isso era tão incompreensível para Rommel quanto para muitos outros? Quando tomava conhecimento das atrocidades cometidas no leste, não culpava Hitler, mas àqueles que o cercavam. Rommel podia ser um gênio militar, porém era ingênuo quando se tratava de política. Seu filho Manfred, que mais tarde se tornaria prefeito de Stuttgart, admitiu: "É verdade que, a partir de 1938, meu pai sucumbiu à fascinação por Hitler. Ele foi relativamente lento em reconhecer a verdade." Quando percebeu, já era tarde demais.

"Seja com o inimigo, o amigo ou o irmão, seja com os filhos da Alemanha, da Itália ou da Grã-Bretanha, portou-se como um cavalheiro. Misericórdia é a lei que prevalece aqui." Mesmo nos dias de hoje, os dizeres do memorial para os alemães mortos na batalha de El Alamein nos dá um nó na garganta. "Cavalheirismo" é uma palavra que aparece em muitas descrições da guerra no deserto. Os ex-adversários continuam a concordar com tal definição quando se referem à batalha. "Essa guerra foi muito justa, uma guerra sem máculas", relembra Heinz Blumacher, que lutou do lado alemão. Charles Squire, membro do 8º Exército britânico, concorda: "Lutamos dentro das regras de uma guerra. Mulheres, crianças e civis não foram atingidos nas batalhas." Muitas das descrições parecem tratar de algum torneio medieval. Por exemplo: um inglês se lembra de um confronto inesperado entre três blindados alemães e três tanques britânicos enquanto faziam o reconhecimento do território. Com as armas baixas, como lanças de guerreiros, abriram fogo, uns contra os outros. "Disparando furiosamente, o veículo britânico avançou por entre os alemães. Então, ambos os lados voltaram para suas posições iniciais. Não houve ferimentos nem baixas." Com esportividade, os dois lados consideraram que houve um empate e voltaram para suas próprias bases.

War without Hate é o título do livro publicado após a guerra pela viúva de Rommel, Lucie, e por Fritz Bayerlein, chefe do Estado-Maior do general. Os soldados alemães na Líbia não estavam acompanhados de nenhum dos destacamentos da SS ou dos esquadrões da morte do SD, que realizavam operações de "limpeza étnica" na retaguarda dos soldados de combate. Diferentemente da "Operação Barbarossa" na União Soviética, as restrições em nome da civilidade não foram suprimidas em nome do cumprimento de ordens; o princípio da compaixão não foi jogado no abismo. No Norte da África, não houve assassinatos em massa nem massacres.

"Na guerra do deserto ninguém desejava conquistar e saquear – queriam apenas lutar", escreveu o historiador britânico Alan Moorehead. "Foi uma guerra limpa, clara, uma batalha no deserto vazio, onde não havia população civil nem considerações políticas. Era uma guerra de soldados." Uma "guerra de soldados" é regida por regras. Uma delas diz que os prisioneiros inimigos devem ser tratados como seres humanos. Entretanto, não há dúvidas de que o Alto Comando da Wehrmacht havia dado ordens expressas que, caso tivessem sido obedecidas, teriam levado todos os oficiais seniores das Forças Armadas a violarem as regras de guerra e a serem condenados pela comunidade internacional.

Os soldados das tropas de assalto inimigas não deveriam ser tratados como prisioneiros de guerra se fossem capturados atrás das linhas alemães. Deveriam ser assassinados imediatamente, como "criminosos", de acordo com as ordens vigentes, que naturalmente também se aplicavam à batalha no deserto. Rommel foi um dos que recebeu tal instrução de Berlim. O que fez com ela foi relatado por seu chefe de Estado-Maior, o general Westphal: "Queimamos esta ordem no mesmo instante." No Norte de África, os antigos mandamentos continuavam em vigor.

Moorehead reuniu opiniões dos soldados britânicos libertados de prisões alemãs. A imagem que tinham da guerra no deserto era quase celestial. Os relatos sobre o tratamento impecável dispensado pelos alemães foram unânimes; eles trataram os britânicos feridos como se fossem alemães; os prisioneiros eram alimentados de forma apropriada e recebiam até cigarros e cerveja. A conduta de ambos os lados na África foi tão extraordinária que o comandante norte-americano, o general Eisenhower, disse mais tarde em seu livro de memórias que não entendia como alemães e britânicos tinham se comportado desta maneira no Norte da África. Eisenhower se recusou a conhecer os "generais nazistas" após a vitória dos Aliados.

Para britânicos e alemães, isso não foi um problema. Depois da batalha de El Alamein, Montgomery convidou o general Ritter von Thoma, comandante interino do Afrikakorps que havia sido capturado, para jantar. Além disso, o *Generaloberst* Hans Jürgen von Arnim, o sucessor de Rommel como comandante-em-chefe, confirmou que "na campanha do Norte da África era costume tratar os prisioneiros de guerra com cordialidade. Rommel fez o mesmo com os generais britânicos após seu avanço em direção a Mechili. E os generais britânicos agiram de forma similar em relação aos alemães capturados".

Será que a guerra no deserto foi realmente apenas uma disputa entre cavalheiros? Um teste de forças digno, em que o vencedor acabava por estender a mão ao derrotado? "Muito decente de sua parte, meu caro!" É preciso ser cauteloso com tais descrições nostálgicas, freqüentemente escritas com o tom enaltecedor de quando nos referimos ao passado. Embora (quase) nenhum crime tivesse sido cometido no deserto, os combates não foram uma brincadeira de criança. Quando Keitel, durante os julgamentos de Nuremberg, falou com desdém da "empreitada cinematográfica" de Rommel, estava depreciando o marechal-de-campo, não a guerra no deserto. Mesmo com o general Cramer, o último comandante do Afrikakorps, tendo se despedido dos campos de batalha com as ingênuas palavras *Heia Safari* (algo como "boa caçada!"), as batalhas por Tobruk e El Alamein com certeza não foram nada amistosas.

Uma guerra no deserto significa um calor insuportável e quedas drásticas de temperatura; de dia, um sol escaldante, capaz de secar tudo; à noite, um frio cruel. Significa tempestades que literalmente cegavam; areia que penetrava em todos os poros, tornando o ato de respirar uma tortura; enxames de moscas que atacavam feridas abertas. Britânicos e alemães, australianos e italianos, todos lutavam uns contra os outros, mas combatiam também um inimigo comum: o deserto. Em uma guerra no deserto, assim como em todas as outras, morre-se inutilmente. Ali, mais do que em qualquer outro lugar, guerra significa sujeira, sangue e morte.

Após terem conversado, o Führer espontaneamente o condecorou com uma espada para sua Cruz de Cavalheiro. Rommel com certeza mereceu: ele não é apenas um grande líder do Exército, mas um homem corajoso, cuja bravura o tornou merecedor de tal alta condecoração.

Joseph Goebbels em seu diário, 12 de março de 1943

Que força ele irradia! Sua fé e sua confiança fazem com que ele atraia as pessoas!

Rommel, a respeito de Hitler, 1943

Para mim, Rommel nunca foi o gênio militar que é considerado.

Martin Bormann, secretário do Führer

A guerra no Norte da África tinha chegado ao fim. O marechal-de-campo, agora sem seus soldados, lutava na guerra de propaganda do front doméstico. Novas oportunidades para ele assumir outro comando foram apresentadas, uma vez que no verão de 1943 a situação era, no mínimo, precária em todos os setores do front. A ofensiva na Rússia fora novamente interrompida; e com o rompimento do eixo Berlim–Roma devido à queda de

Mussolini, um novo front abriu-se no sul. Os Aliados se preparavam para atacar o que Hitler tinha batizado de "Fortaleza Europa".*

Em 15 de julho de 1943, Rommel recebeu um novo cargo: foi nomeado comandante-em-chefe do Grupo de Exércitos B. Os soldados alemães sob seu comando começaram a se preparar para o Caso "Eixo" – a retirada italiana da guerra. No dia 3 de setembro, a Itália assinou um armistício secreto com os Aliados. Cinco dias depois, quando a rendição do país foi anunciada em simultâneo por Eisenhower e Pietro Badoglio, novo primeiro-ministro italiano, os soldados de Rommel ocuparam imediatamente o norte da Itália. Enquanto isso, no sul, o marechal-de-campo Kesselring tentava impedir o avanço dos Aliados na direção de Nápoles.

O período de Rommel na Itália não passou de um breve interlúdio. Seu próximo campo de atuação seria mais a oeste, na França. Em 30 de outubro, Alfred Jodl, chefe de operações da Wehrmacht, sugeriu que Rommel fosse o comandante da batalha defensiva do oeste, cujo objetivo era evitar uma temida invasão. Rommel tinha poucos amigos no Estado-Maior Geral. Em 5 de novembro, o chefe do Estado-Maior das Forças Armadas, Wilhelm Keitel, escreveu para o comandante-em-chefe oeste, o marechal-de-campo Gerd von Rundstedt: "Temos problemas com Rommel porque ele não gosta de estar subordinado. No Norte da África ele era muito independente. Porém, acredito que o senhor é o único homem a quem até mesmo Rommel obedeceria."

Ele estava enganado, como viria a ficar evidente. Hitler hesitou em entregar um comando operacional ao teimoso marechal-de campo. Portanto, na "missão especial do oeste", designada a Rommel em 5 de novembro de 1943, a princípio sua tarefa era apenas vistoriar a preparação da operação de defesa e desenvolver propostas para a ofensiva após a aterrissagem do inimigo. Mais uma vez, o caos na comunicação entre o comando do Terceiro Reich ficou claro. Nesta nova função, Rommel estava sujeito às ordens diretas de Hitler. Seu superior de fato, o comandante-em-chefe oeste, não fora informado da tarefa de Rommel, nem da relação especial que este tinha com o Führer. O marechal-de-campo também não tinha autoridade para dar as ordens práticas necessárias que pudessem conter o inimigo no caso de uma aterrissagem dos Aliados. Tudo o que recebera foi a vaga promessa de que quando a invasão começasse, também o concederiam autoridade operacional.

* Uma série de fortificações construídas pela Alemanha na costa ocidental da Europa, também chamada de Muralha do Atlântico. (N.T.)

Hitler está guardando o nome de Rommel. Deseja poupá-lo para a próxima grande e difícil empreitada que surgir. Então, irá designá-lo para uma posição na qual uma liderança bem definida, porém com capacidade de improvisação, seja mais urgente.

Joseph Goebbels em seu diário, 10 de maio de 1943

Ontem, fui convidado pelo dr. Goebbels para tomar chá e jantar. Apesar das últimas grandes baixas, o dr. Goebbels está bastante seguro. Isso me fez bem, já que ando desanimado ultimamente, está tudo desmoronando na Tunísia.

Rommel em carta para sua esposa, 11 de maio de 1943

Rommel começou o trabalho com o entusiasmo habitual. Cheio de energia para realizar a tarefa, escreveu à mulher em 18 de dezembro: "Agora, quero me entregar ao novo trabalho com todas as minhas forças e terminá-lo com êxito." Nesta carta, como em várias outras, expressou seu otimismo: "Estou muito confiante de que iremos conseguir."

As condições que encontrou ao assumir a função pareciam justificar tal otimismo. Em teoria, havia 1,3 milhão de soldados disponíveis para rechaçar um ataque no oeste. O Grupo de Exércitos B possuía cerca de 24 divisões de infantaria e cinco de blindados. Aproximadamente 330 mil homens estavam sob o comando de Rommel. No entanto, a maioria dessas divisões não era formada por tropas bem-dispostas, mas por soldados exaustos devido à luta no leste. Comparado ao que acontecia no front ocidental, o oriental talvez parecesse o paraíso para esses soldados. Rommel se mostrava confiante para seus homens: "Por causa das nossas posições fortes, devido ao excelente espírito de nossos soldados e aos novos armamentos e equipamentos de combate postos em nossas mãos, poderemos enfrentar os acontecimentos futuros em igualdade de condições."

Entre os colegas mais próximos, era bem mais cético. Uma avaliação sensata da situação logo mostraria a Rommel que não havia espaço para otimismo. Assim que assumiu o novo posto, fez a seguinte constatação em uma conversa com seu comando: "Nossos recursos são mínimos e não há qualquer perspectiva de melhora." Berlim ofereceu mil aviões de combate adicionais no caso de uma invasão. Mas a experiência de Rommel com as extravagantes promessas de Göering não era nada animadora. Nesses dias críticos, apenas 500 aviões em condições de uso estavam disponíveis; e a Luftflotte 3, estacionada no norte da França, contava apenas com 70 aviões de combate e 90 bombardeiros. Se os invasores ultrapassassem a faixa costeira, seria muito difícil mandá-los de volta para o mar. Rommel percebeu isso e concluiu: "Nossa defesa será efetiva apenas na própria costa." As armas seriam as minas. "Quero minas anti-soldados, antitanques e antipára-quedistas; quero minas contra navios e veículos terrestres."

Sem as "armas milagrosas" anunciadas com alarde pela propaganda nazista, as minas eram as armas reais com as quais Rommel desejava realizar o milagre de repelir a chegada dos Aliados. Rommel lembrou-se do Norte da África, onde durante muito tempo os adversários britânicos conseguiram impedir seus ataques utilizando minas. Ele calculou que o inimigo havia enterrado um milhão de minas nas areias do deserto. E dessa vez? Na França, 1,7 milhão de minas já tinham sido colocadas, mas em uma área infinitamente maior do que a zona de batalhas ao redor de Tobruk.

Rommel queria concluir o mais rápido possível aquilo que até o momento não estava sendo feito de forma adequada: a fortificação da linha costeira. Mais uma vez, mostrou criatividade, habilidade organizacional e determinação para implementar uma série de planos brilhantes na forma de armadilhas submarinas, obstáculos de arame farpado, artilharia costeira com armamentos pesados e sobretudo com os "aspargos de Rommel". Esta última foi uma idéia um tanto original do "mais importante pioneiro de guerra", disse o general Meise sobre seu chefe. No Norte da África, Rommel construiu tanques de madeira sobre estruturas da Volkswagen para assustar o inimigo à distância. Agora, na França, mandou cravarem longas estacas na terra para dificultar a aterrissagem nas praias. Além disso, pelotões de trabalho salpicaram centenas dessas estacas, com intervalos irregulares, em terrenos longe da costa. O objetivo era impossibilitar a aterrissagem dos planadores aliados e assim impedir o reforço de soldados pelo ar.

As minas seriam uma barreira invisível e quase insuperável. No início, 600 mil minas estavam prontas para serem enterradas. A pergunta era: onde deveriam escondê-las? A resposta era o que tornava o trabalho de Rommel tão complicado, diante das ordens de comando confusas e das diferenças de opinião entre Rommel e os comandantes do alto escalão militar, o que incluía o comandante-em-chefe da Wehrmacht, Adolf Hitler.

Embora trabalhasse há pouco tempo na Muralha do Atlântico, Rommel alcançou resultados consideráveis. Procedia de forma sistemática e com grande precisão. Não permitiu que o pessoal do Estado-Maior Geral o colocasse de lado.

Joseph Goebbels em seu diário, 17 de maio de 1944

Estamos no meio de uma luta terrível, a batalha decisiva desta guerra. Nas últimas semanas e meses, conseguimos resultados extraordinários, embora não estejamos tão preparados quanto eu gostaria. Quero mais minas, obstáculos mais profundos na água, e contra os aviões quero mais fogo, armas antiaéreas, morteiros e lançadores de foguetes.

Rommel em carta ao filho Manfred, 21 de maio de 1944

Os alemães não sabiam onde nem quando os Aliados tinham planejado aterrissar – e os homens encarregados disso não conseguiam entrar em acordo quanto a uma estratégia defensiva coerente. Rundstedt acreditava que os pousos seriam próximos a Calais. Ele queria que grandes contingentes de soldados avançassem a partir da costa e então massacrassem o inimigo – a velha fórmula do sucesso: cercar e destruir. Rommel, contudo, estava certo de que o inimigo precisava ser atacado logo que chegasse em terra firme e assim fosse obrigado a recuar em direção ao mar. Essa divergência de opiniões levou a estratégias bem diferentes. Como Hitler não tomou nenhuma decisão final, os generais alemães continuaram brigando entre si. Após longas disputas, o combinado não agradou nenhuma das partes.

Um dos que travou batalhas verbais com Rommel foi Hans von Salmuth, comandante-em-chefe do 16º Exército. Isso ocorreu porque seus homens não estavam conseguindo enterrar as minas na velocidade desejada pelo marechal-de-campo, pois ao mesmo tempo eles estavam se preparando para o combate. A meta, já difícil de ser cumprida, que Salmuth estabeleceu para seus soldados era enterrar 15 quilômetros de minas por dia. "Faça-os enterrarem 30!", foi a curta e exigente resposta de Rommel. Logo depois disso, o comandante-em-chefe do Grupo de Exércitos B, que considerava Salmuth "letárgico", foi informado pelo subordinado que a execução desse programa defensivo estava levando seus soldados à loucura.

Não menos acaloradas foram as discussões de Rommel com o general Byron Geyr von Schweppenburg. O comandante-em-chefe do Grupo Panzer Oeste tinha acesso às únicas reservas de blindados da Wehrmacht. Rommel desejava usá-los em seu sistema de defesa costeiro. O plano de Schweppenburg era mantê-los recuados para que fossem capazes de destruir o inimigo após a aterrissagem com operações em uma área ampla. Nesta importante questão, Rundstedt decidiu não aceitar a idéia de Rommel. Mais uma vez, o impasse terminou em acordo: as divisões Panzer não foram postas tão perto da costa quanto Rommel desejava, ficaram mais para dentro do território. Essa foi a tolice que fragmentou ainda mais as forças de defesa disponíveis.

Com toda sua energia e coragem, um rosto cordialmente humano e olhos azuis límpidos, ele inspirava confiança.

HANS SPEIDEL, GENERAL REFORMADO

Os aparatos de defesa que o incansável Rommel, com o apoio da Organização Todt,* conseguiu construir em apenas seis meses ganhou o respeito de todos aqueles que o criticavam. Até mesmo Salmuth admitiu: "Uma nova fase teve início com o surgimento do marechal-de-campo Rommel." Em maio de 1944, Hitler parabenizou Rommel pelos resultados alcançados mas não concedeu o reforço pedido. O marechal-de-campo conseguiu implementar só uma ínfima parte de seus planos, pois o equipamento necessário não lhe foi entregue, nem as divisões de blindados adicionais de que tanto necessitava.

"Devido às más condições do tempo, não prevemos qualquer ação dos Aliados nas próximas duas semanas", declarou a meteorologia alemã em 4 de junho. Porém, errar na previsão do tempo não foi o único equívoco dos alemães. Os Aliados realizaram manobras inteligentes para despistá-los enquanto preparavam a invasão nos mínimos detalhes. Do lado alemão, muitos julgamentos equivocados, sem falar da displicência, da indecisão e da completa confusão nas ordens de comando.

Na noite de 5 de junho de 1944, o chefe de inteligência do 15º Exército, o *Oberstleutnant* Meyer, ouviu a segunda frase de um poema chamado "Chanson d'Automne" em uma transmissão da BBC: " ... ferem minh'alma num langor de calma." Era o sinal para a resistência francesa: a invasão começaria nos dois dias seguintes. Essa e outras mensagens codificadas mandadas de Londres para a resistência francesa não foram levadas a sério. No Sul da Inglaterra, mais de 2,8 milhões de soldados estavam de prontidão para o ataque à "Fortaleza Europa"; mais de 3.400 bombardeiros e 5.400 aviões de caça garantiriam aos Aliados um domínio absoluto dos céus; mais de 6 mil navios de diversos tamanhos foram adaptados para transportar os soldados ao longo do canal. A decisão foi em 6 de junho. A "Operação Overlord" havia começado. Ao dar as ordens para as forças aliadas naquele dia, o general Eisenhower declarou: "Os olhos do mundo estão em vocês, a esperança dos defensores da liberdade de todo o mundo irá com vocês."

---

* Grupo de engenheiros formado por Fritz Todt, a quem Hitler escolheu para comandar o Ministério de Armamentos e Munições. (N.T.)

Um tanto sentimental, sua caracterização do significado histórico daquele dia é certamente mais precisa do que grande parte das opiniões que figuram nos livros de história alemães.

Para a liderança nazista naquele momento – e para muitos alemães ainda hoje – os eventos de 6 de junho constituíram uma "invasão". Entretanto, uma invasão é a entrada de soldados hostis em um país estrangeiro. O ataque alemão à Polônia em 1939 foi uma invasão, da mesma forma que o ataque à União Soviética e as violentas ocupações de Holanda, Bélgica, Dinamarca, Noruega, Iugoslávia, Grécia... Quase toda a Europa foi invadida pela Wehrmacht. Contudo, no dia 6 de junho de 1944, nenhuma frota inimiga desembarcou em uma costa genuinamente alemã para ocupar o país. A "invasão" foi uma libertação da Normandia, que se encontrava em poder de estrangeiros. Foi o pré-requisito e o prelúdio da libertação da Europa de seus invasores nazistas, assim como o início da libertação dos próprios alemães, que viviam sob uma tirania a que não conseguiam pôr fim.

No momento crucial, a ausência dos grandes comandantes do Exército alemão era notória: Salmuth estava fora, caçando, havia dois dias; Dollmann, comandante-em-chefe do 7º Exército, preparava alguns documentos em Rennes, enquanto o comandante-em-chefe da 21ª Divisão Panzer, Geuchtinger, estava passando um tempo em Paris. Hitler dormia e não queria ser acordado antes das três da tarde; e quando o Führer dava uma ordem, seus empregados obedeciam. Quando as notícias da invasão chegaram ao refúgio de Hitler nos Alpes, em Obersalzberg, Jodl, chefe de operações, estava convencido de que eram falsas. Rundstedt desejava utilizar as divisões Panzer mantidas em reserva, mas para isso precisava da autorização de Hitler, que continuava dormindo.

Quando, no final da tarde, o Führer retomou as rédeas do Reich, ordenou rudemente que as cabeças-de-ponte fossem "desbloqueadas". Para ele, o desembarque na Normandia também não passava de uma tática para desviar a atenção da "verdadeira" invasão que aconteceria em outro lugar. Em coerência com essa idéia, proibiu o emprego de tropas de reforço; estas tiveram que assistir passivamente aos soldados alemães, embora ainda não enfrentassem uma luta dura, entregando-se à superioridade das forças aliadas que desembarcavam. E onde estava Rommel?

Sempre que vinha passar alguns dias de folga em casa, meu pai me levava para caçar. Escrevia um bilhete pedindo desculpas à minha escola e saíamos. Isso me impressionava muito.

Manfred Rommel

Pela segunda vez em sua carreira, e quando mais era necessário, Rommel não estava no front: em 1942, quando as tropas de Montgomery romperam as formações alemães em El Alamein, ele estava em casa, cumprindo uma licença de duas semanas por motivos de saúde; dois anos depois, estava de novo em casa, em Herrlingen, desta vez comemorando o aniversário de sua mulher. Quando o chefe de seu Estado-Maior, o general Speidel, informou-o da ação na costa, o marechal-de-campo retornou imediatamente ao quartel-general do Grupo de Exércitos B em La Roche-Guyon. Os dias e semanas que se seguiram não definiriam apenas o destino da Alemanha, mas a sorte do próprio Rommel, que, de forma acentuada, personificava o dilema dos militares alemães do alto escalão.

Esta é a história do muitas vezes condecorado general Rommel, um soldado corajoso. Serviu a seu Führer com lealdade. Não se interessava por política, simplesmente cumpria ordens. No último momento, reconheceu a natureza criminosa do regime e virou as costas para o ditador, a quem havia jurado fidelidade. Como homem íntegro, admirado tanto por seus soldados como pela oposição, dizia-se pronto para salvar sua pátria. Não apenas sabia do plano para matar Hitler como apoiou diretamente os conspiradores, que desejavam torná-lo presidente da Alemanha caso o golpe de Estado fosse bem-sucedido. Quando o plano para derrubar o regime deu errado, assumiu a responsabilidade, protegeu os conspiradores e cometeu suicídio para proteger sua família da vingança nazista. É a história em que, por bastante tempo, muitos desejaram acreditar. Mas ela tem uma falha crucial: nos momentos decisivos ela não corresponde aos fatos. A história que mostra o marechal-de-campo Erwin Rommel por trás da resistência de inspiração moral de um grupo de oficiais prussianos, como o "pai invisível do movimento", que chegara tarde, mas não tarde demais, é uma lenda.

O homem que mais ajudou a criar essa lenda foi o general Hans Speidel, o chefe do Estado-Maior de Rommel na França. Muitas teorias sobre a destruição do regime nazista assombraram a escrita da história. Dizem, por exemplo, que Rommel planejava prender Hitler e levá-lo a julgamento, e que existia um plano conjunto de Rommel e Manstein para ocupar o quartel-general do Führer em julho de 1943. Os historiadores alemães atuais condenam a "irresponsabilidade" daqueles que aceitaram as idéias de Speidel quanto à relação de Rommel com a resistência. Ao mesmo tempo, contudo, acredita-se que Rommel tenha conseguido "libertar-se internamente do nazismo". E é isso que torna o marechal-de-campo tão importante para as novas gerações.

Como qualquer jovem, estava muito entusiasmado com a Waffen-SS e desejava fazer parte dela como voluntário, o que irritou bastante meu pai.

Manfred Rommel

Rommel não era da "oposição", tampouco um membro ativo da resistência; não era um mártir como Stauffenberg, que estava pronto para derrubar Hitler "porque não era mais uma questão de dizer a verdade ao ditador, mas sim de matá-lo". Rommel também não era como Tresckow, que desejava, acima de tudo, "mostrar ao mundo e à história que a resistência alemã havia arriscado tudo contra a banca".

Rommel passou por uma transformação crucial, que talvez seja de importância histórica para muitos alemães, principalmente para os soldados. O *Olberst* Nolte, chefe do Estado-Maior do Afrikakorps, escreveu mais tarde a respeito da importância dessa mudança:

> Determinado em sua condenação do sistema imoral e enganoso que traiu a si mesmo e aos outros, era a figura heróica de que o povo alemão necessitava como referência moral após ter perdido a guerra. Era o símbolo de uma Alemanha melhor, um homem gentil e humano, o último representante das guerras justas, um líder popular entre seus soldados, tão respeitado pelos adversários britânicos e norte-americanos quanto por seus próprios homens.

A transformação ocorreu em diversos estágios e pôs fim ao processo que fez de Rommel – o soldado apolítico – um admirador de Hitler. O marechal-de-campo sempre repeliu o ambiente nacional-socialista; Hitler lhe parecia um homem esplendoroso no meio da lama nazista.

Há registros gravados de declarações de Rommel, já em novembro de 1942, nas quais ele fala abertamente para um pequeno grupo sobre a necessidade de uma mudança de regime. Como soldado, Rommel ficava irritado com a teimosia de Hitler, que gerava mortes inúteis. Em dezembro de 1943, em uma conversa com seu antigo intérprete, Ernst Franz, Rommel não escondeu seu pessimismo em relação à situação e por pouco não revelou os nomes de alguns dos responsáveis: "A guerra está praticamente perdida e nós enfrentamos um momento terrível. ... Infelizmente, estamos lidando com pessoas do alto escalão cujo fanatismo chega a ser insano!"

No entanto, quando estava na presença do Führer, Rommel sempre deixava-se enfeitiçar. Após um discurso feito por Hitler no dia 20 de março de 1944 em Klessheim, perto de seu retiro, o Berghof, Rommel escreveu em seu diário que as palavras proferidas pelo ídolo a quem continuava a venerar eram "de uma clareza admirável e de uma calma suprema". Declarações desse tipo provocavam o repúdio de Bernd Gisevius, membro da resistência antinazista, "pela falta de caráter desse homem, o mais convencido dos marechais-de-campo de Hitler". Mas tal veredicto é injusto.

Rommel e Rundstedt, a quem Hitler visitou no quartel-general deles, causavam-lhe boa impressão; tinham total comando da situação e, o que era mais importante, davam-se muito bem. E também o Führer, de acordo com as notícias que recebi da França, passou-lhes uma imagem de excepcional jovialidade e vitalidade.

Joseph Goebbels em seu diário, 20 de junho de 1944

Rommel é um lobinho, uma raposa.

Gerd von Rundstedt, comandante-em-chefe oeste

A conversa entre Rommel e Hitler em Soissons no dia 17 de junho pode ser considerada de grande importância. Naquele momento, os Aliados já estavam na cidade havia 11 dias e avançavam de forma incansável. Rommel descreveu a superioridade esmagadora do adversário, tanto em termos numéricos quanto no que dizia respeito aos armamentos. A Raposa do Deserto se encontrava na mesma situação que em novembro de 1942 em El Alamein: suas próprias vias de suprimento estavam imobilizadas, ao passo que o oponente conseguia incluir cada vez mais forças na batalha. E não havia qualquer perspectiva de melhora. Rundstedt, na condição de comandante-em-chefe, apoiou seu subordinado, Rommel, e lhe pediu "modificações táticas" na posição da linha de frente, nada mais do que um eufemismo para uma retirada. Em tais momentos, Hitler só sabia dar uma resposta: agüentar sempre. Rommel, mais uma vez, teve que aceitar o fato de Hitler se recusar a enfrentar a realidade.

Na reunião seguinte que teve com o Führer, em Berchtesgaden, no dia 29 de junho, a situação havia se deteriorado ainda mais. A Wehrmacht fora forçada a se retirar de Cherbourg em 27 de junho. No caminho para Berghof – Hitler os havia convocado – Rommel pediu a Rundstedt, o homem mais importante do "front da invasão", que explicasse a situação de forma realista e tecesse a conclusão necessária. Conclusão esta que só poderia ser pôr um fim à guerra no oeste. Rundstedt concordou: "Direi isso ao Führer de uma forma clara e decidida." Ao conversar com seu chefe interino de inteligência, o major Wolfram, Rommel escolheu um interessante arranjo de palavras: "Sinto-me responsável pelo povo alemão." Agora não era mais ao Führer que desejava prestar contas, mas apenas à pátria.

A conversa em Berghof não ocorreu como ele esperava. Quando Hitler o chamou para relatar a situação militar no oeste, Rommel tentou explicar sua posição geral: "O mundo inteiro se uniu contra a Alemanha, e as respectivas forças..." Hitler interrompeu o marechal-de-campo e disse que ele deveria falar sobre a situação militar, não política. Rommel tentou uma segunda vez e foi novamente repreendido por Hitler. No final da reunião, fez uma última tentativa. Disse que não podia partir sem falar com ele sobre a "Alemanha". Hitler mostrou a porta a Rommel. "Creio que é melhor sair da sala, *Herr Feldmarschall*." Essa foi a última vez que o Führer e seu "general preferido" se encontraram.

Houve um ponto positivo gerado pelo fracasso das três tentativas. Rommel passou a não ter mais ilusões. Estava certo de que Hitler não tinha qualquer intenção de negociar uma rendição, nem no leste nem no oeste. Porém, isso era exatamente o que Rommel desejava fazer. Em conversas com os oficiais de seu comando, disse repetidas vezes: "Irei me empenhar na exploração de minha boa reputação com os Aliados para concluir um armistício. Se necessário, contra a vontade de Hitler."

A situação militar no oeste tornou-se ainda mais desesperadora. O objetivo dos ataques aliados era Caen, o último obstáculo no caminho para Paris. Geyr von Schweppenburg, que em um relatório desanimador ao OKW propôs a entrega de Caen, foi demitido do posto de comandante-em-chefe do Grupo Panzer Oeste. O comandante-em-chefe oeste, o marechal-de-campo Von Rundstedt, foi condecorado com folhas de carvalho para sua Cruz de Cavaleiro – junto com um comentário mordaz acerca de sua saúde debilitada. Foi forçado a se afastar, pois quando Keitel lhe perguntou como o problema poderia ser solucionado, ele respondeu: "Faça a paz."

A escolha do sucessor deixou claro como Hitler reagira mal ao comportamento de Rommel em Berghof, já que, embora estivesse logo abaixo de Rundstedt na hierarquia, o escolhido para ser o novo comandante-em-chefe oeste foi o marechal-de-campo Günther von Kluge. Desde a nomeação, a relação entre os dois homens mais importantes no oeste não era boa. Rommel, conhecido no Estado-Maior Geral pela independência e pelas decisões pouco convencionais, fora advertido por Kluge: "A partir de agora, até o senhor precisa se acostumar a cumprir ordens."

Porém, Rommel conseguiu convencer seu novo chefe a agir de modo sensato. Em 15 de julho, quando os alemães já haviam perdido Caen, Rommel entregou um documento interno a seu superior, descrito como um "ultimato a Hitler", no qual resumia a situação com o realismo e a franqueza que lhe eram habituais: "Nossos soldados lutam de forma heróica em toda parte; no entanto, esta batalha desigual se aproxima do fim." Sua conclusão foi: "A meu ver, é preciso aceitar as conseqüências políticas da situação." Nesta frase, que Rommel havia acrescentado de próprio punho, Speidel e Tempelhoff retiraram a palavra "políticas".

O que estava por trás desse pronunciamento vago foi explicado por Rommel de maneira mais clara às pessoas mais próximas a ele. Disse ao *Oberstleutnant* Elmar Warning o que faria se Hitler não agisse da forma desejada: "Neste caso, abrirei o front ocidental para os Aliados, pois há apenas uma decisão importante a ser tomada: precisamos nos assegurar de que britânicos e norte-americanos cheguem a Berlim antes dos russos." Tentando conseguir apoio para seu plano, Rommel voltou-se para Sepp Dietrich, comandante do 1º Corpo Panzer SS e um dos mais fanáticos seguidores de Hitler, e arriscou a pergunta: "Você continuaria seguindo minhas ordens se elas forem de encontro às do Führer?"

Rommel jogou alto e, ao que parece, venceu, já que a resposta de Dietrich foi a seguinte: "O senhor é o meu comandante-em-chefe. Obedeço apenas ao senhor, sejam quais forem as ordens." Rommel também contou a outros oficiais de seus planos desesperados para um armistício: "Tentarei, com base na minha boa reputação com os Aliados, fazer um pacto contra a vontade de Hitler e com a condição de podermos marchar lado a lado com eles contra os russos." A ilusão de Rommel quanto aos objetivos de guerra dos Aliados era completa. A idéia de que as potências ocidentais se uniriam a um dos marechais-de-campo de Hitler e, ao lado dos "malditos alemães", lutariam contra as tropas de Stálin era inconcebível – mesmo com a morte do Führer.

Embora o experiente Von Kluge tivesse recebido ordens de Hitler para identificar posições "derrotistas" entre os oficiais do Alto Comando oeste, ele reconheceu a veracidade da análise de Rommel. Estava preparado para assinar o relatório do marechal-de-campo e enviá-lo ao ditador, mas foi impedido pelos acontecimentos.

Em 20 de julho de 1944, o conde Claus von Stauffenberg detonou uma bomba na tenda principal da "Toca do Lobo", o quartel-general de Hitler em Rastenburg, no leste da Prússia. Essa "rebelião de consciência" foi, até aquele momento, a tentativa mais organizada de acabar com o domínio nazista, e a que mais perto chegou de ser bem-sucedida. Matar Hitler seria o ponto de partida para a implementação de todos os outros planos da resistência, que já havia se organizado para avançar por Berlim e Paris.

O coração do movimento de resistência estava no Ministério da Guerra, na Bendlerstrasse, em Berlim. Mas em Paris também havia um influente grupo de oficiais tomando as medidas necessárias para o período que se seguiria à morte de Hitler. Não há dúvidas de que Carl-Heinrich Stülpnagel, governador militar da França, estava entre os conspiradores. Também é certo que o tenente-coronel Cäsar von Hofacker, primo de Stauffenberg que pertencia ao comando de Stülpnagel, tentou convencer Rommel a lutar ativamente pela causa. Não tão claro foi o papel desempenhado pelo experiente comandante-em-chefe na França, o marechal-de-campo Von Kluge. Ele estava ciente das intenções dos conspiradores e deu a entender que os apoiaria caso tivessem êxito, mas quando soube que Hitler havia sobrevivido à explosão, afastou-se da conspiração.

No entanto, não conseguiu escapar da vingança do Führer. Antes que os algozes pusessem as mãos nele, cometeu suicídio. Mesmo que não tivesse participado da conspiração ativamente, o conhecimento que tinha do plano seria suficiente para Hitler considerá-lo um dos responsáveis. E quanto a Rommel? Qual foi sua participação no plano de 20 de julho? O que ele sabia?

> *Ele não queria aceitar outro comando no oeste; disse que cada tiro disparado contra os Aliados nos feriam, e não a eles.*
>
> Manfred Rommel

Três dias antes do atentado contra Hitler, Rommel foi gravemente ferido. Na tarde de 17 de julho, quando voltava de carro para seu quartel-general em La Roche-Guyon, foi atacado por um avião britânico. Por uma estranha ironia, isso ocorreu perto de um vilarejo com o mesmo nome do homem que o derrotara no Norte da África: Montgomery – uma aldeia na Route Nationale 1879, entre Livarot e Vimoutiers. As circunstâncias foram típicas do estilo de liderança de Rommel. As condições do tempo naquele dia quente de verão traziam grande perigo; o céu nublado oferecia o cenário ideal para a ação de aviões inimigos. O marechal-de-campo tinha acabado de sair de uma inspeção no front quando dois bombardeiros britânicos atacaram o pequeno comboio. Este com certeza não foi o único ataque aéreo sofrido por Rommel.

O *Obergefreiter* Holke, que estava sentado no banco de trás observando a possível aproximação de aeronaves, informou sobre os dois aviões. Rommel mandou todos se protegerem mas era tarde demais. Os aviões mergulharam em direção ao alvo, atirando para todos os lados. O motorista de Rommel foi atingido no ombro e perdeu o controle do carro. Uma granada feriu o auxiliar de Rommel na pélvis e o marechal-de-campo, atingido por estilhaços, foi projetado para fora do veículo. Sofreu uma fratura na base do crânio e outros ferimentos sérios na cabeça. Passou-se quase uma hora até que Rommel fosse levado para o hospital. A vida do general alemão foi salva por um farmacêutico francês. A luz de esperança que Rommel representava foi apagada pelos pilotos britânicos. Caso não tivesse sido ferido, será que Rommel teria participado do atentado de 20 de julho?

Muitas foram as tentativas de convencer Rommel a participar ativamente da resistência. O secretário do governador militar na França relembrou uma conversa ocorrida entre o marechal-de-campo e Stülpnagel. Rommel mostrou-se apreensivo quanto a qualquer atentado contra a vida de Hitler. Stülpnagel tentou trazer o oficial para a resistência por meio de Hans Speidel, chefe do Estado-Maior de Rommel, cujo cunhado fazia parte do comando de Stülpnagel. Naquele momento, Speidel, confiante na oposição a Hitler, já não escondia mais sua opinião negativa sobre o Führer nas conversas com os oficiais mais experientes do oeste. Um major do comando de Rommel descreveu o "clima de completo derrotismo" desses encontros: "Na ausência do marechal-de-campo, Speidel tomava a frente das discussões e a conversa girava em torno do 'idiota' de Berghof, ou seja, Hitler."

Speidel estava convencido de que o Führer nunca faria um acordo de paz em separado com os Aliados. Rommel discordava, embora tivesse ouvido diversas vezes da boca do próprio Hitler que tal acordo estava fora de questão. "Ninguém faz acordo de paz comigo", declarava o Führer – e ele também não estava disposto a fazer acordo de paz com ninguém. Entretanto, até o dia em que foi ferido, Rommel ainda nutria a esperança de conseguir convencer Hitler a negociar uma paz no oeste. Entretanto, por mais que Rommel concordasse com grande parte das metas políticas e militares de Speidel, os dois chegaram a conclusões muito diferentes. Speidel e os oficiais do atentado de 20 de julho sabiam que era necessário retirar Hitler de cena. Para Rommel, não havia tal condição *sine qua non*.

O elo entre os conspiradores e Rommel era o *Oberstleutnant* Cäsar von Hofacker. Em 9 de julho, ele falou pessoalmente com o marechal-de-campo em La Roche-Guyon. Não há nenhum registro escrito dessa ou de outras conversas semelhantes; o risco de serem descobertos seria grande demais. Hoje, temos que confiar na memória dos envolvidos e nas declarações feitas à Gestapo e ao chamado "Tribunal de Honra" da Wehrmacht. Mas há contradições em todas estas fontes.

Quando interrogado pela Gestapo, Cäsar von Hofacker teria alegado que, no dia 9 de julho, havia informado ao chefe do Estado-Maior de Rommel, Hans Speidel, sobre o plano para assassinar Hitler. Disse que Speidel teria lhe garantido que passaria a informação para o chefe. Essa explicação contradiz outra versão, de acordo com a qual Von Hofacker teria pessoalmente posto Rommel a par de todo o esquema. Em uma conversa com oficiais em Paris antes da tentativa de golpe, Hofacker descreveu como tinha revelado a Rommel os detalhes específicos do plano. Os oficiais de Paris que sobreviveram confirmaram as declarações de Hofacker de que Rommel havia indicado que os apoiaria.

Não é mais possível esclarecer tais contradições. Em 30 de agosto de 1944, Hofacker foi condenado por alta traição. Teve uma morte agonizante por enforcamento na prisão de Plötzensee, em Berlim, no dia 20 de dezembro do mesmo ano.

Nos relatórios do Escritório Central de Segurança do Reich enviados a Martin Bormann, a *éminence grise* de Hitler, de fato não encontramos evidências de que Rommel soubesse do golpe. A avaliação pessimista da situação no oeste feita por Rommel é apresentada em detalhes, mas Hitler não precisava de um serviço secreto para saber disso. Rommel nunca manteve suas idéias em segredo; o Führer as conhecia das conversas particulares que teve com o marechal-de-campo.

Em 4 de outubro, o "Tribunal de Honra" da Wehrmacht se reuniu mais uma vez em Berlim. O tribunal precisava encontrar um oficial culpado e afastá-lo das Forças Armadas antes de levá-lo a julgamento diante do júri popular. Nessa ocasião, foi Ernst Kaltenbrunner, chefe do Escritório Central de Segurança do Reich, que conduziu o processo contra o chefe do Estado-Maior de Rommel, Hans Speidel. Ele foi acusado de saber do plano para assassinar o Führer e de incitar os conspiradores. Speidel negou que tivesse conhecimento da conspiração. Dois generais, Guderian e Kirchheim, contestaram dizendo que ele "não estava sob suspeita". Com sua absolvição pelo Tribunal de Honra, Speidel escapou do destino de muitos outros membros do movimento de resistência. Após a guerra, escreveu um livro, *Rommel e a campanha da Normandia – invasão 44,* em que apresentou uma versão diferente dos acontecimentos. De acordo com o livro, Speidel estava ciente da existência do golpe de 20 de julho, mas nada sabia sobre os detalhes, de forma que não os poderia ter passado a Rommel.

Hoje podemos presumir que Rommel de fato não sabia dos planos de Stauffenberg e que, quando ficou sabendo, depois de 20 de julho, os condenou. Ele disse a Kluge que a tentativa de golpe foi "uma loucura". Em 24 de julho, logo depois do acontecido, escreveu à mulher: "Temos que agradecer a Deus o ótimo resultado" (o fato de Hitler ter sobrevivido). Mas sob a sombra da censura nazista, o marechal-de-campo dificilmente teria conseguido fazer algo além de condenar o golpe. As evidências escritas não oferecem provas suficientes de que ele realmente se opunha ao plano.

Entretanto, o contrário é igualmente verdadeiro: em público, Rommel, como muitos outros oficiais de alta patente, havia se distanciado dos "traidores". Sua declaração de devoção a Hitler feita após o atentado contra a vida do Führer ("Apenas um pensamento domina minha mente: lutar e vencer pela nossa nova Alemanha") não pode ser considerada um juramento genuíno de lealdade ao ditador. O que mais um oficial experiente *poderia* ter dito após um golpe fracassado sem arriscar sua vida e a de sua família? O "*Heil, Mein Führer*" usado por Rommel para terminar sua carta a Hitler não é suficiente para provar uma ligação inabalável entre o marechal-de-campo e o ditador.

Se não há documentos autênticos escritos por Rommel, ou se são de pouco valor comprobatório para os historiadores, contamos ao menos com as declarações daqueles que o conheciam melhor e com os quais discutia os fatos sem medo de se expor para descobrirmos mais sobre a atitude do marechal-de-campo em relação ao atentado. Lucie, a esposa de Rommel, declarou por escrito: "Gostaria de esclarecer que meu marido não teve qualquer participação na preparação nem na execução do golpe de 20 de julho de 1944, pois, como soldado, recusou-se a seguir esse caminho. Ao longo de sua carreira, sempre foi um soldado, nunca um político."

O momento em que fez tal declaração precisa ser mencionado. Lucie Rommel não proferiu tais palavras para defender o marido das forças assassinas de Hitler. Essa declaração foi feita em setembro de 1945, ou seja, quando já não havia mais qualquer risco para os que admitiam envolvimento com a resistência. Após a guerra, muitos, de uma hora para outra, descobriram uma simpatia por Stauffenberg, e o número dos que "lutavam secretamente contra o regime" cresceu bastante. Mas Lucie Rommel se manteve firme. Seguia dizendo que o marido nada sabia sobre o golpe e que se tivesse sabido teria recusado, por princípio, qualquer tipo de envolvimento. O juramento de lealdade a Hitler, que a partir de 1934 todo soldado alemão precisava fazer pessoalmente, mais uma vez se revelou um obstáculo. Cada um dos homens e soldados em serviço tinha jurado obediência incondicional.

Em março de 1944, os marechais-de-campo do Reich foram obrigados a fazer mais um voto de lealdade ao Führer. Assim como Rundstedt, Manstein e os outros oficiais seniores da Werhmacht, Rommel confirmou mais uma vez seu juramento de obediência com uma assinatura. Para Rommel, quebrar essa promessa estava fora de questão. Mas a lealdade incondicional a seu comandante supremo não o impedia de falar o que pensava sobre questões militares – e se análises políticas precisassem ser feitas, pois apenas dessa forma os problemas militares seriam resolvidos, o soldado apolítico também entraria nesse mérito. Rommel, portanto, era o único homem do séqüito direto de Hitler que não tinha medo de expressar opiniões divergentes na presença do Führer. Dessa forma, não foi por falta de coragem que Rommel não se juntou aos conspiradores. O motivo tinha mais a ver com seu conceito de honra e "lealdade".

O marechal-de-campo se opôs aos planos de assassinato por não querer que Hitler se tornasse um mártir. Sua idéia era capturar o ditador com a ajuda de unidades blindadas de confiança e entregá-lo a um tribunal de justiça alemão para que fosse condenado por crimes contra a própria nação e contra a humanidade. A multidão que o elegeu também deveria estar presente ao julgamento.

Hans Speidel, general reformado

Quando meu pai se uniu a Rommel, acredito que a relação entre o marechal-de-campo e Hitler já não estava tão boa. O ceticismo era muito grande. Houve uma discussão – em fevereiro de 1944, creio – entre Rommel e o dr. Strölin, prefeito de Stuttgart, que fazia parte do grupo de Goerdeler. Esse grupo já falava sobre como Hitler poderia ser retirado do poder, de preferência por meios legais.

Ina Saame, filha de Hans Speidel

Manfred Rommel disse que o pai com certeza nutria uma simpatia considerável pelos conspiradores, mas que volta e meia argumentava contra o tão discutido tiranicídio. "Costumava dizer que 'Hitler morto era mais perigoso do que vivo'." Rommel expressou sua opinião sobre a idéia de retirar o Führer do comando do Terceiro Reich em diversas conversas com Karl Strölin, prefeito de Stuttgart. Rommel conhecia Strölin desde a Primeira Guerra Mundial, quando os dois lutaram na mesma unidade. Eles tinham uma relação de confiança. Foi no final de 1943 que Strölin falou pela primeira vez a Rommel sobre a perseguição aos judeus e as conseqüências que ele sofria por desaprovar a medida.

Em fevereiro de 1944, durante um período de folga em sua casa, em Herrlingen, Rommel contou à mulher sobre outra conversa, na qual Strölin falou a respeito dos crimes cometidos pelos nazistas no leste, dos assassinatos de judeus, das mortes em massa e dos massacres. Strölin expressou a expectativa de que o marechal-de-campo emprestasse seu nome a um movimento pela "salvação do Reich". Como observou Strölin, "a menos que esse homem morra, nada faz o menor sentido". No entanto, Rommel discordou de maneira enfática de tal veredicto: "Se você acredita nesta idéia, agradeço se não exprimi-la na frente de meu filho, que é menor de idade."

A partir do comportamento de Rommel durante e depois dessa conversa, os historiadores tiram duas conclusões:

> 1 – Rommel sabia o que estava sendo feito no leste, atrás da linha de frente – embora talvez não estivesse ciente da extensão do extermínio. No entanto, não responsabilizava Hitler por esses crimes, apenas os homens que o cercavam.
> 2 – Rommel se opunha a qualquer ação cujo objetivo fosse matar o ditador alemão. Hitler deveria ser preso e prestar contas diante de um tribunal de justiça – essa era a atitude idealista, para não dizer ingênua, em relação ao homem a quem jurara lealdade.

Rommel, entretanto, tirou uma conclusão dessas conversas: proibiu o filho de se tornar membro da SS, algo que Manfred cogitava, tomado pelo entusiasmo juvenil. Mas em obediência ao pai, decidiu abdicar do plano. A decisão de manter a família, e a si próprio, longe da rede da liderança nazista e de seus asseclas distanciou Rommel do regime para com o qual não tinha qualquer dívida. O marechal-de-campo também deu um segundo passo: desenvolveu planos concretos para promover um acordo de paz em separado com os aliados do ocidente, agindo, portanto, em direto desacordo com as ordens do supremo comando. Porém, não deu o salto final para a resistência ativa.

O motivo que levou Hitler a parar de favorecer seu "general preferido" não está ligado a uma real participação de Rommel no atentado de 20 de julho. Naquele momento, "o maior comandante militar de todos os tempos" passou a menosprezar o vitorioso general do deserto da mesma forma como fizera com quase todos os generais da Wehrmacht. Quando o Führer nomeou Hans Krebs para substituir Speidel em 25 de agosto de 1944, disse a Speidel que Rommel havia "feito a pior coisa que um soldado poderia fazer em uma situação como essa: buscar uma saída que não fosse por vias militares. Dentro de suas limitações, considero Rommel extraordinariamente corajoso e também um comandante inteligente. Mas não o acho persistente, e esta é a visão de todos os oficiais experientes".

Tais palavras expressavam decepção, mas nenhum sentimento de vingança ou ódio do tipo que Hitler revelou em sua transmissão de rádio após o atentado, quando esbravejou contra "a pequena roda de oficiais estúpidos, ambiciosos, desumanos e criminosos". Não havia qualquer sinal de que Hitler pretendia responsabilizar Rommel. A atitude do Führer em relação ao marechal-de-campo era visivelmente muito mais fria do que antes, mas estava longe de ser hostil. Porém, o destino de Rommel já havia sido traçado.

Os generais Guderian e Kirchheim, que estavam longe de ser grandes admiradores do marechal-de-campo, defenderam o chefe do Estado-Maior de Rommel, Hans Speidel, argumentando que ele "não estava sob suspeita". O Tribunal de Honra aceitou o argumento e Speidel foi absolvido, o que era justo. Contudo, iniciou-se uma "caça às bruxas" contra Rommel.

Especula-se muito se Rommel foi vítima de uma intriga por parte do Estado-Maior Geral. Ele certamente tinha muitos inimigos no Alto Comando militar. Mas é provável que qualquer um cuja carreira tivesse crescido de forma tão acentuada, que tivesse gozado de tanta popularidade e, sobretudo, devesse suas promoções a um único homem de poder ilimitado causasse inveja e hostilidade. Independentemente de qualquer outro motivo, a unida e aristocrática casta dos oficiais do alto escalão nutria ressalvas latentes ao "presunçoso" Rommel. Ele nunca havia passado por qualquer treinamento do Estado-Maior Geral e mesmo assim conseguiu chegar ao posto de marechal-de-campo. Hitler o ajudou e o promoveu, em detrimento de outros generais. Rommel logo passou a ser considerado um "típico protegido do nacional-socialismo", e nada é tão aderente quanto a má reputação. Além disso, Rommel deu aos outros generais alemães muitas razões para ficarem irritados: criticava, na frente de Hitler, o OKW por "falta de análises baseadas em experiências na linha de frente". Em particular, acusava Kesserling de sabotar suas vias de suprimento e o culpava indiretamente pela derrota alemã no Norte da África. Por fim, Rommel desfrutou de muito sucesso durante um longo tempo, e sucesso gera ciúmes.

Halder e Brauchitsch, os experientes generais do Alto Comando, continuaram tendo pouca consideração por Rommel após terem sido dispensados de seus cargos (Brauchitsch em 1941, Halder em 1942). Falaram da "ambição patológica" e das "falhas de caráter" do marechal-de-campo. Göering foi obrigado a ouvir duras críticas de Rommel a respeito da capacidade da Luftwaffe. Mas após os acontecimentos de 20 de julho de 1944, certas figuras centrais do séqüito de Hitler foram de maior importância: oficiais chegados a intrigas, como Keitel e Burgdorf, agora podiam tentar tirar de cena o concorrente e ao mesmo tempo encontrar alguém para culpar pela situação do front ocidental. Mas o que os militares de alta patente poderiam fazer para explorar o atentado de 20 de julho e acertar contas com seu rival?

Alta traição não significava apenas participação ativa em um golpe contra o Führer. Era o crime praticado por todos os que não acreditavam mais em uma "vitória final", pelos suspeitos de negociar com o inimigo e por aqueles que sabiam de planos para assassinar alguém e não passavam a informação adiante. E foi nesta última definição que os oficiais se agarraram. A pergunta-chave foi feita ao general Speidel diante do "Tribunal de Honra" em 4 de outubro de 1944. Dois dos seis generais do Exército que faziam parte do tribunal, Kirchheim e Guderian, escreveram em uma declaração de juramento após a guerra que o coronel Hofacker disse ter informado Speidel sobre o plano para assassinar Hitler. Speidel, teria dito que, por uma questão de dever, informou seu superior, Rommel. É fato que o marechal-de-campo não contou a ninguém sobre o plano do golpe. A dúvida continua sendo se Speidel realmente informou o marechal-de-campo ou apenas disse tê-lo feito para se proteger. Ao defender a versão de Speidel, Guderian o absolveu e ao mesmo tempo se voltou contra Rommel.

Depois da guerra, Speidel negou ter incriminado o marechal-de-campo. O homem que apoiou a versão de Speidel com mais fervor nos tribunais de guerra de Nuremberg foi ninguém menos do que o chefe do OKW, Wilhelm Keitel, que era desprezado por Rommel e chamado pela maioria dos oficiais seniores de Lackeitel. Como prova significativa da culpa de Rommel, Keitel indicou a declaração feita por Cäsar von Hofacker. No entanto, provou-se que a gravação com tal declaração só chegou ao OKW *após* o processo contra Speidel já ter sido instaurado – em outras palavras, tarde demais. O julgamento de Hofacker foi realizado logo, em 30 de agosto.

Temos então um emaranhado de alegações conflitantes que não pode ser desembaraçado por completo. A seqüência de acontecimentos e as leis da lógica indicam que a declaração de Speidel, feita em sua própria defesa, foi reforçada por falsas evidências, de forma que Rommel fosse acusado de "cumplicidade" no atentado contra a vida de Hitler. "Isso é obra de Keitel e Jodl", escreveu Alfred-Ingemar Berndt à viúva de Rommel. E Berndt tinha uma relação tão boa com Goebbels quanto a que tivera com Rommel. Um propagandista nazista também pode ocasionalmente dizer a verdade.

Em 7 de outubro, Hitler mandou Keitel, chefe do OKW, convocar Rommel para uma reunião em Berlim, na qual discutiriam onde poderiam empregar as habilidades do marechal-de-campo. Rommel telefonou para Berlim e usou sua exaustão física como pretexto para recusar o convite.

Como disse à família, "se fosse tolo o suficiente para ir a Berlim, esta provavelmente seria a última vez que vocês me veriam". A recusa de Rommel em se apresentar pessoalmente a Hitler foi considerada por seus adversários como uma confissão de culpa. Seis dias depois, o OKW anunciou que em breve dois oficiais lhe fariam uma visita. Mas dessa vez, a conversa não seria sobre novas tarefas militares para o agora já recuperado marechal-de-campo.

"Por favor aceite minhas sinceras condolências pela grande perda sofrida com a morte de seu marido. O nome do *Generalfeldmarschall* Rommel ficará para sempre ligado à heróica luta no Norte da África. Adolf Hitler." As palavras contidas no telegrama enviado em 16 de outubro à viúva do marechal-de-campo exalava hipocrisia. A propaganda nazista ainda explorou o mito de Erwin Rommel pela última vez. A notícia da morte do ídolo se espalhou pelo mundo em 15 de outubro. Em seu comunicado diário, Hitler disse: "O *Generalfeldmarchall* Rommel morreu em decorrência dos graves ferimentos sofridos durante um acidente na estrada rumo ao front, enquanto servia como comandante-em-chefe de um grupo de Exércitos no oeste. A morte acaba de levar um de nossos melhores comandantes."

Assim, iniciou-se um teatro cujo clímax foi um funeral com honras de Estado em 18 de outubro. O objetivo dos "assistentes de palco" de Hitler não foi montar um tributo digno a Erwin Rommel; em vez disso, encenaram um espetáculo macabro para que ninguém visse a terrível verdade. A dor genuína da família foi ridicularizada da forma mais repulsiva. "Como teria desejado o marechal-de-campo, sua coragem nos lembra mais uma vez de nosso lema: 'Lutemos até a vitória.'" Isso, é evidente, seria a última coisa que Rommel, conduzido à própria morte, desejaria.

Os nazistas investiram um grande esforço na preparação do funeral de Estado em 18 de outubro de 1944. Hitler decretou um dia de luto oficial, mas não foi pessoalmente à cidade suábia onde Rommel nasceu. No salão de baile da prefeitura de Ulm e na praça do lado de fora, milhares de pessoas de luto se reuniram. Alemães de todas as partes do Reich viram as imagens exibidas nas telas dos cinemas; ouviram a salva de tiros rompendo o silêncio enquanto o caixão era retirado da prefeitura; viram a multidão se aglomerar nas ruas a caminho do crematório; emocionaram-se quando a banda militar começou a tocar "*Ich hatt' einen Kamaraden*",* enquanto

* "Tive um companheiro..." (N.T.)

uma coroa de flores mandada por Hitler era colocada no ataúde. Militares de alta patente e civis renomados se sentaram na primeira fila, ao lado dos consternados familiares de Rommel, para se despedirem do marechal-de-campo.

O enterro envolveu uma produção impressionante, executada de forma impecável e completamente falsa. No caixão coberto com uma suástica também jaziam o capacete de ferro de Rommel e seu bastão de marechal. Suas várias condecorações foram colocadas em uma almofada de veludo. Quatro generais com espadas na cintura formavam uma guarda de honra. Quando Lucie e Manfred Rommel entraram no salão, a orquestra tocou alguns trechos de *Crepúsculo dos Deuses,* de Wagner.

O discurso foi feito pelo general-de-campo Gerd von Rundstedt, o oficial de patente mais alta do Exército alemão: "Não só a Wehrmacht, mas todo o povo alemão compartilha da profunda angústia diante do ataúde desse herói morto. O cruel destino nos tirou Rommel exatamente no momento em que a batalha atinge seu clímax." O "cruel destino" tinha nome: Hitler. O homem que agora recebia uma série de elogios acabara de ter sido obrigado a cometer suicídio.

Rommel havia escrito a um de seus oficiais: "Sinto-me melhor, devo voltar ao front nos próximos dias ou semanas." E de repente ouvimos no rádio que Rommel morreu em decorrência dos ferimentos. Dissemos uns aos outros: "Não pode ser, ele acabou de nos escrever falando que estava voltando ao trabalho." Ficamos desconfiados. Rommel era um oficial que sempre recebia grandes elogios. O fato de Hitler não ter comparecido ao enterro, apenas Guderian, foi uma grande surpresa. Pensamos: "Há algo errado..."

Wilfried Armbruster, intérprete de Rommel

Rommel precisava morrer porque, após a chegada dos Aliados à Normandia, recomendou que fosse colocado um fim à guerra, que já estava perdida. Hitler considerou esse conselho uma traição.

Robert M. Kempner, promotor em Nuremberg

Era um dia ensolarado de outono, 14 de outubro de 1944. Mas os homens que Hitler havia escolhido para a missão não tinham olhos para as belezas de Herrlingen quando chegaram à casa do marechal-de-campo por volta do meio-dia. A vinda deles não era um bom presságio. O general Burgdorf era o principal assistente de Hitler após substituir o general Schmundt, amigo de Rommel, na função. O outro, o general Maisel, responsável pelas "questões de honra" do departamento pessoal do Exército, não era um grande admirador de Rommel. Naquela manhã, quando Rommel saiu para uma caminhada com o filho e disse que não confiava em nenhum dos dois generais, tinha bons motivos para isso. O marechal-de-campo já esperava ser responsabilizado pelo fracasso da defesa alemã na aterrissagem dos Aliados, mas agora os dois homens o confrontavam com "evidências" de sua participação no atentado à vida de Hitler.

Keitel enviou seus mensageiros da morte para defrontá-lo com uma escolha difícil: se as acusações contra ele fossem falsas, deveria ir a Berlim provar sua inocência. Do contrário, como oficial e homem honrado, deveria evitar o julgamento e aceitar as "devidas conseqüências". Deram-lhe um segundo aviso: caso ficasse com a segunda opção, deveria optar por veneno e não pela pistola. Embora fosse um soldado profissional, Rommel não morreria com uma bala, mas engolindo uma cápsula de cianeto do estoque controlado pelo departamento pessoal do Exército. Dessa forma, os carrascos de Hitler teriam mais possibilidades para mascarar as causas da morte do marechal-de-campo. O resultado da conversa com Rommel já havia sido expresso antes mesmo de os dois generais deixarem Berlim. Naquele momento, as autoridades nazistas já estavam se dedicando à preparação do funeral. Em 13 de outubro (um dia antes da morte de Rommel), o quartel-general da Wehrmacht em Ulm foi informado que uma coroa de flores chegaria de Berlim.

"É impossível para mim expressar o que pude ler no rosto dele", disse Lucie Rommel mais tarde sobre o momento, por volta das 13h, em que o marido saiu de seu escritório para lhe contar sobre a conversa de uma hora que tivera com Burgdorf e Maisel. Com sua típica concisão militar, um pálido, porém comedido, Rommel comunicou a terrível notícia: "Vim me despedir. Eles me acusam de envolvimento no plano contra Hitler. O Führer me mandou escolher entre o envenenamento ou um julgamento pelo 'júri popular'. Eles trouxeram o veneno. Estarei morto em 15 minutos." Lucie Rommel implorou ao marido que fosse se defender em Berlim. Porém, Rommel se recusou: "Sei que nunca chegaria a Berlim. Eles me matariam antes." Rommel garantiu à esposa que as acusações eram falsas, que não tinha motivos para temer o júri popular e que sua incriminação deve ter sido resultado dos habituais métodos de chantagem.

Manfred Rommel também descreveu o pai como "extremamente aflito, porém controlado; pálido, mas no comando de si" na hora do adeus à família. Erwin Rommel explicou ao filho de 15 anos o que estava prestes a acontecer e por que aconteceria. A última frase reconfortante foi que após sua morte, a família não seria mais incomodada. "Hitler mandou me dizer que, caso me suicide, nada acontecerá com você; pelo contrário, cuidarão bem de você." Ao optar por tirar a própria vida, Rommel protegeu a família da *Sippenhaft*, a prática nazista de impor uma vingança contra toda a família de um "traidor"; ele receberia um funeral de Estado, de forma que "a traição não seria revelada ao povo alemão". Até um memorial foi prometido ao homem que na opinião dos líderes nazistas era um traidor.

Aldinger, o assistente de Rommel, foi a terceira pessoa a ficar sabendo do que ocorrera e do que estava prestes a acontecer: "Sei muito bem que Hitler me quer fora do caminho, e mesmo que consiga chegar até Berlim vivo, serei condenado à morte pelo júri popular." Aldinger o aconselhou a tentar, mas Rommel se recusou. "Após consultar minha mulher, decidi pelo caminho que realmente preciso seguir. Não me sinto culpado. Não me envolvi em crime algum. Durante toda a vida, apenas servi à minha pátria."

Após se despedir brevemente da esposa, Rommel, acompanhado pelo filho e pelo assistente, foi até o carro que o aguardava. O marechal-de-campo se sentou no banco de trás, entre Burgdorf e Maisel. O pequeno Opel preto desceu a rua na direção da cidade de Blaubeuren. Os vários carros estacionados discretamente nos arredores da casa de Rommel partiram.

Poucos metros após terem saído do vilarejo de Herrlingen, Burgdorf pediu ao motorista que parasse o carro. O motorista e o general Maisel saíram do veículo. O assistente-chefe de Hitler entregou a cápsula mortal a Rommel, mas o veneno não agiu da forma tão imediata, como ele descrevera à esposa. Quando o motorista foi chamado para voltar ao carro dez minutos depois, Rommel continuava vivo. "Vi Rommel caído no carro gemendo. Ajeitei-o no banco e pus o quepe, que havia caído no chão, em sua cabeça." Então veio o silêncio. Rommel estava morto.

Após a terrível notícia da morte de Rommel, minha mãe foi a Herrlingen e, ao lado do caixão aberto, Frau *Rommel contou-lhe sobre o violento fim do marido. Pediu à minha mãe que a ajudasse a retirar as medalhas do corpo do marechal-de-campo, a* Pour le Mérite *e a Cruz de Cavaleiro. Disse que mãos sujas jamais iriam tocá-las.*

INA SAAME, FILHA DO GENERAL SPEIDEL

Minha mãe estava completamente estarrecida. Não sabíamos quanto tempo duraria nossa liberdade ou se, quando a "encenação" terminasse, seríamos privados dela.

MANFRED ROMMEL

Às 13h24, Burgdorf e Maisel levaram o corpo do marechal-de-campo para a emergência do hospital militar da Escola Secundária Wagner, em Ulm. Os generais alegaram que durante a viagem Rommel de repente começou a passar mal, provavelmente devido a uma "embolia". Mentiram com total convicção. O médico que estava de plantão disse à família que as medidas tomadas para ressuscitar o marechal-de-campo não funcionaram. "Falência cardíaca" foi a causa oficial indicada no atestado de óbito feito às pressas.

O experiente médico responsável pelo hospital, que só foi ver o corpo de Rommel 24 horas depois da morte, declarou após a guerra que, em razão dos sintomas, tinha dúvidas quanto às causas do falecimento e pediu permissão para realizar uma autópsia. Ao que parece, recusaram. "Fui informado de que deveria me afastar do caso Rommel. Fui dispensado de minhas tarefas. Pouco tempo mais tarde, soube que Berlim havia recusado uma autópsia." O regime nazista não tinha qualquer interesse na verdade e se empenhou em apagar todos os vestígios. O corpo de Rommel seria cremado. Ninguém descobriria a verdadeira causa da morte.

Percebi de imediato que o rosto do marechal-de-campo tinha uma aparência normal, embora ele estivesse desacordado. Por outro lado, suas mãos estavam com uma palidez cerosa, e a total rigidez do corpo indicava que ele estava morto. Isso me pareceu muito estranho.

DR. KANDLER, MÉDICO RESPONSÁVEL PELO HOSPITAL MILITAR DA ESCOLA SECUNDÁRIA WAGNER, ULM, JULHO DE 1946

Lucie Rommel disse mais tarde que, durante o discurso feito por Rundstedt no enterro, ela chegou a pensar em "denunciar os assassinos na frente de todos os que estavam ali presentes. Mas de que isso adiantaria? Meu marido estava morto, eu precisava pensar no meu filho. Eles teriam matado Manfred também. Sabiam que eu era obrigada a ficar calada".

Assim, protestou em silêncio. Ignorou a mão estendida pelo general Maisel quando ele foi lhe prestar condolências. Em março de 1945, Lucie Rommel recebeu o projeto de um memorial que o Führer planejava erguer sobre o túmulo de Rommel para manter viva a lenda da Raposa do Deserto e continuar tecendo uma rede de mentiras em torno da morte do marechal-de-campo. A viúva de Rommel tentou ganhar tempo adiando uma decisão. No final, a derrota da Alemanha e a morte de Hitler acabaram por evitar esse último gesto hipócrita por parte dos nazistas.

O assassinato precisava ser escondido da nação. Por meio de uma cerimônia oficial para o marechal-de-campo, realizada em 18 de outubro na prefeitura de Ulm, uma profanação política sem precedentes na história, Hitler tentou encobrir a verdade e destruir qualquer evidência.

HANS SPEIDEL, GENERAL REFORMADO

Seu coração pertencia ao Führer.

GENERAL GERD VON RUNDSTEDT DURANTE A CERIMÔNIA NA PREFEITURA DE ULM

Ao analisar a vida de Erwin Rommel, percebemos claramente o dilema que um general sensato precisa enfrentar em um regime totalitário. A raiz da palavra "general" significa "um homem que concentra toda a responsabilidade". Será que isso significa responsabilidade de garantir a obtenção dos objetivos militares? Significa. Responsabilidade quanto aos meios utilizados para a realização desses objetivos? Também. Por fim, responsabilidade por tudo aquilo que seu próprio esforço torna possível – ao dar estabilidade a um regime cujo objetivo era a destruição da vida humana, o assassinato de milhões de pessoas, o extermínio de povos inteiros e até a aniquilação de sua própria nação? Alguém que se sente atado a seu juramento de lealdade e que ao mesmo tempo viabiliza uma política desumana está cumprindo as expectativas depositadas em um "general"? Erwin Rommel, a Raposa do Deserto, era um líder talentoso para seus soldados. Mas será que esse gênio militar não tinha uma falha moral fatal?

O drama de Rommel foi que, por nunca ter se inteirado da verdadeira extensão do genocídio, ele usava seu virtuosismo militar em favor de um criminoso.

Rommel teve sorte por não ter tido pelotões especiais do SD massacrando a população civil por trás de suas tropas. Rommel se livrou da culpa que outros generais da Wehrmacht assumiram. Entretanto, ele não pode ser isentado de culpa. Não é uma culpa no sentido criminal, mas Rommel participou da tragédia da Alemanha por ter continuado fiel a Hitler. Além disso, por acreditar que cumpria seu dever militar, ignorou as consequências não-militares de suas ações. Após a guerra, sua mulher declarou: "Assim terminou a vida de um homem que durante toda a sua existência se entregou de corpo e alma à sua pátria." É nessa desilusão que reside a tragédia de Rommel. Ele acreditava estar servindo à pátria. Aos olhos da história, ele serviu a um déspota – um déspota a quem havia jurado obediência. Como muitos outros, Rommel foi iludido pela propaganda nazista, que apresentava os objetivos de Hitler como idênticos aos interesses da Alemanha.

Mesmo assim, Rommel poderia ter reconhecido que essa identificação era ilusória. Ele conseguiu se distanciar do ditador que um dia venerou. Se for verdade que homens nobres, quando se deparam com as conseqüências de suas ações, são capazes de reconhecer os erros e rever as idéias, Rommel era nobre. Teria sido ainda mais nobre se tivesse dado o passo seguinte e se arriscado em uma resistência ativa. Mas marechais-de-campo prussianos não se rebelam, mesmo se vierem da Suábia.

Manfred Rommel aceitou a verdade sobre o pai: "Virtudes secundárias, como obediência, coragem e disciplina, são admiráveis, contanto que estejam a serviço de virtudes primárias: amor à verdade ou amor à humanidade. Mas se servirem apenas ao Führer e a esse estranho conceito de pátria, tais virtudes tornam-se vícios."

Hoje está claro que foi muito melhor perder a guerra do que vencê-la com Hitler. Isso não era algo facilmente aceitável para um soldado profissional. Mas é provável que meu pai já suspeitasse disso na época.

MANFRED ROMMEL

CAPÍTULO DOIS

O cúmplice – Wilhelm Keitel

A guerra está ganha, não podemos perdê-la agora...

Como pode contrariar o Führer dessa forma? Não vê como ele fica exaltado? E se algo assim lhe causar um derrame?

Em compensação pela perda de cada soldado alemão, de 50 a 100 comunistas devem receber a sentença de morte.

O senhor está vivo, Mein *Führer, o senhor está vivo!*

Quando uma ordem me era dada, cumpria o que considerava ser meu dever, sem me deixar distrair pelas possíveis, mas nem sempre inexoráveis, conseqüências.

Não contesto que sabia de todas essas ordens, levassem elas minha assinatura ou não.

Eu e o Generaloberst *Jodl nem sempre concordávamos com as decisões tomadas pelo comandante supremo, mas invariavelmente as acatávamos.*

Acreditei. Estava errado. Essa é a minha culpa.

WILHELM KEITEL

Sabíamos que ele não exercia uma influência real. Assim, não o considerava o chefe do Estado-Maior da Wehrmacht. Nunca o vi como tal e ele nunca nos deu essa impressão.

HUBERTUS VON HUMBOLDT, OFICIAL DO ESTADO-MAIOR GERAL

Qualquer secretária acaba percebendo quais são os verdadeiros interesses do chefe. Se ele gosta de música, religião, filosofia ou arquitetura. Mas não, sentia que ele era apenas um soldado.

HILDE HAENICHEN, SECRETÁRIA DE KEITEL

Em outras circunstâncias, consigo imaginá-lo como presidente de uma grande e bem dirigida organização, mas sem concentrar as maiores responsabilidades.

CONDE JOHANN VON KIELMANSEGG,
OFICIAL DO ESTADO-MAIOR GERAL

Em muitos aspectos, ele entregava a Wehrmacht de bandeja a Hitler. Essa ansiedade em agradar se refletia em seu apelido, Lackeitel.

EWALD VON KLEIST, OFICIAL LIGADO A STAUFFENBERG

Keitel era maleável, parecia uma massa de modelar nas mãos de Hitler. Ao mesmo tempo, fora escalado para o papel de "mediador". Era alvejado por críticas e tinha que lidar com todas elas.

GEORG LINDEMANN,
MEMBRO DA RESISTÊNCIA ANTINAZISTA

Keitel sempre aparentou muita calma. Era um homem alto e imponente, que de certa forma ofuscava os outros oficiais. Sua natureza era calma e conciliadora. ... Keitel era um homem agradável.

KURT SALTERBERG,
GUARDA DO QUARTEL-GENERAL DO FÜHRER

Quando estava perto de Hitler, costumava se deixar influenciar totalmente. Com o passar do tempo, o honorável e respeitável general se transformou em um servo bajulador, desonesto e estúpido. Keitel foi, basicamente, uma vítima da própria fraqueza.

ALBERT SPEER

Era um tipo robusto, rústico... Afinal, vinha de uma família de fazendeiros. O pai possuía terras, Keitel queria ter tomado conta delas. Teria sido mais feliz como fazendeiro do que como general.

KARL BÖHM-TETTELBACH,
OFICIAL SUBORDINADO A KEITEL

Acredito que um homem como Keitel podia perfeitamente distinguir causa de efeito e reconhecer muitas das contradições; poderia ter levantado objeções se não temesse pela própria pele.

FRITZ BUCHNER, AJUDANTE-DE-ORDENS DO QUARTEL-GENERAL DO FÜHRER

Quando se trata de carisma, colocaria Keitel no mesmo nível de um maître, ou quem sabe de um diretor de museu.

WOLFGANG BROCKE, OFICIAL RESPONSÁVEL PELO TRANSPORTE DE KEITEL

Hitler sabia que podia confiar cegamente nele; é por isso que o mantinha no cargo, mas não tinha ilusões quanto às qualidades de Keitel como estrategista.

HEINZ GUDERIAN, GENERAL PANZER

A opinião geral é que Hitler manteve Keitel a seu lado por estar convencido de sua obediência incondicional como soldado e de sua lealde inabalável.

WERNER VON BLOMBERG, MINISTRO DA GUERRA DO REICH, 1933-38

Era ambicioso mas não tinha talento; era leal, porém mau-caráter. Possuía certa perspicácia e algum charme, mas nenhuma inteligência. Tampouco tinha personalidade.

NIKOLAUS VON BELOW, UM DOS AJUDANTES-DE-ORDENS DE HITLER

Com toda sua força física, Keitel era uma pessoa vulnerável e sensível, sem apresentar qualquer traço de brutalidade ou crueldade. A dor que sentiu com a morte de seus filhos e a preocupação com a mulher nos ataques aéreos a Berlim o afetaram profundamente. ... Foi o único que, após a explosão da bomba em 20 de julho de 1944, pegou Hitler no colo e, carregando-o com cuidado, como faria com uma criança, levou-o para um espaço aberto. Era um soldado escrupuloso e obediente, suave e decente demais para Hitler, honesto, genuíno e cooperativo.

ALFRED JODL, CHEFE DE OPERAÇÕES DAS FORÇAS ARMADAS

Podemos descrevê-lo como alguém que "termina frases". Ele simplesmente olha para os lábios do Führer e assim que percebe para onde a frase se encaminha, sempre a termina para ele. As políticas de seu comando são assustadoras ao extremo. Seu servilismo é tão abjeto que ele é capaz de manter o próprio irmão longe de Hitler.

JOSEPH GOEBBELS

No pequeno vilarejo alemão de Helmscherode, o tempo parece não ter passado. Os jovens migram para as cidades porque a lavoura oferece cada vez menos trabalho. É raro ver um carro pelas ruas estreitas. Muitas das casas desta pequena comunidade rural, no lado ocidental do sopé das montanhas Harz, permanecem exatamente iguais ao que eram 60 anos atrás – nos "bons tempos" de Helmscherode. Nessa época, o lugar ainda era motivo de inveja para os vilarejos vizinhos: época em que o grande proprietário rural de lá, que morava em uma enorme fazenda na periferia do povoado, abriu novos caminhos, construiu casas modernas para os trabalhadores agrícolas e pagou pela reforma da pequena igreja; época em que Helmscherode parecia se beneficiar dos ares frescos do "Reich de mil anos".* Os moradores mais velhos de lá ainda se lembram claramente do antigo benfeitor. "Ele sempre foi muito bom para nós. Não fazia distinção entre pobres e ricos", conta uma senhora que um dia trabalhou na propriedade. "Ele cuidava de sua gente", diz outra com admiração. Ninguém parece preocupado com o fato de o gentil proprietário ter aumentado em mais de duas vezes o tamanho de sua propriedade durante a guerra. É provável que achassem que ele recebia novos lotes de presente.

A pequena capela no centro do povoado, romanticamente coberta de hera, fica a maior parte do tempo trancada. Mas qualquer um que localizar o detentor da chave é saudado com uma surpresa ao entrar. Pintado a óleo em uma tela, o antigo benfeitor do vilarejo direciona seu olhar austero e digno para os bancos. O quadro na parede da Igreja mostra o chefe do alto comando da Wehrmacht de Hitler, Wilhelm Keitel, em seu uniforme de marechal-de-campo. É impossível não reparar nos dizeres que estampavam a fivela dos cintos de todos os soldados alemães: *Gott mit uns* (Deus está conosco). Além disso, fora da igreja, cuidadosamente escondido por arbustos, há um memorial que o benfeitor ergueu para "seu Führer e chanceler do Reich, Adolf Hitler" na ocasião da *Anschluss*, anexação da Áustria, ocorrida no "ano de nosso senhor, 1938".

Em Helmscherode, o tempo parece não passar. Apenas uma insignificante sombra ofusca a memória de seu filho mais ilustre: o fato de ele ter sido condenado à morte pelos Aliados em Nuremberg no ano de 1946. Ninguém quer ouvir falar sobre as ordens que ele deu, ordens que empurraram os soldados alemães para o atoleiro criminoso do Reich de Hitler, nem das instruções para matar de 50 a 100 reféns para cada soldado alemão

* Forma como Hitler se referia ao Terceiro Reich. (N.T.)

Hitler com Keitel ("exatamente o homem a quem procurava") no QG da Toca do Lobo em 1941. Hitler disse a Goebbels poucos meses mais tarde que Keitel tinha "o cérebro de um porteiro de cinema".

morto, tampouco a respeito de sua justificativa cínica para o assassinato em massa de milhões de prisioneiros de guerra soviéticos – ele dizia que tal ação era simplesmente "a destruição de uma ideologia". "Ele era apenas um soldado forçado a cumprir ordens", dizem-nos. E, para completar: "É claro que teria preferido ser fazendeiro."

No final da vida, o próprio Keitel quase frustrou os planos daqueles que continuavam tentando minimizar seu papel na guerra, inclusive muitos integrantes da Wehrmacht. Em fevereiro de 1946, Robert Kempner, o promotor norte-americano dos julgamentos dos crimes de guerra de Nuremberg, ouviu alguém bater na porta de seu escritório. Era o advogado de defesa de Keitel, Otto Nelte. O norte-americano ficou surpreso ao saber que Nelte queria falar com ele a sós, sem a presença de um intérprete ou de um estenógrafo. Gradualmente, no entanto, foi percebendo que a conversa de fato precisava ser confidencial, uma vez que todo o processo de Nuremberg sofreria uma reviravolta.

Nelte revelou que seu cliente "sentia-se altamente culpado por ter assinado ordens de Hitler, como uma marionete nas mãos do ditador", e que agora desejava fazer uma confissão. A intenção de Keitel, disse Nelte, era "livrar aqueles que haviam executado suas ordens de algumas responsabilidades criminais". Assim, também esperava escapar de uma "desonrosa" execução por enforcamento e enfrentar um pelotão de fuzilamento, "como um soldado". Kempner pareceu ter ficado "muito impressionado". Como recordou mais tarde, interpretou a proposta de Keitel como um "sinal de decência militar", "um ato de patriotismo".

Como todos os outros réus, Keitel já havia dito ao tribunal que não era culpado; porém, o que mais o transformava em um pecador naquele momento era a exibição de um filme, uma compilação de imagens gravadas em campos de concentração. Algumas imagens foram feitas por membros da SS e por câmeras dos Aliados. O testemunho era de um horror indescritível. Um intérprete do tribunal, Lion Le Tanson, lembra até hoje das reações provocadas: "Göring disse que era falso, que era um filme russo. A maioria pensou que se tratava de uma ficção. Mas outros ficaram chocados. Keitel caiu em prantos ao ver as máquinas de terraplanagem empilhando montanhas de corpos." O psicólogo do tribunal, Gustave Gilbert, ouviu pessoalmente a reação de Keitel: "Ao ver imagens como essas, sinto vergonha de ser alemão", disse o marechal-de-campo. Keitel logo acrescentou: "Mas eu não sabia disso."

Após a visita de Nelte, Robert Kempner ficou atordoado em seu escritório. Sabia que uma confissão feita por um dos principais réus ajudaria a dar ao tribunal uma base moral mais firme. O remorso de Keitel talvez tivesse vindo tarde demais para as vítimas, mas, para a posteridade, poderia fazer com que a verdade viesse à tona. Kempner especulou sobre a possibilidade de "outros réus seguirem o exemplo". Porém, em 23 de fevereiro de 1946, Nelte foi de novo ao escritório do promotor e disse que Keitel havia mudado de idéia e por isso não faria mais a confissão. O motivo alegado pela defesa foi que Göring, a quem Keitel continuava considerando seu superior, havia "lhe dado ordens" para não fazê-lo. Nelte disse que seu cliente continuava considerando uma confissão o passo correto e "honorável" a ser dado, mas que ainda continuava sob a autoridade de Göring. Nesse sentido, Wilhelm Keitel jogou fora sua última chance de corrigir a imagem que a história viria a construir dele. Até o último momento, aferrou-se ao mesmo princípio de obediência absoluta.

Diferentemente do que ocorreu com a maioria dos outros réus de Nuremberg, nenhum historiador ou jornalista lidou de maneira detalhada com a figura de Keitel. Até a publicação de seu livro de memórias, escrito enquanto estava sob custódia, só era possível encontrar breves fragmentos biográficos do general. O oficial parecia ter muito pouca personalidade e era a personificação de uma tendência aberrante: tomar para si os vícios de toda uma casta militar. Mas é exatamente por este motivo que a história de Keitel é um bom exemplo de como um homem, mesmo sem quaisquer inclinações criminosas evidentes e sem traços demoníacos, pode ser culpado por algo monstruoso.

Os ex-subordinados de Keitel dizem que a aparência dele era a de um homem "pouco sofisticado" e "apático". Em entrevistas, as comparações variaram de "coletor de ingressos" a "maître". No entanto, essas impressões não eram ilusórias. Keitel era fundamentalmente inadequado para sua posição. Qualquer um que ler seu livro de memórias, feito em uma cela em Nuremberg, ou as cartas que escreveu ficará impressionado com sua prosa desinteressante e com a limitação de seu horizonte intelectual. É precisamente a fraqueza de Keitel que parece tê-lo predestinado ao posto de chefe do Alto Comando da Wehrmacht.

Com certeza ele não tinha tão poucos escrúpulos nem tanta inclinação criminosa quanto alegaram muitos militares em busca de culpados para seus próprios fracassos após os julgamentos de Nuremberg. Como muitos, era apenas fraco demais para aceitar o rumo que suas ações estavam tomando. Assim, refugiou-se em uma obediência sem limites, não percebendo quão culpado se tornava ao agir desta forma. Foi só em Nuremberg que ele veio a aceitar essa culpa, e isso porque teve a ajuda incansável de sua defesa.

A carreira de Keitel oferece algumas pistas que explicam por que ele teve esse fim. Desde a infância, parece ter sofrido muita pressão para vencer na vida. Quando cursava o segundo grau em Göttingen, tinha dificuldade com as línguas clássicas. Certa vez, o professor de teologia fez, ironicamente, uma alusão à origem rústica de Keitel quando a classe trabalhava o texto em grego da *Epístola de Paulo aos Romanos:* "Keitel, tenho certeza de que você se sairia muito melhor em levar são Paulo para montar cavalos bravos do que em entender a teologia dele!" As dificuldades escolares do jovem Keitel devem ter sido tão sérias que na cela de Nuremberg ele se lembrou de ter ficado orgulhoso da "transição tranqüila" para a série seguinte.

A carreira profissional foi decidida pelo pai. Como Carl Keitel ainda se sentia muito jovem para se aposentar e também porque havia acabado de se casar com a segunda mulher, não tinha pressa alguma em passar a fazenda para o filho mais velho do primeiro casamento. Esse é o motivo pelo qual Wilhelm precisou ir para o Exército e pela primeira vez em sua vida foi obrigado a acatar a decisão de outra pessoa a respeito de uma questão de vital importância para si. Keitel diz que chorou. Depois, já como marechal-de-campo, era comum ele lamentar o fato de ter perdido a oportunidade de se tornar fazendeiro e proprietário de terras.

O primeiro contato de Keitel com o Exército produziu outra decepção. Em 1899, um médico militar julgou que as medidas torácicas do jovem, então com 17 anos, estavam abaixo do exigido e que ele deveria ser mandado de volta para casa. Foi a intervenção de seu tio, Paul Keitel, um oficial médico do Exército, que evitou a rejeição – o primeiro de inúmeros casos de nepotismo em sua carreira. Ele daria prosseguimento a essa tradição ao arranjar um posto para Bodewin, seu irmão mais novo, no departamento pessoal do Exército.

Na Páscoa de 1900, Carl Keitel inscreveu o filho no 46º Regimento de Artilharia de Campanha em Wolfenbüttel, na Baixa Saxônia. Wilhelm teria preferido entrar para a Cavalaria, mas como naquela época a manutenção dos cavalos era responsabilidade da família do oficial, os Keitel, que não eram muito ricos, optaram por algo mais barato. A Artilharia de Campanha era a segunda opção, mas ele ficou feliz ao perceber que "também era possível montar a cavalo nessa divisão". Pelo resto de sua vida, Keitel sofreria com um sentimento de inferioridade em relação aos que tinham carreiras de mais prestígio. Sentia-se em desvantagem, ainda mais com relação àqueles que passaram por uma das escolas de formação de cadetes. Seu livro de memórias está repleto de referências aos "típicos" ou "arrogantes" cadetes.

Em 1902, Keitel foi promovido a segundo-tenente. Passou a viver em Braunschweig (Brunsvick), não muito longe de casa, mas distante o suficiente para desfrutar de independência. É provável que esses tenham sido os anos mais felizes de sua vida. Sem ser incomodado, podia alimentar sua paixão por cavalos, pela caça e por comer e beber bem. Nos bailes da corte, oferecidos pelo príncipe regente de Braunschweig, o agora alto e bem constituído oficial era um dançarino popular. No entanto, parecia inocente em relação aos vícios típicos de sua classe: "Nada de jogo ou vadiagem com mulheres", era seu lema, ou ao menos é o que ele teria dito a um amigo de juventude. Um tanto bruto por natureza, porém trabalhador e cuidadoso, Keitel parecia ter garantido uma carreira decente no Exército do kaiser.

Ele não tinha nenhum outro interesse que o distraísse. Não há evidências, tanto nos primeiros anos como soldado quanto nos últimos anos de vida, de que tivesse lido algo além de livros militares. O mundo de Wilhelm Keitel se resumia a tarefas no quartel, treinamentos de artilharia, manobras, caçadas a cavalo e noites no refeitório dos oficiais. Até a secretária, que viria a conhecê-lo 20 anos depois de ele ingressar no Exército, concluiu que "ele era apenas um soldado". Neste sentido, não era muito diferente de seus colegas.

Em 1909, Keitel se casou com Lisa Fontaine, cujo pai possuía uma grande propriedade rural e uma cervejaria perto de Hanover. Keitel não era exatamente "um bom partido" para ela, já que a propriedade dos Fontaine era muito maior do que a dos Keitel. Talvez esse tenha sido o motivo que a levou a sentir grande orgulho da carreira militar do marido. Lisa, que era inteligente, lia muito e gostava de música, deixou claro desde o início que não tinha interesse em ser a mulher de um gentil fazendeiro da remota Helmscherode. Quando visitava a casa do marido, não escondia a preferência pela atmosfera das cidades. "Ela tinha o nariz empinado", relembra uma empregada da fazenda de Keitel. O mundo de Lisa Keitel era o das recepções e jantares da alta sociedade. Um diplomata que freqüentava a casa de Keitel em Berlim nos anos 1930 a descreveu como "uma senhora carinhosa" e "uma anfitriã impecável".

A Primeira Guerra Mundial impulsionou a carreira de Keitel. Durante os seis meses passados no front, foi forçado a enfrentar a dureza da guerra e a ver mortes em escala industrial. Já no posto de capitão, foi ferido por estilhaços e recebeu a Cruz de Ferro (primeira classe). Esses acontecimentos – sua única experiência na linha de frente até a primavera de 1945 – o marcaram profundamente. Em janeiro de 1915, Lisa escreveu ao sogro para dizer que as cartas do marido "parecem tristes e que não há nada que se possa fazer para ajudar". Porém, dois meses depois, ela já respirava mais aliviada. Keitel foi mandado para o Estado-Maior Geral. A inesperada promoção significava que sua vida não corria mais perigo imediato. Em março de 1915, pouco antes de ele assumir o novo cargo, Lisa compartilhou suas expectativas com o sogro: "Ele está no paraíso. Ainda não recebeu as calças vermelhas", disse ela em referência à faixa vermelha nas calças dos uniformes do Estado-Maior, "mas, desde que não faça nada errado, elas virão muito em breve."

A nomeação para o nível dos estrategistas e planejadores de guerra, que na relativa segurança de seus quartéis-generais determinavam o destino das unidades da linha de frente, tanto para o bem quanto para o mal, despertou novamente o complexo de inferioridade de Keitel. Comparado aos outros oficiais do Estado-Maior Geral, tinha cinco anos a menos de treinamento avançado. Reclamou com o pai que sentia deficiências de base e era obrigado a contar toda hora com seu "bom senso". Na realidade, compensou tão bem a falta de treinamento formal com jornadas de trabalho noite adentro que em 1917 foi promovido, tornando-se o oficial sênior do Estado-Maior mais jovem de todo o Exército alemão.

Wilhelm ainda está fora de Verdun. Suas cartas têm sido um pouco mais sensatas, porém, infelizmente, não parecem ir muito além das habituais profecias apocalípticas. ... Seus nervos estão em frangalhos. Não consegue dormir e sempre sente aquelas terríveis palpitações.

Lisa Keitel em carta para a mãe, 2 de agosto de 1916

Não há dúvidas de que Wilhelm Keitel tinha grande talento para tarefas organizacionais. Sua função não era tomar decisões estratégicas; em vez disso, lidava com o envio de suprimentos e com a movimentação dos soldados. Era o exemplo de um novo tipo de oficial – o administrador militar. Com a crescente modernização da guerra, logo haveria uma grande demanda por especialistas como ele.

Ao mesmo tempo, a amizade com o major Werner von Blomberg seria de vital importância para o futuro de sua carreira. Blomberg, nomeado ministro da Guerra em 1933, era quatro anos mais velho do que Keitel e muito diferente dele: era culto, tinha um gosto literário refinado e se interessava por filosofia. Mais tarde, quando já havia se tornado chefe do Alto-Comando da Wehrmacht, e após seu rompimento com Blomberg, Keitel disse que nunca haviam sido realmente próximos. Entretanto, os dois militares tinham muito mais em comum do que apenas a mesma cor de uniforme.

A carreira de Keitel avançou bastante junto com a de seu então amigo, e quando a filha de Blomberg, Dorothee, casou-se com o filho de Keitel, Karl-Heinz, em 1938, as duas famílias eram muito unidas.

O final da Primeira Guerra Mundial, no frio outono de 1918, sacudiu a Alemanha como um terremoto. Muitos não entendiam como, depois de uma série de vitórias declaradas, tiveram que aceitar a derrota. As tropas alemãs não continuavam em Flandres e avançavam pelo interior da Ucrânia, enquanto o inimigo sequer estava em território alemão? A imprensa não tinha publicado inúmeras reportagens sobre novas ofensivas e a respeito da iminente "batalha decisiva"? Poucos sabiam da verdade acerca do estado do Exército alemão e da economia de guerra do kaiser. Assim, Erich Ludendorff, que a partir de 1916 passou a ter os poderes de um ditador militar, conseguiu fazer um armistício e espalhou a lenda de que as tropas da linha de frente tinham sofrido uma traiçoeira "punhalada pelas costas". O generalíssimo logo considerou os motins e levantes de inspiração comunista como a causa da derrota alemã, e não como uma conseqüência.

Nos últimos dias da guerra, o capitão Keitel servia em Flandres com o comando-geral do Corpo de Fuzileiros Navais e sabia perfeitamente da esmagadora superioridade do adversário, das primeiras sérias rupturas no front alemão e dos enormes problemas em relação aos suprimentos. Além disso, foi um dos que ajudou a divulgar a história da "punhalada pelas costas". Em 10 de dezembro, disse ao sogro que a "flamejante tocha vermelha [do socialismo] banida da Alemanha" fora a responsável "pelo fato de as imensas e vitoriosas batalhas" terem sido travadas em vão. "O senhor será capaz de julgar as condições que nos foram impostas quando digo que para realizar minhas tarefas precisei de um salvo-conduto do Conselho Militar e tive que aceitar pôr uma bandeira vermelha em meu carro. Do contrário, teriam me desarmado, arrancado minhas dragonas e cocares e me jogado para fora do veículo."

Foi a ingenuidade política que o tornou suscetível a slogans contrarevolucionários. Já que foi incapaz de, no iminente colapso do sistema de suprimentos do Exército, converter sua *expertise* militar em habilidade política, a sensação de estar cercado por subordinados rebeldes era cada vez maior. É verdade que fora obrigado a amarrar uma bandeira vermelha no carro de seu comando. A revolução foi um trauma que deixou cicatrizes permanentes nele e em muitos outros. Para todos os oponentes conservadores da nova república, havia apenas uma coisa a ser feita: esperar até que chegasse o momento de contra-atacar. "Mas graças a Deus ainda éramos jovens e saudáveis o bastante", reconfortava-se o decepcionado Keitel, "para reconstruir, por meio de um trabalho cuidadoso e honesto, tudo o que foi destruído em poucos dias de insanidade."

Lisa Keitel era mais realista. Sempre falou abertamente sobre "os erros monstruosos do kaiser", e também confessou que simpatizava bastante com o "governo democrático". Ao mesmo tempo, estava ciente do quanto suas idéias contrastavam com as do marido: "Toda essa situação é particularmente desanimadora para os militares. E não menos para alguém de visões prussianas ultrapassadas", escreveu ela, um tanto presunçosa, em 5 de novembro de 1918. As "visões prussianas ultrapassadas" do marido de fato refletiam a atitude predominante de todo o corpo militar. Para "se recuperarem" do fracasso no campo de batalhas, os militares mais experientes projetaram a culpa de tudo na recém-estabelecida república.

Sentiam-se vítimas de seus próprios horizontes políticos – e eram presas fáceis para Ludendorff, que, com grande intuição para simbolismos, fez com que o documento de armistício não fosse assinado apenas por generais, mas por políticos civis. A fúria em relação à "desgraça de Versalhes" e à revolução dos "criminosos de novembro",* já podia ser identificada como o explosivo que destruiria a primeira república da Alemanha. Mas até a chegada deste dia, o corpo militar se recolheu e abaixou a cabeça. Pareciam demonstrar neutralidade sob o slogan do "soldado apolítico". Porém, tiradas agressivas contra a república eram bastante comuns nos quartéis e cassinos. O próprio Keitel falava que "o povo alemão estava doente."

Pelos termos do "Tratado de Versalhes", a república podia manter apenas 100 mil homens de prontidão, com não mais do que 4 mil oficiais. Até a Bélgica e a Polônia tinham mais soldados do que a Alemanha. Além de uma profunda humilhação, para milhares de oficiais de carreira essa determinação gerou a ameaça de desemprego. "O que será de homens como nós ainda não está claro", escreveu Keitel. Buscando uma saída, primeiro entrou para um dos Freikorps, grupos paramilitares ilegais que se dedicavam a continuar a guerra em pequenas batalhas na fronteira com a Polônia.

O espírito profético dos politizados "defensores da liberdade" que Keitel, assim como muitos dos futuros oficiais da Wehrmacht de Hitler, absorveu lá é expresso em suas cartas. Escreveu sobre a "insolente ralé polonesa" e a respeito "do alto grau de abnegação" exigido para servir nos freqüentemente indisciplinados Freikorps. Seu antigo desejo "de se despedir para sempre da carreira militar em um futuro próximo" voltou com intensidade. Mas Keitel logo foi convidado para permanecer no novo Exército da república, o Reichswehr. Aceitou sem hesitar. O motivo dessa decisão, se foi

* Referência à Revolução Russa. (N.T.)

o prazer de pertencer novamente à "elite" ou a recusa de Lisa em se mudar para a fazenda em Helmscherode, nunca saberemos.

*Em relação a meu futuro na carreira militar, a sorte está lançada, como fiquei sabendo ontem por meio de uma carta enviada pelo Ministério da Defesa. Em 1º de fevereiro, terei que vestir de novo meu uniforme do Estado-Maior Geral e me fazer útil ao Truppenamt.**

Keitel em carta enviada para o pai, 20 de janeiro de 1925

Em fevereiro de 1919, o motivo exato que levou Keitel a ser convidado a "permanecer" começou a ser revelado. Ele foi convocado pelo antigo comandante de sua unidade para ir ao Ministério da Defesa do Reich participar de uma conversa "sobre o futuro Exército". Suas habilidades de administrador e planejador haviam, ao que parece, deixado boas impressões. Entretanto, foi só em 1925, após a eleição do venerável marechal-de-campo Hindenburg ter anunciado o início de um movimento gradual para a direita, que Keitel foi autorizado a participar do rearmamento secreto.

No Truppenamt, ou Departamento do Exército, que não passava de um nome falso para o extinto Estado-Maior Geral, Keitel coordenou o treinamento e a equipação da Grenzschutz Ost (Força de Defesa da Fronteira Leste), uma milícia fortemente armada que na prática representava uma extensão ilegal do Reichswehr. Um relatório para o governo revelou que, desde 1927, os arsenais secretos desse e de outros exércitos clandestinos acumulavam até cinco vezes mais rifles e seis vezes mais artefatos de artilharia do que o permitido pelos vitoriosos em Versalhes. É provável que esses números tenham sido subestimados. O tamanho e a força desse "mercado negro" eram "mantidos em segredo até para o nosso próprio governo", observou a secretária de Keitel.

Naquele momento, seu chefe, então promovido a major, agia à margem da legalidade retomando os contatos de seus dias de Freikorps. A Grenzschutz era um terreno fértil para muitos ex-oficiais incansáveis que a essa altura já haviam encontrado um novo lugar na organização nacionalista Stahlhelm (Capacete de Aço), na tropa de assalto de Hitler ou em associa-

* Um então novo departamento criado pelo Estado-Maior do Exército para contornar as restrições do Tratado de Versalhes. (N.T.)

ções obscuras como a Jungdeutscher Orden ou a Werwolf. É verdade que Keitel mantinha certa distância desses aventureiros motivados por questões políticas, mas reconheceu que ofereciam um "excelente material" para o novo Exército.

Ainda assim, sua posição de grande responsabilidade suscitou o velho medo do fracasso. Lisa Keitel falou sobre a insônia e as "obsessões" do marido. O oficial "não tinha tempo para nada", trabalhava até altas horas quase todas as noites e dava a impressão de estar sempre no limite. "Ele anda terrivelmente agitado", reclamou Lisa em janeiro de 1926, "e com um péssimo humor." Keitel, que estava com 44 anos, sofria de problemas cardíacos sérios. Em seu escritório no Ministério da Defesa do Reich, tornou-se um fumante inveterado e ganhou muito peso. Atribuía sua flebite e suas dores no peito à falta de exercício. Também percebeu que estava "tenso demais". Um exagerado senso de dever começou a dominar sua personalidade.

> *Wilhelm sempre fala sobre ser "levado para a prisão". Quando diz isso, refere-se ao Ministério da Defesa.*
>
> LISA KEITEL EM CARTA À MÃE

Na condição de protegido de seu velho amigo Blomberg, que como chefe do Truppenamt não mantinha em segredo sua animosidade em relação aos sucessivos governos republicanos, Keitel passou a ser responsável, em 1929, pelo Departamento de Organização do mesmo órgão (o Estado-Maior Geral disfarçado). Naquele momento, já havia conquistado a patente de tenente-coronel. Em sua nova posição, passou a ter contato com outro método ilegal de contornar as restrições do Tratado de Versalhes: rearmamento em território estrangeiro. Na Espanha, na Suécia e nos Países Baixos, especialistas alemães desenvolviam os mais modernos equipamentos de guerra: aviões, tanques e outros tipos de armamentos proibidos. Em estaleiros japoneses, novos tipos de submarinos eram construídos para os alemães.

O Reichswehr colaborou inclusive com o Exército Vermelho de Stálin. Em áreas de treinamento soviéticas, tanques alemães e russos praticavam operações de guerra móvel em segredo. O objetivo dessas atividades no exterior não era estabelecer forças de combate fora do território alemão, mas alcançar a liderança tecnológica na indústria armamentista. De acordo com documentos ministeriais secretos, os novos avanços incluíam até preparações para uma "guerra moderna com gás". Como ficou provado mais tarde, Hitler foi o maior beneficiado com esses "jogos de guerra". Não foi uma coincidência a ordem de batalha da Wehrmacht para a invasão da Polônia ter correspondido exatamente aos planos que Keitel havia ajudado a desenvolver durante a República de Weimar.

Em 1931, o próprio Wilhelm Keitel foi à Rússia para conhecer as atividades realizadas em conjunto com o Exército Vermelho. Um dos que o acompanhou foi Walther von Brauchitsch, que dez anos mais tarde viria a se tornar o comandante-em-chefe do Exército de Hitler na invasão à União Soviética. Embora a viagem tenha sido feita no auge do verão, foram recebidos com total frieza. Os comandantes soviéticos não permitiam convivência ou camaradagem entre seus soldados e os do inimigo. Um soldado alemão observou que "qualquer contato pessoal com o outro lado era absolutamente proibido". Os convidados eram levados em excursões para ver as "capacidade" do comunismo. A delegação do ministro da Defesa do Reich também visitou uma série de fazendas coletivas e fábricas populares.

Doze anos antes, Keitel considerava a bandeira vermelha presa no carro de sua tropa a responsável pela destruição da Alemanha. Agora, admirava os feitos bolcheviques. Como filho de fazendeiro, ficou particularmente impressionado com a industrialização da agricultura soviética. Entusiasmado, escreveu ao pai sobre o que tinha visto: "Apenas um homem que trabalha tem o direito de viver", disse Keitel. "O Exército Vermelho é o coração do Estado, e o trampolim para os departamentos mais altos do governo." Teria o inimigo do comunismo e integrante dos Freikorps se tornado um admirador do império Soviético? Não, Keitel com certeza não havia se convertido ao socialismo do dia para a noite. O que o fascinou não foi a vida de Lênin, mas as "possibilidades" oferecidas pelo totalitarismo.

Enfrentando todos os anos uma disputa no Reichstag para estabelecer o orçamento militar da Alemanha, os estrategistas do Exército morriam de inveja dos recursos inesgotáveis do Exército Vermelho. O Exército e o Estado soviéticos pareciam ser capazes de realizar a "guerra total" profetizada por Ludendorff – guerra que mobilizaria toda a sociedade civil de uma nação. A impressão era de que ditaduras criavam as condições ideais para isso. Até Blomberg, amigo e patrono de Keitel, voltou impressionado da viagem à Rússia. "Não seria preciso muito", confessou mais tarde, "para que eu retornasse para casa levantando a bandeira do bolchevismo."

Quando um ditador também chegou ao poder na Alemanha, Wilhelm Keitel se recuperava nas montanhas Tatra, no Sul da Polônia. Uma trombose na perna direita e diversos ataques cardíacos o obrigaram a sair de cena por um tempo. Em um primeiro momento, Keitel, agora já coronel, era cético em relação aos nacional-socialistas. Lembrava-se bem da "arrogância da SA", que, como a segunda força armada dentro do Estado, começava a competir com o Exército alemão. Para ele, assim como para a maioria dos conservadores de sua classe, Hitler não passava de um "agitador" capaz de conseguir o apoio das massas, mas que não estava à altura de ser um líder nacional. Não foi o único a fazer previsões erradas em 1933. Apenas alguns de seus contemporâneos reconheceram que a nomeação do líder do Partido Nazista para chanceler do Reich representava uma ruptura decisiva com o passado da Alemanha, como viria a ser provado mais tarde. Ele foi o 21º chanceler no poder desde 1919.

Keitel, no entanto, logo começou a gostar de Hitler. O fato de Hitler ter nomeado o velho conhecido de Keitel, Blomberg, para o Ministério da Defesa, em seu primeiro dia de trabalho, 30 de janeiro de 1933, certamente contribuiu. Blomberg, um admirador de Hitler desde a primeira vez que o viu em 1930, não perdeu tempo em dar uma direção ao futuro. Algumas semanas após assumir o cargo, instruiu os soldados do Reichswehr a saudarem o uniforme e os símbolos do partido nazista; fez com que a águia que simbolizava o partido se tornasse um elemento do uniforme do Exército e mandou seus soldados ministrarem cursos nos finais de semana para membros da SA e do Partido Nazista. O mito do "soldado apolítico" era coisa do passado. Keitel também participou do treinamento dos camisas-pardas.

Em 17 de maio, fez um "grande discurso para o alto escalão nazista e as principais figuras do Stahlhelm", como definiu sua esposa. No início de julho, em uma conferência em Bad Reichenhall, teve contato com Hitler pela primeira vez. Da mesma maneira que Blomberg três anos antes, Keitel voltou fascinado desse primeiro encontro com o ex-cabo. Lisa descreveu a transformação em uma carta enviada à mãe: "Voltou rejuvenescido e cheio de energia. Conversou por algum tempo com Hitler na pequena casa dele (em Obersalzberg) e ficou absolutamente encantado. Disse que os olhos de Hitler são surpreendentes e que ele fala muito bem." Essa foi a experiência mais importante da vida de Wilhelm Keitel. Como muitos dos que estavam presentes descreveram, o poder de Hitler impressionou muito o oficial politicamente ingênuo. Keitel, que em geral não era afeito a frases exageradas, utilizou-se, em retrospecto, de termos como "demônio" e "joguete" para caracterizar sua relação com Hitler.

Em abril de 1934, foi promovido a general-de-brigada e enviado para Potsdam como comandante de divisão. A promoção condizia com seu grau de experiência e, por certo tempo, livrou-o do cansativo trabalho burocrático do Ministério. Assim como a maioria dos oficiais do Exército, apoiou o fim da democracia parlamentar e os primeiros passos de Hitler para romper com os "grilhões de Versalhes". Por trás dos muros dos quartéis do Exército era fácil ignorar o lado negro do Estado totalitário. A prisão de opositores políticos, o fim de associações de livre comércio e as primeiras ações anti-semitas se tornavam praticamente invisíveis diante do prazer gerado pela "ressurreição" do Exército. Mesmo o progressivo condicionamento dos militares à perseguição aos judeus quase não provocou resistência.

Em 8 de dezembro de 1933, Blomberg ordenou uma rigorosa observância ao boicote contra estabelecimentos de judeus. Logo, todos os judeus foram expulsos do Reichswher e os soldados foram proibidos de se casar com mulheres "não-arianas". O Reichwher estava longe de ser uma ilha de pureza em um mar de "lama", como muitos militares viriam a alegar mais tarde. Aceitaram quase sem críticas que, de um dia para o outro, oficiais judeus, muitos condecorados por terem demonstrado coragem na Primeira Guerra Mundial, não fossem mais seus colegas de Exército. Era o início da longa história de envolvimento da Wehrmacht nos crimes do regime.

Hitler recompensou o silêncio da liderança do Exército com especial generosidade. Aos olhos dos militares, os dois pilares do Estado proclamados por Hitler, Exército e pátria, puseram um celebrado fim ao status de "gata-borralheira" que enfrentaram durante a República de Weimar. Em 3 de fevereiro de 1933, o novo chanceler do Reich ofereceu aos generais seniores o pacto que acabou levando à Segunda Guerra Mundial: o Reichswehr seria o único órgão portador de armas da nação, desde que ajudasse o ditador em suas extensas ambições internacionais. Alguém que esteve presente à reunião observou com certa descrença que o objetivo de Hitler era "expandir para o leste o *Lebensraum** e sua cruel germanização".

Em 30 de junho de 1934, o pacto foi selado com sangue. Quando Ernst Röhm, amigo íntimo de Hitler, e seus colegas da SA quiseram formar uma espécie de milícia do tipo "exército do povo" para substituir o antigo Reichswehr, Hitler pôs um fim sangrento à indesejada reivindicação de poder. Com armas do Exército alemão e sob o pretexto de que Röhm estaria organizando um golpe de Estado, pelotões da SS assassinaram mais de 100 oficiais da SA. Röhm foi preso pessoalmente por Hitler na estância de Bad Wies-See e assassinado alguns dias depois. Durante a "Noite dos Longos Punhais", o Reichswehr permaneceu de prontidão e não se pronunciou quando anunciaram que os assassinatos foram totalmente legais. Apesar de

---

* "Espaço vital", este era um dos principais componentes da ideologia nazista: a expansão territorial e política alemã. (N.T.)

protestos veementes por parte dos oficiais da corporação, o ministro Blomberg nem mesmo se opôs quando a SS acertou antigas contas executando dois generais do Exército, Schleicher (o último chanceler do Reich antes de Hitler) e Bredow. Em 1946, Keitel ainda acreditava que Schleicher, que não conseguia deixar de lado a política, havia sido o responsável por seu próprio fim violento.

Quando o pai de Keitel morreu, em 10 de maio de 1934, o filho se deparou novamente com uma decisão que viria a definir seu futuro. No dia 1º de outubro, entregou uma requisição pedindo para deixar o Exército, a fim de assumir sua herança em Helmscherode. No entanto, Lisa e o comandante-em-chefe do Exército, Werner von Fritsch, foram contra. "Eu e minha mulher discutimos o caso exaustivamente", Keitel relembrou em sua cela em Nuremberg. "As forças de todo o meu ser me empurravam para Helmscherode, mas minha esposa se recusava a dividir a casa com minha madrasta e minha irmã. Não consegui resolver o problema." O que acabou decidindo a situação – se a intransigência de Lisa, as brigas de família ou o pedido de seu comandante-em-chefe – nunca saberemos. O fato é que Keitel retirou a requisição e, para o alívio de Lisa, mudou-se para Bremen como comandante de divisão. "É desta forma que se decide o destino dos homens", comentou ele mais tarde sobre a escolha.

Comandando a 22ª Divisão de Infantaria de Bremen, estabeleceu uma das unidades que, logo após o aclamado término do Tratado de Versalhes, Hitler definiu como futuras guardiãs da "liberdade da Alemanha". Sete anos mais tarde, a divisão estava entre as que invadiram Sebastopol, na Criméia, e sofreram grandes baixas. Por ter sido comandante em Bremen, Keitel estava apto a ocupar postos mais altos, sobretudo em razão de sua lealdade para com o regime. Por exemplo: em março de 1935, embora fosse um orador medíocre, fez um discurso para as lideranças locais do partido terminando com repetidos gritos de "*Heil* Hitler!". Fora isso, era conhecido principalmente pela diligência no cumprimento das regras do Exército. De acordo com uma história que circulava na época, sempre que viajava no carro da corporação para uma recepção oficial na cidade hanseática, sua mulher o seguia em transporte público. Ele dizia que levá-la no carro com ele era "incorreto."

Em setembro, recebeu um convite do ministério de seu velho amigo Blomberg: "O senhor se incomodaria de acompanhar o ministro na convenção nacional do Partido Nazista?" Após a guerra, Keitel ainda era capaz de descrever o que sentiu: "Preciso dizer que fiquei muito comovido com o evento, com os inúmeros desfiles no Campo de Marte, com os vários escalões do partido e suas muitas divisões." À noite, ficou particularmente emocionado com os "efeitos de luz" e com a "cúpula iluminada". Não há dúvidas de que as bem ensaiadas marchas, as paradas repletas de faixas e os desfiles à luz de tochas causaram o pretendido efeito em Wilhelm Keitel. Uma luz reveladora deve ter se abatido sobre o editor de seu livro de memórias, uma vez que as descrições entusiasmadas a respeito da convenção do partido foram encurtadas – o tipo de descrição que só havia utilizado em passagens de natureza estritamente pessoal. É desnecessário dizer que não há sequer uma palavra sobre a promulgação das Leis Raciais de Nuremberg, que ocorreu no mesmo período.

Em outubro daquele ano, a atitude conformista de Keitel o levou a mais um avanço na carreira. Passou a comandar o departamento da Wehrmacht no ministério em Berlim, que deixou de se chamar Ministério da Defesa para adotar o nome mais apropriado de Ministério da Guerra. Mais uma vez, sua mulher parece ter sido a força que o empurrou para o novo cargo. Quando Blomberg fez as primeiras sondagens, Keitel deu uma resposta negativa, argumentando que "não queria se envolver com política". Porém, Lisa disse que "a saúde dela nunca estivera tão boa quanto no clima de Berlim", e assim conseguiu convencer o marido a aceitar o novo posto. Para ela, o mais importante eram as melhores oportunidades de carreira que o novo cargo poderia trazer para o marido, o que de fato se mostrou verdadeiro. Em janeiro de 1936, Keitel já havia se tornado *Generalleutnant*. A evidente falta de determinação que o punha à mercê de outros interesses o seguiria pelo resto da carreira.

Com Seeckt no comando [do Reichswehr], Keitel provavelmente não teria passado de major.

Nikolaus von Below, um dos auxiliares de Hitler

Ele não era do tipo marcial. Estava mais para um cidadão comum, um funcionário público, talvez um funcionário público sênior.

Wolfgang Brocke, oficial do setor de transportes subordinado a Keitel

Como chefe do departamento da Wehrmacht no Ministério da Guerra, Keitel tinha uma posição-chave nas Forças Armadas, pelo menos em teoria. Seu departamento era responsável por toda a inteligência militar, pelas telecomunicações e pelas funções administrativas do ministro. Mas na prática, os três elementos das Forças Armadas, o Exército, a Força Aérea

(Luftwaffe) e a Marinha levavam suas atividades sem grandes perturbações por parte do ministério. A Wehrmacht (o serviço que englobava as três Armas) enfrentava a revolução que afetava todas as Forças Armadas do mundo. Enquanto na Primeira Guerra Mundial as operações em terra do Exército formavam o cerne do comando operacional, agora, com o avanço da tecnologia armamentista, a necessidade de um comando conjunto para todas as Armas se tornava cada vez mais evidente. A Força Aérea, que até 1918 era uma espécie de apêndice das forças terrestres, tornou-se um fator decisivo.

Entretanto, na disputa por esferas de influência no Terceiro Reich, o estabelecimento de um Alto Comando conjunto para mar, terra e ar encontrava muita resistência. O Estado-Maior Geral, sob o comando de Ludwig Beck, que mais tarde veio a participar do atentado de 20 de julho contra a vida de Hitler, defendia com veemência cada gota de autonomia em relação aos "inovadores" do departamento da Wehrmacht. Em discussões internas, referia-se abertamente aos reformadores como "inimigos". A Luftwaffe tampouco tinha intenções de abrir mão de sua autonomia. Seu chefe, Hermann Göring, o "número dois" para Hitler, disse que não fazia diferença ter que se reportar ao "cabo Meier" ou ao "general Wilhelm Keitel"; ele só cumpria ordens dadas pessoalmente por Hitler.

Por esse motivo, Keitel e Blomberg, com o talentoso estrategista Alfred Jodl, travaram uma batalha solitária por uma estrutura de comando unificada, que cumpriria imperativos militares e também atenderia a critérios políticos. "O conceito de um Estado do Führer", declarou Keitel, "significa que o comando fica a cargo do chefe de Estado. Esse princípio se estende a todas as áreas e é natural que tenha uma relevância bastante particular na esfera militar."

O fato é que foi só nos últimos meses da guerra, e por necessidade, que se criou um comando unificado para a Wehrmacht. Até que isso acontecesse, as responsabilidades múltiplas levaram a inúmeros casos de ordens atrasadas e com freqüência equivocadas. Um corpo militar genuinamente unido para as tomadas de decisão em um nível mais elevado, como a articulação dos chefes de Estado-Maior norte-americanos, nunca existiu na Wehrmacht de Hitler. Porém, a razão disso não era a resistência profundamente arraigada de cada uma das forças. Da mesma forma como ocorria em todas as áreas administrativas e governamentais, o ditador também evitava erguer estruturas de poder bem definidas nas Forças Armadas. Para ele, uma simples "vontade" parecia mais eficaz do que determinar hierarquias.

Ao mesmo tempo, as rivalidades entre seus sátrapas o auxiliaram a reforçar sua própria posição no poder. O comentário de Göring sobre o "cabo Meier" ajudou a ilustrar algo que logo se tornou verdade na selva nazista: a decisão final era sempre do Führer – ele era o juiz e a única corte de apelação para todos os paladinos e feudos de sua ditadura. Na esfera militar, isso o levaria a ignorar "opiniões especializadas", o que gerou baixas terríveis nas batalhas.

Como chefe do Departamento da Wehrmacht, Keitel logo ganhou a reputação de ser "um homem que só dizia sim", além de um "legalista". Em 1936, ele e Blomberg esboçaram uma regra pela qual todos os soldados "politicamente não-confiáveis" deveriam ser afastados das Forças Armadas e denunciados à Gestapo. Os dois velhos colegas acreditavam que saturar os soldados de ideologia era o requisito de uma "preparação regulada" para a guerra. Em 1937, com uma vaga alusão a "uma iminente batalha no leste", o ministro da Guerra deu a seus oficiais uma pista sobre aonde a jornada os levaria.

Parte do trabalho de Keitel era cultivar contatos no Partido Nazista, por isso ele mantinha uma vigorosa troca de idéias com Rudolf Hess, "o mal-humorado vice do Führer". Em dezembro de 1937, os dois lançaram uma espécie de campanha para melhorar as relações entre o Partido Nazista e o Exército – algo que aparentava ser necessário em razão de alguns casos de violência entre os camisas-pardas da SA e os soldados comuns. Como recompensa pela "ofensiva informal", Keitel foi um dos primeiros militares seniores a receber a medalha de ouro do partido, que em geral era reservada aos "veteranos do movimento".

Pouco depois, a lealdade ao partido o colocou no círculo direto do Führer. A mudança foi provocada por um escândalo sexual que abriu as portas para a arrancada final de Hitler rumo ao poder absoluto. Em 1937, numa manhã de setembro, o ministro da Guerra precisou cancelar a habitual cavalgada porque seu animal estava mancando. Assim, Blomberg, um viúvo de 60 anos, optou por uma caminhada e encontrou Erna Gruhn, uma jovem de 23 anos. "O maldito pangaré foi o culpado de tudo", comentou sarcasticamente Böhm-Tettelbach, seu assistente.

O marechal-de-campo e a jovem iniciaram um apaixonado romance. No Natal de 1937, Keitel soube por meio de sua futura nora, "Dorle" Blomberg, que o pai dela queria se casar de novo. As circunstâncias foram um tanto suspeitas. O ministro desapareceu com a noiva por alguns dias e se refugiou em um hotel nas montanhas. O casamento, realizado em 12 de janeiro, recebeu tratamento de "segredo de Estado". Hitler e Göring foram testemunhas, mas além deles apenas os assistentes do ministro participaram da cerimônia simples na chancelaria do Reich. Alguns meses antes, o segundo casamento de Göring, com a atriz Emmy Sonnemann, havia sido celebrado com um desfile militar, oito orquestras e uma salva de 21 tiros na saída da Catedral de Berlim. Porém, a cerimônia de Blomberg foi escondida do público – a não ser por um breve anúncio publicado em um jornal de Berlim.

No dia 23 de janeiro, o chefe da Polícia de Berlim, conde Helldorf, apareceu no escritório de Keitel. Como escreveu o marechal-de-campo, o oficial entrou no ministério por uma porta lateral. Ele parecia "muito agitado" e "perguntou como a jovem mulher do ministro era fisicamente". Para a perplexidade do policial, ele descobriu que Keitel, que afinal de contas "era quase parte da família" desde o noivado de seu filho com a filha de Blomberg, nunca tinha visto a moça. Helldorf tirou de sua pasta um documento feito pela Delegacia de Costumes de Berlim, colocou-o sobre a mesa de Keitel e revelou-lhe que *Fräulein* Erna Gruhn, "que oficialmente teria deixado sua cidade para se casar com Blomberg, já havia sido condenada por imoralidade". Um dos escreventes de Helldorf ficara surpreso ao ler o nome dela no anúncio do casamento.

A ficha policial existe até hoje e está guardada a sete chaves na Procuradoria Pública de Berlim. Contém os detalhes do inquérito por suspeita de "lenocínio" e uma série de fotografias pornográficas da jovem. O susto que Keitel levou ao ver as imagens das poses obscenas é compreensível. Será que o marechal-de-campo havia se casado com uma mulher de vida fácil? Keitel tentou falar com Blomberg no mesmo instante mas não o encontrou no prédio. Keitel então pediu a Helldorf que publicasse o arquivo, o que o policial se recusou a fazer. Por fim, telefonou para Göring, que como testemunha do casamento obviamente já tinha visto a moça, e lhe pediu que examinasse as fotos constrangedoras. Na mesma hora, Helldorf foi ao encontro do chefe da Luftawaffe, que confirmou que a moça das fotos era a nova mulher de Blomberg. A partir daquele momento, os acontecimentos se sucederam com muita rapidez.

Quatro dias depois, Blomberg foi obrigado a renunciar. No entanto, a violação do rígido código moral do corpo de oficiais prussianos foi apenas um pretexto. Na realidade, Hitler já desejava se livrar do ministro de qualquer forma, pois, com alguma razão, via-o como um obstáculo em seu caminho para a guerra. O marechal-de-campo Blomberg e também o comandante-em-chefe do Exército, Werner von Fritsch, continuavam desfrutando de certa autonomia, e quando Hitler divulgou seus objetivos futuros, mostraram-se contra a guerra. O escândalo causado pelo casamento inapropriado de Blomberg veio no momento exato. Hitler disse estar muito decepcionado, fez duras críticas a Blomberg e exigiu que o casamento fosse anulado. Contudo, o ministro da Guerra, que obviamente desfrutava de uma paixão tardia e prazerosa, recusou-se a obedecer. O Führer, que no passado já havia tido um caso com Geli Raubal, sua própria sobrinha, e que durante muito tempo sofrera com a reprovação dos que sabiam disso, teve um acesso de moralidade e deixou claro que devido às circunstâncias o ministro deveria renunciar.

Blomberg mais tarde culpou Keitel por sua queda e espalhou a notícia de que seu subordinado o "havia traído" para subir na carreira. Alegou que em vez de Keitel ter se livrado do arquivo incriminador ou de pelo menos escondê-lo até o ministro se aposentar, o entregou ao ambicioso Göring, que almejava o posto de ministro da Guerra. Muitos historiadores aceitaram essa versão. A verdade, entretanto, parece ser diferente.

A decisão de contar a Göring foi completamente apropriada, dada a boa reputação que o chefe da Luftwaffe tinha na Wehrmacht naquele momento. O paladino ávido por prestígio não expressava qualquer interesse no cargo ministerial *até* a renúncia de Blomberg. Além disso, tanto Helldorf quanto Keitel reconheceram que Blomberg não tinha idéia do passado de sua jovem mulher – e Keitel não era por natureza um carreirista manipulador. Não, não foi a atitude do oficial que gerou a crise. O erro parecia ter sido a ingenuidade de Blomberg: ele sabia do passado da moça mas provavelmente acreditou que a questão seria tratada com a mesma discrição da cerimônia de casamento. "Esses homens velhos com impulsos adolescentes", comentou Lisa Keitel, relembrando o caso do "rei da Inglaterra", que havia sido destituído recentemente do trono e de sua dignidade por dizer "sim" à mulher errada.

Para Keitel, esse foi o momento da virada. Logo após a renúncia forçada do ministro, o oficial recebeu ordens para se encontrar com Hitler às 13h de 27 de janeiro de 1938 – com roupas civis. O encontro foi descrito por Blomberg no tribunal de Nuremberg. Quando Blomberg estava para sair de licença, Hitler disse a ele que desejava formar um gabinete militar independente, o "Comando Supremo da Wehrmacht". Em um primeiro momento, parecia que o Führer tinha finalmente decidido implementar uma das muitas propostas para a criação de um órgão capaz de dar ordens a toda a Wehrmacht. Porém, em uma análise mais detalhada, a nova criação não passaria de um gabinete com título pomposo para apoiar o próprio Hitler.

Quando foi perguntado sobre quem deveria ficar encarregado de tal órgão, Blomberg disse que não se sentia capaz de dar uma resposta. No entanto, Hitler insistiu: "quem", perguntou ele, "esteve a seu lado até este momento?" "Keitel", respondeu Blomberg. "Ele tem cuidado de meu gabinete." Em seguida, Hitler gritou com alegria: "Ele é exatamente quem eu procurava!" Ao que tudo indica, esse "homem ideal" não parecia significar muito para Hitler naquele momento, já que o Führer foi imediatamente para seu gabinete externo e mandou que convocassem o "general Von Keitel".

Um homem com o cérebro de um porteiro de cinema não me é útil.

Hitler a Goebbels, referindo-se a Keitel, 1942

Devido à impetuosidade característica de Hitler, podemos concluir que o preenchimento da vaga para o Alto Comando da Wehrmacht (OKW) foi feita por meio de um exame bem mais detalhado do que a escolha aleatória de um nome – ainda mais porque nos julgamentos de Nuremberg Blomberg apresentou uma versão diferente; disse que ele mesmo havia indicado Keitel. Porém, a história contada pelo ex-chefe de Keitel, que nunca perdoou a suposta traição de seu subordinado, tinha uma ponta de verdade. Era a fraqueza de Keitel que o tornava interessante para Hitler. O que o Führer buscava não era um homem com as características daqueles que tradicionalmente faziam parte do Estado-Maior Geral, com quem teria discussões incessantes. As principais virtudes do novo chefe do OKW deveriam ser a confiabilidade e a obediência. Keitel também sabia que lhe faltavam "talento" e "formação anterior para o cargo", por isso sugeriu que o título de seu novo posto fosse "chefe do Estado-Maior do Comando Supremo da Wehrmacht", que definiria melhor suas futuras atividades. Mas para Hitler, isso seria "muito pouco". Assim, a história do OKW começou com um título fraudulento, e que provavelmente colocou o detentor do título de "chefe do Comando Supremo da Wehrmacht" no banco dos réus de Nuremberg junto com os outros principais criminosos de guerra.

O próprio Keitel não apresentava predisposição para qualquer tipo de estratégia.

Günter Reichelm, coronel do Estado-Maior-Geral

Quando Keitel fez sua primeira visita oficial à chancelaria do Reich, Hitler, como de costume, desempenhou o papel de anfitrião cortês e afável. "Você é meu confidente e meu único conselheiro para as questões da Wehrmacht", disse ele ao general "administrador", que parece ter acreditado nas declarações do Führer. Contudo, entre os mais íntimos, durante algum tempo Hitler disse que Keitel tinha "o cérebro de um porteiro de cinema".

A primeira questão a ser resolvida entre o mestre e seu ajudante era a respeito de quem deveria substituir Blomberg. Keitel sugeriu Göring – mostrando quão pouco sabia sobre a forma como Hitler lidava com o poder. O Führer rejeitou a idéia, argumentando que o chefe da Luftwaffe já estava muito ocupado com o Plano de Quatro Anos. Keitel então citou o nome de Fritsch, comandante-em-chefe do Exército. Mas Hitler foi até sua mesa e pegou um documento enviado pelo ministro da Justiça, no qual Fritsch era acusado de violação à cláusula 175, que definia homossexualismo como crime. "Fiquei perplexo com essa denúncia", Keitel teria dito posteriormente. Contudo, é importante observar que ele também afirmara a colegas que "já sabia disso havia dois anos", como observou Jodl em seu diário.

O fato é que a acusação contra o comandante-em-chefe do Exército tinha sido feita pela Gestapo. Uma suposta "testemunha" do círculo de prostituição de Berlim teria dito que o general era seu cliente. Na verdade, o jovem tinha relações com um insignificante capitão da Cavalaria, de nome parecido (Von Frisch). A constrangedora acusação levantada pela Gestapo serviu para revelar uma espécie de farsa moral na chancelaria do Reich que também foi capaz de retirar Fritsch de cena. Porém, não se sabe ao certo se a armação foi do próprio Hitler ou se ele apenas explorou o erro da Gestapo. O ditador expressou publicamente o mesmo choque e abominação demonstrados no caso Blomberg: "Se esse tipo de coisa é possível entre os generais prussianos", bradou o pequeno-burguês austríaco, "tudo é possível nesse mundo."

Ao falso rompante seguiu-se uma ação calculada. O paralítico Alto Comando do Exército não ofereceu qualquer resistência quando o ditador se nomeou comandante supremo da Wehrmacht e colocou o apático e complacente Walther von Brauchitsch no lugar de Fritsch. Dessa forma, o verdadeiro "confisco do poder" foi concluído; foi nesse momento que o Führer passou a deter poderes totalitários, assim como os cúmplices necessários para que pudesse exercê-los.

A partir daí não haveria mais ministro da Guerra. O OKW de Keitel passou a ser responsável pelas questões administrativas do ministério. Isso abrangia, além do Departamento da Wehrmacht, que foi para as mãos de Jodl, o Serviço de Informação e Contra-informação Militar (Abwehr), sob o comando do general Canaris, o Departamento Pessoal, os prisioneiros de guerra, a jurisdição militar e o gabinete de Economia da Guerra e Armamentos, que era particularmente importante. Era um vasto império administrativo, que viria a crescer ainda mais depois da eclosão da guerra.

Mas na prática, além de pura administração, o chefe do OKW raras vezes tinha liberdade para definir alguma medida, pois Hitler reservava todas as questões importantes para si. Tudo o que restava para Keitel fazer era implementar, por meio de ordens e instruções, as diretrizes dadas pela "autoridade suprema".

Ele ficava em segundo plano, por trás de Hitler, que supostamente era o maior líder militar de todos os tempos. E Hitler gostava disso.

Humbertus von Humboldt, oficial do Estado-Maior Geral

Precisava estar sempre à disposição, pois poderia escutar a qualquer momento: "Emita uma ordem", ou "Faça com que recebam uma quantidade maior de armas". Tinha que estar sempre pronto. Mas nunca tomava iniciativa para nada.

Karl Böhm-Tettelbach, oficial subordinado a Keitel

Pouco depois de assumir o novo cargo, Keitel deveria ter percebido que havia se tornado apenas uma ferramenta nas mãos de um jogador. Em 12 de fevereiro, foi convocado, "sem nenhum motivo alegado", para ir ao Berghof com dois generais, Reichenau e Sperrle. Dessa vez, foi de uniforme. Quando os oficiais chegaram, souberam que o chanceler da Áustria, Kurt von Schuschnigg, viria para uma visita oficial e a presença dos três estava sendo exigida para criar um "clima ameaçador". Von Below, capitão de Hitler na Luftwaffe, ficou encarregado de escolher alguns generais de aparência "particularmente belicosa". Naquela tarde, quando a delegação austríaca se retirou para uma discussão privada, Hitler gritou com toda força: "General Keitel! Mandem Keitel entrar agora mesmo!" O chefe do OKW adentrou a sala ofegante e perguntou a Hitler o que deveria fazer. Mas tudo o que ouviu foi: "Nada! Sente-se." O objetivo de Hitler foi atingido. Schuschnigg partiu intimidado com as ameaças do ditador.

Um típico oficial intendente dos tempos do kaiser, um dinossauro, como os oficiais alemães em geral eram vistos no exterior – esse era Keitel. Não havia figura mais apropriada.

Fritz Buchner, ajudante-de-ordens do quartel-general do Führer

> *Tinha um aspecto imponente. Alto, bem aprumado, sério, bonito. Em termos puramente estéticos, era um verdadeiro general prussiano.*
>
> BERND FREYTAG VON LORINGHOVEN, OFICIAL DO ESTADO-MAIOR GERAL

Em 12 de março de 1938, o ditador colheu os frutos da encenação e foi à Áustria à frente de seus oficiais da Wehrmacht. Keitel, que fazia parte da comitiva, lembrou ter visto "lágrimas de alegria" escorrendo dos olhos do ex-austríaco (Hitler adotou a cidadania alemã em 1932). Mas foram os acontecimentos da noite anterior que prevaleceram em sua memória. O comandante-em-chefe do Exército, Brauchitsch, e alguns de seus oficiais seniores, telefonaram-no inúmeras vezes, implorando para que tentasse dissuadir Hitler de uma invasão à Áustria. "Nem por um momento considerei expor a questão ao Führer", Keitel comentou mais tarde. "Ele não ficou sabendo de nada disso. Se tivesse sabido, as conseqüências teriam sido devastadoras para os comandantes do Exército. Eu queria que os generais, e Hitler também, fossem poupados." Essa foi a primeira vez que o chefe do OKW atuou como mediador entre Hitler e o Exército. Não conseguiu mais se livrar deste papel até o final da guerra.

Às vésperas da *Anschluss* (anexação da Áustria), dois tipos básicos de comportamento ficaram evidentes: por um lado, os generais do Exército evitavam lidar pessoalmente com Hitler em razão de experiências prévias desagradáveis, contando com a habilidade de Keitel para atuar como intermediário – em geral sem resultados. Por outro lado, o chefe do OKW protegia Hitler de qualquer notícia que, segundo seu julgamento quase sempre correto, pudesse desencadear um acesso de fúria. A ocupação da Áustria parece ter confirmado a eficiência desta tática. Não ocorreram quaisquer incidentes nem derramamentos de sangue. Tampouco foram percebidos sinais explícitos de uma crise internacional, como temiam os comandantes.

Só dois meses depois, em 20 de março, Keitel, cumprindo ordens de Hitler, entregou o esboço do plano para um novo ataque, o chamado "Plano Verde" – e foi cuidadoso ao observar que ainda não o havia discutido com os comandantes-em-chefe das três Armas da Wehrmacht. O esboço de Keitel falava de uma "situação particularmente favorável" e da necessidade de "ações muito rápidas" contra a Tchecoslováquia. Keitel foi um dos primeiros do *entourage* de Hitler a ser informado sobre os novos alvos da política de agressão. Ficou sabendo que o ditador considerava inevitável a preparação estratégica da Alemanha para o "grande confronto no leste", e que tal ação decisiva deveria acontecer enquanto Hitler estivesse vivo. Keitel nunca levantava objeções. Mais tarde, disse ter recebido as diretivas "sem conseguir controlar a ansiedade". Ele e Jodl começaram a trabalhar imediatamente nos planos para a invasão.

Em relação a Hitler, só poderia ser um oficial metódico, cumprindo as ordens dadas por ele.

Karl Böhm-Tettelbach, oficial subordinado a Keitel

O infortúnio de Keitel foi não ter conseguido a força para resistir às ordens de Hitler, injustificáveis tanto do ponto de vista legal quanto moral.

Heinz Guderian, general panzer

Mais uma vez, objeções surgiram nos quartéis-generais do Exército. Ludwig Beck, chefe do Estado-Maior Geral, entregou um memorando no qual profetizava a eclosão e o subseqüente curso da guerra com precisão surpreendente. Uma expansão agressiva para o leste, dizia, iria deflagrar outra guerra mundial, guerra que a Alemanha certamente perderia devido à inferioridade de sua base econômica. Keitel recomendou-lhe entregar a Hitler apenas a segunda parte do memorando, que continha informações sobre o potencial militar das nações européias. Acreditava que a primeira parte, com as limitações estratégicas, seria descartada pelo Führer no mesmo instante. O chefe do OKW voltou a atuar como um filtro, evitando desentendimentos entre Hitler e os generais.

Na ocasião, Hitler rejeitou até a segunda parte, disparando críticas raivosas contra os oficiais mais experientes do Exército. Alarmado com esse ataque de fúria, o próprio Keitel disse às chefias departamentais do OKW que havia sido iniciada uma busca por culpados, e que as acusações de Hitler se estendiam ao próprio Comando Supremo da Wehrmacht. Disse também que não toleraria críticas, dúvidas ou censuras no OKW. É significativo que mesmo nos julgamentos de Nuremberg ele não soubesse praticamente nada a respeito dos planos para o golpe de Estado que Beck, Goerdeler e o chefe de seu próprio gabinete, Canaris, prepararam naquele verão entre a paz e a guerra.

No período que antecedeu a eclosão da Segunda Guerra Mundial, Keitel tornou-se um elemento permanente no séqüito de Hitler. Há centenas de fotografias e imagens filmadas que mostram Keitel na presença do ditador, em geral sem dizer nada, mas sempre posicionado como se fosse ajudá-lo. A linguagem corporal deferente dessas imagens é suficiente para definir o chefe do OKW. Os oficiais logo lhe puseram o pejorativo, porém pertinente, apelido de Lackeitel. Gradualmente, o trabalho de Keitel começou a exceder o de um "administrador", como definiu Blomberg. Hitler deve ter percebido que o "fazendeiro com uniforme de general" era a pessoa ideal para o cargo. Dessa forma, Keitel foi um dos poucos oficiais seniores que preservaram sua patente e sua posição do início ao final da guerra. Com sua subserviência e obediência ilimitadas, não era apenas um produto do sistema, ele atendia a um requisito essencial para o bom funcionamento da estrutura: a supressão de escrúpulos e ressalvas em favor da realização incondicional das vontades do Führer.

Era impossível não notar o orgulho com o qual o chefe do OKW ocupava seu cargo ao lado de Hitler. Um conhecido de Keitel lembrou-se de tê-lo visto com os dois filhos "caminhando com elegância pela avenida Kurfürstendamm vestindo seu uniforme". Para ele, o general e os dois jovens pareciam "verdadeiros oficiais prussianos". Lisa Keitel se deleitava com os incessantes compromissos sociais em Berlim. O marido, em seu livro de memórias escrito em Nuremberg, enfatizou o quanto Hitler o requisitava: "Muitas foram as vezes que precisei, de forma inesperada, voltar mais cedo de um final de semana em Helmscherode ou de alguns dias de caça na Pomerânia para ficar à disposição dele, em geral mais por capricho do que por qualquer motivo justificável."

O prazer proporcionado por aquilo que havia alcançado fez com que fosse mais fácil ignorar o lado negro do regime. Por não querer que sua promoção a general fosse ofuscada pelo incêndio criminoso de sinagogas na noite anterior, rejeitou um relatório feito pelo almirante Canaris com todos os detalhes sobre os assassinatos e incêndios realizados pelos nazistas. Relutava em ler os relatórios regulares produzidos pelo setor internacional do Abwehr a respeito das táticas de terror utilizadas pela Gestapo. Preferia se ocupar com o "espírito" dos soldados, ao qual ele, um ex-tenente do Exército do kaiser, ajudou a desenvolver proibindo que participassem de qualquer celebração pelo 80º aniversário de Wilhelm II.*

* Após abdicar em 1918, o kaiser se exilou na Holanda, onde viveu até morrer em junho de 1941. Continuava sendo admirado pelos simpatizantes da monarquia na Alemanha, e portanto representava uma ameaça a Hitler.

Quando os Sudetos e, na primavera de 1939, o restante da Tchecoslováquia caíram nas mãos de Hitler sem um único tiro ser disparado, o OKW começou a planejar a invasão da Polônia. Apesar das advertências explícitas de Paris e Londres, Hitler e Keitel continuavam acreditando que as potências ocidentais iriam sacrificar a aliança de novo. "A França é pacifista, e a Inglaterra, decadente", disse o chefe do OKW ao general Georg Thomas, claramente expressando a opinião de seu mestre. "Farão um alarde ameaçador", prosseguiu Keitel, "mas de novo aceitarão o fato."

Keitel também bloqueou o pedido do Alto Comando do Exército para que examinassem, em um hipotético "jogo de guerra", o provável curso das hostilidades no oeste como forma de dissuadir o ditador de lançar um ataque contra seu alvo. Após uma conversa com Keitel, o diplomata Ulrich von Hassel ficou perplexo com suas "avaliações descuidadas", que não eram nada mais do que um eco das palavras de Hitler. Ainda que estivesse inteirado dos planos políticos de seu líder militar, a superficialidade com que Keitel as analisava ficou evidente em sua reação quando soube que o Exército Vermelho também seria mobilizado. "É mesmo? Contra quem?", disse irritado.

Com a invasão da Polônia, a Werhmacht ficou ainda mais submersa nos crimes do regime. Desde os primeiros dias da campanha, os comandantes do Exército passaram a receber um volume crescente de relatos sobre as atividades sangrentas praticadas atrás da linha de frente pelo Einzatzgruppen da SS, que estava, de modo sistemático, perseguindo e matando judeus, aristocratas e até padres. A recusa da maior parte do Exército em conter tais atrocidades não teve qualquer conseqüência, pelo contrário: devido à completa paralisia, os comandantes-em-chefe se tornaram cúmplices silenciosos dos assassinatos em massa. Em 12 de setembro, enquanto viajavam no trem do Führer por trás da linha de frente, Canaris procurou Keitel e protestou contra os crimes cometidos pela SS. Porém, o chefe do OKW logo se esquivou da conversa, comentando que "se a Wehrmacht não quiser participar disso, precisará aceitar perder o lugar para a SS e a Gestapo".

Keitel parecia já ter aceitado totalmente o fato e acreditado que os planos de extermínio eram equivalentes aos objetivos militares, da mesma forma como se apropriava das palavras evasivas de Hitler. Contou ao almirante como deveriam "limpar" as áreas ocupadas da Polônia de todos os "judeus, polacos e outros tipos de gentalha". Mas em outra conversa com Canaris, teria revelado que, ao dizer isso, passava por cima de seus próprios valores morais. Durante as preparações para o falso ataque à estação de rádio de Gliwice por agentes do SD (vestidos com uniformes poloneses), que viria a ser o pretexto da invasão à Polônia, Keitel declarou: "É óbvio que, pessoalmente, não aprovo esse tipo de ação, mas essa é a vontade do Führer e pronto." Sua única iniciativa nos primeiros dias da invasão à Polônia foi garantir a declaração formal de guerra contra o inimigo, mesmo que apenas de modo retroativo.

Até aquele momento, as ordens dadas às tropas não violavam as leis internacionais, mas a conduta dos soldados começou a expor as sinistras conseqüências de seis anos de propaganda nazista. Como pode ser visto nos arquivos das cortes marciais do Exército, inúmeras atrocidades cometidas contra a população civil ficaram impunes. O caso do major Salah despertou especial atenção. Ele matou cinco polonesas e foi condenado à morte por uma corte marcial. O comandante-em-chefe do Exército, Brauchitsch, insistiu para que a pena fosse aplicada. Porém, após idas e vindas, Hitler decretou pessoalmente que o homem deveria ser condenado apenas à prisão. A mensagem passada por essa e outras decisões semelhantes tiveram grande efeito. Os membros da "raça dominante", não se sentiam oprimidos por leis ou questões morais em seu avanço triunfante.

Dentro da Wehrmacht, Keitel passou a ser cada vez mais visto como um expoente de amoralidade. No início da campanha contra a Polônia, seu colega Franz Halder havia declarado, com certa simpatia, que o chefe do OKW "não estava mais disposto a fazer esse trabalho". Porém, com o passar do tempo, a subserviência de Keitel e o apoio incondicional aos métodos violentos de Hitler passaram a despertar um ódio crescente. Quando Brauchitsch se recusou a escrever o prefácio de um livro ilustrado intitulado *Mit Hitler in Polen* (*Com Hitler na Polônia*), Keitel fez o trabalho e escondeu do ditador a recusa. Von Hassell observou que Keitel tinha sido "escravizado" e que o general Reinicke, conhecido por ser particularmente fiel ao regime, recebera o apelido de "Keitelzinho". Em julho de 1940, quando o comandante militar na Polônia, general Von Gienanth, enumerou mais uma vez as atrocidades cometidas pela polícia e pela SS contra os judeus poloneses, recebeu como resposta uma "carta grosseira", dizendo que, "de uma vez por todas, deveria parar de se intrometer em questões" que não lhe diziam respeito.

Foi logo após o desfile pela vitória em Varsóvia que Hitler e seu assistente se desentenderam pela primeira vez. O motivo da briga não teve nada a ver com moralidade. Eles discutiram se os soldados já haviam se recuperado para uma nova sessão de pilhagens. Keitel adotou a opinião de Brauchitsch, o comandante-em-chefe do Exército, para quem as tropas precisavam urgentemente de descanso para recuperarem as forças. Hitler, por outro lado, queria iniciar um ataque contra a França no auge daquele inverno – e só mais tarde voltou atrás. Muitos ainda se lembram das críticas e maldições despejadas por Hitler sobre Keitel. Parece que Hitler o repreendeu violentamente, insultou-o e levantou contra ele a "grave acusação" de "apoio a um movimento oposicionista dentro do Estado-Maior Geral". Keitel, ofendido, logo escreveu uma carta a Hitler pedindo um comando de linha de frente, mas algumas palavras gentis do ditador e o aviso de que aquele não era o momento para "sentimentalismos" bastaram para convencer o chefe do OKW a ficar. Keitel sucumbiu novamente a uma vontade mais forte. Após a guerra, admitiu que "não era páreo para a personalidade de Hitler".

A breve campanha escandinava na primavera de 1940 foi uma espécie de "batismo de fogo" para o OKW. Na Polônia, quase todas as operações continuavam sendo conduzidas pelo Alto Comando do Exército, sob as ordens de Brauchitsch; mas na Dinamarca e na Noruega, a necessidade de lutar com o Exército, a Marinha e a Força Aérea cooperando entre si fez com que o OKW assumisse o controle. Tal feito foi conseguido sobretudo graças ao trabalho do chefe de operações, Alfred Jodl, o homem por trás de Keitel. Quando as tropas de montanha comandadas pelo general Dietl passaram a enfrentar sérias dificuldades em Narvik, onde os britânicos aterrissaram com uma força-tarefa, tanto Hitler como Keitel perderam a calma.

Hitler queria abandonar Narvik e mandou Dietl cruzar a fronteira com suas tropas até a neutra Suécia, onde ficariam estacionadas. Em 19 de abril de 1940, Jodl escreveu em seu diário: "A crise piora. O chefe do OKW deixa a sala de reunião; as confusões na liderança são uma ameaça, já que Hitler insiste em lidar com cada detalhe." Mas foi só quando Jodl insistiu para que Hitler mandasse Dietl resistir que os alemães afinal conseguiram expulsar os britânicos do norte da Noruega. E a lição que Hitler aprendeu com a vitoriosa ordem de "mantenha-se firme" viria a ter terríveis conseqüências, em particular no front oriental. Alfred Jodl, cujo título oficial era "chefe do Departamento de Operações do OKW", passou a desempenhar cada vez mais a função de consultor estratégico de Hitler, função que Keitel gostava demais para entregar a ele. Nas conferências de guerra, o chefe do OKW passou a restringir-se a ouvir as explicações de Hitler e a concordar com elas.

Com o início da invasão à França, em cuja preparação Keitel fora tão obediente quanto em todas as guerras de agressão do ditador, o *entourage* de Hitler passou a ocupar pela primeira vez um quartel-general construído especialmente para o Führer. Milhares de metros cúbicos de concreto destinaram-se à construção de um sombrio complexo de bunkers em uma região montanhosa a oeste do Reno, perto de Bad Münstereifel. Na primeira manhã da campanha, Hitler e sua equipe se mudaram para o local. Em homenagem ao sanguinolento romancista Karl May, chamou o complexo de "Felsennest" (ninho do rochedo). As semanas passadas neste quartel-general foram uma prévia da vida permanente no bunker, que começaria em menos de um ano – uma vida tão espartana quanto militar.

Mais tarde, Jodl descreveu o local como "uma mistura de monastério e campo de concentração". As intermináveis reuniões, nas quais Hitler com freqüência se intrometia nas questões que diziam respeito apenas às companhias, começavam ao meio-dia e em geral seguiam noite adentro. Keitel foi o único do séqüito imediato de Hitler que nunca conseguiu se adaptar aos excêntricos horários de trabalho do Führer. Levantava-se cedo e por volta das nove da manhã já estava em sua mesa. Embora fosse o oficial mais velho do quartel-general do Führer, ele já havia passado dos 60, era o que menos dormia. Seguia o mesmo modelo de sempre. Trabalhando duro e sendo excessivamente meticuloso, tentava aplacar o sentimento de que não estava à altura de sua posição. Como Jodl analisou em Nuremberg, Keitel "buscava refúgio" no trabalho, sobretudo depois das discussões com Hitler.

A campanha ocidental não gerou muitas brigas. Os assustadores franceses, que foram destruídos em apenas seis semanas, eram os mesmos inimigos contra o qual o Exército alemão lutara em vão por quatro longos anos durante a Primeira Guerra Mundial. Todas as advertências do Estado-Maior Geral sobre a superioridade numérica dos franceses se mostraram infundadas. Assim como muitos oficiais, Keitel podia explicar essa vitória apenas pelo extraordinário talento de seu comandante supremo. O termo "maior comandante militar de todos os tempos", inventado por Keitel nesse período, provavelmente representava sua profunda convicção. Também é significativo o fato de ter sido o próprio Keitel, no primeiro relatório da Wehrmacht, que passou a chamá-lo de comandante supremo.

Em recompensa pelos panegíricos bizantinos, Keitel foi autorizado a conduzir a cerimônia do armistício no bosque de Compiègne, exatamente no mesmo vagão de trem onde a Alemanha imperial negociou a paz em 1918. Keitel descreveu o episódio como "o ápice de minha vida militar". Ao som do hino nacional alemão, Hitler e os líderes do Terceiro Reich adentraram a primeira classe do trem da estatal ferroviária francesa. Logo atrás do ditador, ao lado de Göring e Brauchitsch, vinha Wilhelm Keitel. Naquele momento, provavelmente não sonhava mais com sua grande propriedade em Helmscherode.

O discurso que fez para o negociador francês, general Huntziger, foi gravado. É um dos poucos discursos proferidos por Keitel que ainda existem. No velho disco de vinil, ouve-se sua voz entrecortada, mal conseguindo conter a emoção. Ao ler o discurso, que teve a contribuição de Hitler, disse aos presentes: "Foi neste trem que se iniciaram os anos de sofrimento do povo alemão. Toda a desonra e humilhação, toda a miséria humana e material que se pode impor a uma nação começaram aqui. Má-fé e perjúrio uniram forças contra o povo, cuja única fraqueza após quatro anos de luta heróica foi confiar nas promessas de um estadista democrático."

Era a mais pura retórica do mito da "punhalada pelas costas" propagado por Hitler em diversos discursos, a tese falsa, porém sedutora, de que a "traição sofrida pela pátria" havia sido o único motivo da derrota na Primeira Guerra Mundial. Mesmo indo de encontro à explicação para a guerra que agora se abatia sobre a Europa, Keitel, como porta-voz do ditador, fez uma declaração extraordinária: "Em 3 de setembro de 1939, 25 anos após a eclosão da Grande Guerra, Grã-Bretanha e França, mais uma vez sem qualquer razão, declararam guerra à Alemanha. Agora, o veredicto das armas já foi dado: vencemos a França." Aos ouvidos dos derrotados franceses, tais palavras devem ter soado como um escárnio dos vitoriosos. Contudo, Keitel provavelmente acreditava nesta frase "desarrazoada".

Por já ter ouvido inúmeras vezes a enxurrada de palavras pomposas de Hitler, havia muito que o chefe do OKW se distanciara da realidade. Às vezes, reproduzia o processo de pensamento do Führer palavra por palavra. Até em seu livro de memórias, nota-se a fraseologia e a escolha de palavras de Hitler. Por exemplo: quando diz que a Alemanha se preparava para a guerra "com fins puramente defensivos", ou quando observa com toda seriedade que, antes de serem invadidas pela Alemanha, a Bélgica e a Holanda tinham "perdido" a neutralidade ao permitir que aviões britânicos sobrevoassem seus territórios.

Na noite em que assinaram a rendição da França, organizaram uma festa no refeitório dos oficiais no quartel-general do Führer. No final, os conquistadores entoaram com emoção a cantata de Bach *Nun Danket alle Gott* (*Louvai ao Senhor*). Quando terminaram, Hitler apertou a mão de seu assistente e deixou o local sem dizer uma única palavra. Pouco tempo depois, em 19 de julho, Keitel, com outros 19 generais, recebeu o bastão e a insígnia de marechal-de-campo. O chefe do OKW, entretanto, não havia provado sua capacidade "em campo", como alguns comandantes do Exército observaram na ocasião da promoção. Porém, em meio à euforia geral pela vitória, todos celebraram. No momento em que fez a primeira saudação com seu bastão, Keitel era uma das poucas pessoas já inteiradas do próximo objetivo de guerra do Führer: "Agora que já provamos do que somos capazes, acredite, Keitel, a campanha contra a Rússia será apenas uma brincadeira de criança quando comparada a esta."

No final de julho de 1940, Keitel foi um dos poucos escolhidos em Berghof aos quais Hitler anunciou sua decisão de, muito em breve, "destruir a capacidade de existência da Rússia". Nessas conversas, ninguém falava sobre a necessidade de se agir antes de Stálin. Além disso, a teoria de uma guerra preventiva, sugerida pelo próprio Keitel, contradiz o fato de que, na euforia da vitória sobre a França, o alto escalão da Wehrmacht não considerava o Exército Vermelho páreo para o alemão. A óbvia escassez de bons oficiais e as grandes baixas soviéticas na guerra contra a Finlândia eram tópicos sempre presentes nas discussões. Todos sabiam que, alguns anos antes, vários dos melhores oficiais de Stálin tinham sido assassinados em um sangrento "expurgo". E o Exército russo não havia sofrido uma derrota esmagadora na Primeira Guerra Mundial, enquanto a França continuava invicta?

A maior parte dos oficiais mais experientes do Exército compartilhava da opinião de Hitler de que a "União Soviética era um gigante com pés de barro". Apenas alguns, entre eles Beck, Halder e Canaris, conseguiram prever com clareza a catástrofe. Surpreendentemente, a princípio Keitel era contrário à campanha oriental, embora a fragmentação das forças alemães, já presentes do Cabo Norte norueguês ao Mediterrâneo, fosse o que mais lhe preocupasse. Em princípio, não se opunha a lutar contra os odiados comunistas, mas enquanto a Grã-Bretanha continuasse livre, seria mais prudente esperar. Enviou então um memorando preventivo a Hitler e ainda encontrou um aliado em Ribbentrop.

Porém, uma aliança entre o covarde Keitel e o pouco poderoso ministro das Relações Exteriores dificilmente faria alguma diferença. A sugestão feita por eles, de que Hitler poderia encontrar Stálin pessoalmente para discutirem suas diferenças, sequer suscitou a esperança de ser aceita. O Führer não deu nenhuma importância à preocupação de seus dois "servos". Keitel teve que aturar outra carta destruidora. Pediu, mais uma vez em vão, uma transferência, mas voltou obediente para seu cargo. Conseguiu apenas uma licença de algumas semanas, a última que tiraria na vida.

Quando retornou, pôs-se a preparar a nova campanha. Sua volta ao trabalho talvez tenha sido mais fácil devido a uma generosa "doação" de Hitler, uma transferência de mais de 1 milhão de Reichsmarks por "serviços militares". Keitel então redigiu uma série de instruções que resultaram em nada menos do que uma campanha de aniquilação. Desta forma, cruzou o limiar da cumplicidade. Naquele momento, as ordens que carregavam a assinatura de Keitel jogaram a Wehrmacht no mundo da criminalidade. "No futuro, nossa severidade no leste será considerada branda", era como Hitler estimulava os planejadores do OKW.

Em 13 de maio de 1942, tais diretrizes foram implementadas por meio da Ordem de Jurisdição: "Não há obrigação de se instaurar um processo, mesmo quando a ação constituir crime ou ofensa militar, para as ações perpetradas pelos membros da Wehrmacht contra civis inimigos." isso significava que, mesmo se os soldados alemães saqueassem, estuprassem ou matassem, nenhum tribunal militar era obrigado a punir estes crimes. A essa supressão de todas as regras para uma conduta civilizada seguiu-se, em 6 de junho, a "ordem do comissário" – uma ordem explícita para assassinatos. "Os criadores dos bárbaros métodos asiáticos de luta são os comissários políticos. Portanto, devem ser adotadas, imediatamente e sem perda de tempo, as mais severas medidas contra essas pessoas. Por conseguinte, se forem capturados lutando ou resistindo, deverão ser executadas com armas de fogo."

Nessa e em outras ordens para execução de soviéticos ligados à política é significativo o fato de não constar nenhuma instrução precisa sobre como um "comissário" poderia ser reconhecido entre os presos de guerra. Uma mera suspeita seria suficiente. Por fim, em 23 de junho, seguindo o "guia de conduta para os soldados na Rússia", o Exército marchou com a clara determinação de agir "impiedosamente" contra "arruaceiros, clandestinos, sabotadores e judeus bolcheviques". Era a primeira vez que ordens militares continham medidas contra judeus.

Esta é a única forma de explicar como ordens semelhantes à "ordem do comissário", regras para o tratamento de prisioneiros de guerra e civis nos territórios inimigos, além de outras instruções do tipo, puderam ser dadas às tropas. Keitel teve que pagar por esta fraqueza com a vida em Nuremberg.

HEINZ GUDERIAN, GENERAL PANZER

Na época, lamentávamos por Keitel sofrer tanta influência de Hitler, por não ser nada além de um instrumento condescendente, sem qualquer desejo próprio.

ALBERT SPEER DURANTE OS JULGAMENTOS DE NUREMBERG

Naquele momento, até quem não fazia parte do Exército sabia que, com tais ordens, um caminho sem volta havia sido pego. O diplomata Ulrich von Hassel observou em 16 de junho que o comando da Wehrmacht já tinha "caído na estratégia de Hitler de transferir para eles o ódio dessa campanha assassina, que até o momento era conduzida pela SS. Aquele pequeno cabo!" O fato de nenhum dos oficiais seniores ter tido a decência de renunciar ou ao menos protestar com veemência ilustra quão profundamente o OKW e o Alto Comando do Exército já estavam imersos na criminalidade. Aqueles que toleraram os assassinatos na Polônia estavam a apenas um passo de uma participação ativa.

A criminalidade com certeza era perceptível para o chefe do Estado-Maior Geral, Franz Halder, que sonhava em reformar o sistema e eliminar, se não o próprio Hitler, a SS e a Gestapo, as verdadeiras perpetradoras do terror. Mais tarde, vários foram os homens corajosos, inclusive comandantes de médias e baixas patentes que simplesmente ignoraram as ordens criminosas de seus superiores ou ao menos as suavizaram. Entretanto, tais ordens também eram cumpridas com muita freqüência. Mesmo que só uma pequena parte da Wehrmacht tivesse se tornado assassina, cada soldado precisava encarar o fato de que lutava lado a lado com criminosos.

O maior responsável pelas ordens bárbaras dadas aos soldados alemães foi, é claro, Hitler. Na Rússia, ele afinal passou a lutar a guerra que sempre desejou – uma guerra por "existência ou esquecimento", por "vitória ou aniquilação", como dizia de forma bastante aberta. No entanto, todos os militares de alta patente foram colocados no mesmo saco; tornaram-se cúmplices. Mas quando recorriam ao juramento de lealdade e aos imperativos da disciplina militar, assim como Keitel, esqueciam-se, de modo um tanto conveniente, que no mesmo Exército prussiano que Hitler considerava com tanto orgulho um modelo para a Wehrmacht, obediência a ordens imorais era uma transgressão grave. Criar e dar instruções criminosas de fato não se encaixava em nenhuma tradição militar, muito menos na prussiana.

O chefe do OKW absorveu tão completamente as determinações de Hitler de travar uma "guerra de extermínio" que passou a agir de acordo com elas, mesmo quando não cumpria uma ordem direta do Führer. Quando o almirante Canaris entregou um documento a Keitel protestando contra a morte em cativeiro de mais de 3 milhões de prisioneiros de guerra soviéticos, Keitel anexou um bilhete escrito a mão em 23 de setembro sem o conhecimento de Hitler: "Tais preocupações têm como base a noção militar de uma guerra de cavalheiros. O que estamos fazendo aqui é destruir uma ideologia. Esse é o motivo pelo qual aprovo as medidas e me responsabilizo por elas." Definiu até mesmo como "muito apropriadas" as operações realizadas atrás da linha de frente pelo Einsatzgruppen, que contava com a cobertura, em termos de transporte e segurança, dos soldados da Wehrmacht.

O tratamento sangrento dispensado aos prisioneiros de guerra, dos quais mais de 2 milhões morreram em campos alemães no primeiro ano da batalha contra a Rússia, sofreu mudanças apenas quando ficou evidente que uma vitória rápida no leste não seria mais possível, de forma que precisariam dos prisioneiros para trabalho forçado. De maneira semelhante, a "ordem do comissário" só foi revogada em 1942, quando ficou claro que, em vez de abalar o moral do Exército Vermelho, a medida o fortalecia.

Não há qualquer evidência indicando que algum dia Keitel hesitou ou sentiu remorso por assinar tais ordens. Em seu livro de memórias, joga toda a responsabilidade para Hitler e cita um dito do Führer: "Não peço a meus generais que me entendam, mas exijo que obedeçam minhas ordens." Mesmo nos interrogatórios após a guerra, quando admitiu pelo menos certo grau de responsabilidade, não encontramos sequer uma palavra de arrependimento pelo destino das vítimas. Se Jodl estava correto ao definir Keitel como um "homem suscetível e sensível", então o marechal-de-campo também era um mestre na arte de esconder sentimentos.

As únicas situações que pareciam de fato abalar o chefe do OKW eram os acessos de raiva do Führer, o que aconteceu mais uma vez em 1941. No final do verão daquele ano, Hitler desacelerou a produção de armamentos alemães, pois previa a vitória contra a União Soviética. Porém, já perto do inverno, a Wehrmacht foi derrubada pela primeira vez. Próximo aos portões de Moscou, enfrentando a neve espessa e temperaturas muito baixas, a infantaria do Grupo de Exércitos Centro sofreu uma grande derrota. Ao se deparar com este primeiro desastre, que pôs em discussão todo o sucesso da campanha contra a Rússia, Hitler tentou jogar a culpa em seus generais. O comandante-em-chefe do Exército, Von Brauchitsch, foi exonerado e o próprio ditador assumiu o cargo.

Depois do episódio, Keitel sentiu-se obrigado a oferecer-lhe uma espécie de voto de lealdade "em nome de todos os membros do OKW". O devoto marechal-de-campo, que não tinha nada a ver com os fracassos estratégicos, agiu como "mediador" e se tornou alvo de mais um dos ataques histéricos de Hitler. Ninguém se lembra do motivo exato, mas a repreensão foi tamanha que respingou até em Ulrich von Hassel, em Berlim. "Hitler e Keitel tiveram uma grande briga", escreveu Jodl em seu diário. "Hitler fez acusações tão absurdas que Keitel entrou em profunda depressão e começou a pensar em suicídio. ... O assunto certamente não tem importância, mas o episódio é no mínimo sintomático." Nos julgamentos de Nuremberg, Jodl também falou que viu o marechal-de-campo escrevendo uma carta de renúncia. O revólver de trabalho estava a seu lado em cima da mesa. Jodl disse ter "tirado a arma de perto dele".

Em seu livro de memórias, Keitel observou que havia pensado em suicídio "mais de uma vez" e que desistira da idéia porque temia ser acusado de "covardia e deserção". Mais tarde, quando Hitler cometeu suicídio no bunker de Berlim, Keitel considerou o fato "totalmente incompreensível e decepcionante". O momento em que Keitel estava sentado no gabinete com uma pistola carregada sobre a mesa teve grande impacto em seu psiquismo. Nunca revelou o que passou por sua cabeça naquela noite. A única pista que temos é uma conversa dele com o general Warlimont (então chefe interino do Estado Maior das Forças Armadas), a quem Keitel perguntou se seria possível continuar no cargo sem abdicar de seu amor-próprio. Tal reação se deu simplesmente em razão dos insultos de Hitler ou foi um pedido de ajuda por sua consciência não conseguir mais descansar ante os crimes em massa?

Não restam dúvidas de que, no Reich de Hitler, Keitel era um dos que "sabia de tudo". A desculpa dada por ele em Nuremberg, de que fora "usado indevidamente para fins indeterminados", não corresponde aos fatos. A assistência logística dada pelo Exército ao Einsatzgruppen contou com suas garantias. Todo o conjunto de ordens que coordenou a guerra de extermínio no leste traziam sua assinatura. Além disso, o almirante Canaris continuava informando Keitel regularmente sobre o que se passava no Abwehr (Serviço de Informação e Contra-informação Militar). Canaris lhe enviou relatórios a respeito dos fuzilamentos em massa e, a partir de 1942, também sobre as câmaras de gás. Às vezes, o chefe do Abwehr engenhosamente fazia com que seus relatórios se passassem por documentos roubados de agentes estrangeiros, pois sabia como o marechal-de-campo era avesso às reclamações dos militares alemães. Se for verdade que a maioria dos "agentes" no front continuava presa à "ordem nº 1 de Hitler", de acordo com a qual ninguém deveria saber nada além do necessário para realizar suas tarefas, o chefe do OKW, graças ao cargo que ocupava, era um dos soldados mais bem informados da Wehrmacht.

Sua reação à grave crise durante a batalha por Moscou no inverno apenar reafirmou sua confiança em Hitler. Nas conferências de guerra, era bastante comum o marechal-de-campo intervir em um debate com as palavras "o Führer está absolutamente certo", sem nem mesmo saber do que se tratava a discussão, como relembrou o conde Johann von Kielmansegg, oficial do Estado-Maior Geral. A máxima de Keitel, "O Führer está sempre certo", também foi criada nesse período, quando a falta de roupas de inverno para os soldados de linha de frente suscitou discussões acaloradas nos quartéis-generais. A ordem para que as tropas se mantivessem firmes durante uma nevasca fora da capital soviética que custou a vida de 10 mil soldados alemães foi considerada por Keitel uma prova da "inabalável firmeza do Führer".

Tomado por esse mesmo espírito, escreveu em seu livro de memórias que se Hitler não tivesse intervindo pessoalmente "em 1941, o Exército alemão inevitavelmente teria tido o mesmo destino de 1812", referindo-se à desastrosa retirada de Napoleão de Moscou. Chamou, inclusive, de golpe de gênio a desnecessária declaração de guerra aos Estados Unidos após os ataques japoneses a Pearl Harbor. Disse ter se sentido como se acordasse de um pesadelo.

Com o fim da aura de "invencibilidade" da Wehrmacht, *partisans* e sabotadores começaram a resistir em diversas partes dos territórios ocupados. A necessidade de combater esses inimigos que estavam "atrás da linha de frente" desencadeou uma nova avalanche de ordens do OKW, não menos brutais do que as instruções dadas durante a preparação da "Operação Barbarossa". Essa segunda leva de terror assinada por Keitel teve início com o decreto "Noite e Neblina", de 7 de dezembro de 1941. De acordo com o documento, qualquer suspeito de um "ato contra o Reich alemão está sujeito a punição", e caso não fosse sentenciado imediatamente por algum tribunal militar, deveria ser levado para campos alemães – à noite ou debaixo de neblina – sem que os parentes fossem informados. Só na França, 7 mil pessoas desapareceram sem deixar rastros.

Após a guerra, Keitel justificou as abduções indiscriminadas dizendo que a resistência francesa havia sido criada por uma "gentalha duvidosa" e que apenas mais tarde foi glorificada como um "feito heróico dos patriotas". Em 1942 vieram as instruções mais duras para o "combate a gangues". Os soldados eram "obrigados a utilizar todos os meios, inclusive contra mulheres e crianças". Keitel difundiu entre os comandantes de linha de frente a idéia de que nos "países ocupados" a "vida humana" valia pouco, portanto essa "severidade incomum" era apropriada. "Em compensação pela perda de cada soldado alemão", diziam as ordens do OKW, a pena de morte deve ser aplicada a uma quantidade de 50 a 100 comunistas. A ordem, porém, não explicava como os "comunistas" seriam distinguidos dos outros cidadãos das áreas ocupadas.

> *Não contesto que sabia de todas essas ordens, levassem minha assinatura ou não. Também não contesto que Hitler as havia discutido comigo e com o general Jodl, tampouco que as passei para o setor da Wehrmacht encarregado e que supervisionei a execução delas.*
>
> Keitel em seu livro de memórias, 1946

Foi principalmente atrás do front oriental que a segunda leva de ordens de terror deixou um rastro de sangue assustador. Já que as unidades da Wehrmacht quase nunca conseguiam identificar os *partisans*, abriam fogo contra vilarejos inteiros em "retaliação" e em muitas ocasiões assassinavam reféns inocentes. A brutalização da guerra, que Hitler ordenou por intermédio de Keitel, causou um número imenso de mortes, em particular nas áreas rurais. Cerca de 1/5 da população da Rússia Branca (hoje Bielorússia) morreu durante a "Operação Barbarossa" devido ao combate direto, de fome ou em decorrência das campanhas de terror perpetradas pelos invasores. Entre 1941 e 1945, um total de *20 milhões* de cidadãos soviéticos perderam a vida. O ódio semeado nesses anos acabou por recair sobre a nação que o plantou. Os atos de vingança dos soldados soviéticos quando eles invadiram a Alemanha permanecem entre as feridas abertas das gerações pós-guerra.

Em suas memórias, e também nos julgamentos de Nuremberg, Keitel se defendeu argumentando que muitas das ordens de terror só foram determinadas depois de um longo "cabo-de-guerra" com Hitler. Alegou também que tentava indicar isso ao introduzi-las com as seguintes palavras: "Após longas considerações, é a vontade do Führer ..." Entretanto, as atas das conferências de guerra que sobreviveram ao tempo contam uma história bem diferente.

Em 1º de dezembro de 1942, por exemplo, não há qualquer menção de Keitel contra a determinação dada por Hitler de que até mulheres e crianças deveriam ser "cruelmente assassinadas". Há apenas uma declaração sarcástica de Jodl, dizendo que essas ordens davam aos soldados um passe livre para fazerem o que bem entendessem: "Eles podem enforcar as pessoas, pendurá-las de cabeça para baixo ou esquartejá-las." Keitel, por sua vez, se mostrava muito orgulhoso de como "todos estavam trabalhando juntos" atrás da linha de frente. Não há nenhum registro de objeções nas atas. Albert Speer estava absolutamente certo ao observar que Keitel havia abandonado "qualquer opinião própria" e que não passava de um "servo bajulador, desonesto e estúpido."

> *Keitel era muito acomodado e claramente mais influenciado por Hitler do que meu marido.*
>
> Luise Jodl, esposa de Alfred Jodl

Enquanto o desastre de Stalingrado vinha à tona, Keitel deu mais um exemplo de sua degradação pessoal. Em uma conversa com o novo chefe do Estado-Maior do Exército, o general Kurt Zeitzler, que assim como Manstein queria convencer Hitler de que apenas uma fuga poderia salvar o encurralado 6º Exército, Keitel prometeu "apresentar formalmente a proposta a Hitler". Porém, na conferência de guerra em questão, o chefe do OKW "mudou de idéia". De acordo com uma testemunha, Keitel foi até o mapa aberto sobre a mesa, apontou para a posição do 6º Exército, circulou-a em vermelho e disse: "Resistiremos, *Mein* Führer!"

Portanto, Keitel também foi responsável pela tragédia que se abateu sobre 250 mil soldados alemães nos dias seguintes. Deste momento em diante, o chefe do OKW sempre defendia as ordens de Hitler exigindo "resistência"; quando as tropas de Rommel no Norte da África pediram permissão para fugir, na ocasião em que um grupo inteiro do Exército foi exterminado na Normandia ou quando as divisões de Model estavam prestes a serem cercadas na região do Rhur em 1945 – todas as vezes que Hitler mandou os soldados "agüentarem firme", Keitel o apoiou e as tropas foram dizimadas. Em todos esses casos, as conferências de guerra seguiram o mesmo padrão. Hitler utilizava argumentos de cunho ideológico para rebater cada sugestão por uma forma de guerra mais flexível e, no momento crítico, perguntava a opinião do chefe do OKW.

As visões de Keitel, vazias e nada críticas, como Halder as definiu, nunca diferiam das do Führer. Em vez disso, o marechal-de-campo apoiava seu comandante supremo na busca por bodes expiatórios. Após cada batalha perdida, a medida habitual era a exoneração do comandante responsável. Assim, o longo recuo das forças alemãs foi marcado por uma séria escassez de oficiais seniores. Depois do desembarque surpresa dos Aliados nas praias de Anzio, na Itália, Keitel mandou 15 jovens oficiais das divisões derrotadas irem ao Berghof, onde passaram três dias explicando a ele e a Hitler as razões do fracasso.

Diante das notícias cada vez piores vindas das frentes de batalha, Keitel, assim como Hitler, sucumbiu às expectativas mais delirantes, enfatizando-as com uma falsa demonstração de dureza. Dentro do OKW, onde uma grande quantidade de oficiais continuava trabalhando e vendo as evidências com os próprios olhos, Keitel introduziu uma parcela de fanatismo, o que não era usual. Num rompante durante uma reunião, disse não haver espaço no Supremo Comando da Wehrmacht para "pessimistas e derrotistas". Isso porque seus colegas queriam debater estratégias alternativas para as táticas de "luta a qualquer custo" estabelecidas por Hitler.

Na primavera de 1944, quando a derrota alemã no leste era tão clara quanto a inevitabilidade de uma invasão no oeste, disse aos cadetes de Sonthofen que se tratava apenas de uma questão de "agüentar firme" até que a linha de frente inimiga se desintegrasse. Se a estratégia não funcionasse, prosseguiu, não restaria "ao povo alemão nada além da aniquilação que o ameaça". A possibilidade de uma libertação, mesmo que viesse "de dentro", por meio de um golpe de Estado, nunca ocorreu ao marechal-de-campo. Ele a teria classificado como alta traição no mesmo instante.

É uma grande ironia da história o fato de ter sido Keitel quem acabou possibilitando o atentado contra a vida de Hitler em 20 de julho de 1944, embora inadvertidamente. O homem que viria a colocar a bomba, o *Oberst* conde Claus Stauffenberg, planejou passar pela segurança externa da Toca do Lobo carregando uma maleta com explosivos. Porém, ainda precisaria passar pelo posto de controle interno do quartel-general. Devido ao temor de atentados, sabia que revistariam a bagagem de qualquer oficial que não fizesse parte do círculo mais próximo de Hitler.

Mas Stauffenberg encontrou uma solução: precisava apenas de alguém que o acompanhasse até seu alvo. Kurt Salterberg, um guarda da área de segurança interna, ainda lembra bem do jovem coronel com um esparadrapo no olho, seguindo para a cabana de madeira, onde excepcionalmente se realizaria a reunião – e ele estava "acompanhado de Keitel". Assim, o chefe do OKW praticamente carregou a bomba que pretendia salvar a Alemanha da tirania. "Tínhamos ordens", continuou Salterberg para "não revistar quem estivesse com Keitel e quisesse entrar na área de segurança interna."

Infelizmente, a bomba da maleta de Stauffenberg não atingiu o objetivo. O fato de a reunião ter sido transferida de última hora para a frágil cabana foi o que salvou a vida da maioria dos oficiais presentes. Caso a bomba tivesse explodido dentro do bunker de concreto, é pouco provável que alguém sobrevivesse. "*Mein* Führer, o senhor está vivo!", foram as primeiras palavras de Keitel após o explosivo ter sido detonado. Jodl observou que foi o marechal-de-campo que, "com calma, pegou Hitler no colo e, carregando-o cuidadosamente, como faria com uma criança, levou-o para um espaço aberto". O chefe do OKW correu para o telefone e implorou a todos os comandantes das regiões militares da Alemanha que não seguissem as ordens dos conspiradores de Berlim.

Como disse mais tarde Alfred Jodl, que ficou ferido na cabeça durante o atentado, o marechal-de-campo agiu com tanto zelo que, se o próprio tivesse se machucado com gravidade na explosão, os acontecimentos em Berlim teriam tomado um rumo diferente. É bastante significativo que mesmo depois da guerra Keitel não tenha sido capaz de demonstrar qualquer compreensão das razões que motivaram o atentado. Chamou Stauffenberg de "fanático religioso incontrolável". Para Keitel, o marechal-de-campo Von Kluge, que sequer pertencia ao núcleo da conspiração, "manteve a arrogância de um aspirante a cadete até a morte". Em relação aos muitos outros oficiais interessados em provar que uma Alemanha diferente ainda existia, o veredicto do marechal-de-campo foi tão conciso quanto ignorante: são apenas "pessimistas queixosos".

No mesmo dia do atentado, Keitel deu início aos preparativos para o contra-ataque de Hitler. O general Fellgiebel, responsável pela inteligência militar, participou diretamente da tentativa de golpe. Ele fez com que a comunicação com o quartel-general de Hitler fosse cortada antes do atentado. O próprio Keitel o prendeu ainda no local. Na mesma noite, Keitel e Himmler, comandante da SS, organizaram os detalhes para uma revanche. A Wehrmacht instituiu um "Tribunal de Honra" para retirar do Exército todos os suspeitos de cumplicidade com o plano, que seriam julgados pelo "júri popular". Esse nada "honrado" tribunal, do qual o próprio Keitel fazia parte, entregou 55 oficiais – entre eles 11 generais – ao júri presidido pelo juiz Roland Freisler, que mandaria os condenados para a forca.

Mais tarde, o chefe do OKW defendeu seu papel de juiz no Tribunal de Honra do Exército dizendo que "comprovadamente não houve qualquer erro judicial". As fotografias dos conspiradores sendo executados nas forcas circularam nas conferências de guerra. Em 24 de julho, Keitel e Göring emitiram uma ordem conjunta tornando a saudação alemã "com braços eretos" compulsória para todos os soldados da Wehrmacht – como sinal de "uma lealdade constante" ao Führer. As ações de Keitel após a tentativa de golpe pareciam uma retomada de sua antiga aversão aos oficiais "de nariz empinado" das escolas de cadetes com os quais trabalhou. Desejava provar que ele, o *self-made* Wilhelm Keitel, era "um soldado do Führer", melhor do que todos eles.

O marechal-de-campo de fato subiu no conceito de Hitler, que afinal se convenceu da lealdade incondicional de Keitel. Em 1º de setembro, fez-lhe um elogio, dizendo que a Alemanha "tinha uma instituição invejada por todas as nações do mundo: o Supremo Comando da Wehrmacht". É provável que tais exaltações tenham feito com que se tornasse mais fácil para o chefe do OKW emitir as ordens que na realidade atingiriam seus próprios soldados.

Um dos documentos com a assinatura de Keitel trazia o título de "Regras para a conduta de oficiais e homens em tempos de crise". Datado do final de janeiro de 1945, dirigia-se aos "desertores" e "derrotistas" das Forças Armadas. As cortes marciais receberam autorização para aplicar penas de morte até mesmo a oficiais. Pedia aos mais experientes que "utilizassem armas de fogo" sem hesitar em casos de "covardia diante do inimigo". De acordo com estas instruções insanas, qualquer oficial que tivesse dado ordens de retirada sem autorização deveria "ser preso imediatamente e, se necessário, executado no local".

Keitel também não hesitou em oferecer uma recompensa de mais de 500 marcos a qualquer um que denunciasse um "desertor". Também impunha a ameaça da *Sippenhaft* (punição para as famílias) a todos os oficiais que não estivessem preparados para sacrificar suas vidas pela loucura de Hitler: "Qualquer um que se tornar prisioneiro", advertiu Keitel, "sem ter sido ferido ou lutado até a última bala, estará violando sua honra. ... Seus parentes serão considerados responsáveis. Todos os pagamentos de direitos ou assistência social aos familiares serão suspensos. Essas medidas passarão a valer imediatamente."

Os estertores do "Reich de mil anos" continuaram a produzir baixas monstruosas. Aos milhares de soldados que morreram lutando, munidos apenas com lançadores de granadas e mosquetões, contra grupos de tanques e frotas de bombardeiros de mergulho, juntaram-se as vítimas da polícia militar e dos tribunais irregulares. Historiadores militares calculam que 25 mil soldados da Wehrmacht foram executados – mais do que em todos os Exércitos Aliados juntos – por "deserção" ou "subversão da disciplina militar".

Tal sadismo beirou a destruição em massa por meio da então recente "arma milagrosa" do arsenal da Wehrmacht. O mais mortal dos gases de efeito moral produzidos durante a Segunda Guerra Mundial recebeu o nome de "Tabun". Nenhuma máscara antigás utilizada na época era eficaz contra esse assassino incolor e inodoro. Os alemães sabiam que se tratava de um gás venenoso bem mais mortal do que aqueles em posse dos inimigos, pois o haviam testado em prisioneiros de guerra soviéticos em um laboratório montado pela Wehrmacht dentro da fortaleza de Spandau. No final da guerra, havia 12 mil toneladas deste gás armazenadas. Como a luta na linha de frente se aproximava do primeiro desses estoques, Keitel decidiu, após consultar Hitler, que o Tabun não podia cair nas mãos do inimigo. Será que eles, avistando o abismo, desejavam manter esse último trunfo na manga?

Albert Speer, porém, falou sobre uma discussão no bunker do Führer no subsolo da chancelaria do Reich em Berlim, na qual Goebbels e Ley argumentaram com veemência a favor da utilização do Tabun. Entretanto, em vez de jogar o arsenal contra os Aliados, as granadas cheias de gás foram levadas em caminhões para um local remoto no interior da Alemanha – apesar do risco de uma catástrofe que poderia ser gerada por qualquer ataque de bombardeiros de mergulho. O fato de não ter ocorrido qualquer desastre com o gás provavelmente se deveu apenas ao rápido avanço do inimigo, evitando que a ordem do chefe do OKW fosse emitida.

No último aniversário do Führer, todos os bajuladores dele se reuniram pela última vez no bunker de Berlim. Deram-lhe os parabéns em um clima de consternação. Keitel alegou que naquele dia ele afinal pediu a Hitler que "tomasse algumas decisões inadiáveis". Em seu livro de memórias, registrou a recusa: "Keitel, sei o que quero. Irei lutar fora, dentro ou por trás de Berlim." No entanto, tal ataque de bom senso que o levou a cobrar "decisões" do ditador parece ter sido inventado pelo marechal-de-campo.

De que outra forma explicaríamos por que, mesmo nos últimos dias do Reich de Hitler, ele exibia a energia de um completo fanático? Ou por que ele planejava, junto com Jodl, transferir Hitler, que estava visivelmente hesitante, de Berlim para Berchtesgaden, se necessário por meio da força? Ou por que, como o último arauto do deus da guerra, foi atrás dos restos das divisões alemãs a fim de convencer as tropas há muito derrotadas a "libertar" a capital do Reich que estava cercada? Humbertus von Humboldt, um oficial do pelotão de Wenck,* no qual Hitler e Keitel depositavam falsas esperanças, relembra a animação do marechal-de-campo quando ele apareceu no acampamento da floresta, que foi o último quartel-general do Exército em campanha. "O general Wenck o ouviu e disse: 'Deixe que o homem fale. Nada disso faz o menor sentido.'"

Estava claro que Keitel não era o comandante supremo da Wehrmacht, ao menos no que dizia respeito à liderança. Tampouco sentia que era. Sempre se curvava para seu chefe. Era Hitler quem estava no comando. Keitel conversava brevemente com os colegas, escrevia uma ordem, ou mandava que alguém escrevesse, e então punha seu nome nela.

Humbertus von Humboldt, oficial do Estado-Maior Geral

Não há dúvidas de que nos dias finais da guerra, o pouco senso de realidade de Keitel acabou virando paranóia. Quando o que restava do "Grupo de Exércitos Vístula" não foi capaz de "libertar" Hitler de Berlim, ele considerou se tratar de "falta de vontade". Em 28 de abril, pediu permissão, em vão, para aterrissar na Heerstrasse, em Berlim, que já estava em guerra, para entregar um último relatório a Hitler. Assim, em 30 de abril, com os soldados soviéticos já avançando na direção do distrito governamental, a obsessão pelo dever fez com que mandasse um relatório por rádio ao homem que

* Walther Wenck, comandante do 12º Exército alemão. (N.T.)

determinou seu destino. Pouco depois da uma da manhã, de fora da zona de resistência alemã, ele disse: "Os ataques a Berlim não fizeram progressos em nenhum aspecto." Esse foi o último relatório do marechal-de-campo, e o primeiro em muito tempo que se aproximou da realidade.

Keitel não sabia que Hitler, em um de seus últimos ataques de fúria, havia acusado até ele, o mais obediente de todos os seus seguidores, de traição. Quando se despediu de Baur, seu piloto particular, Hitler lhe disse com raiva: "Provavelmente escreverão em meu túmulo: 'Ele foi uma vítima de seus generais!'" No dia 1º de maio de 1945, o serviço de notícias do Reich anunciou que Hitler morrera na batalha por Berlim. Até esse epitáfio era uma mentira. A verdade foi que o ditador e Eva Braun, com quem se casara algumas horas antes, haviam se suicidado no bunker.

A maior parte dos alemães, preocupada com os próprios problemas, ouviu a notícia sem grandes demonstrações de tristeza. Mas Wilhelm Keitel, aplicado como sempre, apresentou-se ao homem que Hitler escolhera como sucessor, o novo presidente do Reich, o grande-almirante Dönitz, baseado em Flensburg, no Norte da Alemanha. Porém, assim que chegou ao quartel-general do grande-almirante, o auxiliar do Führer percebeu o quanto se sentia mais leve sem seu mestre. Jodl, sem o apoio de Keitel, ficou responsável por contatar as unidades que ainda lutavam, e apenas ele foi convocado para as reuniões. Dönitz tentou inclusive exonerar o marechal-de-campo, o que quase conseguiu.

O presidente do Reich também escolheu Jodl para assinar a rendição da Alemanha. Em 7 de maio, em Reims, a antiga cidade dos reis franceses, o chefe de operações das Forças Armadas alemãs deu um basta na fracassada política de dominação mundial de Hitler. No dia seguinte, 8 de maio, as armas foram silenciadas na Europa. Mas Stálin não concordava com isso. Sentia que o maior ônus da guerra havia recaído sobre o Exército Vermelho e queria que a cerimônia de rendição se repetisse em um território sob controle militar soviético. O local escolhido para a reprise foi o refeitório dos oficiais de um dos primeiros quartéis-generais da Wehrmacht, em Karlshorst, subúrbio de Berlim.

Ele realmente não parecia ter perdido a guerra. ... Era militar demais para demonstrar sentimentos...

De certa forma, ele simbolizava o Supremo Comando da Wehrmacht. Para a assinatura, queríamos o homem que havia sido o número 1 na Wehrmacht. Eu diria que isso teve um grande impacto.

Howard Smith, observador norte-americano em Karlshorst

Já que o valor dessa cerimônia era apenas simbólico, Dönitz mandou o chefe do OKW como seu representante. No final, deram a Keitel apenas um papel coadjuvante no cenário da política internacional – como acontecera em 1938 no Berghof de Hitler, quando o chamaram para intimidar Schuschnigg. Na manhã de 8 de maio, Keitel aterrissou na base aérea de Tempelhof a bordo de um avião militar britânico. Porém, a "hora H", como os alemães já se referiam a esse momento, começou com atraso. Os desentendimentos entre os vitoriosos quanto aos detalhes do documento fez com que o ato histórico só fosse realizado depois da meia-noite. Após uma longa espera, nas primeiras horas do dia 9 de maio, Keitel e sua comitiva foram convidados a entrar na sala. "Ouvimos um barulho estranho", relembrou o correspondente soviético Anatoly Mednikov, "e não conseguíamos identificar de onde vinha. Soava como se alguém estivesse martelando pregos."

Eram as botas de Keitel e de seus auxiliares. O marechal-de-campo mandou que "permanecessem eretos". Como havia sido combinado previamente, os oficiais Aliados, sentados diante da mesa de conferência, coberta por uma toalha verde, não esboçaram a menor reação quando Keitel os saudou com seu bastão de marechal. A bem executada saudação se converteu em um movimento desajeitado. Assim, a impressão passada por Keitel em seu último ato oficial diante das câmeras alemãs foi exatamente aquela que os vitoriosos esperavam: a de um prussiano conservador e limitado. Após a assinatura, o marechal-de-campo, resignado, passou a esperar pelas instruções dos vitoriosos. "O que acontecerá agora?", perguntou a Karl Böhm-Tettelbach, seu contato na Luftwaffe. "Eles nos farão prisioneiros e nos matarão", foi a resposta.

Não há dúvidas de que o marechal-de-campo Keitel adotou uma postura que pode ser descrita como bastante digna, embora muito rígida e disciplinada. Por estar vestindo seu melhor uniforme, com faixas vermelhas nas calças, reforçou ainda mais tal impressão. Ao entrar na sala da cerimônia de rendição, fez uma saudação com seu bastão de marechal-de-campo. A atitude certamente o fez parecer muito arrogante e presunçoso.

René Bondoux, membro da delegação francesa em Karlshorst

A pior coisa para ele foi ter perdido o bastão de marechal-de-campo; sempre pedia para que lhe devolvessem.

Lion Le Tanson, intérprete do campo de internação de Bad Mondorf

Ele sempre dizia sim. Concordava imediatamente com tudo para proteger a própria posição.

JOHN E. DOLIBOIS, INTERROGADOR DE KEITEL EM BAD MONDORF

Apenas cinco dias mais tarde, Keitel foi preso em Flensburg por insistência dos norte-americanos. Não teve chance de pôr fim à própria vida, o que muitos dos nazistas culpados optaram por fazer. Em uma carta ao filho, escreveu que, como réu em Nuremberg, queria "cumprir esse último dever diante da nação e da posteridade". Assim, Keitel, no lugar de testemunha, minimizou e encobriu o papel desempenhado por ele. Mas o fato de ter admitido abertamente que de fato acreditava em cada ordem por ele assinada definiu a impressão que muitos teriam dele para sempre. De maneira distinta da maioria dos outros réus, como argumentou sua defesa, não lutou para "salvar seu pescoço, mas apenas para manter as aparências".

Você saberá do meu destino, o julgamento ainda levará semanas até ser concluído. Este é um teste difícil para os nervos, assim como meu dever final para com a nação e a história.

KEITEL EM CARTA A KARL-HEINZ, SEU FILHO, 12 DE JANEIRO DE 1946

É uma tragédia ser obrigado a aceitar que o melhor que tenho a dar como soldado, minha obediência e lealdade, foi explorado para fins que não consegui reconhecer; e que não percebi que havia limites até para o desempenho do dever militar. Este é o meu fardo.

KEITEL EM SUA ARGUMENTAÇÃO FINAL DURANTE OS JULGAMENTOS DE NUREMBERG

Embora tivesse deixado o veto de Göring dissuadi-lo de uma confissão completa, suas últimas palavras no julgamento continuam entre as declarações mais marcantes feitas por um oficial alemão no final da guerra: "Eu acreditei. Estava errado e não fui capaz de evitar o que deveria ter sido evitado. Esta é a minha culpa. ... Digo isso com base em um claro reconhecimento das causas, dos métodos desastrosos e das terríveis conseqüências da guerra. O povo alemão encontrará a esperança de um futuro novo na comunidade de nações."

A sentença de morte não foi uma surpresa, mas fiquei terrivelmente chocado com o método escolhido para a execução. Peço aos senhores ... ajuda para uma petição por clemência, com o objetivo de transformar minha morte na de um soldado, por fuzilamento.

KEITEL EM CARTA A SEUS ADVOGADOS DE DEFESA,
1º DE OUTUBRO DE 1946

Os juízes não concordaram com o pedido de execução por fuzilamento. Em 16 de outubro de 1946, Keitel foi o segundo prisioneiro, após Ribbentrop, a subir no cadafalso de madeira. Suas últimas palavras foram: "Fiz tudo pela Alemanha, *Deutschland über alles*!"

Não, ele não sentiu culpa; continuava insistindo que a Wehrmacht não sabia nada sobre isso. ... "Foi a Waffen-SS, não nós."

LION LE TANSON, INTÉRPRETE EM BAD MONDORF

CAPÍTULO TRÊS

O estrategista – Erich von Manstein

Lealdade inabalável.

O ambiente no qual cresci foi o universo do militarismo prussiano.

Uma guerra só está perdida quando a damos como perdida.

Se cada comandante que julgasse sua situação desesperadora se entregasse, ninguém jamais venceria uma guerra.

Como mensageiro na Primeira Guerra Mundial, o senhor, Mein *Führer, deveria saber quanto tempo uma ordem leva para chegar às tropas nas posições mais avançadas!*

Estou determinado a defender a honra do Exército alemão.

O marechal de campo Von Manstein estará sempre à disposição do poder legítimo.

Marechais-de-campo prussianos não se rebelam.

ERICH VON MANSTEIN

Lealdade – tal palavra sempre esteve na boca de todos. Até mesmo os Manstein e os Kluge utilizavam-se dela para suprimir todas as suas dúvidas.

ALBERT SPEER

Qualquer que fosse a objeção levantada por Manstein, não era a resposta de um marechal-de-campo.

CLAUS SCHENK, CONDE VON STAUFFENBERG

Meu pai se enganou em relação à verdadeira natureza de Hitler. Acreditava que podia influenciá-lo por meio de argumentos racionais.

RÜDIGER VON MANSTEIN

Manstein era pura e simplesmente um soldado, sem qualquer dom para a política.

GEORG LINDERMANN, MEMBRO DA RESISTÊNCIA ALEMÃ

O fracasso e a culpa de Manstein residem no fato de ele nunca ter conseguido se libertar das exigências do conservadorismo prussiano da tradição alemã.

ANDREAS HILLGRUBER, HISTORIADOR

Era uma autoridade admirável, com vasta experiência militar. Por isso é que era respeitado pelos membros do Comitê de Defesa [do pós-guerra].

ULRICH DE MAIZIÈRE, INSPETOR-GERAL DO BUNDESWEHR

Era uma figura militar de excepcional envergadura. Distinguia-se pela grande inteligência, enorme habilidade estratégica, determinação e entendimento imediato dos elementos essenciais.

HANS-ADOLF VON BLUMRÖDER, OFICIAL DO COMANDO DE MANSTEIN

Consideramos o detestado Manstein nosso adversário mais perigoso. Sua maestria técnica em todas as situações, e digo todas mesmo, era inigualável. Talvez tudo tivesse sido pior para nós se todos os generais da Wehrmacht fossem como ele.

MARECHAL RODION MALINOVSKY, EXÉRCITO SOVIÉTICO

Manstein era o típico militarista da nobreza prussiana, cuja conduta se baseava instintivamente nos métodos indiscriminados e brutais de Ludendorff.

FRANZ HALDER, 1946

Em seu íntimo, Manstein possuía um lado muito sensível e humano, ao qual freqüentemente tentava disfarçar com um comportamento rude.

RUDOLF GRAF, OFICIAL DO COMANDO DE MANSTEIN

Manstein pode ser tudo, menos um defensor do regime nacional-socialista. Mas no momento não podemos fazer nada contra ele porque precisamos de sua perícia; pelo menos é o que diz o Führer.

JOSEPH GOEBBELS

É claro que Manstein muitas vezes voltava atrás em suas idéias. Veja bem, se quiséssemos salvar a vida de soldados, precisávamos alternar avanços e recuos. Hitler com freqüência dizia: "Não iremos sequer discutir isso."

HANS-GEORG KREBS, OFICIAL DO COMANDO DE MANSTEIN

Nenhum comandante-em-chefe discutia tanto com Hitler quanto Manstein.

CONDE JOHANN ADOLF VON KIELMANSEGG, OFICIAL DA DIVISÃO DE OPERAÇÕES DO COMANDO SUPREMO DO EXÉRCITO (OKH)

Von Manstein era um pensador operacional que incomodava, a quem Hitler deliberadamente impediu que evoluísse.

GENERAL ADOLF HEUSINGER

Não havia dúvidas de que o homem vestido com roupas civis era um soldado profissional. Diante do público, o cavalheiro idoso fez suas alegações finais com a habitual concisão militar. Com traços bem talhados, nariz proeminente e cabelo prateado, foi sua postura e escolha de palavras o que mais revelou a tradição na qual havia sido criado. Seguro de si e com a precisão típica de um oficial prussiano, explicou à Força de Defesa da Alemanha Federal sua posição em relação a uma das questões mais controversas do período pós-guerra: alistamento ou um Exército profissional?

Onze anos após o fim da guerra, disputas envolvendo a legislação para o serviço militar geraram uma divisão abrangendo linhas partidárias e a população da nova república. Algumas pessoas se perguntavam qual seria o objetivo do serviço militar em tempos de bombas atômicas. Outras temiam que um Exército profissional pudesse virar um Estado dentro do próprio Estado. A única questão clara era que, dentro da abordagem da Otan, a República Federal precisava contribuir, de uma forma ou de outra, para a defesa coletiva. Para tal pergunta controversa, os políticos de Bonn aguardavam uma resposta dos especialistas militares que tinham sido soldados profissionais na Wehrmacht de Hitler.

Naquele dia 20 de junho de 1956, os membros do Parlamento Federal estavam ansiosos para ouvir as propostas do consultor, um dia considerado por Hitler "o melhor cérebro" entre seus generais. O orador começou com uma longa análise da situação, falou dos agrupamentos de poder na Aliança

Manstein (à esquerda, inclinado para a frente) numa conferência de guerra com Hitler no quartel-general do ditador em Zaporozhye no início de 1943. Mais tarde, Manstein disse que o Führer era um "idiota".

Ocidental, descreveu a Alemanha como o país mais ameaçado da Otan e concluiu dizendo que um serviço militar compulsório era algo inevitável. Contudo, deveria ter uma duração apropriada: no mínimo oito meses, mas de preferência dois anos.

Ao dizer isso, Erich von Manstein se alinhou aos planos do "Departamento Blank", o embrião do novo Ministério da Defesa alemão, cujo nome era uma homenagem a Theodor Blank, líder trabalhista que viria a se tornar seu primeiro-ministro – e que ficou grato com os conselhos militares de Manstein. Aos 69 anos, Manstein certamente não queria desempenhar um papel ativo no Bundeswehr, mas considerava um dever colocar sua experiência e conhecimento a serviço do novo Exército, força que estava ali para defender um Estado democrático, não para travar uma guerra de agressão em nome de uma ditadura criminosa.

A fim de chegar a uma resposta sensata a respeito da Bundeswehr, o Parlamento julga necessário ouvir as análises e experiências militares deste grande estrategista.

ULRICH DE MAIZIÈRE, INSPETOR-GERAL (REFORMADO) DO BUNDESWEHR

Já havia se passado 12 anos desde que Hitler, em um momento crucial da guerra, dispensara o marechal-de-campo Von Manstein, condenando-o à inatividade. Mesmo assim, o ditador devia uma significante parte de seu sucesso a esse comandante prussiano, principalmente a vitória sobre a França em 1940, o maior triunfo da história militar alemã, além da conquista da Criméia e a estabilização do front oriental após o desastre de Stalingrado. Foram feitos de grande coragem, que ganharam o respeito até dos inimigos.

O marechal Rodion Malinovsky, comandante-em-chefe do front sul soviético, fez o seguinte comentário a respeito de seu oponente: "Consideramos o detestado Manstein nosso adversário mais perigoso. Sua maestria técnica em todas as situações, e digo todas mesmo, era inigualável. Talvez tudo tivesse sido pior para nós se todos os generais da Wehrmacht fossem como ele." O historiador militar britânico sir Basil Lidell Hart via Manstein como "o mais capaz dos generais alemães". E nos Estados Unidos, a revista *Time* fez uma reportagem de capa com o marechal-de-campo enquanto a guerra ainda estava em andamento. Tantos elogios alimentaram o mito da "genialidade militar" de Manstein, um oficial do Exército cuja carreira simbolizava toda uma casta de generais prussianos conservadores, que em sua maioria rejeitou o nazismo ou se manteve afastado dele, mas que ao mesmo tempo se tornaram ferramentas eficientes nas mãos de Hitler.

Manstein era criativo e estava sempre pronto para a luta. Foi graças ao desempenho inteligente e incansável dele que os oficiais do Estado-Maior Geral foram absolvidos.

GENERAL SIEGFRIED WESTPHAL EM REFERÊNCIA AO TESTEMUNHO DE MANSTEIN EM NUREMBERG

Quanto a questões de ordem puramente militar, Hitler até me ouvia. Mas mesmo nestes assuntos eu tinha brigas infindáveis com ele.

DEPOIMENTO DE MANSTEIN NOS JULGAMENTOS DE NUREMBERG

Naquela manhã de 31 de março de 1944, ainda era muito cedo quando Manstein acordou de uma breve noite de sono em seu quartel-general no front oriental. Os assistentes do Führer lhe mandaram uma mensagem de rádio dizendo que uma das aeronaves Condor pessoais de Hitler aterrissaria em breve perto de Lvov para levar o comandante até o Führer. Manstein sabia o que isso significava. Suspeitava que ocorreria mais cedo ou mais tarde. Na verdade, todos já esperavam por esse acontecimento, tanto os oficiais de suas divisões quanto os generais do Alto Comando do Exército (OKH).

Na noite anterior, o OKH enviara um telegrama para o Grupo de Exércitos Sul dizendo que seu comandante, Erich von Manstein, estava sendo dispensado "para recuperar a saúde". Manstein sofria de catarata, mas havia muito tempo que adiava a inevitável cirurgia. Sua saúde ainda não estava tão ruim a ponto de torná-lo incapaz de comandar. As razões por trás da demissão eram outras. Este foi o nadir e o ponto final de uma longa série de confrontos exaustivos com Hitler.

Um ano antes, o Führer teve a intenção de remover o general de temperamento difícil e que nunca escondeu suas visões de seu cargo – isso enquanto uma tropa inteira sangrava até a morte em Stalingrado e a frente sul na Rússia ameaçava entrar em colapso. Hitler, porém, hesitou. Sentia que não poderia abrir mão do homem que tinha lutado e vencido tantas batalhas e cuja habilidade fazia com que fosse capaz de reverter as situações mais desesperadoras. Com Manstein, Hitler planejou grandes ofensivas: conquistar a Palestina, avançar até a Índia e criar um império mundial. Mas estes eram sonhos que, em março de 1944, até Hitler já havia abandonado. Nos campos de batalha russos, o Exército alemão estava sendo abatido em difíceis ações de retaguarda. O período das grandes ofensivas militares chegara ao fim, e com ele, julgou Hitler, terminara também o do marechal-de-campo, que embora, ao menos aparentemente, continuasse leal ao ditador, não era um devoto convincente. Erich von Manstein não era mais útil.

O fim veio com outra briga diante de um mapa sobre a mesa. Mais uma vez, uma grande formação do Exército havia sido cercada; nesta ocasião, o Primeiro Exército Panzer, que se encontrava perto de Kamenets-Podolsk. Hitler insistia, como sempre, que nenhum centímetro de terra deveria ser entregue. Manstein pediu autorização para uma fuga. Eram raras as vezes que Hitler cedia a tais pressões. Contudo, neste caso Manstein não estava disposto a se convencer com argumentos inconsistentes. Ameaçou renunciar. Hitler então consentiu. Esta foi a última das "vitórias perdidas" de Manstein, como ele mais tarde viria a se referir a todos os seus logros. Hitler não queria mais trabalhar com o talentoso porém teimoso marechal-de-campo.

Em 31 de março, o Führer recebeu Manstein na sala principal de seu retiro nas montanhas, o Berghof, onde, em um dia claro, através da enorme janela, era possível ver além de Salzburg. O senhor da guerra estava bem-disposto. Apesar de todas as diferenças, Hitler sempre fora educado com Manstein, nunca tinha agido de forma abusiva ou insultante. Valorizava as habilidades do oficial prussiano tanto quanto não confiava nele. Mas nesse encontro não houve sinais de desconfiança, pelo contrário. Hitler elogiou os feitos de Manstein e o condecorou com uma das honras militares mais altas, Espadas e Folhas de Carvalho para sua Cruz de Cavaleiro. Depois, o ditador foi diretamente ao ponto.

Como Manstein observou em seu diário, Hitler disse a ele "que tinha decidido pôr outra pessoa no comando de seu Grupo de Exércitos" (o marechal-de-campo Model). Disse que "no leste o período das operações em larga escala, para as quais eu era particularmente apropriado, havia chegado ao fim. Agora, o necessário era resistir a qualquer custo." Não se tratava, explicou Hitler, de uma crise de confiança em Manstein. Disse que sempre tivera "a mais completa confiança" nele e que nunca esqueceria que foi Manstein o responsável pelos planos operacionais da vitoriosa campanha contra a França e pela conquista da Criméia. O marechal-de-campo deve ter sentido que ouvia o próprio obtuário. Hitler dessejou-lhe boa sorte na cirurgia de catarata e garantiu que logo lhe daria o posto de "comandante-em-chefe oeste". Manstein foi demitido, agora ele era um marechal-de-campo desempregado.

Ao mesmo tempo, ainda que diante da situação desanimadora da primavera de 1944, Manstein continuava vendo oportunidades para alguma ação honrosa, contanto que a frente oriental pudesse ser mantida por tempo suficiente. Diversas foram as vezes em que Manstein cogitou a idéia de antecipar a decisão de Hitler de removê-lo de seu cargo. Os dois líderes militares tinham visões muito diferentes a respeito da condução da guerra: se com operações móveis, como Manstein queria, ou se apegada obstinadamente a posições fixas, como insistia Hitler. O abismo entre os dois tornou-se intransponível, mas o senso de dever e obediência não deixou que o soldado, profundamente apegado às tradições e aos valores prussianos, fizesse o que deveria ter feito – renunciar ou até mesmo participar ativamente do golpe contra o tirano. Para Manstein, Hitler representava a "autoridade legítima do Estado", à qual se sentia ligado, pelos laços de obediência e lealdade, como "soldado apolítico". Fora isso que aprendera quando era cadete nos tempos do kaiser. E foi esta a conduta dele como comandante-em-chefe de um Grupo de Exércitos no front oriental. Acreditava que estava apenas cumprindo seu dever. Parafraseando Brecht, "primeiro a obediência, depois a moral."

Antes de mais nada, sou um soldado.

ERICH VON MANSTEIN

Ele não era um general político.

HANS-ADOLF VON BLUMRÖDER, OFICIAL DO COMANDO DE MANSTEIN

O militarismo fez parte da vida de Manstein desde o berço; sua formação se encarregou do resto. Nascido em 24 de novembro de 1887 em Berlim, era o décimo filho dos Lewinski, uma família tradicional de militares prussianos. Mas ainda bebê foi adotado pelos Manstein. *Frau* Manstein e *Frau* Lewinski eram irmãs. Como o casamento de Hedwig von Manstein não havia produzido filhos, já estava decidido que se a décima criança dos Lewinski fosse um menino ele seria entregue aos Manstein. Assim, em 24 de novembro de 1887, chegou à casa dos Manstein, em Rudolfstadt, um telegrama de Berlim: "Um menino saudável nasceu hoje para vocês. Mãe e bebê passam bem. Felicitações calorosas, Helene e Lewinski." Daí em diante, a denominação formal da criança era "Von Lewinski chamado Von Manstein".

Os Manstein eram da antiga nobreza prussiana. Desde os tempos dos grandes Eleitores, forneciam oficiais para o Exército. Proporcionaram ao filho adotivo uma criação dentro da tradição do corpo de oficiais prussianos. Desde seus primeiros anos, Erich von Manstein desejava servir à monarquia prussiana como soldado, assim como haviam feito seus antepassados. Recebeu o que chamou de "uma evidente herança militar". Freqüentou a escola na cidade de Estrasburgo, que na época pertencia à Alemanha – "se fosse mais aplicado", escreveu um de seus professores, "teria conseguido algo muito melhor".

Como fui batizado com a água do rio Spree e mais tarde Berlim veio a ser minha casa, de vez em quando se via algo de berlinense em mim.

Sou por natureza feliz. Sou um otimista incorrigível e não tenho complexos.

ERICH VON MANSTEIN

Assim, em 1900 a carreira de Manstein no Exército começou com o rigoroso treinamento do corpo de cadetes do império, em Plön, e na principal academia de cadetes de Lichterfelde, nos subúrbios de Berlim. Obediência, honra, companheirismo – essas foram as palavras de ordem semeadas em Manstein quando, em 1906, ele entrou para o 3º Regimento Prussiano de Infantaria como alferes. Essa instituição elitista já havia formado o marechal-de-campo Paul von Hindenburg, parente de Manstein por casamento, que mais tarde viria a se tornar presidente no período entre guerras, e o general Kurt von Schleicher, o desafortunado último chanceler da república antes de Hitler. Fotos desse período mostram um menino magro e baixo que, como contou mais tarde a seus filhos timidamente, sempre era escalado para o "papel das mulheres" nas aulas de dança e nas peças.

Os cadetes de Lichterfelde eram vistos com grande respeito, e um dos pontos altos da juventude de Manstein veio quando ele foi escolhido para ser pajem do casamento do príncipe Wilhelm com a princesa russa Vladimir. No ano seguinte, participou da celebração das bodas de prata do kaiser e de sua consorte. Quando a guerra foi deflagrada em 1914, o jovem Manstein precisou interromper os estudos militares em Berlim. Assim, o homem que durante a Segunda Guerra Mundial viria a ser o "adversário mais perigoso dos Aliados" não desfrutou de um treinamento totalmente apropriado. Porém, como ajudante em um batalhão de fuzileiros, demonstrou a extensão de suas habilidades militares. Nas palavras de seu comandante, foi "o melhor ajudante que já tive".

Manstein foi para a guerra com entusiasmo. Participou da tomada da fortaleza de Namur, das batalhas nos lagos masurianos, da batalha do Somme e de operações em Soissons e Reims, assim como entre os rios Marne e

Vesle. Foi ferido apenas uma vez, na campanha de outono contra a Polônia. No dia 17 de novembro de 1914, em um combate perto de Katowice, foi atingido por duas balas, uma no ombro e outra no nervo ciático. A partir de então, Manstein passou a não sentir mais a perna direita. Ficou seis meses internado em um hospital militar em Wiesbaden e depois passou o resto da guerra em diversas posições de gabinete, mas lutou na ofensiva final alemã em julho de 1918, até que o colapso e a rendição em novembro levassem-no a um severo estado de choque.

Para Manstein, o desaparecimento da Alemanha Imperial significou a perda traumática de um sistema de valores ligados à monarquia. "Quando o kaiser abdicou da coroa em 9 de novembro de 1918, foi o fim do mundo para as tropas." Assim como seus antepassados, ele havia jurado lealdade ao rei da Prússia. A seu ver, o Exército era "real", e sem o monarca "não fazia mais sentido". O fim do antigo mundo pesou-lhe ainda mais pelo caos e a anarquia subseqüentes. "Com o armistício e a revolução," Manstein escreveu, "minha juventude militar chegou ao fim." O rei e kaiser ao qual prometeu obediência foi substituído pelo conceito de Reich, uma conceito abstrato e, para alguns, místico.

Ainda mais abstrata, na opinião dele, foi a nova e democrática forma de governo. Manstein foi transferido, como capitão, para o novo Exército da república, o Reichswehr, mas, da mesma maneira que a maioria dos oficiais com a sua formação, via a constituição de Weimar com ceticismo e desaprovação. No entanto, agarrou-se à máxima do general Hans von Seeckt, que, como comandante-em-chefe do Reichswehr, desejava ser visto como "apolítico" e agir "na base do silêncio, cumprindo o dever de modo abnegado". Para Manstein, obediência, lealdade e cumprimento do dever continuaram sendo as principais virtudes ao longo de toda a vida. Ao mesmo tempo, desde o início de sua carreira, não deixou dúvidas de que almejava cargos mais altos – tanto por uma questão de prestígio como por uma necessidade de assumir responsabilidades. Nesse ínterim, Manstein organizou a vida pessoal para acomodar suas ambições. Em janeiro de 1920, enquanto morava com parentes na Silésia, conheceu uma jovem chamada Jutta Sybile von Loesch. Três dias mais tarde, pediu-lhe em casamento. A união, que gerou três filhos, durou por toda a vida deles.

> *Ele queria realizar algo, tinha coisas a dizer, desejava representar alguma coisa.*
>
> Conde Johann von Kielmansegg,
> oficial da Divisão de Operações do OKH

A Manstein nunca faltou autoconfiança. É verdade que aos olhos de velhos colegas ele às vezes parecia um tanto impetuoso e presunçoso, mas foram exatamente estas qualidades que o ajudaram a avançar com rapidez na carreira. No outono de 1929, recém-promovido a major na Divisão de Operações do Estado-Maior Geral, o centro nervoso do Reichswehr, Manstein deu início a seu primeiro plano estratégico para o Exército. Calculou todos os arranjos com precisão e revelou fraquezas terríveis. A contraproposta que apresentou logo convenceu seus superiores. O esboço do plano foi enviado ao OKW e o trabalho precisou ser revisto pelo *Oberstleutnant* Wilhelm Keitel, que viria mais tarde a se tornar chefe do Comando Supremo da Wehrmacht. Keitel precisou se esforçar para entendê-lo, fato que rendeu ao ambicioso jovem major Von Manstein respeito por suas habilidades e inveja, algo que o acompanhou durante toda a vida. Até a demissão dele, e mesmo depois, Manstein e Keitel eram unidos por uma relação de antipatia mútua.

Entre vários de seus contemporâneos, e entre muitos oficiais de alta patente, o profissionalmente superior de Manstein nunca fora especialmente popular. Era considerado um "sabe-tudo arrogante". De fato, sabia mais do que quase todos sobre diversos assuntos, entendia tudo com maior rapidez e era muito preciso em suas formulações. "A partir daquele momento", Manstein escreveu após a guerra, "minhas opiniões como membro da Divisão de Operações passaram a ter certo peso." Os jovens oficiais admiravam o "menino prodígio das Operações": "Ele nem precisava pensar, tudo saía sem o menor esforço."

Não há dúvidas de que suas análises bem fundamentadas o projetaram para posições mais altas no Estado-Maior Geral. Mas a tradição do Reischswehr exigia que os oficiais, assim como os soldados, servissem na infantaria com intervalos regulares. De outubro de 1932 a janeiro de 1934, Manstein comandou um batalhão em Kolberg. Na bela e pequena cidade do Báltico, desfrutou os "anos mais bonitos e felizes" de sua carreira. Sequer se preocupou com o que aconteceu na distante Berlim em 30 de janeiro de 1933. Para o conservador comandante prussiano, a subida de Hitler ao poder significava mais uma oportunidade para ajudar a Alemanha a recuperar "a antiga grandeza" do que uma ameaça.

O que mais o atraiu no novo chanceler foi a promessa de uma revisão do Tratado de Versalhes. Naquela época, nada o preocupava mais do que o pesadelo de um ataque dos países vizinhos ao praticamente desarmado Reich. Por este motivo, despedir-se da república não foi um grande sofrimento. Ao participar de uma série de reuniões no Reichstag (Parlamento), ficou "enojado" com as brigas "mesquinhas" entre os partidos. Sua avaliação a respeito da república 14 anos depois foi: "Impotência externa e turbulência interna"; "A única saída era uma ditadura temporária conduzida pelo líder do partido mais forte. Além disso, se o velho Hindenburg aceitasse tal solução, para nós, soldados, a questão estava resolvida." Democracia era uma palavra que sequer era cogitada.

É verdade que Manstein, um homem que se definia como um "verdadeiro cavalheiro", desaprovava o estranho comportamento do partido de Hitler, mas naquele momento ele queria apenas acreditar que as mudanças viriam para melhorar a situação do país. E quanto aos campos de concentração e à perseguição aos judeus e a todos aqueles que não concordavam com as idéias do novo chanceler? Em 1949, Manstein afirmou: "Em quase todos os casos, posso dizer que nunca soube de nada." A mente de Manstein permaneceu fechada por muito tempo nas profundezas do abismo existente entre seu conservadorismo prussiano e o nacional-socialismo, embora no início tivesse entrado em conflito com as políticas raciais do regime nazista e protestado abertamente contra uma medida do ministro da Guerra do Reich.

Em 28 de fevereiro de 1934, o ministro Werner von Blomberg decretou que a "cláusula ariana" também deveria ser aplicada ao Exército. Manstein, que naquele mês havia se tornado chefe do Estado-Maior do Distrito Militar III, em Berlim, ficou furioso. Em 21 de abril, protestou em um memorando enviado a seu superior, o *Generalleutnant* Ludwig Beck, chefe do Truppe-namt. Em outras palavras, chefe do Estado-Maior Geral. Nenhum outro oficial alemão se atreveu a dizer sequer uma palavra contra a "cláusula ariana". Teria sido um ato de resistência?

Era preciso coragem para se opor à cláusula e, como estrategista, Manstein sabia que neste caso um confronto direto dificilmente funcionaria. Portanto, ele construiu seu protesto com argumentos que não soassem ideológicos: "Que todos nós aprovamos o nacional-socialismo e as idéias raciais não há dúvida. Porém, a meu ver, não podemos nos esquecer da honra dos soldados, o que até agora tem nos mantido muito unidos." Manstein só se mostrou expressamente contra a aplicação *retroativa* da cláusula. A implementação dela a partir daquele momento não parecia ser um problema. Embora o memorando não fizesse qualquer menção a futuras providências, ainda assim enfureceu Blomberg. Um oficial prussiano voltando-se contra o próprio ministro? Blomberg ficou tão zangado que queria punir o rebelde Manstein. "Foi Fritsch (o comandante-em-chefe do Exército) que conseguiu demovê-lo da idéia", contou Manstein em 1949.

A força motora por trás desta medida de "política racial" viu e ouviu Manstein pela primeira vez na primavera de 1934, quando as tensões entre o Reichswehr e a SA, comandada por Ernst Röhm, cuja ambição era transformá-la em um "Exército do Povo", começavam a aumentar. Durante muito tempo, Hitler viu o conflito esquentar, mas nada fez. Então, no final de março, percebeu que era a hora de um pronunciamento. No Ministério da Defesa, em Berlim, convocou o alto escalão do Reichswehr, a SA e a SS para deixar claro que apenas um organismo poderia "portar as armas da nação" – e tal organismo era e continuaria sendo o Reichswehr. O que se seguiu ao anúncio foi o habitual monólogo sobre as injustiças de Versalhes, a necessidade de um rearmamento e de um maior espaço vital para o povo alemão.

O discurso de Hitler deixou marcas em Manstein. "Não posso negar que fiquei impressionado." Apesar do "julgamento de Salomão" feito por Hitler, as tensões entre a SA e o Reichswehr continuaram. O Exército ainda se sentia ameaçado e Manstein temia o pior: um golpe de Estado por parte das tropas de assalto dos camisas-pardas. Por precaução, mandou os três filhos, Gisela, Gero e Rüdiger, para uma temporada na casa da avó, na Silésia. Como relembra Gisela, "Ele esperava ser preso a qualquer momento". A SA posicionou armas apontadas para o escritório de Manstein no prédio em frente.

Em 30 de junho de 1934, Hitler pôs um fim sangrento à crise com a primeira onda de assassinatos de seu regime. Embora muitos oficiais do Reichswehr tenham ficado satisfeitos por finalmente se verem livres de seus concorrentes da SA, ao mesmo tempo estavam furiosos com o assassinato de dois generais do Exército: Von Bredow e Von Schleicher. Manstein apoiou uma tentativa de convencer seu comandante a protestar contra o ministro da Defesa, Von Blomberg. Mas a iniciativa não foi adiante. De todo modo, o alvoroço logo se encerrou.

Não importa quão sérios Manstein considerava esses crimes – para ele, um golpe de Estado promovido pelo Reichswehr estava fora de cogitação. "Uma ação retroativa e violenta do Reichswehr contra as violações às leis perpetradas por Hitler levaria a uma guerra civil." Uma intervenção do Exército teria "garantido às Forças Armadas o direito de controlar a administração do governo". Exército e política, acreditava ele, não deveriam se intrometer nas questões um do outro. Portanto, os oficiais do Reichswehr sequer se atreveram a protestar contra o assassinato de dois de seus companheiros. Permaneceram em silêncio. E após a morte do presidente do Reich, Paul von Hindenburg, em 2 de agosto de 1934, acataram a exigência de jurar obediência a Hitler.

Ele não é exatamente o tipo de pessoa da qual mais gosto. Porém, com certeza sabe o que faz.

Adolf Hitler

Não é possível falar em um esfriamento nas relações entre Manstein e Hitler. Elas sempre foram frias.

Conde von Kielmansegg, oficial da Divisão de Operações do OKH.

Manstein de fato se distanciou da ideologia nacional-socialista. Mesmo assim, prosperou na carreira. Hitler se rearmava e por isso precisava de especialistas. Em 1º de julho de 1935, Manstein atingiu a posição mais alta na Divisão de Operações, e no dia 1º de outubro de 1936, foi promovido a *Generalmajor*. Como intendente-chefe, passou a fazer parte do grupo mais seleto dos comandantes do Exército, almejando um dia herdar o cargo de chefe do Estado-Maior Geral do homem que tanto admirava, o general Ludwig Beck.

Após ter passado por inúmeros cargos, Manstein ganhou um posto estável em Berlim. Comprou uma casa para viver com a família no distrito de Thielpark. Os Manstein estavam bem instalados. Seus vizinhos eram de classe alta, alguns eram astros de cinema e outros sendo banqueiros. No entanto, o idílio de Berlim durou apenas alguns anos. "Certa manhã," contou a filha de Manstein, "meu pai recebeu um telefonema. Seria imediatamente transferido de Berlim para Liegnitz [hoje Legnica, na Polônia]."

Isso ocorreu em fevereiro de 1938 e foi um choque para o oficial. Ainda mais perturbador era o contexto em que se inseria a transferência repentina. Com um golpe duplo, Hitler livrou-se de dois oficiais do Alto Comando do Exército. Embora Manstein conseguisse ver certo sentido na demissão de Werner von Blomberg, ministro da Defesa, que havia se casado com uma jovem de passado duvidoso, a queda do comandante-em-chefe do Exército, o barão Werner von Fritsch, veio como um soco no estômago. Manstein considerava Fritsch "um oficial muito hábil, franco, cordial e sério em termos de conduta militar"; no entanto, por meio de uma intriga engenhosa, o comandante foi injustamente acusado de "homossexualismo", humilhado e demitido de seu posto. Assim, o cargo de Manstein também ficou vago. Como colega próximo do comandante-em-chefe demitido, fazia parte do círculo de oficiais que advogavam por um Exército independente do governo. Hitler não os via com bons olhos, uma vez que não eram nacional-socialistas, e sim conservadores prussianos.

Wilhelm Keitel, o recém-empossado chefe do Comando Supremo da Wehrmacht, foi um dos que ficou feliz ao ver Manstein sendo mandado para a provinciana Silésia. Em Liegnitz, Manstein iria assumir o comando da recém-estabelecida 18ª Divisão de Infantaria. Aparentemente, seria um passo adiante na carreira, mas na prática estava sendo posto de lado. Sempre desejou uma divisão inteira para si, porém não naquele momento, quando suas sugestões quanto à estrutura de comando da Wehrmacht estavam prestes a serem aceitas, em detrimento das de Keitel; e quando era considerado um nome certo para a sucessão de Beck na chefia do Estado-Maior Geral.

"A transferência pôs um fim em tudo isso. A atribuição mais ilustre para qualquer oficial do Estado-Maior Geral, assumir o cargo que já havia sido de homens como Moltke, Schlieffen e Beck, estava morta e enterrada para mim." Quando entregou o cargo, Manstein pressionou a chave de seu cofre sobre a mão do sucessor, Franz Halder, e disse de forma rude: "Aqui está! O senhor poderá se inteirar sozinho do trabalho. Adeus." Depois, virou-se e deixou Halder para trás.

"É impossível descrever quão triste e abalado meu pai ficou", relembra Gisela, filha de Manstein:

> Não conseguíamos falar com ele. Minha mãe tentou animá-lo. Disse que, como Liegnitz ficava na Silésia, certamente seria uma cidade bonita. Até aquele momento, conhecíamos apenas a estação de trem da cidade, onde se podia comprar os famosos pães de gengibre e os pepinos de Liegnitz. Minha mãe então abriu o guia de viagens da Baedeker, mas tudo o que dizia era: "Liegnitz, cidade-dormitório ao sopé das montanhas Riesengebirge. Não vale a pena parar!" Meu pai falou: "Viu? Eu disse..."

Profundamente decepcionado, Manstein vendeu a casa de Berlim para um diretor da AEG. "Meu pai jurou que jamais voltaria para o Ministério," disse Gisela, "e de fato não retornou mais a Berlim."

Ele nunca falava sobre o que sentia. Não era o tipo de homem que costuma reclamar de tudo.

Para ele, o trabalho era um dever. No tempo que sobrava, apenas desfrutava da vida em casa.

Gisela Lingenthal, filha de Manstein

Devido às obrigações militares, nunca lhe sobrava tempo ou energia para outras preocupações.

Rüdiger von Manstein

Antes de assumir o novo posto em Liegnitz, seu talento foi mais uma vez requisitado em Berlim. Em 7 de março de 1938, Hitler pediu a Beck e Manstein que fossem à chancelaria do Reich. O Führer tinha uma surpresa para os dois: pretendia mandar tropas para a Áustria. Manstein levou apenas cinco horas para concluir os trâmites. No dia 12 de março, a Wehrmacht marchou em direção à Áustria e no dia seguinte Manstein foi a Viena para preparar a incorporação do Exército austríaco às Forças Armadas alemãs. Esta foi sua última ação como integrante do Alto Comando do Exército.

De Liegnitz, Manstein viu Hitler trilhar um caminho cada vez mais agressivo em direção à guerra e percebeu o quanto o general Beck, seu amigo e mentor, desaprovava tais planos. Em uma série de memorandos, Beck advertiu que qualquer ação contra a Tchecoslováquia poderia levar a uma guerra continental. Considerava Hitler um homem sem escrúpulos e propôs ao *Generaloberst* Walther von Brauchitsch, o comandante-em-chefe do Exército, uma renúncia em massa de todos os oficiais do alto escalão da Wehrmacht se o Führer insistisse em suas intenções. Em um apelo à consciência de Brauchitsch, Beck lhe disse:

> Será uma falta de valores e de senso de responsabilidade se em tempos como estes os oficiais das posições mais altas continuarem encarando suas tarefas e deveres apenas dentro do limitado contexto de suas obrigações militares, sem se darem conta de sua responsabilidade maior para com a nação como um todo. Tempos extraordinários exigem ações extraordinárias.

Beck não descartava a idéia de um golpe. Contudo, Manstein implorou-lhe que continuasse em seu posto, apesar das diferenças com a "liderança política". Manstein disse que era exatamente em tempos como esse que homens do calibre de Beck seriam necessários. Ambos os oficiais continuaram fiéis às próprias convicções: Beck renunciou quando nenhum general se mostrou disposto a segui-lo em sua oposição contra a guerra. Manstein permaneceu obedientemente em seu cargo, embora tivesse sérias dúvidas quanto às decisões de Hitler em relação à guerra. Acreditava que um soldado deve se subordinar e não desafiar a primazia dos políticos.

O perigo de um ataque espontâneo vinha sobretudo dos vizinhos do leste, em particular a Polônia.

Erich von Manstein

Manstein desempenhou sua tarefa com zelo, e na marcha em direção aos Sudetos, levou suas tropas para o sul de Budovice. A prioridade era sempre a carreira. Mas quando estava em casa, buscava descanso da vida militar em seus passatempos prediletos: música clássica (especialmente Mozart), história, idiomas e jardinagem. "Quando meu pai tinha uma folga," relembra sua filha, "trocava o uniforme antes mesmo de nos cumprimentar. Ele nunca falava do trabalho. Isso era um tabu. Ele não gostava daquelas pessoas que só sabiam falar de trabalho ou que contavam histórias sobre os dias de glória da guerra franco-prussiana."

As campanhas passadas não despertavam interesse nele, e após todas as batalhas sem derramamento de sangue vencidas por Hitler, Manstein não acreditava que lutaria outra guerra de verdade:

> Sabíamos que, desde 1938, Hitler negociava para se livrar do problema da fronteira entre a Alemanha e a Polônia. Mas os generais não eram informados sobre o desenrolar das negociações. Por outro lado, sabíamos das garantias feitas pelos britânicos aos poloneses. Nenhum de nós era tão cego a ponto de não reconhecer que se tratava de um aviso fatal. Por este motivo, estávamos convencidos de que não haveria guerra. Lembramo-nos de um anúncio feito por Hitler de que nunca travaria uma guerra em dois fronts.

Entretanto, Manstein estava errado. Em 31 de agosto de 1939, às 19h, o Grupo de Exércitos Sul, comandado por Gerd von Rundstedt, recebeu ordem para atacar a Polônia. Como chefe do Estado-Maior de Rundstedt, Manstein elaborou os planos para o ataque à Varsóvia. Quando a luta chegou ao fim com a vitória alemã em outubro, o Grupo de Exércitos Sul foi mandado para o oeste, onde Hitler fazia pressão pelo início de uma ofensiva contra a França e os Países Baixos. No dia 23 de novembro de 1939, em uma recepção do comando militar em Obersalzberg, Hitler disse a seus generais seniores, entre eles, Manstein, que havia chegado o momento: "Minha decisão é irrevogável", comunicou à elite militar. "Atacarei a França e a Grã-Bretanha no primeiro momento mais favorável. A violação à neutralidade belga não tem importância. Ninguém falará da questão quando vencermos."

Então, advertiu seus generais (dos quais gostava de desdenhar dizendo que eram "gatos assustados" e que se utilizavam de métodos do "Exército da Salvação"): "Não pararei por nada e destruirei todos os que se opuserem a mim." A ameaça era direcionada à liderança do OKH, sobretudo a Franz Halder e a Walther von Brauchitsch, que, como a maioria dos generais, consideravam uma ofensiva no leste algo insensato, para não dizer imprudente. Os militares desejavam ganhar tempo; ansiavam por uma solução política, uma paz que não fosse por meio da luta. Manstein, porém, tinha mais pressa. Para ele, um ataque alemão seria inevitável, isso se os próprios Aliados não começassem uma ofensiva. Mas a investida deveria ser iniciada no mais tardar até a primavera de 1940, uma vez que, "com a União Soviética sendo um constante ponto de interrogação em nossa retaguarda, ... não podemos esperar até que as potências ocidentais se tornem superiores."

Após o bem-sucedido ataque à Polônia, a forma para se derrotar a França ficou bastante óbvia. Em 27 de setembro de 1939, Hitler deu aos comandantes-em-chefe das três Armas da Wehrmacht as diretrizes para o ataque: através da Bélgica e na direção da costa do Canal, mais ou menos como o conde Von Schlieffen havia proposto em 1905 – mas este foi um plano que, ao ser colocado em prática em 1914, fez com que as tropas ficassem estagnadas na região do Marne. Apenas três semanas depois, Halder, chefe do Estado-Maior Geral, apresentou suas ordens de batalha ao Führer. Todas as idéias de Hitler tinham sido levadas em consideração. No entanto, isso não foi suficiente para melhorar o humor do ditador: "Mas este é exatamente o velho plano de Schlieffen!"

O OKH então elaborou novos planos e Hitler os modificou mais uma vez, até que em 10 de janeiro de 1940 um incidente fez com que todo o planejamento tático tivesse que ser descartado. Um avião *courier* alemão precisou fazer um pouso de emergência perto da cidade belga de Mechelen. O chefe do Estado-Maior da 7ª Divisão Aérea, que carregava uma maleta com os planos operacionais ultra-secretos para um ataque no oeste, estava a bordo. Na mesma hora, o incidente gerou uma crise no alto escalão da Wehrmacht. Hoje sabemos que o material confiscado pelos belgas não era de grande importância. Mas na época os alemães temeram o pior. Uma nova estratégia para a invasão foi elaborada e de novo Hitler não ficou satisfeito: o planejamento do OKH, bradou ele, parecia ter sido feito "por estudantes de uma Escola de Guerra"; os generais devem ter lido Clausewitz, mas não o suficiente de Karl May.* Onde estava o efeito surpresa?

Ao mesmo tempo, quando um período de mau tempo ofereceu a oportunidade de se repensar mais uma vez os planos, Manstein, que como chefe de Estado-Maior do Grupo de Exércitos A obviamente não era o responsável pelo planejamento da ofensiva no oeste, propôs uma idéia completamente distinta. Quando começou a estudar as ordens de batalha do OKH, os pontos fracos do plano lhe saltaram aos olhos. Assim, no palácio do Eleitor, em Koblenz, às margens do Reno, desenvolveu uma estratégia alternativa para tornar possível o que parecia impossível: uma vitória rápida e definitiva contra a França. Tropas do Grupo de Exércitos A fortemente armadas irromperiam no momento certo de onde eram menos esperadas – das florestas das Ardenas, que supostamente ofereceriam proteção contra tanques – em um rápido movimento curvilíneo ao longo de Sedan, na direção da costa atlântica. Ao mesmo tempo, o Grupo de Exércitos B atacaria as fortalezas belgas, atraindo as formações francesas e inglesas para um avanço pelo interior do país. Esse "plano suicida", como Churchill se referiu à estratégia de Manstein, tinha a intenção de separar os Exércitos de França e Grã-Bretanha e impedir que recuassem. Era a idéia de *blitzkrieg* – guerra relâmpago.

Em uma série de sete memorandos, Manstein enumerou as vantagens do plano, porém o OKH não conseguia ver nenhuma. Os generais Halder e Von Brauchitsch tinham sérias ressalvas. Alegaram que o conceito era arriscado demais e que não passava de uma tentativa autocentrada dos Exércitos A para realçar sua própria importância. A idéia de Manstein não foi sequer entregue ao Alto Comando da Wehrmacht para consideração. Havia uma grande chance, temia Halder, de Hitler se impressionar com o esquema um tanto audacioso. E Hitler de fato já cogitava a possibilidade de atacar através de Sedan, mas não estava certo de que poderia ser bem-sucedido.

Nenhuma palavra foi dita sobre o plano de Manstein até 29 de janeiro de 1940, quando seus colegas tiveram a oportunidade de apresentar a estratégia a um oficial do círculo íntimo de Hitler. Durante uma visita feita pelo principal assistente do Führer, Rudolf Schmundt, com o objetivo de descobrir informações, dois oficiais do grupo, o *Oberst* Günter

---

* Escritor de romances fantásticos ambientados no Velho Oeste; era um dos favoritos de Hitler.

Blumentritt e o major Henning von Tresckow, expuseram-lhe a estratégia de Manstein. Em 4 de fevereiro, um major do Exército, Gerhard Engel, observou em seu diário:

> Schmundt foi a Koblenz e voltou muito impressionado por causa de uma longa conversa que teve com Von Manstein, que expressou sérias dúvidas sobre o plano operacional proposto pelo OKH. Schmundt estava muito animado e me disse que Manstein também tinha as mesmas idéias de Hitler quanto a uma concentração de forças. Mas as de Manstein eram bem mais precisas.

Manstein tentou estabelecer um contato com Hitler pelas minhas costas e foi bem-sucedido.

Franz Halder, chefe reformado do Estado-Maior Geral

Agora seria necessário agendar uma reunião com Hitler sem levantar a suspeita de Halder. Isso ocorreu em 17 de fevereiro de 1940, durante um café-da-manhã organizado na chancelaria do Reich para os recém-nomeados comandantes do Exército. Após o evento, Hitler chamou Manstein para ir a seu gabinete. Com a ajuda de um grande mapa, o oficial explicou seu plano em detalhes. Naquela noite, escreveu em seu diário sobre "o impressionante conhecimento de Hitler a respeito das inovações militares e tecnológicas de cada país. ... Apresentei os pontos principais do memorando que havíamos mandado ao OKH. Ele estava de completo acordo. Era surpreendentemente bem-informado acerca de tais questões e tinha a mesma opinião expressa por nós desde o início".

Quatro dias antes, quando Schmundt lhe falou pela primeira vez a respeito da proposta de Manstein, Hitler decidiu delegar ao Grupo de Exércitos A o ataque na direção sul. "Mas embora fosse um gênio," alegou Manstein em seu diário, "faltavam-lhe os detalhes necessários, que só poderiam ser fornecidos por um general que tivesse passado por um treinamento operacional adequado e estivesse imbuído do mesmo desejo de vitória." Manstein deu a Hitler os argumentos de que o ditador necessitava para desafiar os generais, dos quais zombava pelo excesso de cautela, e "cortar-lhes as asinhas". A "idéia suicida" venceu. Mais tarde, Hitler observou com uma condescendência fenomenal: "De todos os generais com os quais discuti meus novos planos para uma invasão no oeste, Manstein foi o único que me entendeu." Apesar de reconhecer a habilidade de Manstein, Hitler continuava vendo o talentoso general com suspeita: "Não há dúvidas de que ele é excepcionalmente inteligente e tem um grande talento operacional, mas não confio nele."

Franz Halder, chefe do Estado-Maior Geral, tinha opinião semelhante sobre Manstein, que já estava sendo chamado pelos oficiais de "dama-de-companhia". Halder então decidiu agir, mandando o indesejado rival para a distante Stettin, no Báltico. Lá, Manstein deveria assumir o comando geral do 38º Corpo do Exército, que ainda estava em fase de formação e precisava ser estruturado. Pela segunda vez em sua carreira, Manstein foi promovido para uma posição menos importante.

A ofensiva ocidental começou! Mas estou sentado em casa, mesmo após ter lutado tanto para que fosse conduzida exatamente desta forma.

Manstein em seu diário pessoal, 10 de maio de 1940

No dia 10 de maio de 1940, às 5h35 da manhã, o ataque alemão à França e aos Países Baixos foi iniciado. Manstein passou esse dia com a família em casa, em Liegnitz, na Baixa Silésia. A ofensiva planejada por ele começou com uma bem-sucedida ruptura das linhas inimigas; as divisões Panzer passaram por Luxemburgo, Bélgica e pelas Ardenas até chegar à França, rompendo as linhas francesas e comprovando a vantagem de uma guerra altamente móvel. Por volta de 20 de maio, os tanques alemães já estavam em Abbeville, na entrada da região do Somme e na costa da parte inglesa do Canal.

As fileiras de blindados atacaram com tanta rapidez que até os generais ficaram atordoados com o sucesso das próprias tropas. O *Generaloberst* Gerd von Rundstedt, que comandava o Grupo de Exércitos A, cogitou a possibilidade de parar os blindados, enquanto o OKH defendia a continuação do avanço. Hitler interveio na disputa para demonstrar sua autoridade como comandante supremo da Wehrmacht e ordenou que parassem. As derrotadas forças britânicas conseguiram voltar para Dunquerque, de onde fugiram para a Inglaterra através do Canal. Essa foi a primeira das "vitórias perdidas" de Manstein.

O próprio Manstein comandou o 38º Corpo do Exército durante a campanha ocidental. No início, sua tarefa foi fazer com que 21 divisões passassem ao mesmo tempo pelos caminhos estreitos entre as montanhas das Ardenas. A guerra só começou de fato para suas divisões em 5 de julho, quando receberam uma missão na batalha. Suas formações atravessaram o Somme e continuaram a perseguir o inimigo até que, como definiu

Manstein, "veio o colapso final". Durante a guerra, ele esteve muitas vezes presente na linha de frente. "Nosso comandante-geral preferia uma resposta franca à subserviência", relembra Rudolf Graf, na época o principal ajudante-de-campo de Manstein. "Odiava pessoas prolixas. Qualquer um que não fosse direto ao ponto poderia estar certo de que seria maltratado."

Na França, Manstein e seu comando preferiam ficar em *châteaux*, e com freqüência se deparavam com a mesma surpresa desagradável. Os proprietários sempre evitavam ter contato com eles. Manstein teria gostado tanto de conversar, divagar sobre história e desfrutar da hospitalidade francesa. Não gostava de ser identificado como inimigo – logo ele, que sabia exatamente como um "cavalheiro" deveria se portar e que se esforçava para não parecer um conquistador arrogante.

À meia-noite e meia do dia 25 de junho de 1940, as armas foram silenciadas. Na Primeira Guerra Mundial, o déspota alemão que agora alegava ser o inconteste "maior líder militar de todos os tempos", vivera por meses o inferno da guerra de trincheiras. Mas agora o "inimigo ancestral" havia sido derrotado em apenas seis semanas. A data da assinatura do documento de rendição no bosque de Compiègne foi para Hitler o "dia mais feliz" de sua vida. Ele passou a se julgar superior em relação a seus generais procrastinadores.

O "plano suicida", sem o qual a surpreendente vitória teria sido inimaginável, ergueu os alicerces da fama de Manstein como "gênio operacional", transformando-o em uma lenda nos círculos militares. Apesar de toda a satisfação que o oficial sentiu com o papel desempenhado no maior triunfo da história militar alemã, um cargo à altura de seu brilhantismo militar continuava lhe sendo negado. Manstein foi designado para o 56º Corpo Panzer – uma formação altamente móvel com a qual, durante a invasão à União Soviética, percorreu 240 quilômetros em apenas cinco dias e, em 27 de junho de 1941, conquistou a importante cidade de Daugavpils, na Letônia. A grande diferença entre a guerra do oeste e a do leste ficou evidente para Manstein em uma ordem expedida por Hitler que afetou as unidades do oficial, assim como todas as outras.

Antes de o primeiro tiro ter sido disparado, Manstein informou o comandante-em-chefe do Grupo de Exércitos, o marechal-de-campo Wilhelm von Leeb, que não podia aplicar a "Ordem do Comissário". Disse que "executar comissários a bala imediatamente e por princípio", como especificava a ordem, não era uma atitude militar. Tal ordem, declarou Manstein nos julgamentos de Nuremberg, "foi o primeiro conflito a surgir entre o dever de obedecer e minha conduta como soldado. Eu deveria tê-la obedecido".

O que ele não conseguiu ver foi que a Ordem do Comissário expunha a natureza criminosa da guerra travada no leste. Apenas uma semana depois, já havia esquecido a ordem. "Quando assumi o 11º Exército, isso já era algo do passado para mim." Como novo comandante do grupo, Manstein não julgou necessário, tampouco possível, proibir novamente o cumprimento da ordem. O risco de perder o cargo era grande demais. Satisfazia-se com os relatórios mandados por seus generais dizendo que a ordem não estava sendo posta em prática pelos soldados do 11º Exército. Porém, na realidade, 14 comissários foram mortos durante a jurisdição de Manstein, e cinco outros, entregues ao SD. O oficial alegou que isso tinha sido feito sem o seu conhecimento. Porém, em 1949, um tribunal militar britânico em Hamburgo o condenou por crimes de guerra.

Manstein assumiu o comando do 11º Exército em 17 de setembro de 1941, substituindo o *Generaloberst* Ritter von Schobert, que fora gravemente ferido. No diário de guerra do 11º Exército, lê-se: "Temos um novo comandante-em-chefe. Ele é um 'cavalheiro', embora de temperamento difícil. Mas é possível ser franco com ele." Àqueles que não o conheciam bem, passava a impressão de ser uma pessoa fria e desapegada. "Ele não parecia ser particularmente sociável", relembra Hans-Adolf von Blumröder, que serviu no comando de Manstein em 1943 e 1944. "Faltava-lhe o acolhimento de um comandante paternal. Tinha dificuldade para demonstrar seus sentimentos mais íntimos." Para outros, parecia não apenas reservado, mas muito contente consigo e com sua perícia. "Manstein gostava de deixar claro que era mais inteligente do que os outros", disse o conde Johann Adolf von Kielmansegg, oficial sênior da Divisão de Operações do Exército.

Mas a suposta arrogância talvez possa ser explicada pelo problema de visão que ele tinha. "Seus olhos eram ruins. Quando os soldados o saudavam, ele muitas vezes não percebia e não os saudava de volta", observou o *Hauptmann* Günter Reichhelm, na época ajudante-de-ordens do marechal-de-campo Model. Gisela, filha de Manstein, tem outra explicação para a impressão que o pai causava nos outros: "Ele era por natureza um homem de poucas palavras, muito reticente e até tímido. Não era alguém que gostava de festas. Mas com quem conhecia bem, era tranqüilo e relaxado." Entre tais pessoas estavam os oficiais de seu comando, com muitos dos quais construiu amizades que duraram até depois do fim da guerra. Passavam noites jogando bridge e se acostumaram com o fato de Manstein exigir-lhes rapidez e precisão também no jogo, exatamente como no trabalho.

Quando Manstein falava com seus homens, eles sempre sentiam que eram capazes de fazer qualquer coisa que lhes fosse exigida.

Theodor Busse, chefe do Estado-Maior de Mantein

Como novo comandante do Exército do flanco mais ao sul do front oriental, Manstein recebeu a missão de conquistar a Criméia e sua fortaleza, Sebastopol. As condições não eram favoráveis. Para Manstein, acostumado a lutas móveis, a Criméia não oferecia espaço para que distribuísse suas tropas e explorasse a mobilidade de seus soldados. Além disso, as forças soviéticas que lutavam no local eram superiores em número e também nos armamentos. Já havia sido suficientemente difícil para ele romper a "defesa tártara" através do estreito istmo que liga a península da Criméia ao continente; mas atacar a cidade fortificada de Sebastopol pela costa sul prometia ser ainda mais penoso.

O primeiro ataque precisou ser cancelado. E para piorar a situação, Stálin lançou uma ofensiva a fim de recapturar a Criméia. Tropas soviéticas fortemente armadas aterrissaram perto de Feodósia e forçaram o conde Sponeck, comandante do 42º Corpo do Exército, a abandonar a península de Kerch, na extremidade oriental da Criméia. Ele agiu por iniciativa própria, apesar de Hittler ter proibido, em dezembro de 1941, todos os soldados de recuarem sequer um passo. Manstein, furioso por ter sido informado da retirada apenas depois de já ter ocorrido, desistiu imediatamente Sponeck do comando. O conde pediu uma oportunidade para justificar sua ação diante de um tribunal militar. Mas em vez de reintegrar o oficial, o presidente do tribunal, Hermann Göring, o condenou à morte. As tentativas de Manstein para defender seu subordinado foram barradas por Keitel. Hitler reduziu a sentença, condenando-o à prisão, mas Sponeck foi morto em julho de 1944 a mando de Himmler. O caso Sponeck deixou claro para Manstein quão trágico poderia ser o fim do conflito entre consciência e obediência.

Pelas estimativas de Manstein, o segundo ataque a Sebastopol duraria 11 dias. Levou um mês inteiro, mesmo depois de terem usado um imenso arsenal que incluía a maior arma que a Alemanha possuía: o "rifle Gustav". Com calibre de 80 mm, era capaz de lançar explosivos pesados na cidade sitiada. Em 1º de julho de 1942, após um bombardeio devastador e grandes baixas para ambos os lados, um vitorioso Manstein marchou por Sebastopol. Seu 11º Exército fez cerca de 100 mil prisioneiros.

Quando a rede de rádio nazista anunciou a queda de Sebastopol, Hitler havia acabado de sentar-se para um luxuoso jantar com seus amigos mais íntimos em seu quartel-general. "Quando ouvimos o anúncio extraordinário em nosso pequeno rádio sobre a mesa de jantar," observou Henry Picker, que transcreveu toda a conversa de Hitler na ocasião, "o Führer se levantou. Todos os convidados o acompanharam e fizeram a saudação alemã, enquanto o hino nacional era tocado." Naquela noite, Manstein escreveu em seu diário pessoal: "Primeiro de julho de 1942, Sebastopol foi tomada! Transmissões especiais de rádio sobre o feito e também a respeito de minha promoção a marechal-de-campo. Agradeço a Deus e a todos aqueles que deram o sangue por essa vitória." Hitler mandou-lhe um telegrama de congratulações e criou uma nova condecoração, o Escudo da Criméia, para honrar o 11º Exército. Podemos ler no livro de memórias de Manstein: "Realmente, é uma experiência única saborear o gosto da vitória no campo de batalha."

Pouco tempo depois, no quartel-general do Führer, Hitler entregou o bastão de marechal a Manstein. Muitos elogios foram feitos, mas a conversa não girou apenas em torno de vitórias e novos objetivos. No café-da-manhã, Manstein perguntou ao Führer o que estava acontecendo aos judeus. No exato momento em que milhares deles eram assassinados em Auschwitz-Birkenau, Hitler (de acordo com a lembrança de Picker) respondeu que "era preciso construir um Estado para eles. O ditador havia pensado na Palestina e depois em Madagascar. Mas um Estado judeu deveria ser controlado pela Alemanha. Portanto, teria optado pelo distrito de Lublin, na Polônia, onde seria possível mantê-lo sob nosso controle". Não mencionou qualquer palavra sobre o "extermínio". Manstein parece ter ficado satisfeito com a resposta e não levou a questão adiante.

Foi nesse momento que o marechal-de-campo chegou perigosamente perto do programa de extermínio de Hitler. Em 20 de novembro de 1941, Manstein assinou uma ordem militar anunciando que "o sistema judaico-bolchevista deveria ser destruído de uma vez por todas. Jamais poderíamos deixá-lo invadir novamente nosso espaço vital". A ordem dizia ainda que "cada soldado deve compreender a necessidade de uma vingança dura contra o povo judeu, que é o mentor intelectual do terror bolchevista". Assim, teria Manstein sido um perpetrador?

Tal ordem, aplicada também na batalha contra os *partisans*, tinha como base um modelo de semelhante severidade. Em 10 de outubro de 1941, o comandante-em-chefe do 6º Exército, *Generaloberst* Walter von Reichenau, enfatizou as políticas raciais que a ordem envolvia. No final de outubro, um telefonema do OKH a todas as tropas e grupos de exércitos as mandou emitir ordens nesta mesma linha. Manstein tornou a ordem de Reicheneau ainda mais severa ao utilizar palavras anti-semitas. É verdade que não dizia nada sobre a destruição física dos judeus, tampouco se referia, como Reichenau havia feito, à "sub-humanidade judaica", mas queria "erradicar o sistema judaico-bolchevista".

Por outro lado, Manstein baixou o tom da ordem ao instruir seus oficiais a "adotarem as medidas mais severas contra comportamentos arbitrários e exploradores, contra lapsos cruéis de indisciplina ou qualquer violação à honra militar". Diante do tribunal de Nuremberg, Manstein alegou não conseguir se lembrar da ordem. Não temos como saber se a emitiu porque desejava aumentar suas chances de ser promovido a comandante-em-chefe do Exército. A verdade é que não *precisava* ter assinado a ordem.

Na Criméia, Manstein, como comandante do Exército, teve pela primeira vez total autoridade sobre um território ocupado, o qual foi transformado em palco de uma matança organizada. Entre junho de 1941 e março de 1942, o Einsatzgruppen D do SD, operando sob o comando de Otto Ohlendorf ao longo da costa do Mar Negro e na península da Criméia, assassinou no mínimo 90 mil judeus, ciganos, comunistas e membros de outros grupos perseguidos. Ohlendorf disse que sua relação com o 11º Exército de Manstein era "excelente". O Exército fornecia veículos ao Einsatzgruppen, e hoje está provado que Manstein teve no mínimo uma reunião com Ohlendorf na Criméia. No entanto, Manstein disse que não sabia nada sobre as operações assassinas. "Sobre o Einsatzgruppen e suas tarefas", explicou durante seu julgamento em Nuremberg, "sabia apenas que pretendiam preparar as áreas ocupadas para uma administração política, em outras palavras, realizar uma 'fiscalização' política da população em tais territórios". Nada mais do que isso?

Vários dos oficiais do comando de Manstein sabiam o suficiente para manter seu superior completamente inteirado do que acontecia. Por exemplo: o intendente do Grupo de Exércitos de Manstein, *Oberst* Eberhard Finckh, que mais tarde viria a participar do atentado de 20 de julho contra a vida de Hitler, sabia dos assassinatos mas ficou calado. Supostamente, teria dito a outro oficial:

> O marechal-de-campo precisa da mente livre para ocupá-la com os problemas de seu comando operacional. Ele está em constante briga com Hitler por questões profissionais. Se também for sobrecarregado com esses problemas, ... provavelmente terá dificuldades que em breve poderão resultar em sua demissão. E todos sabem que ele é indispensável, ainda mais depois de um golpe vitorioso.

Finckh claramente trabalhava com a hipótese de que Manstein protestaria contra os assassinatos. Será que essa fora apenas uma declaração preventiva para fortalecer a construção do mito de Manstein?

É certo que o marechal-de-campo tinha ouvido falar das atrocidades cometidas por trás das linhas de frente, mas será que ele de fato acreditou nos relatos? No outono de 1943, seu ajudante-de-campo, Alexander Stahlberg, contou ao superior sobre rumores de que, na retaguarda do Grupo de Exércitos Sul, na época comandado por Manstein, a SS estava envolvida em assassinatos em massa de judeus. Dizia-se que 100 mil tinham sido massacrados em uma região florestal. De acordo com Stahlberg, quando Manstein soube, ficou furioso. "Ele reagiu com raiva e disse: 'O que acabou de me dizer é tão inacreditável que me recuso a aceitar. O que farão com os 100 mil corpos?'" Manstein lembrou da abertura das Olimpíadas de Berlim em 1936, com 100 mil espectadores no estádio. "Agora, pense nessa quantidade de pessoas", disse Manstein. "Como pretendem enterrar todos? Esse é um truque imoral de propaganda. Recuso-me a ouvir coisas desse tipo!"

Não há evidências documentadas de uma ação assassina que tenha feito 100 mil vítimas num mesmo dia em uma "área florestal" na retaguarda do Grupo de Exércitos. Em 1987, a pedido de Rüdiger, filho de Manstein, o Instituto da Europa Oriental, em Munique, divulgou uma opinião especializada: "O massacre de um número tão grande de judeus soviéticos 'em uma região florestal' pode ser descartado quase com toda certeza." Porém, isso não significa que Manstein não soubesse de nada. O que parece mais provável é que não queria acreditar em fatos que lhe eram inconcebíveis.

Com relação ao marechal-de-campo, a questão terminou aí. Fechava os olhos para o que não queria ver e se concentrava em seu trabalho de comandante de um grupo de exércitos. Manstein declarou após a guerra:

> Preocupado como estava, por anos, com as tarefas mais pesadas do front, não consegui ver o quanto o regime se desviava, tampouco reconhecer a verdadeira natureza de Hitler, da forma como nos parece óbvia hoje. ... As angústias e deveres trazidos pela batalha nos deixaram pouco tempo para refletir sobre questões mais gerais....

De acordo com uma das acusações feitas pela promotoria em seu julgamento em 1949, Manstein não só sabia de todas as operações assassinas como as aprovou e permitiu que judeus fossem entregues ao SD. Mas não havia provas disso. Pelo menos nesta questão, Manstein fora absolvido por falta de evidências. Diante do tribunal, disse: "Nós, soldados, compartilhamos com o povo alemão a mesma incapacidade de identificar a verdadeira natureza do regime."

No caso de Manstein, porém, foi a "incapacidade" que desafiou seu real conhecimento dos fatos. Isso pode ser provado pela análise feita por Ulrich Gunzert, um capitão que, na época da campanha da Criméia, fora mandado para o quartel-general do 11º Exército. Ele testemunhou como o SD matava homens, mulheres e crianças judias com submetralhadoras na muralha defensiva tártara construída ao longo do istmo criméio: "Em uma cova profunda, jaziam várias camadas de corpos. A cada salva de tiros, os homens do SD entravam na cova e executavam os que continuavam vivos com disparos de pistola na cabeça. Foi um assassinato em massa. O terror no rosto daqueles que aguardavam a morte de dentro da cova é algo que nunca esquecerei." Quando tentou intervir, foi impedido por um homem do SD com as seguintes palavras: "Saia daqui! Isso não é da sua conta!"

De volta ao quartel-general, Gunzert relatou a seu comandante o que acabara de ver:

> Implorei a Manstein que fizesse algo a respeito. Mas ele se opôs. Disse que não possuía qualquer autoridade nessa área; e que tinha outras questões com as quais se preocupar no momento. Manstein refugiou-se nos limites de seus poderes militares e me mandou não falar sobre isso com mais ninguém. Ele abdicou de sua responsabilidade, essa foi uma falha moral.

Com a captura de Sebastopol, se não antes, Hitler passou a ver Manstein como uma espécie de "arma secreta" para tarefas complicadas, como a tomada de Leningrado, a segunda maior cidade soviética, que era muito bem protegida. Em outubro de 1942, Manstein escreveu em seu diário: "Propus um ataque para conquistar o estuário do rio Volkhov, a fim de interromper a via de suprimentos para Leningrado pelo lago Ladoga, deixando a cidade faminta e evitando a necessidade de um difícil ataque frontal às fortificações." Naquele momento, porém, o Exército Vermelho já havia modificado sua ofensiva. A "Operação Aurora Boreal" fora adiada indefinidamente.

Enquanto sitiava a faminta cidade de Leningrado, Manstein foi atingido pelo "ataque mais severo" da guerra. Em 29 de outubro de 1942, seu filho Gero foi morto com apenas 19 anos. Era tenente e estava em ação perto do lago Ilmen, não muito longe do quartel-general de seu pai. Ao encomendar o anúncio fúnebre, Manstein pediu para incluírem a oração batismal de seu filho, retirada dos Atos dos Apóstolos: "Porém, prosseguiu na sua jornada com alegria." Quando os editores do *Völkischer Beobachter* (o jornal oficial nazista) se recusaram a publicar a citação religiosa, Manstein, que tinha uma forte fé cristã, protestou. Em 22 de novembro de 1942, o anúncio da morte apareceu na publicação do partido – mas sem a frase da bíblia.

O luto do pai não durou muito. Após uma breve estada com a família em Liegnitz, Manstein voltou para a linha de frente, onde, em 20 de novembro de 1942, recebeu uma ordem do OKH que viria a ter conseqüências importantes. A formação comandada por Manstein, agora com o nome de Grupo de Exércitos Don, deveria seguir em direção a Stalingrado. Lá, prestaria assistência ao 6º Exército, também sob seu comando, e "recuperaria a coesão" do front alemão. No dia seguinte, Manstein embarcou em um trem particular para uma viagem de cinco dias, interrompida diversas vezes por ataques *partisans*. Ao chegar a Novocherkassk, a cerca de 180 quilômetros de Stalingrado, começou a realizar a tarefa mais difícil de sua carreira.

Quando Manstein desembarcou, um cordão intransponível já havia se fechado e todo o 6º Exército, assim como parte do 4º Panzer, estava cercado. Como chefe de um Grupo de Exércitos, viu-se diante da necessidade de usar seus talentos na situação mais difícil de sua carreira. A primeira conversa telefônica com Hitler revelou o dilema básico: Manstein tentou, em vão, obter o comando completo de todas as tropas do setor sul do front oriental e o passe livre para realizar suas próprias operações. No entanto, Hitler se recusou categoricamente a aprovar a retirada: disse que a linha deveria ser mantida a qualquer custo ao longo do baixo Volga; o que estava em jogo eram os campos de petróleo do Cáucaso. Uma fuga do 6º Exército era algo fora de questão – Stalingrado deveria ser ocupada, não importava o preço.

No início, Manstein parecia compartilhar de tal visão. Embora estivesse ciente de que "os suprimentos do 6º Exército que vinham por via aérea, mesmo quando voar era possível, correspondiam a apenas 1/10 do consumo diário de munição e combustível" (como escreveu em seu diário no dia 24 de novembro de 1942), Manstein relatou ao OKH em Berlim: "Não proponho uma fuga para o 6º Exército, o que de todo modo seria impossível hoje e nos próximos dias. Mas só poderemos nos arriscar a manter o 6º Exército no local se os suprimentos adequados puderem ser garantidos. Esse é o fator crítico." No entanto, Manstein avisou que pediria a retirada do 6º Exército se não houvesse uma quantidade suficiente de soldados disponível para auxiliar as forças sitiadas em uma ofensiva. Manstein então enviou uma mensagem de rádio para o comandante do encurralado 6º Exército, o *Generaloberst* Friedrich Paulus, dizendo-lhe: "Faremos tudo o que pudermos para tirá-lo daí."

Por que Manstein a princípio apoiou a decisão do Führer de manter o 6º Exército em Stalingrado à espera de socorro? Ele sabia que a área, ao contrário do que Göring havia prometido, não podia receber suprimentos por ar. No entanto, imaginava qual teria sido a reação de Hitler se ele tivesse ordenado uma retirada imediata. "O Führer não teria cedido em nada", escreveu em seu diário no dia 25 de novembro de 1942. "Mas se eu dissesse que tentaria agüentar e que só ordenaria uma retirada caso não existisse outra saída, ele estaria mais disposto a me ouvir do que se eu tivesse desistido logo. De todo modo, a fuga não pode ocorrer imediatamente (só a partir de 28/11)."

Há apenas dois caminhos a serem seguidos: um é o determinado pelo Führer – agüentar firme até o último cartucho. O outro seria aproveitar o momento certo e fugir enquanto ainda tivéssemos força e recursos para tanto.

Diário de guerra pessoal de Manstein,
26 de novembro de 1942

Manstein, porém, logo se daria conta do quão pouco realistas eram suas expectativas. Hitler se recusou a mudar de opinião; insistia que era impossível abandonar o território conquistado com tanto suor na ofensiva do verão, uma vez que no ano seguinte a região teria que ser retomada com forças ainda maiores. Manstein escreveu em seu diário: "Não posso aceitar esse raciocínio." O que de fato importava era reverter a situação e, sobretudo, resgatar o 6º Exército. Em 26 de novembro, Manstein observou: "Discussões detalhadas com Paulus, a quem estou preparando para uma fuga. O Führer ainda resiste."

Relatei ao Führer que considero a fuga do 6º Exército a última chance de resgatar ao menos a maioria dos soldados.

Diário de guerra pessoal de Manstein,
26 de novembro de 1942

Gostaria de ouvir outras sugestões do senhor, Herr Feldmarschall

Hitler, sobre a proposta de Manstein para que a
fuga o 6º Exército fosse autorizada, novembro de 1942

Àquela altura, o momento mais favorável para uma tentativa de fuga já havia passado sem que nada tivesse sido feito. O que restou como opção para ajudar as tropas foi uma ofensiva, com perspectivas de vitória bastante modestas. Naqueles dias decisivos de novembro, Stahlberg descreveu em suas memórias o telefonema feito por Hitler a seu marechal-de-campo para fazer o seguinte anúncio: "Na primavera, cruzaremos o Cáucaso. Estou pensando em dar-lhe o comando desta ofensiva. Na Palestina, o senhor se unirá ao exército do marechal-de-campo Rommel, que sairá do Egito para encontrá-lo. Então, com nossas forças unidas, marcharemos até a Índia e lá decidiremos a guerra com uma vitória sobre a Grã-Bretanha."

Todas as esperanças residiam em um "ataque de socorro" a Stalingrado. Em 1º de dezembro, Manstein deu a ordem para a "Operação Tempestade de Inverno" – codinome da ofensiva de libertação comandada pelo *Generaloberst* Hoth. Assim que os tanques de Hoth estivessem a 30 quilômetros da área, unidades de combate do 6º Exército entrariam em ação e abririam caminho até a tropa de apoio. Através da abertura criada, comboios de caminhão carregando três toneladas de suprimentos se afunilariam, além de 30 ônibus para retirar os feridos do local. De acordo com o plano de Manstein, a "Tempestade de Inverno" seria seguida pela "Operação Trovão", que nada mais era do que a fuga do 6º Exército. Hitler foi informado da primeira operação, mas Manstein não queria que ele soubesse da segunda até que a movimentação de Hoth fosse bem-sucedida.

No dia 12 de dezembro, quatro dias depois do planejado, Hoth lançou o ataque socorro, inicialmente com duas divisões Panzer. Enfrentou gelo e neve e se deparou com forças bem superiores. Apesar da obstinada resistência soviética e das muitas baixas, seus tanques conseguiram chegar aos arredores de Stalingrado. Em 19 de dezembro, Manstein mandou um telegrama para Paulus com uma ordem urgente: "O 57º Corpo Panzer logo iniciará o ataque 'Tempestade de Inverno'. As unidades do 6º Exército deverão achar a saída, unir-se aos tanques de Hoth e assim estabelecer um corredor para os suprimentos." Quanto ao exato momento em que a "Operação Trovão", a fuga de fato, começaria, Manstein deixou em aberto. Como explicou em suas memórias, o Grupo de Exércitos fez essa opção a fim de evitar um veto de Hitler. Manstein ainda acreditava que, quando o ataque de socorro estivesse em progresso, Hitler autorizaria a fuga, o que ele nunca fez.

Os panzers de Hoth avançaram 60 quilômetros. Então, a exatos 48 quilômetros de Stalingrado, a investida foi contida pelo fogo pesado dos russos. Naquele momento, a única medida que ajudaria Paulus seria Manstein ordenar uma fuga por conta própria. Contudo, Manstein não deu a ordem. Embora tivesse acabado de confiar-lhe o comando de um Grupo de Exércitos, Hitler o demitiria do posto imediatamente. No entanto, Manstein tentou convencer o Führer inúmeras vezes a ordenar a fuga, como está claro em seu diário de guerra:

> 19 de dezembro de 1942: Relatei ao OKH que é preciso ordenar a fuga do 6º Exército.
> Com Zeitzler, emito as ordens para a "Tempestade de Inverno" e organizo os preparativos para a "Trovão".
> 21 de dezembro de 1942: Discussão [chefe do Estado-Maior do Exército]. Digo-lhe que finalmente é o momento de decidir sobre a fuga do 6º Exército ...

Em 22 de dezembro, Manstein observou resignado: "Todo o meu esforço por uma decisão a respeito do 6º Exército foi inútil."

Enquanto isso, na região do rio Don, outra crise surgiu. O Exército Vermelho avançou até a linha de frente do 8º Exército italiano, que lutava junto com a Alemanha e pressionava as forças soviéticas na direção oeste. Agora, o futuro de dois Grupos de Exércitos alemães estava pendente: o do Grupo de Exércitos Don e o do Grupo de Exércitos A (sob o comando de Kleist), que deveria ocupar os campos de petróleo do Cáucaso. Um milhão e meio de homens estavam ameaçados. A Alemanha precisou mobilizar todas as forças. Por esta razão, Manstein mandou Hoth suspender o ataque e voltar. A 6ª Divisão Panzer de Hoth iria tapar o buraco que se abrira no front. Mas com apenas duas divisões restando, um ataque vitorioso a Stalingrado não era mais possível. A tentativa de libertar o 6º Exército fracassou. A ordem para a fuga nunca foi dada. Mais tarde, Manstein disse que se Paulus tivesse arriscado uma retirada, ele o teria apoiado. Porém, Paulus via a questão de forma diferente: "Alguém que na época achava que não podia me dar a ordem, ou mesmo uma permissão, para sair de lá, não tem o direito de dizer hoje que desejava que eu fugisse e que teria apoiado tal movimento."

O destino do 6º Exército estava selado. Manstein se recusou a considerar uma rendição. As tropas de Paulus deveriam seguir impedindo a passagem das forças soviéticas até que ele retomasse o controle do flanco sul. A visão de Manstein era basicamente a seguinte: "Se cada comandante que julgasse sua situação desesperadora se entregasse, ninguém jamais venceria uma guerra."

Lutarei uma batalha decisiva no Sul da Rússia e, quando ela chegar ao final, o senhor poderá retirar petróleo de onde quiser!

Manstein a Hitler, ao receber liberdade operacional irrestrita, dezembro de 1942

O dramático agravamento da situação em Stalingrado foi transmitido a Manstein em 12 de janeiro de 1943 pelo *Hauptmann* Winrich Behr, que, com ordens dadas pessoalmente por Paulus, foi até o marechal-de-campo descrever as condições miseráveis dos soldados sitiados e pedir permissão para uma rendição. A única coisa que importava naquele momento, disse-lhe Behr, era salvar a vida dos soldados. Já havia tempo que o 6º Exército não tinha mais valor militar. Manstein mandou Behr ao quartel-general do Führer, onde descreveria as condições para Hitler em uma conferência de guerra. Quando Behr voltou, Manstein ouviu seu relato em silêncio: Hitler proibiu qualquer rendição; os soldados do 6º Exército devem continuar lutando até o final.

Quando Manstein conseguiu estabilizar a situação na linha de frente, tentou mais uma vez convencer Hitler a autorizar a rendição. No mesmo dia, observou em seu diário: "Paulus quer que eu investigue as possibilidades de negociação. Discussões com o Führer. Precisamos continuar lutando, já que, de todo modo, os russos não cumpririam um acordo." A obstinação de Hitler quase fez Manstein renunciar. Como havia se tornado comandante-em-chefe, passando assim a receber ordens operacionais diretamente do comandante supremo, percebeu que "Hitler estava fracassando como líder militar". Mesmo assim, não chegou à conclusão óbvia. Um marechal-de-campo, disse ele, não pode simplesmente pegar seus pertences e ir para casa. Ele está comprometido com sua obediência e lealdade. Sobre a tragédia dos soldados ignorados em Stalingrado, Manstein fez a seguinte observação após a guerra: "Talvez essa lealdade tivesse sido destinada a um homem que não a merecia, mas mesmo assim tal lealdade e devoção ao dever continuam sendo um louvor ao militarismo alemão!"

Nesse período de crise, quando Manstein lutava em uma frente de 700 quilômetros com suas 32 divisões exaustas, ele recebeu a visita de um jovem major da divisão de Organização do Exército. O oficial queria falar com Manstein sobre a situação da reserva e a respeito do status das unidades recém-formadas. O nome dele era conde Claus Schenk von Stauffenberg. Manstein não o conhecia pessoalmente, mas sabia que tinha fama de ser um dos mais talentosos jovens oficiais do Estado-Maior Geral. O que Manstein não sabia era do verdadeiro objetivo que motivara Stauffenberg a querer conhecê-lo – um golpe de Estado promovido pelo Exército.

Assim como outros desse grupo de patriotas, que acreditavam que o Reich caminhava para o abismo, Stauffenberg depositou sua esperança no comandante-em-chefe do Grupo de Exércitos Sul. No quartel-general de

Manstein em Taganrog, os dois tiveram uma conversa confidencial. Porém, foi ouvida, através de uma porta semi-aberta, pelo ajudante-de-campo de Manstein, Alexander Stahlberg.

Stauffenberg declarou que Stalingrado não fora o primeiro fracasso de liderança, que a campanha russa foi uma sucessão de erros e que a culpa era de Hitler. Manstein consentiu com a cabeça. Ao falar da "estrutura de comando", sentiu Manstein mais receptivo. Afinal de contas, o próprio marechal-de-campo acreditava que, assim como na Primeira Guerra Mundial, todo o front oriental deveria se concentrar nas mãos de um único comandante-em-chefe. Apenas quatro dias antes, em 22 de janeiro, Manstein confidenciou ao general Zeitzler, chefe do Estado-Maior do Exército:

> Se o comandante supremo [Hitler] também concentra as tarefas de seus subordinados e se ao mesmo tempo é sobrecarregado com todas as preocupações da política e do governo, e se apenas a vontade dele for capaz de criar as intenções de poder, até o maior dos gênios iria se deparar com uma tarefa impossível. Considero essencial que o Führer confie nos generais que merecem, que lhes dê a liberdade de ação que precisam para comandar, e assim a pausa necessária para que as decisões operacionais consigam amadurecer. Considero igualmente essencial que ele escute somente uma pessoa em todos os teatros da guerra e que ponha fé no julgamento deste homem. Esta é a única maneira para que as coisas funcionem.

Manstein garantiu a Stauffenberg que recomendaria que Hitler estabelecesse um comando unificado para a Wehrmacht. Mas Stauffenberg não ficou satisfeito. Se necessário fosse, advertiu, Hitler deveria ser forçado a nomear um comandante-em-chefe antes que a guerra terminasse em desastre. Manstein, porém, recusou-se a concordar. Para ele, atividades ilegais estavam fora de cogitação. Certa vez ele escreveu ao general Beck, seu mentor: "Uma batalha só está perdida quando desistimos dela." Diante da insistência de Stauffenberg, Manstein supostamente o advertiu: "Se o senhor não parar com isso, terei que prendê-lo."

Em 1962, Manstein negou que tivesse feito tal ameaça e a descreveu como "totalmente incorreta". Pelo contrário, disse que havia se esforçado ao máximo para "ajudar Stauffenberg, que era um jovem colega de valor, ao deixá-lo falar de suas justificadas angústias. Na pior das hipóteses, devo tê-lo advertido, para seu próprio bem, a ser mais cuidadoso com o que dizia, já que nem todos os comandantes ouviriam, como fiz, suas críticas a Hitler".

Manstein de fato ouviu. E para ele não deve ter sido difícil perceber que Stauffenberg queria seu apoio para um golpe de Estado. Será que Manstein só decidiria agir quando se confrontasse com uma grande catástrofe em Stalingrado? Stauffenberg ficou profundamente decepcionado. Manstein argumentou que era tarde demais para um golpe, uma vez que os Aliados se encaminhavam para uma "rendição incondicional". Mas seria também muito cedo, no sentido de que o povo alemão não estava preparado para isso; Hitler continuava muito popular. Não havia a possibilidade de uma revolta espontânea das tropas de linha de frente.

Após a conversa, que durou mais de uma hora, Stauffenberg deixou a sala de Manstein triste e abatido. "Todos os generais sabem da verdade", concluiu. "Mas poucos estão dispostos a fazer algo! Ou tais colegas são uns medrosos ou não têm cérebro. Eles fingem não saber!" Manstein mencionou a visita de Stauffenberg em uma carta para sua esposa: "Ter a confiança de colegas é sempre muito bom, mas como esperam que eu mude coisas que escapam de minha autoridade e capacidade?"

Quando se despediram, Manstein aconselhou Stauffenberg a tentar uma transferência para a linha de frente, a fim de ficar longe do "clima desagradável" dos quartéis-generais do Führer. "Por mais que eu goste dele", escreveu à mulher, "e por mais agradável e inteligente que seja, ele é simplesmente esperto demais para esses tempos difíceis; vê os riscos e o lado negativo de forma muito evidente. É claro que também vejo o mesmo, mas consigo aceitar tudo isso."

Em 6 de fevereiro de 1943, o próprio Manstein se viu completamente envolvido pelo "clima desagradável". Foi até o quartel-general do Führer com a intenção de pressionar Hitler a nomear um único comandante-em-chefe para todo o front oriental. Mas oferecer-se para o cargo, como Stauffenberg e o general Erich Fellgiebel haviam pedido, não lhe passava pela cabeça:

> Minha nomeação só faz sentido se eu for convocado, quer dizer, se a confiança necessária me for depositada; para que isso aconteça, minhas sugestões na esfera operacional precisam ser aceitas. Fazer-se notar em qualquer grau, mesmo que apenas se oferecendo para proferir uma palestra sobre este assunto, em minha opinião, faz com que não haja confiança desde o início. E sem ela não se pode servir ao Führer, tampouco à causa.

A confiança de Hitler em seu comandante de campo estava, na melhor das hipóteses, bastante fragilizada. Certa vez, durante a crise do inverno de 1941/42, o ditador se recusou a nomear Manstein para ser "chefe do Estado-Maior da Werhmacht" com o argumento de que "o marechal-de-campo pode ter um cérebro brilhante, mas é muito independente".

Desde o início da conversa, Hitler tinha um trunfo escondido na manga. Era esperado que ele buscasse um bode expiatório para a derrota em Stalingrado, mas Hitler começou advertindo: "Cavalheiro, primeiro gostaria de dizer algumas palavras sobre Stalingrado. Carrego sozinho a responsabilidade por Stalingrado." Manstein ficou impressionado com essas palavras "dignas de um soldado" e sentiu que o momento era oportuno para introduzir a questão do comando unificado. "Tivemos uma discussão muito franca sobre a questão do comando, mas sem resultados", escreveu em seu diário naquela noite. "A nomeação de um chefe de Estado-Maior para a Wehrmacht, evidentemente, é impedida por G[öring]". Manstein então optou por não levar a questão adiante. "Um ditador não pode ser pressionado a fazer algo", disse mais tarde ao tribunal de Nuremberg. "No momento em que ele ceder a tais pressões, mesmo que apenas uma vez, será o fim de sua ditadura."

Diante do mapa aberto em cima da mesa, as diferenças continuaram. Manstein queria que as tropas saíssem temporariamente da região do rio Donets e se reagrupassem, ficando à disposição para uma nova ofensiva. Mas na cabeça de Hitler, a idéia de abandonar um território conquistado sem luta era execrável. Mandou Manstein resistir com tudo, não ceder um milímetro sequer e continuar obstinadamente até o último cartucho. Manstein o preveniu dizendo que aquele que tudo quer corre o risco de nada ter. A discussão durou quatro horas e o marechal-de-campo saiu parcialmente vitorioso: Hitler autorizou a saída dos 1º e 4º Exércitos Panzer da Região do Donets para que os soldados descansassem e se preparassem para um contra-ataque. O plano de Manstein de retirar o 4º Exército Panzer foi bem-sucedido. Em meados de fevereiro, lançou a contra-ofensiva e deu a Hitler sua última vitória no leste.

Pouco antes do início da ofensiva, Hitler apareceu de surpresa no quartel-general de Manstein, em Zaporozhye. "Ah sim, 'Effendi' mostrou mais uma vez o faro que tem para o que lhe pode ser útil em termos de propaganda", brincou Manstein. O marechal-de-campo começou a chamar Hitler de "Effendi" (palavra turca que significa "senhor" ou "mestre") após ter ouvido um tártaro criméio murmurando enquanto rezava: "Obrigado Alá e *effendi* Adolf." Foram realizadas cinco conferências de guerra em três dias, nas quais ficou claro o quanto Hitler não confiava em seus generais, sobretudo Manstein. Em termos de pensamento estratégico, eles habitavam mundos diferentes. Hitler exigia que resistisse a qualquer custo. Porém, tendo em vista a superioridade do Exército Vermelho, Manstein optara pela mobilidade, com retiradas estratégicas e ataques surpresa: recuar suas tropas de forma a obter certa liberdade de ação para poder atacar de novo.

Quando os tanques soviéticos se encontravam a 80 quilômetros de Zaporozhye, as discussões chegaram, de maneira um tanto abrupta, ao fim. Hitler voltou para seu quartel-general em Rastenburg, no Leste da Prússia. E agora, pela primeira e única vez, Manstein tinha carta branca. Logo veio o triunfo. Em 19 de fevereiro de 1943, as duas divisões Panzer do Grupo de Exércitos de Manstein avançaram pela região do Donets e recapturaram Carcóvia e Belgorod. E foi só a lama formada pelo degelo em março que veio a paralisar o ataque. A linha de frente havia chegado perto de onde estava um ano antes. Hitler disse a seu chefe de imprensa do Reich, Otto Dietrich: "Fui eu quem reconquistou Carcóvia, não *Herr* von Manstein!"

> *Manstein talvez seja o melhor cérebro já produzido pelo Estado-Maior Geral. Mas ele só consegue operar com divisões boas, bem-dispostas, não com essas arruinadas que nos restam agora.*
>
> Adolf Hitler, 1943

Manstein ainda não acreditava que a guerra estava perdida. Embora não esperasse mais uma vitória no leste, na primavera de 1943 ele ainda nutria a esperança de um empate militar – como base para negociar com Stálin, que aguardava cada vez mais impaciente que os Aliados ocidentais abrissem um segundo front, e que naquele momento talvez estivesse preparado para selar uma paz em separado com a Alemanha. Como tal caminho parecia ter sido aberto, Manstein não podia colocá-lo em risco com uma grande e nova ofensiva, por isso queria seguir com as táticas que vinha usando. O fato de que Hitler nunca concordaria com um "empate" com a união Soviética, e que não considerava nada além de uma vitória ou de uma derrota, era algo que Manstein não conseguia entender. A expectativa por um resultado não decisivo continuava sendo o que sempre fora: a ilusão de um estrategista habituado a pensar racionalmente, que nada podia fazer diante do processo irracional da mente de Hitler.

Hitler não estava preparado para abrir mão de territórios conquistados sem lutar, muito menos da bacia do Donets, com suas siderúrgicas e reservas de carvão. Sem essa região, alegava Hitler com grande exagero, a produção alemã de aparatos de guerra entraria em colapso. Os russos, observou em tom dramático, irão simplesmente "sangrar até a morte, contanto que defendamos cada centímetro de território". Com esses argumentos surrados, Hitler impediu Manstein de utilizar suas tropas com mobilidade, que seria a única forma de vencer a superioridade do inimigo. Os debates muitas vezes exaustivos entre Manstein e Hitler sempre giravam em torno da mesma questão controversa: resistir, não resistir, quanto tempo resistir... Hans Georg Krebs, capitão do comando de Manstein, um dia presenciou seu superior discutindo com Hitler a respeito da situação:

> Não é preciso dizer que as idéias de Manstein tendiam para a rendição. Para preservar nossas forças e lutar de forma vitoriosa, precisávamos de mobilidade. Mas Hitler sempre o interrompia: "Não vamos falar sobre isso!" Tal frase freqüentemente fazia com que Manstein ficasse em silêncio. Quando percebia que a conversa não iria a lugar algum, parava de falar. Esse era o problema de Manstein: se ele considerava alguém insensato, não dizia nada. Para ele, Hitler não passava do cabo ignorante da Primeira Guerra Mundial, que, por acreditar que sabia algumas coisas, achava que podia tudo.

Como militar profissional, Manstein reconhecia que Hitler "sem dúvida, tinha certa visão para oportunidades operacionais", além de "um conhecimento e uma memória surpreendentes", mas nada além disso. "De modo geral, faltavam-lhe as habilidades militares oriundas da experiência, que não podiam ser substituídas apenas pela intuição." Na opinião de Manstein, Hitler superestimou o poder de sua própria vontade, seu impacto sobre as tropas – e subestimou a força da oposição. Após uma conferência de guerra em que, mais uma vez, Hitler impôs a própria vontade, o *Hauptmann* Krebs ouviu Manstein reclamar: "Meu Deus, o homem é um idiota!" Manstein via o estrago que o "idiota" estava fazendo nos fronts e a forma como brincava com aquilo que o marechal-de-campo prussiano considerava ser o principal bem deles: a própria Alemanha. Contudo, recusou-se tanto a renunciar como a voltar-se contra Hitler.

Manstein permaneceu no cargo porque realmente se considerava indispensável. Nunca deu qualquer motivo para que Hitler desconfiasse de sua lealdade. Contradizia seu comandante supremo apenas em questões militares; política era um território proibido, de acordo com o lema de Manstein: "Guerra é guerra e política é política." Além disso, como sabia muito bem, podia conduzir uma guerra com mais habilidade do que qualquer outra pessoa. Manstein não se colocava no centro das atenções, mas tinha consciência de sua capacidade e, como observou o general Günther Blumentritt, chegava a ponto de "classificar as idéias de Hitler como *nonsense.*"

Hitler, por sua vez, nunca confiou de fato em Manstein, embora estimasse muito as habilidades militares do marechal-de-campo. E Hitler sempre se manteve decoroso com Manstein. Nunca o diminuiu na frente dos outros, mesmo com o marechal-de-campo gostando de fazer comentários sarcásticos: "Como mensageiro durante a Primeira Guerra Mundial, o senhor, *Mein* Führer, com certeza sabe quanto tempo uma ordem leva para chegar às tropas mais avançadas." Em questões militares, Manstein deu a Hitler o melhor que pôde.

O *Generalobert* Heinz Guderian o considerava espinhoso. "Ele tinha suas próprias opiniões e as expressava." Manstein também se diferenciava dos outros comandantes do Exército neste aspecto. "Ninguém argumentava tanto com Hitler quanto Manstein", relembra o conde Von Kielmansegg. Mas ele raramente conseguia convencer Hitler. Às vezes, Manstein tinha a impressão de estar diante de um "encantador de serpentes indiano". "Não me lembro de já ter visto em outra pessoa um olhar que expressasse tanto o poder de sua vontade." Hitler e eu, escreveu Manstein em seu diário, pertencíamos a mundos diferentes. "Por conseguinte, nunca chegávamos a um consenso."

Para Manstein, Hitler era como um segundo front, consumia-lhe tanta energia quanto o comando operacional de suas tropas. As decisões não tinham que fazer sentido apenas do ponto de vista militar, precisavam, principalmente, agradar Hitler, estar de acordo com a vontade do ditador. Na primavera de 1943, Hitler e o Alto Comando faziam pressão para que houvesse uma ofensiva antes que o Exército Vermelho se recuperasse da derrota na Carcóvia. O adversário tinha que ser forçado à ação. A oportunidade para o ataque foi apresentada em Kursk, cidade importante do front soviético – palco da maior batalha de tanques da história. Com o codinome "Citadel", essa viria a ser última ofensiva alemã no leste.

O Grupo de Exércitos Centro, sob o comando de Kluge, avançaria vindo do norte e as tropas de Manstein viriam do sul, encurralando os soldados soviéticos com um movimento de pinça. As primeiras ordens para a operação "Citadel" foram dadas em 13 de março. No entanto, Hitler hesitou: queria esperar os novos tanques serem entregues às tropas. Manstein estava impaciente e acreditava que o ataque deveria ser iniciado o mais rápido possível, pois assim os soviéticos teriam menos tempo para erguer uma defesa forte e menor seria o risco de um grande ataque soviético na região do Donets. Mas Hitler não mudou de idéia e o mês de abril passou em branco. "Manstein estava furioso", relembra o barão Humbertus von Humboldt, na época capitão do comando de Manstein. "Em telefonemas a Kurt Zeitzler, chefe do Estado-Maior do Exército, observou que a cada dia perdido nossas chances de sucesso se reduziam e que o ataque estava fadado ao fracasso caso fosse adiado de novo." A data da ofensiva foi transferida de meados de maio para meados de junho.

Nesse período de inatividade, no qual as frentes mal se moviam, Manstein teve um pouco mais de tempo para se dedicar a seus cavalos, que trouxera da Silésia para seu quartel-general na Rússia. Era um cavaleiro habilidoso e tentava organizar suas tarefas para poder montar pelo menos uma vez por dia. Em geral montava acompanhado de seu ajudante-de-campo, Alexander Stahlberg, primo de Henning von Tresckow, coronel do Estado-Maior Geral que tinha excelentes ligações nos quartéis-generais do Führer. Manstein já havia sido informado por outro contato, o *Generalfeldmarschall* Wolfram von Richthofen da existência de uma "campanha suja contra ele", provavelmente criada por Göring e Keitel. Os dois estavam utilizando todos os métodos para evitar que Manstein fosse nomeado comandante-em-chefe leste. Joseph Goebbels, ministro da Propaganda, era outro que tinha aversão ao comandante do Grupo de Exércitos Sul. "Manstein", afirmou ele, "é tudo menos um defensor do regime nacional-socialista."

O ministro escreveu em seu diário no dia 2 de março de 1943: "Quando o Führer fez uma viagem ao front sul, sua verdadeira intenção era demitir Manstein, mas naquele momento não a efetuou. Precisamos ter cuidado com o Alto Comando da Wehrmacht e do Reichswehr. Temos bons e valiosos amigos entre eles."

No entanto, o que chegou aos ouvidos de Stahlberg por intermédio de seu primo Von Tresckow foi que, "entre seus companheiros mais próximos, Hitler passou a ter ataques de raiva sempre que o nome de Manstein é mencionado". Tresckow disse que, segundo sua fonte no QG do Führer, Hitler sabia que Manstein costumava cavalgar à tarde com seu ajudante-de-campo. O ditador teria dito que seria muito "fácil livrar-se dos dois com uma 'emboscada feita por *partisans*'". Será que o Führer estava mesmo prestes a assassinar o marechal-de-campo às vésperas de uma operação crucial como a "Citadel"? A resposta continua incerta. Porém, a partir daquele momento, a relação entre Hitler e Manstein passou a ser marcada por uma formalidade gélida.

Em 1º de julho de 1943, a longa espera pela "Citadel" chegou ao fim. Hitler afinal decidiu atacar – mas já era tarde. O Exército Vermelho fez uso do tempo para erguer uma forte estrutura defensiva. Não havia mais qualquer efeito surpresa. "Manstein deve ter percebido o que estava acontecendo", relembra o conde Johann von Kielmansegg. "Mas para nós, da Divisão de Operações, ele não deixou claro o quanto o perigo da operação crescia a cada dia. Assim, tínhamos a impressão de que estava tudo bem."

Em 4 de julho, a batalha esperada desde o final de abril finalmente começou. Os alemães atacaram com 1.081 tanques e 367 veículos blindados equipados com canhões. As unidades de Manstein avançaram com rapidez na direção da defesa soviética mas não conseguiram romper as linhas inimigas. Em 12 de julho, no difícil clímax de uma batalha crucial, Manstein recebeu uma ordem do QG do Führer para se apresentar no dia seguinte a Hitler junto com o marechal-de-campo Von Kluge. Manstein acreditava que vinha conseguindo uma vitória parcial, já que ainda não precisara convocar a reserva. No entanto, quando os Aliados chegaram à Sicília, em 9 de julho, Hitler decidiu interromper a ofensiva e mover algumas das forças para a Itália. A operação "Citadel" fracassou.

Após o anúncio da decisão do Führer, três marechais-de-campo, Kluge, Rommel e Manstein analisaram, enquanto saboreavam uma garrafa "do melhor vinho francês", a deterioração dramática da situação nos últimos meses. De acordo com Alexander Stahlberg, Kluge disse a Manstein com franqueza: "Estamos caminhando para um fim cruel. E repito o que já falei antes: estou preparado para me sujeitar às suas ordens." Rommel uniu-se a ele nessa opinião: "A guerra terminará em um grande desastre. Se os Aliados também aterrissarem nos Bálcãs, e depois na costa do Atlântico, todo o castelo de cartas desmoronará." Manstein replicou: "A situação ainda não está assim tão ruim. Hitler irá preferir abdicar do comando supremo a fracassar."

"Ele nunca irá abdicar do comando supremo", respondeu Rommel. "Eu o conheço melhor do que o senhor, *Herr* von Manstein." Após uma pequena pausa, Rommel prosseguiu: "Também estou disposto a me colocar sob seu comando." Quando a reunião chegou ao fim, Rommel virou-se para Stahlberg, que escutara toda a conversa, e disse: "Seu marechal-de-campo é um estrategista brilhante. Eu o admiro. Mas ele está se enganando."

Rommel estava certo. Em momento algum Hitler considerou abrir mão do comando geral do front oriental, voluntariamente ou não. O ditador consideraria isso uma abdicação de poder. Contudo, Manstein estava confiante o suficiente para se considerar o substituto ideal para ocupar o cargo de comandante supremo do front oriental. Mas ele ainda não queria propor seu próprio nome a Hitler, embora todos os outros oficiais seniores o vissem como a primeira opção e estivessem sofrendo com os erros do Führer no comando. "O fato de os comandantes-em-chefe dos Grupos de Exércitos serem informados apenas da situação geral por meio de relatórios das Forças Armadas", escreveu Manstein ao general Zeitzler, "é tão inaceitável quanto a falta de qualquer troca de informações entre os oficiais mais experientes." A última chance de salvar o Reich e obter um empate militar era, na visão de Manstein, a nomeação de um único comandante-em-chefe para o front oriental. Mas será que essa era uma razão forte o bastante para fazê-lo aceitar a idéia de um golpe de Estado?

Foi exatamente isso que propuseram a Manstein em 8 de agosto de 1943 por intermédio do *Oberst* Rudolf-Christoph von Gersdorff, emissário enviado pelo *Feldmarchall* Von Kluge. Antes de Gersdorff ir ao quartel-general de Manstein em Zaporozhye, Kluge deu-lhe as seguintes instruções: "Diga ao marechal-de-campo Von Manstein que, após o golpe de Estado, irei lhe oferecer o cargo de chefe do Estado-Maior da Wehrmacht – em outras palavras, o Estado-Maior conjunto do Exército, da Marinha e da Luftwaffe.

Ao chegar a Zaporozhye, Gersdorff iniciou a missão, conforme planejado, com uma conversa particular, da qual 40 anos mais tarde ainda se lembrava nos mínimos detalhes. Perspicaz, Gersdorff abriu a conversa com o assunto sobre o qual Manstein estava ávido para debater: a estrutura do comando mais alto da Wehrmacht. Transmitiu a angústia de Kluge de que o conflito entre o OKW e o OKH, assim como a liderança amadora de Hitler, indicava que o colapso do front oriental era apenas uma questão de tempo. Alguém precisava deixar claro para Hitler que o desastre era algo inevitável, a não ser que algumas mudanças fossem feitas no comando militar. "Concordo plenamente", Manstein respondeu, de acordo com o que Gersdorff escreveu em suas memórias: "Mas não sou a pessoa certa para falar com Hitler. A propaganda do inimigo está dizendo que eu quero desafiar a autoridade dele e não há nada que eu possa fazer quanto a isso. Ele me vê com desconfiança. Apenas Rundstedt e Kluge podem realizar tal missão."

É verdade que naquele momento o nome de Manstein passou a aparecer com freqüência na imprensa de língua inglesa. A agência de notícias Reuters divulgou que Manstein receberia o comando geral e a revista norte-americana *Time* fez uma matéria de capa sobre ele, o que serviu apenas para despertar maior animosidade entre seus adversários próximos a Hitler – Goebbels, Göring e Himmler. Goebbels escreveu em seu diário no dia 11 de março de 1944: "O Führer não tem idéia do quão desrespeitoso Manstein tem sido com relação a ele."

Gersdorff tomou a iniciativa: "Talvez o senhor e todos os marechais-de-campo devessem ir até Hitler e apontar-lhe uma pistola contra o peito." Manstein teria rebatido com frieza: "Marechais-de-campo prussianos não se rebelam!" Mas nunca antes na história, insistiu Gersdorff, os marechais-de-campo prussianos passaram por uma situação semelhante: qualquer meio era justificável para proteger a Alemanha de uma catástrofe. "Suponho que seu pessoal deseje assassiná-lo, não é?", disse Manstein. "Sim, da mesma forma que se mata um cachorro doente", respondeu Gersdorff.

"Então, não conte comigo", declarou Manstein. "Seria o fim do Exército. ... Sou, acima de tudo, um soldado. ... Se algo assim acontecer dentro do Exército, haverá uma guerra civil."

Manstein estava convencido de que não poderiam mais seguir com a guerra, muito menos vencê-la, se Hitler fosse eliminado. Quando Gersdorff percebeu que não conseguiria fazer Manstein mudar de idéia, perguntou-lhe se, após um golpe de Estado, ele aceitaria ocupar o cargo de chefe do Estado-Maior da Wehrmacht? Manstein respondeu com a obscuridade de um sábio: "Por favor, transmita ao marechal-de-campo Von Kluge meu agradecimento pela confiança depositada em mim. Diga a ele que o marechal-de-campo Von Manstein estará sempre à disposição da autoridade legítima do Estado."

Quão verdadeiro é o relato de Gersdorff? Será que um marechal-de-campo discutiria questões tão perigosas com um intermediário que mal conhecia? Será que a abordagem de Gersdorff não teria sido bem menos direta? Quando Manstein estava depondo no tribunal de Nuremberg, seu advogado de defesa, Hans Laternser, perguntou-lhe: "Os participantes do golpe de 20 de julho tentaram sondá-lo?" Manstein respondeu:

> Na época não percebi. ... Agora, em retrospecto, vejo que tentaram me sondar diversas vezes, aparentemente para descobrir qual era a minha posição. Certa vez, o *Oberst* Von Gersdorff veio me visitar e, como me disse logo depois, trazia cartas de Goerdeler*, creio, e Popitz** para mostrar-me caso eu estivesse aberto à idéia de um golpe de Estado. Porém, como sempre sustentei a opinião de que pôr Hitler de lado ou removê-lo enquanto a guerra estivesse em curso inevitavelmente levaria ao caos, ele nem chegou a me mostrá-las.

* Carl Goerdeler (1884-1945) foi prefeito de Leipzig e participou dos últimos governos da República de Weimar. A partir de 1935, passou a se opor aos nazistas e ajudou a liderar os planos para derrubar Hitler. Escreveu inúmeros artigos sobre diretrizes políticas e seria a primeira opção para o cargo de chanceler após a derrubada do ditador. Quando o golpe de Stauffenberg fracassou, Goerdeler foi preso e investigado. Foi executado em fevereiro de 1945.

** Johannes Popitz (1884-1945) era um alto funcionário do Ministério das Finanças da República de Weimar e continuou a servir sob o regime nazista. Porém, passou a fazer parte da oposição a Hitler e, a partir de 1938, trabalhou intimamente ligado ao almirante Canaris e a Hans Oster, do Abwehr. Após o fracasso do golpe de julho de 1944, teve o mesmo destino de Goerdeler.

> Obviamente, hoje percebo que eles tentavam me sondar. Contudo, jamais me comprometi com ninguém que participava de tais iniciativas.

No diário de Manstein não há qualquer indicação de que Gersdorff tivesse falado com ele a respeito de um atentado contra a vida de Hitler. Mas com certeza teria sido perigoso demais escrever sobre tal assunto. O risco de o diário cair nas mãos dos serviços de segurança era grande demais. Entretanto, as anotações mostram a franqueza perigosa com a qual ele falou com Gersdorff sobre "as falhas de liderança" do ditador. "Hitler", escreveu Manstein, "não deveria controlar tudo sozinho". Seria melhor se trabalhasse com alguém responsável pelo Estado-Maior da Wehrmacht ou se assumisse o supremo comando da Luftwaffe e da Marinha e dividisse o controle com os chefes do Estado-Maior das três Armas.

A incumbência de Hitler como "Führer civil e militar" era, acima de tudo, "liderar a nação em termos políticos, tarefa que não desempenhava como esperado, além de lidar com os aspectos da política externa, inclusive os territórios ocupados, e gerenciar a economia da guerra e a produção de armamentos. Mas em termos militares, ele deveria apenas tomar as decisões fundamentais" Tudo isso, disse Manstein, deveria ser exposto a Hitler por Kluge. O marechal-de-campo não poderia fazê-lo, "uma vez que a propaganda do inimigo está divulgando que eu quero tomar o poder".

Naquele momento, Manstein disse a Gersdorff que não era possível pensarem na paz, pois o inimigo achava que a guerra já estava ganha. No entanto, qualquer oportunidade de negociação deveria ser aproveitada, e era Hitler quem deveria estar à frente disso – ninguém mais. "O Exército, por princípio, não pode se envolver nessas questões", insistiu Manstein. "Ele deve fidelidade à bandeira e o seu dever é obedecer; será sempre o elemento que permanecerá leal. A idéia de que os oficiais seniores devem se envolver com questões de liderança política implica o abandono do princípio de subordinação militar, e isso sempre repercutirá contra o próprio Exército."

Essa foi a armadilha que Manstein preparou para si: queria ser apenas um soldado, nada além disso, e "como tal não uso a minha túnica para esconder um punhal". Criado na tradição dos oficiais prussianos, Manstein sentia-se compelido a entregar sua lealdade e obediência à "autoridade legítima do Estado", que no caso era Hitler, "o único homem que detinha a confiança da nação e de seus soldados, o homem em quem confiam. Ninguém mais conseguiria isso" (diário pessoal, 8 de agosto de 1943). Manstein nunca cogitaria a idéia de um golpe de Estado, muito menos a de assassinar um chefe de Estado "legítimo".

Ao encarar o conflito entre obediência e consciência, Manstein permaneceu fiel ao lema de sua família: "Lealdade inabalável." Voltou-se para a responsabilidade em relação a seus soldados e para o papel que deveria desempenhar como comandante do Exército. Acreditava que um *putsch* levaria a uma guerra civil dentro do Exército. A idéia de que a derrubada de Hitler poderia salvar milhões de pessoas da morte nunca lhe ocorreu. O general Dietrich von Choltitz, cuja ação corajosa viria a salvar Paris da destruição, explicou da seguinte forma seu dilema entre o serviço como soldado e a resistência:

> A superioridade do inimigo, contra a qual precisei lutar por anos, passou de 3 para 1 a 20 para 1. Diante desse fato, é uma idéia simplesmente ridícula entrar no quartel-general de Hitler e matá-lo, enquanto milhões de russos estão enfileirados contra mim, prontos para invadir a Alemanha. Como comandante de um Grupo de Exércitos, respondo ao povo alemão e não posso considerar, nem por um momento, impor uma troca de liderança à força. ... Se tal mudança, que em muitos aspectos é necessária, e à qual acolherei com prazer, estiver sendo planejada, deveria ser implementada pelos que estão na Alemanha, perto de Hitler, e que se encontram em uma posição bem melhor para conjeturarem as conseqüências políticas. Preciso continuar ao lado de meus soldados, que necessitam de minha liderança e de cujo destino compartilho.

Todas as conversas de Manstein com representantes da resistência militar seguiram o mesmo padrão. O marechal-de-campo entendia muito bem a situação e não se opunha à idéia de um golpe. Mas não queria se envolver pessoalmente. Em 25 de novembro de 1943, quando o *Oberst* Henning von Tresckow, que era do Grupo de Exércitos Centro e tinha um bom relacionamento com Manstein, tentou mais uma vez persuadir o marechal-de-campo a agir, defrontou-se com o homem, que como o próprio Von Tresckow definiu, via apenas uma possibilidade: continuar a luta sob o comando de Hitler na esperança de pelo menos conseguir um empate honroso. Tresckow tentou convencer Manstein de que o ditador estava levando a Alemanha para a derrota. "Nós, por outro lado, temos o poder de fazê-lo parar imediatamente. Se não fizermos isso, ninguém mais fará." Em uma das discussões com Tresckow, Hans-Adolf von Blumröder, oficial do comando de Manstein, ouviu o marechal-de-campo dizer: "Pelo amor de Deus, Tresckow, poupe-me de sua politicagem idiota!"

A visita de Tresckow em 25 de novembro de 1943 foi a última tentativa de um membro da resistência antinazista de convencer o chefe do Grupo de Exércitos Sul a ser testa-de-ferro da resistência. Até onde sabiam os conspiradores do golpe, Manstein era uma causa perdida. De acordo com seu mentor, o *Generaloberst* Beck, o comportamento decepcionante daquele que um dia fora seu protegido, "o menino prodígio das operações", poderia ser explicado pela personalidade dele. Em março de 1944, quando o marechal-de-campo foi demitido, Beck observou com sensatez: "Embora durante muito tempo eu tivesse grandes expectativas em relação a Manstein, não lamentei em nada sua remoção."

Manstein estava longe de ser o único entre os generais alemães que agiu de forma tolerante com a resistência mas que nada fez para ajudá-la. Um número considerável de marechais-de-campo, em particular, Rommel e Von Kluge, teria ficado feliz com a deposição de Hitler. Porém, recusaram-se a agir. A oposição de Manstein a Hilter não foi além das difíceis batalhas diante do mapa aberto sobre a mesa.

Uma retirada talvez fosse magistral, mas a vitória encontra-se na direção oposta.

Revista *Time*, janeiro de 1944

Após a grande batalha de tanques em Kursk, a iniciativa passou, de modo irrevogável, para o Exército Vermelho. Com frentes de batalha com mais de 900 quilômetros de extensão, o Grupo de Exércitos de Manstein estava constantemente exposto a um ataque. Quase todos os dias, novos pontos críticos ficavam em evidência e as brechas na linha de frente precisavam ser fechadas. Cada vez que um buraco era tampado, outro se abria. O Exército Vermelho parecia indomável – como uma Hidra de Lerna. Manstein exigiu um encurtamento de suas frentes. Mas Hitler não fez qualquer movimento: nenhum centímetro poderia ser cedido, apenas resistir, resistir...

Sempre que Manstein tentava convencer Hitler com argumentos de ordem militar, o ditador citava imperativos econômicos e políticos. Algumas vezes, Manstein admitia resignado: "Não vou a lugar nenhum com essa dialética." Em agosto de 1943, protestou ao OKH: "Se o Führer achar algum marechal-de-campo com mais sangue-frio, mais iniciativa, mais habilidade e que consiga fazer previsões com maior clareza do que eu, estou disposto a entregar o cargo. Mas enquanto estiver nessa posição, preciso de oportunidades para usar meu cérebro." Mais uma vez, tentou convencer Hitler a estabelecer um Alto Comando unificado para o front oriental, e diante da dramática piora da situação, dessa vez não se esquivou de se candidatar ao posto de comandante-em-chefe leste. "Se o senhor, *Mein* Führer, considerar minhas boas intenções para esse cargo, garanto-lhe que farei a frente parar."

Hitler respondeu que *ele* próprio era a única pessoa capaz de controlar seus teimosos generais. Manstein, decepcionado, escreveu em seu diário: "Agora já não há mais dúvidas quanto à seriedade da situação e acerca do fato de que esse é o fim do Exército. ... Já avisei milhões de vezes ao OKH que não podemos continuar assim. ... Todos estão ficando cansados de lutar, não só os russos, mas também os cegos do alto escalão."

Hitler continuava mantendo Manstein no cargo, mas as vozes que pediam a demissão do marechal-de-campo estavam cada vez mais altas. Desde o episódio de Stalingrado, quando considerou impossível mandar suprimentos em aviões para a cidade sitiada, Manstein passou a ver Göring como inimigo. O chefe da Luftwaffe, em aliança com Goebbels e Himmler, via Manstein como um possível rival na batalha pelo favorecimento de Hitler. Em 1943, o ministro da Propaganda, Joseph Goebbels, já havia percebido que, nos territórios dos quais o Exército alemão se retirou, Manstein havia introduzido um "tratamento mais humano para com os habitantes".

Em 19 de outubro do mesmo ano, Goebbels expressou as dúvidas de forma ainda mais clara em seu diário: "Manstein é tudo menos um defensor do regime nacional-socialista. Mas no momento não há nada que possamos fazer contra ele porque precisamos de sua perícia; pelo me nos é o que diz o Führer." Uma semana depois, Goebbels percebeu uma mudança gratificante em Hitler: "O Führer está planejando uma grande modificação em termos de pessoal para aliviar a situação de emergência na frente sul. Ele quer nomear o *Generalobert* Model como substituto do *Generalfeldmarschall* Manstein, dando-lhe o comando do Grupo de Exércitos." Porém, dois meses mais tarde, Manstein continuava no cargo. Goebbels estava cada vez mais impaciente com o fato de "Hitler ainda não ter demitido o marechal-de-campo. Todos estão se referindo a ele como 'marechal marcha a ré'".

As tensões entre Hitler e o marechal-de-campo tornavam-se mais severas do que nunca à medida que o Exército Vermelho avançava com mais força contra as frentes alemãs. Em 27 de janeiro de 1944, depois de uma conferência da liderança nazista no castelo de Poznan, na Polônia, Hitler fez um discurso para os oficiais das três Forças Armadas sobre a necessidade de lealdade e obediência. Para Manstein, isso foi uma afronta "inacreditável". Quando Hitler terminou divagando sobre uma batalha final tête-à-tête, na qual seus fiéis marechais-de-campo ficariam a seu lado, Manstein disse a seu ajudante-de-campo, Stahlberg, que "não conseguia mais suportar isso". Hitler começou a ficar completamente dominado por tal visão, até que Manstein soltou o ambíguo comentário: "Isso é exatamente o que irá acontecer, *Mein* Führer!" Hitler reagiu com fúria: "*Herr Feldmarschall,* peço-lhe que não me interrompa enquanto estiver falando. O senhor não toleraria tal comportamento por parte de um de seus subordinados."

O acesso de raiva teve conseqüências. O principal assistente de Hitler, Rudolf Schmundt, escreveu no relatório sobre a reunião: "Em razão dessa intervenção e aos vários casos recentes de tensão, a substituição do *Feldmarschall* Manstein está sendo mais uma vez considerada." Porém, da maneira como ocorreu, o comentário de Manstein quase não foi ouvido e nem todos os presentes o entenderam como uma crítica a Hitler. Percy Ernst Schramm, responsável pela ata de guerra do OKW, disse que a observação de Manstein, feita em meio a um resmungo, só foi ouvida nas primeiras filas. Entretanto, não há dúvidas de que os adversários de Manstein usaram tais palavras controversas contra ele.

Enquanto Goebbels, Göring e Himmler continuavam tramando contra o marechal-de-campo, a que viam como rival, a crise no front se transformou em um desastre. A oeste de Cherkasski, uma nova Stalingrado surgia. O Exército Vermelho encurralou seis divisões alemãs – 56 mil homens. As tentativas de libertá-los fracassaram. Assim, sem obter a autorização de Hitler, Manstein ordenou uma fuga. Durante a noite de 16 para 17 de fevereiro de 1944, milhares de soldados alemães, com a coragem peculiar a momentos de desespero, escaparam das formações soviéticas. A ação independente de Manstein salvou milhares de vidas, ao menos naquele momento. Depois da operação, Hitler acabou aprovando a ordem do marechal-de-campo.

O "maior líder militar de todos os tempos" via seus generais com desconfiança, sobretudo Manstein – claramente superior aos demais quanto às habilidades militares e que fora amigo íntimo de Beck e Fritsch, dos quais Hitler suspeitou até o final. Na primavera de 1944, a relação entre o comandante supremo e seus generais ficou bem mais fria. O general Seydlitz, um dos comandantes alemães que se tornou prisioneiro em Stalingrado, foi escolhido pelos soviéticos para vice-presidente de uma organização de propaganda, o "Comitê Nacional pela Alemanha Livre". Ele escreveu aos marechais-de-campo e aos generais seniores tentando convencê-los a abandonar a luta contra a União Soviética e a participar do movimento pela "Alemanha Livre".

Por esse motivo, Schmundt, o principal assistente de Hitler, sentiu que era necessário fazer, por meio de um juramento de lealdade, com que os marechais-de-campo garantissem sua absoluta fidelidade ao Führer. Em um primeiro momento, Manstein resistiu à idéia de assinar o documento. O juramento feito pelo Exército a Hitler em 1934, após a morte de Hindenburg, parecia-lhe mais válido do que nunca. Mas a assinatura de Manstein era de particular importância para Hitler e ele acabou por colocar seu nome no texto feito por Goebbels e lido para Hitler pelo marechal-de-campo Von Rundstedt em Obersalzberg no dia 19 de março de 1944:

> É com grande preocupação e angústia que nós, marechais-de-campo do Exército, concluímos que o *General der Artillerie*, Walther von Seydlitz-Kurzbach cometeu um desprezível ato de traição contra nossa causa sagrada. ... Mais do que nunca, nossa missão será implantar os grandes ideais de nossa filosofia no Exército para que cada soldado lute com mais fanatismo pelo futuro nacional-socialista de nossa nação. Sabemos que apenas um Exército imbuído do nacional-socialismo sobrevirá ao teste de resistência que hoje se interpõe entre nós e a vitória final. Por favor, *Mein* Führer, aceite esta declaração dos marechais-de-campo de seu Exército como um testemunho de nossa inabalável lealdade.

Hitler parece ter ficado profundamente tocado. Disse ao ministro da Propaganda que o juramento era "muito sincero, claro e totalmente nacional-socialista".

No entanto, o juramento de Berchtesgaden não conseguiu reverter o sentimento de desconfiança de Hitler para com seus militares seniores, em particular Manstein. As intrigas de Goebbels, Göring e Himmler contribuíram para isso. Por exemplo: Himmler, o Reichsführer-SS, relatou a Hitler, em 29 de março de 1944, que estava deslocando duas novas formações da Wafen-SS para o front sul, mas que tinha sérias ressalvas em colocá-las nas mãos de Manstein. Goebbels observou com satisfação: "O Führer ficou bastante impressionado com os argumentos de Himmler."

Não muito tempo depois, os adversários de Manstein atingiram seu objetivo. Mais uma vez, um Exército inteiro foi encurralado; dessa vez foi o Primeiro Exército Panzer, perto de Kamianets-Podilskyi. Em 25 de março de 1944, Manstein foi ver Hitler em Obersalzberg e lhe disse que iria ordenar uma fuga. "Hitler se opôs com veemência", Manstein escreveu em seu diário: "Muitas idas e vindas com asserções irrelevantes sobre por que as coisas haviam tomado esse rumo. Enquanto ele [Hitler] culpava as retiradas dos últimos meses, eu dizia que isso já era esperado por estarmos sempre sendo forçados a colocar nossas forças no lugar errado a fim de manter nossas posições."

As discussões esquentaram. As idéias de Hitler e Manstein se chocavam com mais violência do que nunca. Em seguida, o marechal-de-campo pediu para o assistente-chefe de Hitler, Schmundt, "dizer ao Führer que eu gostaria que ele entregasse o comando do Grupo de Exércitos para outra pessoa caso não concorde com nenhuma de minhas opiniões". Na conferência de guerra realizada à noite, Hitler aceitou as exigências que Manstein fizera mais cedo. A fuga bem-sucedida do Primeiro Exército Panzer foi a última das "vitórias perdidas" de Manstein. Seis dias mais tarde, foi demitido.

> *Manstein foi a figura operacional mais importante da Wehrmacht. Ele teria sido a opção certa para comandar todo o front oriental.*
>
> GENERAL HANS SPEIDEL, REFORMADO

De sua casa em Liegnitz, Manstein via a situação se deteriorar em todos os fronts mas não tinha poder para intervir. Tudo o que tinha era a vaga esperança de, como Hitler havia prometido, receber outro comando, de que Hitler o chamaria logo, quando a corda estivesse se apertando em seu pescoço. Manstein continuava acreditando que, por ser o melhor comandante do Exército, ele era indispensável para Hitler.

Após uma cirurgia no olho direito, fez tudo o que podia para acelerar sua recuperação. Queria estar pronto quando o Führer o chamasse. Até mesmo nesse momento, livre das responsabilidades do comando de um Grupo de Exércitos, a idéia de um golpe contra Hitler era, para ele, inconcebível – seria um ato ilegal contra a autoridade "legítima" do governo. Estava tomando banhos curativos de mar na ilha báltica de Usedom quando soube do atentado contra a vida de Hitler em 20 de julho de 1944. Dois dias antes, dirigindo de Liegnitz para Wroclaw, seu ajudante-de-campo, Alexander Stahlberg, contou-lhe sobre o plano para assassinar Hitler. "*Herr Feldmarschall,* sinto-me obrigado a lhe contar que hoje, ou nos próximos dias, o Führer será morto." Manstein respondeu apenas: "Bem, agora nós dois sabemos de algo, não é mesmo, Stahlberg?" O serviço de segurança do SD não encontrou nada que sugerisse o envolvimento de Manstein na conspiração. "Os generais mais espertos estão aguardando o momento oportuno," comentou Goebbels, "e Manstein é um deles."

Em agosto de 1944, o marechal-de-campo ainda não havia recebido um novo cargo e percebeu que, para ele, a guerra provavelmente tinha terminado. Ainda não havia sido nomeado comandante-em-chefe oeste. Decepcionado, disse ao general Heinz Guderian: "A essa altura, o posto de comandante-em-chefe oeste já foi preenchido duas vezes e quase todos os Grupos do Exército têm novos comandantes, mas ainda não me convocaram. Devo concluir que o Führer não pretende me alocar. O senhor sabe o quanto odeio esse marasmo." Hitler de fato não planejava oferecer um novo posto a Manstein, "o melhor cérebro já produzido pelo Estado-Maior Geral". Em 1945, Hitler declarou:

> Só voltaria a pensar em Manstein se eu tivesse 40 divisões de assalto esplendidamente equipadas para realizar um ataque decisivo contra o inimigo. Mas no presente momento, não posso utilizá-lo. Falta-lhe fé no nacional-socialismo. Isso significa que é incapaz de suportar as pressões às quais um comandante do Exército está sujeito na situação militar dos dias de hoje.

Manstein podia ser tudo, menos um nazista. As diferenças entre ele e Hitler eram intransponíveis.

Ulrich de Maizière, ex-inspetor-geral do Bundeswehr

Manstein perdeu as esperanças. Como a frente soviética havia se aproximado ainda mais, no outono de 1944 ele pediu a seu ajudante-de-campo que comprasse uma propriedade na Pomerânia. O fato de que milhões de alemães logo seriam retirados de sua terra natal no Leste da Prússia e que grande parte da Pomerânia não pertenceria mais à Alemanha estava além do poder de imaginação de Manstein. Em outubro de 1944, o homem que estava "se enganando", como dissera Rommel, enviou um telegrama de feliz aniversário a August von Mackensen, experiente marechal-de-campo da Primeira Guerra Mundial: "Sei que o senhor viverá para ver nossa vitória final!"

O incansável avanço do Exército soviético logo lhe ensinaria uma lição diferente. Só nos últimos meses antes do colapso alemão ele começou a aceitar que a guerra já estava perdida. Manstein pegou um avião de Liegnitz para Berlim e foi ao Alto Comando do Exército, em Zossen, pedir um posto, mesmo que o de comandante de um batalhão. "Ele insistia em receber algo para fazer", relembra Rüdiger von Manstein, que acompanhou os últimos dias da guerra ao lado do pai. "Ele não queria ficar por aí ocioso, enquanto a situação no front era tão grave." Mas o Alto Comando do Exército não sabia o que fazer com o marechal-de-campo. Não havia mais trabalho para o "adversário mais perigoso dos Aliados".

A rota de fuga de Manstein o levou para Achterberg, a propriedade do *Generaloberst* Von Fritsch em Lüneberg Heath, e a Schloss Weissenhaus, em Holstein. Não estava longe de Plön, de onde, após o suicídio de Hitler, o sucessor do Führer, o grande-almirante Karl Dönitz, comandava o que havia sobrado da Wehrmacht no norte. Na companhia de outro oficial demitido, o *Feldmarschall* Fedor von Bock, Manstein apresentou-se a Dönitz e lhe pediu que retirasse os exércitos do front oriental gradualmente e os fizesse recuar até as adjacências das frentes norte-americanas e britânicas. Não fez qualquer menção a um término para a guerra. Em vez disso, Manstein parecia estar depositando suas esperanças em um rompimento da aliança feita durante a guerra entre a Rússia e o ocidente. Isso talvez gerasse novas oportunidades de negociação para a Alemanha.

Para Karl Dönitz, o novo "chefe de Estado", a chegada do comandante do Exército demitido foi oportuna. "Em 1º de maio, ordenei que entrassem em contato com Manstein", escreveu Dönitz após a guerra. "Pretendo pedir a ele que substitua Keitel como chefe do Comando Supremo da Wehrmacht." Dönitz acreditava que com a ajuda de Manstein seria possível negociar uma "rendição melhor" e impedir que milhares de soldados se tornassem prisioneiros de guerra dos soviéticos. Manstein se recusou. Mesmo nos dias finais da guerra, continuava sendo a última esperança para muitos soldados. O *Feldmarschall* Von Bock, que fora severamente ferido em um ataque de um bombardeiro-mergulhador, fez um apelo em seu leito de morte: "Manstein, salve a Alemanha!"

Não havia nada mais a ser salvo. Para Manstein, a rendição da Wehrmacht era um desastre que ele, como comandante do Exército, sempre tentara evitar. Em 8 de maio de 1945, informou seu paradeiro ao quartel-general de Montgomery. Não queria se esconder como um criminoso. Talvez encontrassem uma função para ele, caso a aliança forçada dos vitoriosos se desfizesse, como ele acreditava que aconteceria. Em Holstein, Manstein sobreviveu a mais uma infecção nos olhos, que dessa vez quase foi fatal. Ele ainda não havia se recuperado quando, em 26 de agosto de 1945, oficiais britânicos foram a Schloss Weissenhaus prendê-lo. O filho de criação de Manstein, Dinnies von der Osten, enteado do então recém-falecido marechal-de-campo Von Bock, lembra-se da cena humilhante: "Os oficiais empurraram Manstein escada abaixo e se divertiram girando seu bastão de marechal. Manstein não esboçou qualquer reação. Recusou-se a se rebaixar."

Nunca tive a impressão de que ele fosse um homem desobediente. Na realidade, achava que sua fé cristã era forte demais para isso. Quando alguém tem uma fé sólida, não consegue passar por cima dela com tanta facilidade.

Fiquei surpreso por ele ser tão "não-militar" no dia-a-dia. Embora tivesse uma personalidade forte, era um homem absolutamente normal, um pai como qualquer outro, exatamente como um filho esperaria.

DINNIES VON DER OSTEN, FILHO DE CRIAÇÃO DE MANSTEIN

Em 1949, após quatro anos como prisioneiro dos britânicos, Manstein foi acusado de crimes de guerra cometidos na Polônia e na União Soviética. O julgamento na assembléia legislativa de Hamburgo foi a última causa judicial contra um oficial sênior da Wehrmacht. O mais surpreendente talvez tenha sido o fato de ter provocado grandes protestos na Grã-Bretanha. Churchill falou sobre os "procedimentos tardios contra os generais alemães idosos". Houve objeções em ambas as câmaras do Parlamento. Os lordes Bridgeman, De Lisle e Dudley criaram um fundo de defesa para Manstein, e Churchill, que não era mais primeiro-ministro, foi o primeiro a fazer uma doação. O dinheiro permitiria que Manstein fosse defendido por um advogado britânico, diante de um tribunal militar britânico.

Mas a defesa de Manstein foi realizada, sem a cobrança de honorários, por Reginald Paget, respeitado expoente do Partido Trabalhista, que na época estava no poder. Dezessete acusações foram levantadas contra ele. O promotor alegou que em 17 ocasiões durante a batalha no leste Manstein tinha violado os princípios da Convenção de Haia a respeito de guerras terrestres. Manstein foi condenado a 18 anos de prisão. Na oitava acusação mais séria, a qual Paget classificou como "crimes contra os judeus", o tribunal o absolveu. Em 1953, depois de protestos de Churchill e Montgomery, Manstein foi libertado da prisão de Werl, na Vestfália, antes do tempo previsto, sob a alegação de que ele estava com problemas de saúde.

Se não soubesse que ele era um marechal-de-campo, teria suposto que era reitor de uma universidade.

Reginald Paget, advogado de defesa de Manstein

Nos anos pós-guerra. Manstein se comportou da mesma maneira que muitos generais da Wehrmacht. Assim como eles, estava ansioso para isentar as Forças Armadas – e portanto a si próprio – de qualquer responsabilidade política durante o regime de Hitler. Suas declarações nos julgamentos de guerra de Nuremberg e no tribunal de Hamburgo foram sua contribuição pessoal para o mito de uma "Wehrmacht de mãos limpas" e ajudaram a criar uma nova lenda ao estilo da "punhalada pelas costas".

Dessa vez, não foram os soldados na Alemanha que atacaram um Exército invencível pelas costas, foi o Führer que gerou a catástrofe. Manstein alegou que o ditador, ao se envolver na condução da guerra, impediu que a Wehrmacht ficasse encarregada dela. Se Hitler tivesse permitido que seus generais lidassem com as questões militares, a guerra talvez não tivesse terminado com a derrota alemã. Com bons motivos para tanto, Manstein deu o título *Lost Victories* a seu livro.

Em vez de uma vitória ou uma derrota, ele sonhava com um honroso empate. Não conseguiu perceber que Hitler contemplava apenas o triunfo ou a destruição, tudo ou nada. Também não conseguiu ver que seria impossível para ele, como um general comprometido com a guerra total, esquivar-se da política. Manstein se considerava um "soldado apolítico" e usou todas as suas forças na "arte do comando militar". Consciencioso a ponto de se sacrificar, fez aquilo em que era melhor: conduziu uma guerra, sem perceber os objetivos criminosos de Hitler no leste. É nisso que reside o dilema desse homem, como o jornal *Frankfurter Allgemeine Zeitung* escreveu em seu obituário em junho de 1973: "Aperfeiçoar a arte da liderança militar, que tem como objetivo evitar a insensatez dos horrores e atrocidades, torna-se uma farsa quando líderes políticos são de tal forma dominados por uma mente criminosa."

Por fim veio a catástrofe e o marechal-de-campo se deu conta de que "sua experiência e sua criação" não o haviam preparado para os desafios da ditadura de Hitler. Até os últimos dias do regime, Manstein se manteve fechado para percepções importantes, tinha dificuldades em aceitar que uma vitória militar não era mais possível e que havia servido a ambições políticas inconcebíveis para qualquer pessoa sensata. Tal inabilidade mostrou o que Manstein sempre foi: um gênio no mapa, mas um estrategista incapaz de pensar politicamente. É verdade que ele discutia com o ditador sobre questões militares, mas não apoiou a resistência organizada. Enquanto outros oficiais planejavam o tiranicídio, ele continuava preso aos conceitos de obediência e dever, e servia ao ditador que levou a Alemanha à destruição, o que era coerente com um dos próprios lemas de Manstein: "Ou a Alemanha será uma potência militar ou não será nada."

Tendo sido bombardeado com tais conceitos na escola de cadetes de Lichterfelde, concedeu uma obediência inconteste ao poder vigente, mesmo quando o chefe de Estado era Adolf Hitler. Apesar de suas próprias ressalvas ao regime nazista, deixou-se usar para fins que não eram aqueles que pretendia. Por não ter reconhecido a verdadeira natureza e os reais objetivos de Hitler, e por ter colocado suas habilidades a serviço de um criminoso, acreditando erroneamente que servia à pátria, Manstein contribuiu para a destruição da Alemanha.

> *Esse soldado brilhante e grande comandante do Exército foi um homem nobre, no sentido mais verdadeiro da palavra, um exemplo para nós em todos os aspectos.*
>
> THEODOR BUSSE, CHEFE DO ESTADO-MAIOR DE MANSTEIN

Nós, soldados, compartilhamos com o povo alemão a mesma incapacidade de reconhecer a verdadeira natureza do regime.

Erich von Manstein

O marechal-de-campo Erich von Manstein morreu na madrugada de 9 para 10 de junho de 1973 em decorrência de um acidente vascular cerebral. Os soldados do Exército alemão do pós-guerra, o Bundeswehr, que contou com a consultoria dele em sua formação e desenvolvimento, sepultaram-no em Lüneberg. Ele foi um soldado – nada menos do que isso, porém nada mais.

CAPÍTULO QUATRO

O prisioneiro – Friedrich Paulus

Na condição de soldado, continuo aqui aguardando ordens, como sempre.

Tenho que aceitar o destino que Deus determinar.

Sei que a história da guerra já definiu minha sentença.

A Alemanha continua forte e lutará até a vitória.

Era um soldado que, naquele momento, obedecendo às ordens que recebia, acreditava estar servindo à minha nação .

Quanto a Stalingrado, alguns agiam como se não existisse mais ninguém além de mim e Hitler, como se não houvesse um Alto Comando do Exército, tampouco um Grupo de Exércitos.

Não sou da parte oriental, nem da ocidental. Sou alemão.

FRIEDRICH PAULUS

Perguntamo-nos se o Generalfeldmarschall *Paulus continua mesmo vivo. Diante das condições atuais, não lhe resta outra saída além de uma honrada morte militar. O destino o colocou em uma situação na qual, justamente porque tantos homens já morreram, ele precisa sacrificar 15 ou 20 anos de sua vida para manter seu nome vivo pelos próximos milhares de anos.*

JOSEPH GOEBBELS

Como pode um homem ver seus soldados morrerem e se defenderem corajosamente até o fim – e depois se render aos bolcheviques? O que mais me dói é o fato de o heroísmo de tantos soldados ter sido aniquilado por um único ato de fraqueza. Nessa guerra, ninguém mais se tornará marechal-de-campo.

Adolf Hitler

Portanto, a única possibilidade teria sido enfrentar Hitler, retirando todo o Exército de Stalingrado, ainda mais diante do silêncio de 36 horas do Comando Supremo. É mais provável que tenha sido algum tipo de lealdade a Hitler que fez Paulus pedir permissão para autorizar seu exército a fugir, uma vez que ele mantinha contato por rádio com o Alto Comando.

Erich von Manstein

Cada frase que escrevia ou dizia era cuidadosamente pensada. Expressava cada idéia com clareza para que não surgisse qualquer dúvida. Se Reichenau era um comandante-em-chefe decisivo, que gostava da responsabilidade, conhecido por sua resistência, obstinação e audácia, Paulus era o oposto. Mesmo quando jovem, era conhecido entre seus colegas como "Procrastinador, o indeciso".

Wilhelm Adam, ajudante principal do 6º Exército, comandado por Paulus

A história nunca havia concedido a um líder militar o direito de sacrificar a vida de seus soldados quando eles não fossem mais capazes de lutar.

General Hans Doerr

Paulus era considerado um dos principais estrategistas do Exército e do Estado-Maior Geral alemão. Porém, todos sempre se perguntavam se como comandante-em-chefe ele teria a mesma perícia que mostrava no Estado-Maior Geral.

Philip Humbert, principal ajudante-de-campo do 4º Corpo do Exército

Se o Feldmarschall *Paulus de fato fez um favor a si mesmo tornando-se prisioneiro e sobrevivendo durante todo esse tempo na Rússia, em Dresden e nos tribunais de crimes de guerra de Nuremberg, é uma pergunta que certamente vale a pena ser feita.*

Winrich Behr, principal ajudante-de-campo do QG do 6º Exército

Paulus argumentava que era necessário instituir uma Alemanha neutra, independente.

Heinz Beutel, ajudante de Paulus na RDA

A conduta do marechal-de-campo Paulus foi impecável – relações corretas com as autoridades, declarações públicas de simpatia pela União Soviética, rejeição a toda propaganda nazista. Mas ao mesmo tempo, recusou-se veementemente, como prisioneiro de guerra, a tomar qualquer decisão política.

Leonid Reshin, jornalista russo

Para mim, qualquer soldado em uma situação como esta não é um criminoso, e sim uma triste figura pela qual devemos ter compaixão, mas nunca ódio.

Erich Mende, ex-ministro do governo federal alemão

Ele disse certa vez que não conseguia aceitar o fato de continuar vivendo.

Erna Eilers, governanta de Paulus

O homem errado no lugar errado.

Paul Jordan, ex-oficial do QG do 6º Exército

Berlim Oriental, 26 de outubro de 1953. No plano de ação do Departamento I do Ministério de Segurança do Estado, lemos:

> O sujeito será saudado por uma delegação em Frankfurt-an-der-Oder. Responsável: *Generalmajor* Von Lenski. A tarefa da delegação é buscá-lo de carro e levá-lo a Berlim. Lá, uma recepção será oferecida no ministério, na *Schnellerstrasse*. Um pequeno jantar será servido, com a participação dos camaradas Matern, Stoph, Hoffmann, Maron, Müller, Homan, Dölling, Korfes, Bechler e Kessler, entre outros. Após a refeição, haverá um encontro privado entre o sujeito, o ministro e os *Generalleutnant* Heinz Hoffmann e Vicenz Müller.

O "sujeito" descrito no plano de ação da Segurança de Estado da RDA (a antiga República Democrática Alemã) não era ninguém menos do que o ex-marechal-de-campo da Wehrmacht, Friedrich Paulus. Dez anos e meio como prisioneiro de guerra na Rússia pesavam-lhe nas costas quando, em

Paulus com Hitler diante do mapa em maio de 1942, quando comandava o 6º Exército.

26 de outubro de 1953, pouco depois das 11h da manhã, ele voltou a pisar em solo alemão, na estação de trem da fronteira de Frankfurt-an-der-Oder.

Uma década antes, no dia 2 de fevereiro de 1943, às 12h45, uma mensagem de rádio chegava ao Grupo de Exércitos Don. A mensagem dizia: "Base de nuvens: 5 mil metros. Visibilidade: 12 quilômetros. Céu claro, pequenas nuvens esparsas. Temperatura: 31 graus negativos. Neblina e cerração vermelha sobre Stalingrado. Estação do tempo desligando. Transmita nossos cumprimentos ao velho país."

Dois dias antes, a batalha de Stalingrado chegara ao fim. Era o início do final da campanha da Wehrmacht no leste. Hoje, a história mal se lembra do nome dos vitoriosos dessa grande batalha; mas se lembra do nome do derrotado: Friedrich Paulus, personagem que está indissociavelmente ligado a Stalingrado.

Em alemão, a palavra Stalingrado se tornou mais do que apenas um espaço geográfico. A cidade virou um símbolo e uma lenda. Traz à lembrança imagens tão diversas quanto as opiniões dos homens que vêem essas imagens em suas memórias. Em alguns lugares, o número de vítimas foi incomparavelmente maior: Auschwitz e Hiroshima, por exemplo. Algumas derrotas sofridas pela Wehrmacht foram de maior importância estratégica: Moscou, El Alamein, Kursk e Normandia. Mas em Stalingrado, que fica a mais de 1.920 quilômetros de Berlim, a derrota tornou-se sinônimo do fracasso do vitorioso modelo de *blitzkrieg* da Wehrmacht.

Foi lá, em novembro de 1942, que pelo menos 260 mil soldados alemães, italianos, húngaros e romenos do 6º Exército caíram no cerco feito por oito formações soviéticas. Dois meses depois, as tropas soviéticas conseguiram reunir cerca de 91 mil inimigos e despachá-los em grandes comboios para campos de prisioneiros de guerra, situados muito além das linhas de frente. Anos mais tarde, quando as repatriações afinal foram negociadas, apenas 6 mil deles continuavam vivos. Dos 23 generais que se tornaram prisioneiros em Stalingrado, apenas um não retornou à Alemanha: o *Generaloberst* Walter Karl Heitz, que morreu de câncer no estômago em um hospital de Moscou no dia 6 de fevereiro de 1944.

O comandante-em-chefe dessas tropas, Friedrich Paulus, promovido por Hitler a marechal-de-campo, mesmo com seu exército a ponto de entrar em colapso, sobreviveu à captura por 14 anos, um dia e oito horas. Por causa de Stalingrado, transformou-se no mais controverso comandante da história militar alemã. Mais de meio século depois, as opiniões sobre Paulus continuam bastante divididas: herói ou traidor? Um general leal que resistiu, como exigiu Hitler, ou um mero oportunista? Apenas um peão no jogo de xadrez da Guerra Fria ou uma pobre figura? Hoje em dia, um antigo ajudante-de-campo do 6º Exército resume a discussão da seguinte forma: "Paulus teria evitado muitos problemas para si se tivesse seguido o exemplo do general Von Hartmann."

Hartmann, que comandou a 71ª Divisão de Infantaria, dirigiu-se até a principal linha da batalha após suas formações terem sido praticamente destruídas e, sem qualquer proteção, abriu fogo contra os agressores soviéticos até ser morto com um tiro na cabeça.

Em 8 de novembro de 1942, Adolf Hitler fez um discurso para um grupo de militantes veteranos do Partido Nazista na fábrica de cerveja de Bürgerbräu, em Munique. "Eu queria chegar ao Volga e a uma cidade em particular. Eis que ela leva o nome do próprio Stálin", divagou o Führer. "Mas não pensem que eu marchei até lá apenas por esse motivo. Não. Este é um ponto muito importante no mapa. Era isso que eu desejava conquistar."

E então Hitler contou uma mentira: "Sabem, não quero me vangloriar, mas conseguimos capturá-la." Eles não tinham conseguido e nunca viriam a conseguir aquele "ponto no mapa". O Exército Vermelho seguiu até o final defendendo com unhas e dentes uma cabeça-de-ponte a apenas alguns metros de distância da margem norte do Volga, em Stalingrado. O 62º Exército soviético, com 75 mil homens da milícia de trabalhadores, 7 mil membros da Komsomol (a União da Juventude Comunista) e uma grande quantidade de mulheres, deteve o ataque da formação mais sólida da Wehrmacht.

O 6º Exército desfrutava de respeito por ter conquistado capitais como Varsóvia, Bruxelas e Kiev. Mas a ordem nº 227 de Stálin era suficientemente clara: "Nenhum passo atrás ..." Soldados do NKVD, o equivalente russo à SS, garantiram o cumprimento da ordem. Por cinco longos meses, a batalha se espalhou por ruas, casas, portos, estações de trem e fábricas. Nas palavras de Arthur Schmidt, chefe do Estado-Maior do 6º Exército, essa foi uma batalha do tipo que "nenhum dos soldados envolvidos jamais havia experimentado". Uma carnificina que só terminou quando tudo foi destruído. Stalingrado tornou-se um mito dúbio de heroísmo marcial e auto-sacrifício. O assistente de Hitler no Exército, o major Gerhard Engel, definiu a situação da seguinte maneira: "A luta em Stalingrado foi declarada uma guerra 'sagrada', sendo comparada a grandes batalhas da Antigüidade, como a de Canas ou Termópilas."

Mas o inferno de Stalingrado não foi igual ao de Termópilas, e Paulus, promovido a marechal-de-campo no último momento, não era um Leônidas moderno. Seus soldados não estavam defendendo a entrada de sua terra natal. Pelo contrário, eram conquistadores. Não estavam lá porque a lei ou os preceitos morais do Estado exigiam, mas porque seu Führer mandou. E o marechal-de-campo não morreu lutando lado a lado com seus soldados, ele seguiu com seus oficiais para o cativeiro. O fim foi um tanto prosaico. O relatório final do 64º Exército soviético dizia o seguinte:

> Na noite de 30 de janeiro, elementos do Exército que participaram da impiedosa luta contra as formações inimigas do sul forçaram caminho até o centro de Stalingrado. A 38ª Brigada Motorizada de Fuzileiros, em cooperação com o 329º Batalhão de Vanguarda, que avançava, enfrentou uma inflexível resistência do inimigo na praça dos Combatentes Mortos, resistência esta que vinha de dois prédios da Rua Lomonossov. Ao interrogarem um prisioneiro capturado quando um dos prédios foi invadido, ficaram sabendo que esses edifícios formavam um acesso fortemente vigiado para a principal loja de departamentos da cidade, em cujo porão estava acomodado o comando do 6º Exército, assim como seu comandante-em-chefe.
>
> Na noite de 30 para 31 de janeiro de 1943, soldados da 38ª Brigada Motorizada de Fuzileiros e do 329º Batalhão de Vanguarda fecharam o prédio da loja de departamentos e cortaram as linhas telefônicas. Às seis da manhã de 31 de janeiro de 1943, durante uma troca de tiros com a guarda do Estado-Maior Geral, o ajudante pessoal de Paulus saiu do porão e disse que os oficiais alemães desejavam negociar com os nossos.

Até esse momento, Paulus e o chefe de seu Estado-Maior, o *Generalmajor* Arthur Schmidt, tinham se recusado a negociar. A proposta soviética de rendição, oferecida em 8 de janeiro, foi rebatida com a declaração de que qualquer mediador soviético seria rechaçado pelo fogo alemão.

Mas agora, o principal ajudante do QG do 6º Exército, o *Oberst* Wilhelm Adam, andava ao lado de um negociador russo, o tenente-coronel Vinoukur, o segundo no comando da 38ª Brigada Motorizada de Fuzileiros, pelas catacumbas subterrâneas da bombardeada loja de departamentos no centro de Stalingrado para discutir os termos da rendição do marechal-de-campo alemão.

Nascido em 23 de setembro de 1890 na pequena cidade de Breitenau-Gershagen, em Hessen, Friedrich Wilhelm Ernst Paulus cresceu em uma típica família de pequenos funcionários da era do kaiser. Sua respeitável origem de classe média moldou sua vida. O pai era contador de um reformatório, e a mãe, filha do diretor desta mesma instituição. Dotado de virtudes como conduta irrepreensível, precisão e uma consciência bastante arraigada do que era a nação alemã e sua hierarquia, além de uma quase arcaica noção de lealdade combinada a uma inteligência acima da média, o jovem Paulus parecia predestinado a uma carreira militar. Completou o ginasial na escola Wilhelm, em Kassel, e passou no último exame em 1909. Em seu relatório final, sua opção de carreira era "oficial da Marinha imperial".

Porém, a Marinha de Sua Majestade tinha idéias restritivas em relação aos jovens cadetes. Sangue nobre ou ao menos um pai que fosse um industrial importante eram qualificações mais significativas do que habilidade, aptidão ou resultados. O filho de um pequeno funcionário de Hessen viu sua candidatura ser recusada. Ao longo da vida, Paulus jamais falou sobre essa cruel rejeição, mas é evidente que ele a entendeu como uma discriminação social. Assim, decidiu estudar Direito. No início de 1909, o nome dele apareceu na lista de matriculados na Faculdade de Direito da Universidade Philips, em Marburg.

Contudo, suas inclinações apontavam para a direção militar. O Exército precisava de oficiais e o processo de seleção da instituição era menos guiado por preconceitos de classe do que o da Marinha. Em 18 de fevereiro de 1910, Friedrich Paulus, então com 19 anos, tornou-se alferes do 111º Regimento de Infantaria, em Rastatt. Em 1911, após ter cursado a academia militar de Engers, recebeu o cobiçado posto de cadete. Uma influência considerável na carreira de Paulus pode ser atribuída a seu casamento, em 1912, com uma jovem aristocrata romena, Elena Constance Rosetti-Solescu. Coca, como era conhecida entre os familiares, vinha de uma rica e respeitada família boiardo* que freqüentava a corte da monarquia romena. Tal união era incomum. Para o jovem tenente, significou o acesso à camada social mais alta da "antiga Europa" – expressão que logo viria a desaparecer.

Em agosto de 1914, quando a primeira guerra global do século XX começou, o tenente Paulus servia como ajudante de batalhão no Regimento de Infantaria de Baden. A carreira dele foi caracterizada por cargos de assistência e, mais tarde, posições de Estado-Maior. Quando ainda era um jovem oficial, tornou-se conhecido pela forma meticulosa como executava as tarefas de planejamento. Na memória de seus antigos colegas de classe, o veredicto sobre Paulus é quase unânime, era um típico oficial de Estado-Maior da velha guarda: alto, elegante, às vezes modesto demais, amável, refinado, talentoso e interessado em questões militares. Também era calmo e cuidadoso no trabalho burocrático, além de sagaz nos treinamentos de guerra e exercícios estratégicos no mapa ou na areia, onde mostrava um considerável talento operacional, embora costumasse pensar muito antes

* Título atribuído à aristocracia russa. (N.T)

de esboçar as ordens apropriadas. Paulus nunca prestou muita atenção à sua saúde: trabalhava noite adentro, mantendo-se acordado com café e inúmeros cigarros.

A derrota da Alemanha na Primeira Guerra Mundial, a qual terminou como capitão e oficial de Estado-Maior, mas sobretudo a queda da monarquia do país tiveram grande impacto sobre Paulus, como soldado e monarquista. A desgraça da derrota lhe trouxe sofrimento, mas sua atitude a respeito da guerra como um meio de atingir fins políticos continuou a mesma. Um documento de 1937 oferece provas que em 1919-20 ele serviu em uma milícia ilegal, ou Freikorps, conhecida como "Defesa da Fronteira Leste". Mas não é possível saber até que ponto ele estava envolvido nessa luta que beirava a guerra civil. Friedrich Paulus nunca foi de escrever muitas cartas e jamais manteve um diário. O homem que pesava cuidadosamente cada decisão a ser tomada não se mostrava de fato. As poucas análises que existem sobre os últimos anos de sua vida se concentram exclusivamente nas decisões que tomou como comandante da batalha de Stalingrado. Por este motivo, sua biografia continua incompleta até hoje.

Em outubro de 1922, foi mandado a Berlim para participar do chamado "curso-R" para oficiais de Estado-Maior. Apesar de todo seu talento, Heim, um dos comandantes, que mais tarde tornou-se general, disse que faltava a Paulus "certo caráter decisivo em situações complicadas". Seus colegas de classe lhe puseram o apelido latino de "Fabius Procrastinador, o indeciso". Entre os papéis deixados por Paulus na escola, encontramos o chamado *Bierzeitung* (jornal dos beberrões) – um daqueles jornaizinhos vulgares escrito por estudantes no final de um período do curso. Mesmo no jornal, o major de 41 anos é descrito como um oficial aplicado ao extremo, quase pedante; também se referem a ele como "nobre lorde", "cavalheiro refinado e magro" ou "o major sensual". Em todas as fontes, o Paulus desses anos é um arquétipo, muito educado e totalmente apolítico, do oficial de Estado-Maior, do tipo privilegiado pelo Alto Comando do Exército – "oficiais de Estado-Maior não têm nome", como costumavam dizer.

Após ser professor de tática e "assistente adjunto de comando" no Exército de 100 mil homens no período entre guerras, Paulus foi promovido a *Oberstleutnant* (tenente-coronel) em 1933 e recebeu o comando da 3ª Divisão Motorizada, em Zossen, uma base militar perto de Berlim. Mais tarde, a divisão veio a formar o coração das forças Panzer alemãs. Foi nessa posição que Paulus viu Hitler chegar ao poder absoluto. Embora se opusesse instintivamente "àquele proletário" e a seu "Partido do Povo", sentiu-se atraído pelas promessas de Hitler, principalmente porque a "falta de disciplina e ordem" na República de Weimar o aborrecia.

O papel desempenhado por Friedrich Paulus no surgimento daquilo que na época era novo no Exército, o Panzertruppe, ou forças blindadas, em geral é negligenciado. A organização, a estrutura de comando e os tipos de utilização deste "instrumento de *blitzkrieg*" eram permanentemente moldados tanto por ele quanto pelos generais Guderian e Nehring. Nisso, o oficial de Estado-Maior "apolítico" podia contar com a total boa vontade do veterano de infantaria Adolf Hitler. O ditador pensava de maneira moderna e exibia um bom entendimento de tecnologia quando determinava as prioridades para esse exército e para os recém-criados *Stuka* (*Sturzkampfbomber*), os assustadores bombardeiros de mergulho da Luftwaffe. A perfeição dos aviões marcou o nascimento da bem-sucedida *blitzkrieg*, e Paulus desempenhou um papel decisivo nisso.

Ao analisarmos a elite militar do Reich nazista, o foco hoje costuma ser direcionado para a relação dos oficiais com a resistência anti-Hitler. Falando de forma objetiva, tal critério é correto em termos históricos e morais. No entanto, se adotarmos uma postura mais subjetiva, é no mínimo questionável. Durante a República de Weimar, Paulus passou 12 anos como capitão, até tornar-se major. Quando Hitler assumiu o poder, Paulus foi promovido a *Generalmajor* (major-general) depois de oito anos. É óbvio que, por ser um militar de carreira, Friedrich Paulus deve ter considerado o então novo chefe de Estado como o responsável pelo impulso que sua carreira recebeu.

Quando a Segunda Guerra Mundial começou, o *Generalmajor* Paulus era chefe do Estado-Maior do 10º Exército, comandado pelo *Generaloberst* Von Reichenau. Assim, Paulus foi obrigado a lidar com um dos mais extraordinários e controversos comandantes da Wehrmacht. A dupla formada por Paulus e Reichenau provou ser quase a combinação ideal para a liderança de qualquer Exército. Walter von Reichenau teve uma educação extensa e era bem-informado quanto às inovações tecnológicas. Na Primeira Guerra Mundial, como oficial de artilharia e depois no Estado-Maior, observou atentamente a crescente industrialização da guerra. No entre guerras, viajou pela Europa, pelos Estados Unidos e pela América do Sul. Era a personificação de um novo tipo de combatente: o soldado político.

Em 1932, Von Reichenau começou a se aproximar dos nazistas. Com a ajuda de seu tio, Friedrich von Reichenau, embaixador aposentado e representante dos nacionais-democratas no exterior, conseguiu ter acesso direto a Hitler. Quando os nazistas tomaram o poder na Alemanha, Reichenau também saiu vitorioso: com Hitler no comando, ele tentou explorar ao máximo as oportunidades de impor suas idéias a respeito das políticas militares mais modernas. Percebeu que os comandantes dos camisas-pardas levariam o Exército profissional a um outro nível, e não só a curto prazo. Os historiadores desse período têm razão ao apresentar Reichenau e o então ministro da Defesa Werner von Blomberg como os homens que aproximaram o Exército do regime e simbolizaram o fenômeno do novo "soldado político".

Ao mesmo tempo, Reichenau sentiu-se obrigado a estender sua ambição sem limites e brilhar como esportista, fosse no tênis, na equitação, em corridas, no arremesso de peso, na natação ou no tiro. Apesar dos encargos que isso logo impôs a seu corpo, insistia em aproveitar a vida ao máximo. Como general, envolvia-se em quase todas as discussões políticas. Como comandante de campo, estava sempre motivando suas tropas; na Polônia, não hesitou em liderá-los na travessia de um rio a nado, e mais tarde, na Rússia, lutou pessoalmente em uma batalha. Não era um homem simpático, mas sem dúvida era audacioso e determinado. Sua falta de piedade com relação a si próprio e aos outros significava um abandono de todos os códigos tradicionais de comportamento.

Certa vez, Paulus disse, brincando, que Reichenau fazia tudo aquilo que ele, Paulus, gostava de fazer – cavalgadas, esportes e coisas do tipo –, enquanto ele trabalhava. O comentário com certeza não foi depreciativo. Fazia parte da função de um chefe de Estado-Maior aliviar a carga de trabalho do comandante-em-chefe. E Paulus sempre foi uma pessoa que gostava de se sentar diante de uma mesa e se debruçar sobre mapas. Reichenau, um comandante carismático, encontrou em Paulus um homem confiável, o que permitia que ele desse suas escapadas.

Como chefe do Estado-Maior do 10º Exército, que mais tarde ganhou o nome de 6º Exército, o *Generalmajor* Paulus testemunhou vitórias arrebatadoras na Polônia, na Bélgica e na França. A parada militar pela vitória em Varsóvia e a rendição do Exército belga, comandado pelo rei Leopoldo III, no Château de Anvaing em 28 de maio de 1940 foram experiências que deram a Friedrich Paulus a sensação de que Adolf Hitler havia libertado o povo alemão dos "grilhões de Versalhes".

Sob o comando de Reichenau, o 6º Exército ganhou a reputação de ser uma unidade de elite. Paulus era um dos poucos oficiais de Estado-Maior de alta patente com anos de experiência no desenvolvimento e na utilização tática de tanques. No final do verão de 1940, de olho na iminente campanha russa, o comandante supremo do Exército, o *Generaloberst* Franz

Halder, escolheu Paulus, que já tinha sido promovido a *Generalleutnant*, para ser o intendente sênior do Estado-Maior Geral. Isso significava que ele estava no terceiro posto mais alto, abaixo apenas do comandante-em-chefe do Exército, o *Generalfeldmarschall* Von Brauchitsch, e do chefe do Estado-Maior Geral, Franz Halder. Paulus ficaria baseado no sofisticado complexo subterrâneo conhecido como "Maybach I e II", em Zossen.

Paulus realizava suas tarefas com a adaptabilidade surgida da prática e uma constante atenção ao próximo passo de sua carreira. É verdade que nutria uma atitude cética com relação a uma guerra contra a União Soviética, mas não rejeitava a idéia por completo. Paulus não perdia tempo se preocupando com a grande responsabilidade que carregava, concentrava-se apenas no trabalho que tinha nas mãos, o qual percebeu que lhe traria novas oportunidades. Nessa época, um de seus dois filhos, Ernst Alexander Paulus, tenente do 6º Regimento Panzer, ouviu as seguintes palavras de um instrutor da escola de treinamento em blindados de Wünsdorf: "Há dois homens no Exército alemão que são reconhecidos pelo grande talento operacional – Von Manstein e Paulus." Quando Ernst perguntou se ele não estava exagerando, a resposta foi que no corpo de oficiais do Exército uma grande carreira aguardava pelos dois.

Assim como muitos militares, Paulus tornou-se – de forma consciente ou não – uma ferramenta da política conquistadora dos nazistas. Quando o novo intendente sênior assumiu o cargo em setembro de 1940, deparou-se com uma tarefa que viria a testar suas habilidades de planejador: a criação de uma ordem de batalha contra a União Soviética. O desenvolvimento de planos desse tipo é uma das principais tarefas de um oficial de Estado-Maior e Paulus a encarou como um desafio militar. Foi ele o principal responsável pelo planejamento da "Operação Barbarossa", que previa, em termos operacionais, a destruição das Forças Armadas soviéticas. O elemento mais arriscado da campanha foi, como ele pôde perceber, assegurar as vias de suprimentos da Alemanha.

No Alto Comando do Exército, não se sabia ao certo se a União Soviética estava planejando uma ofensiva para 1941 ou se a movimentação do Exército Vermelho, prevendo as intenções alemãs, deveria ser interpretada como uma medida puramente defensiva. No episódio, as formações soviéticas estacionadas na fronteira ocidental da Rússia foram pegas completamente de surpresa quando a Wehrmacht lançou seu ataque em 22 de junho de 1941.

Seria inevitável que um plano de batalha como esse, mesmo com toda a regulamentação para que tudo permanecesse em sigilo, fosse discutido em termos gerais dentro do círculo familiar de Paulus. Seus filhos, ambos oficiais Panzer, escutaram boatos em suas unidades de que seriam mandados para a União Soviética em um futuro próximo. A mulher de Paulus, Elena Constance, apesar de toda a lealdade para com o marido, pensava de forma independente. Filha de um aristocrata romeno, já havia julgado a invasão à Polônia um crime imperdoável. Travar uma guerra com a União Soviética seria, a seu ver, uma completa injustiça. O próprio Paulus já havia tido oficiais russos entre seus estudantes no colégio de guerra. Devido às conexões internacionais da família da mulher de Paulus, muitos russos freqüentavam a casa da sogra do oficial em Baden-Baden.

Embora tivesse grande simpatia pela mentalidade russa, Paulus achava o comunismo, sem falar no bolchevismo, inaceitável como forma de organização social, e manteve tal opinião mesmo nos últimos e controversos anos de sua vida, passados na Rússia e na Alemanha Oriental. Em 1940-41, Paulus, então chefe interino do Estado-Maior do Exército, aceitou o argumento de que um ataque à União Soviética seria a única forma de a Alemanha extrair algum resultado razoavelmente favorável da guerra. De acordo com declarações de membros de sua família e amigos próximos, ele nunca tentou justificar essa idéia dizendo que a Alemanha deveria se antecipar às intenções de agressão da União Soviética.

De todo modo, Paulus não era o tipo de homem que arriscaria sua carreira se opondo abertamente às decisões de Hitler. Ele foi treinado para ser um soldado e considerava as decisões políticas, como a de invadir a Rússia, um assunto do qual os soldados deveriam se manter afastados. Após a triunfante campanha contra a França, o Reich criado por Adolf Hitler estava no auge de seu poder, de forma que os oficiais de Estado-Maior das escolas de Seeckt e Schleicher não se sentiam nada obrigados a discorrer sobre as implicações diplomáticas ou a respeito dos problemas políticos do front doméstico.

Em meio aos preparativos para a ofensiva oriental, originalmente marcada para maio de 1941, o Exército iugoslavo promoveu um golpe contra o príncipe regente e seu gabinete pró-Eixo. Assim, todo o planejamento precisou ser descartado. Paulus foi mandado a Budapeste para discutir uma operação conjunta contra a Iugoslávia com o ministro da Guerra e os chefes de Estado-Maior da Hungria. Hitler e os integrantes mais experientes do Estado-Maior alemão julgaram que Paulus seria o homem ideal para realizar uma missão diplomática tão sensível como essa, que por sinal também envolvia a Romênia. Além de ser um homem refinado e conhecido pelo autocontrole, também tinha bons contatos na Romênia, que àquela altura era aliada da Alemanha. Um primo de sua mulher, por exemplo, era o camarista da rainha-mãe, Helena, que não era nada amigável em relação à Alemanha.

A campanha de abril contra a Iugoslávia e a Grécia, organizada às pressas com o apoio da Hungria e da Romênia, não foi a única razão da decisão de adiar a "Operação Barbarossa". Além da necessidade de proteger o flanco sudeste da invasão à União Soviética, a Wehrmacht já estava comprometida com um outro teatro de guerra: após os italianos, aliados da Alemanha, terem sofrido uma série de derrotas no Norte da África para as forças da Grã-Bretanha e da Comunidade Britânica de Nações, Mussolini foi obrigado a pedir o envio de uma força expedicionária alemã para a Líbia. O comandante desses soldados era o carismático *Generalleutnant* Erwin Rommel, que fora colega de Paulus quando ambos serviam no 13º Regimento de Infantaria de Stuttgart. Rommel, que tomara gosto pela *blitzkrieg* quando era general panzer na invasão à França, não tinha a intenção de adotar uma postura defensiva na tarefa que lhe foi designada.

Mesmo antes de a maioria de seus soldados desembarcar em Trípoli, suas unidades avançadas de assalto reconquistaram quase toda a Cirenaica (a parte ocidental da Líbia) e estenderam perigosamente suas vias de suprimentos. Apesar de todos os aspectos positivos que os cinejornais da máquina de propaganda de Goebbels mostravam da distante zona de guerra, os oficiais do Alto Comando do Exército estavam cada vez mais preocupados: seria possível, com um planejamento sensato que considerasse os recursos alemães, realizar duas ofensivas ao mesmo tempo – uma contra as forças britânicas no Norte da África e outra contra a União Soviética? Na opinião de Franz Halder, chefe do Estado-Maior do Alto Comando do Exército, o Norte da África, e portanto toda a região do Mediterrâneo, deveria ser um teatro de guerra secundário caso a Alemanha quisesse travar uma luta séria com a União Soviética. Mas cada teatro de guerra desenvolve sua própria dinâmica, e uma figura como Rommel, a "Raposa do Deserto", criava novas circunstâncias quase todos os dias com suas operações audaciosas e agressivas.

Em 23 de abril de 1941, o *Generaloberst* Halder observou em seu diário:

> Portanto, é necessário resolver as questões no Norte da África com a maior rapidez possível. Depois de muitas considerações, decidi que não irei até lá pessoalmente. Não posso agir como se estivesse indo em busca de informações. Se eu for ao Norte da África, quero o direito de emitir ordens. O comandante-em-chefe do Exército, por outro lado, está preocupado e se utiliza do pretexto de ter problemas com o Alto Comando italiano. É claro que suas verdadeiras razões são outras. Talvez fosse melhor mandarmos Paulus, que

tem boas relações com Rommel desde os tempos em que serviram juntos. Ele talvez seja o único homem com influência suficiente para controlar o oficial, que está completamente louco.

Na noite de 25 de abril de 1941, Paulus e uma série de oficiais do Estado-Maior Geral pegaram um avião, via Roma, para o Norte da África. Lá, encontraram o Panzergruppe Afrika, como as forças de Rommel passaram a ser chamadas, em uma situação muito difícil, devido principalmente à extensão das vias de suprimentos. Paulus viu em primeira mão como o ataque de Rommel ao porto de Tobruk fora contido pela forte defesa britânica.

O oficial passou duas semanas e meia no Norte da África. No dia 11 de maio, entregou um relatório a Halder. "A conjuntura no Norte da África está bastante insatisfatória. Ao exceder suas ordens, Rommel criou uma situação que torna impossível mantê-lo adequadamente abastecido. Rommel não está à altura da tarefa." Com a família, Paulus era ainda mais franco em relação a seu ex-colega de Exército: "Aquele suábio imbecil ... age como se não precisasse ouvir ninguém."

Paulus, que há muito desejava um comando de campo inteiramente para si, cogitou naquele momento sugerir ao Alto Comando uma troca de liderança no Norte da África e se colocar à disposição para assumir o Panzergruppe Afrika. O comentário que sua mulher fez a respeito foi registrado: "Fique fora disso! O que lhe trará de bom ser pego pelos britânicos na África?"

Nas primeiras horas de 22 de junho de 1941, o plano da "Operação Barbarossa" foi posto em prática. Esperavam agora que o modelo de *blitzkrieg* testado com tanto sucesso no oeste também se mostrasse eficaz na imensidão da Rússia soviética. Porém, as vitórias iniciais da invasão logo viriam a revelar as falhas do planejamento operacional alemão: subestimou-se o tamanho das vias de suprimentos necessárias (a vasta área a ser coberta) e os recursos soviéticos. Por volta de novembro, quando o inverno russo começou a se intensificar, a ilusão de uma vitória imediata sobre o "gigante de pés de barro" ruiu.

A Força Aérea alemã, mal-acostumada com o sucesso que vinha obtendo, viu seu calcanhar-de-aquiles cruelmente exposto. Equipadas com a produção industrial de praticamente um continente inteiro, as divisões de infantaria da Wehrmacht cruzavam a imensidão da Rússia em 100 diferentes tipos de viaturas. As peças belgas sobressalentes não serviam para as viaturas francesas que transportavam as tropas. A munição da infantaria alemã não podia ser usada nas submetralhadoras tchecas que tinham sido saqueadas. Com sua típica eficiência, os alemães continuavam tentando desenvolver um tanque de combate moderno. Porém, até o outono de 1942, ainda não tinham iniciado a produção em escala de nenhum blindado.

Além de tudo, as tropas estavam abastecidas apenas para uma campanha de verão. Em uma *blitzkrieg* desse tipo, uniformes de inverno eram considerados um peso supérfluo. A "Operação Furacão" passou a ser conhecida pela história como a maior batalha de cerco já travada (45 divisões russas, que totalizavam 673 mil soldados, foram capturadas), embora o ataque à Moscou tivesse sido um fracasso. De uma vez por todas, a Wehrmacht perdeu a aura de invencível. Além disso, Hitler estava cada vez mais diretamente envolvido na disposição estratégica de seus generais. O homem que havia sido um mero cabo na Primeira Guerra Mundial se sentia apto a tomar decisões sobre o emprego dos grupos blindados e dos batalhões de infantaria que operavam a mais de 1.900 quilômetros de Berlim. O Estado-Maior Geral, instituição criada por Scharnhorst e Moltke, logo se degenerou sem encontrar qualquer resistência significativa, transformando-se em um grupo de servos de alta patente.

No segundo ano da guerra, Hitler tentou alcançar uma vitória definitiva no flanco sul do front russo. O objetivo das manobras alemãs era os campos de petróleo do Cáucaso – os de Baku, Grozni e Maikop –, sem os quais, segundo acreditava Hitler, os exércitos Panzer alemães seriam destituídos de sua mobilidade. A questão agora não era mais vencer a guerra, mas ser capaz de lutá-la. Tal idéia não era tão infundada, uma vez que, dos cerca de 30 milhões de toneladas de petróleo bruto produzidas na União Soviética em 1938, quase três quartos vinham da região de Baku, e outros 16%, dos campos do norte do Cáucaso, perto de Maikop e Grozni, no Daguestão. Apenas 10% do petróleo vinha de outras regiões da União Soviética. Hitler claramente se preparava para uma guerra longa, que também seria contra as forças anglo-americanas, equipadas com recursos praticamente inexauríveis. Quando os EUA entraram na batalha em dezembro de 1941, a questão do petróleo se tornou o fator decisivo nos cálculos estratégicos do ditador.

Na virada de 1941 para 1942, o avanço do Grupo de Exércitos Sul foi paralisado perto de Rostov e o ex-comandante do 6º Exército, o marechal-de-campo Reichenau, assumiu o comando. Esse fato significou uma virada na vida de Friedrich Paulus. O nome de Paulus foi proposto, provavelmente pelo próprio Reichenau, para sucedê-lo à frente do 6º Exército. Em 1º de janeiro de 1942, Paulus recebeu a patente mais alta de general e a tarefa de comandar a força de batalha mais bem-sucedida de toda a Wehrmacht: o 6º Exército – o conquistador de cidades.

O que convenceu Hitler a nomeá-lo? É provável que, entre outros motivos, ele desejasse garantir a lealdade de Reichenau. Em todo caso, a sagrada lei de antiguidade do Exército estava em um estado de completa desordem. Paulus nunca havia comandado um regimento sozinho, muito menos uma divisão ou um corpo de Exército. Seu último cargo de linha de frente, ou ao menos em um cargo de Estado-Maior numa unidade de luta, havia sido oito meses antes. Mesmo após a guerra, o general Ferdinand Heim, ex-instrutor de Paulus, considerou um erro imperdoável de Hitler ter escolhido Paulus para o comando de um Exército no front oriental. Heim alegava que o general sempre fora um homem de gabinete e que lhe faltavam habilidades práticas.

Alguns dias após a nomeação de Paulus para o comando do 6º Exército, o marechal-de-campo Reichenau morreu em decorrência de um acidente vascular cerebral. A partir desse momento, o Grupo de Exércitos estava sob o comando do marechal-de-campo Fedor von Bock, o "soldado do infortúnio", como um biógrafo recente apelidou o então novo superior de Paulus. Pouco depois, Hitler emitiu sua Diretiva nº 41, que viria a definir os objetivos da campanha de verão: a meta central da ofensiva alemã era

> destruir o que ainda restava das forças soviéticas e destituí-las ao máximo das fontes de energia necessárias para o prosseguimento da guerra. ... Em todo caso, faremos uma tentativa de chegar a Stalingrado, ou pelo menos de fazê-la sentir o impacto de nossa artilharia pesada, de tal forma que a cidade deixe de ser um centro de armamentos e transportes.

Só após a vitoriosa conclusão dessa fase da operação é que seria realizado o avanço de fato até a região do Cáucaso. Antes que houvesse tempo para pensar nisso, o 6º Exército, sob o comando do novo oficial, viu-se preso às obrigações defensivas do flanco sul do front oriental. O Exército enfrentou as batalhas nos arredores de Kharkov sem sofrer muitas baixas, isso graças a uma combinação de habilidade e sorte. Tal desempenho rendeu uma Cruz de Cavaleiro a Paulus, então com 51 anos, e aqueles que acreditavam que o oficial de Estado-Maior não tinha capacidade para comandar tropas de linha de frente se calaram temporariamente. A foto do chefe do Exército apareceu nos jornais e o nome dele estava na boca de todos. Por um curto período, Paulus parece ter sido, assim como Rommel e alguns outros, um presente para a máquina de propaganda nazista. O 6º Exército tornou-se famoso com Reichenau e, graças a Paulus, a reputação do grupo atingiu níveis quase míticos. Foi esse período que provocou o entusiasmo de Hitler, que acreditou que com o 6º Exército ele poderia "bombardear até o próprio céu".

Iniciada em 28 de junho de 1942, a ofensiva alemã começou a se deslocar na direção sudeste. A Wehrmacht obteve algumas vitórias menores, mas nunca conseguiu o que havia planejado: forçar as divisões soviéticas a uma batalha decisiva. Após os sucessos iniciais – em um único dia, 3 de julho, o 6º Exército fez 40 mil prisioneiros –, Hitler emitiu a famosa Diretiva nº 45. Todo e qualquer bom senso militar fora definitivamente abandonado: na cabeça do Führer, o adversário já havia sido aniquilado. Ele ordenou que os dois objetivos operacionais subseqüentes fossem alcançados em simultâneo e enviou forças para o flanco sul do front oriental.

O 17º Exército, o 3º Exército romeno e os 1º e 4º Exércitos Panzer foram reestruturados e viraram o Grupo de Exércitos A, comandado pelo *Generalfeldmarschall* List, que recebeu a tarefa de invadir o Cáucaso por Rostov. O 6º Exército recebeu ordens de virar em direção a nordeste e tomar Stalingrado. O plano não previa a criação de forças de reserva. Os generais de Hitler sabiam dos riscos mas ninguém se manifestou, nem mesmo o general Paulus.

Mais tarde ele foi repreendido por isso. Paulus, mais do que qualquer outro comandante do Exército, deveria ter reconhecido a loucura e a irresponsabilidade de Hitler na condução da guerra. Na verdade, o caso era o oposto: ele estava completamente familiarizado com as pretensões do planejamento operacional da campanha russa e sabia como as formações do Exército estavam sendo conduzidas. Paulus argumentou que, devido aos milhares de soldados em movimento, nenhum comandante-em-chefe do Exército conseguia fazer uma avaliação geral da situação e por isso não deveria ter liberdade para tomar decisões que fossem além das tarefas que já lhe cabiam. Tal apreciação se mostrou fatal e levou milhares de soldados alemães à morte.

> *Se o general Paulus não aproveitou aquela última chance quando ela lhe foi oferecida, se hesitou e por fim preferiu não se arriscar, o motivo certamente foi o peso da responsabilidade colocada sobre ele.*
>
> ERICH VON MANSTEIN

Em 21 de agosto de 1942, com mais de 300 mil soldados, o 6º Exército, sob o comando de Paulus, iniciou um ataque, a partir de um trecho do rio Don, à cidade que levava o nome de Stálin.

Diversos livros sobre a batalha no Volga foram escritos e seu estudo é obrigatório em muitas academias militares. A forma como os alemães conduziram a guerra excedeu todos os limites no que diz respeito à arrogância e não foi capaz de superar a resistência dos defensores.

Mesmo resistindo de forma obstinada, os soldados soviéticos recuaram até os subúrbios da cidade. Essa transferência da luta para zonas urbanas anulou por completo todos os planos estratégicos feitos pelo Estado-Maior Geral alemão. Tendo avançado tanto na direção leste, embora com uma cobertura inadequada em seus flancos, o Exército se viu em uma batalha de atrito. Os elementos clássicos da *blitzkrieg*, destinados a obter o controle de grandes áreas e então massacrar o inimigo, não estavam sendo eficazes.

Nas condições em que se encontravam, seria quase impossível utilizar os bombardeiros de mergulho *Stuka*, comandados pelo *Generaloberst* Von Richthofen, da Luftflotte 4, pois com a luta ocorrendo nas ruas não se podia ver claramente a linha de frente a partir do céu. Na selva de prédios, as formações de tanques se tornaram presas fáceis para a infantaria inimiga. Embora em meados de outubro de 1942 nove décimos da cidade estivesse em mãos alemãs, o 62º Exército soviético defendia com unhas e dentes a estreita faixa de terra ao longo da margem do Volga.

> *Está indo muito devagar, mas todos os dias fazemos um pequeno progresso. É uma questão de tempo e efetivo. Porém, veremos os russos saírem daqui.*
>
> PAULUS EM CARTA AO GENERAL SCHMUNDT, 7 DE OUTUBRO DE 1942

O general Chuikov, comandante russo, dirigiu as operações a partir de um bunker de comando na margem do Volga, que às vezes ficava a apenas 100 metros da linha de combate principal. Em vez de anunciar a tomada da cidade, Paulus foi forçado a aceitar que, apesar de seu efetivo total, incluindo não-combatentes, fosse de 260 mil homens, contava apenas com 25 mil soldados para a luta. Apesar de pedidos insistentes, não recebeu qualquer reforço significativo. Apenas cinco batalhões de vanguarda, cada um com 600 homens, foram concedidos para que ele tentasse capturar o último grupo de fábricas da área industrial. Após dois dias de luta, as unidades foram liquidadas e as fábricas continuavam nas mãos dos soviéticos.

Em fins de outubro e início de novembro, Paulus e o chefe de seu Estado-Maior, o *Generalmajor* Arthur Schmidt, começaram a perceber mais indícios de uma iminente contra-ofensiva soviética que poderia expor o Exército alemão a grandes perigos. Em ambos os flancos do front, os exércitos de italianos e romenos percebiam sinais inequívocos de uma alta concentração de forças soviéticas posicionadas para irromperem pela extensa saliência do lado oriental do front e encurralar os alemães em Stalingrado. Ciente disso, o QG do 6º Exército pediu permissão para cancelar o inútil ataque à parte central de Stalingrado, mandar o Exército para uma posição entre os rios Don e Chir e trazer o 14º Corpo Panzer como força reserva. Todas as três propostas foram rejeitadas por Hitler. No dia 7 de novembro, os alemães, monitorando o rádio do tráfego russo, relataram outra mudança nas disposições do inimigo. Tudo indicava uma grande ofensiva soviética nos flancos direito e esquerdo do 6º Exército.

Como oficial de Estado-Maior, Paulus fez uma análise brilhante da situação. Ele estava totalmente ciente do perigo. Mas desafiar as ordens que lhe foram dadas ia contra o seu treinamento militar. Portanto, para Paulus, assim como para muitos dos oficiais mais velhos, houve desde o início um conflito entre a responsabilidade para com seus homens e a obediência às ordens militares. Após uma dura luta interior, a obediência militar venceu.

WILHELM ADAM, PRINCIPAL AJUDANTE-DE-ORDENS DO 6º EXÉRCITO SOB O COMANDO DE PAULUS

Durante uma palestra dada aos cadetes da antiga RDA em maio de 1954, Paulus descreveu a situação em Stalingrado da seguinte forma:

> Os preparativos da Rússia para o ataque claramente buscavam encurralar o 6º Exército. O QG do Exército, com o consentimento de várias unidades militares, enviou repetidos relatórios e pedidos aos nossos superiores no Grupo de Exércitos B ...
>
> O Grupo de Exércitos B compartilhava da mesma opinião do QG do 6º Exército, mas não conseguiu fazê-la ser aceita pelo OKW. O Grupo de Exércitos continuava a transmitir as decisões do OKW, que eram em essência as seguintes:
>
> (a) À luz de uma avaliação geral sobre as forças soviéticas, o OKW não considerava que um ataque inimigo significasse um perigo para o front Don.
>
> (b) Para lidar com os setores do front Don mantidos pelos Aliados, as reservas existentes atrás da linha de frente (incluindo o 48º Corpo Panzer e o 3º Exército Romeno) já eram suficientes.
>
> (c) Nessa situação, o ideal seria primeiro completar o ataque com o objetivo de retirar o inimigo das posições que ele ainda mantinha em Stalingrado, de forma a neutralizar esse ponto de perigo.
>
> (d) A Luftwaffe seria mandada para as áreas do avanço soviético assim que os soldados fossem vistos ocupando tais áreas.

Quando a ofensiva soviética afinal foi iniciada em 19 de novembro, houve uma tempestade de neve tão intensa que a Luftflotte 4 precisou ficar muitos dias parada. O 48º Corpo Panzer, que compunha a tão celebrada reserva, encontrava-se em um estado lamentável: a 22ª Divisão Panzer contava apenas com 42 tanques; a 14ª Divisão Panzer teria que lutar sem seus regimentos de infantaria auxiliares; e a 1ª Divisão Panzer romena era inadequada para o combate.

Na literatura sobre a Batalha de Stalingrado, a culpa pelo ataque soviético em 19 e 20 de novembro foi jogada nas mal equipadas e desmotivadas tropas romenas, italianas e húngaras. Trata-se de uma injustiça, já que tais unidades freqüentemente ofereciam muita resistência. Mas contra o ataque em massa que devastou a linha de frente alemã na manhã de 19 de novembro de 1942, nem mesmo as bem equipadas e descansadas unidades de elite da Wehrmacht conseguiriam fazer nada. Uma concentração de tropas soviéticas, de um tamanho jamais visto, movimentava-se: 900 tanques T-34 recém-fabricados, 13.500 canhões e lança-granadas, 1.250 lançadores de foguetes do tipo conhecido como "órgão de Stálin", devido ao barulho característico da explosão, e 1.100 armas antiaéreas transformaram o Exército Vermelho, pela primeira vez na Segunda Guerra Mundial, em uma força de ataque potente.

Os esquadrões de combate soviéticos tinham a capacidade de pôr mais de mil aviões no ar. A fim de oferecer um transporte específico para as tropas de reforço, seis ramais de estrada de ferro foram especialmente construídos, totalizando mil quilômetros, e outros 1.880 quilômetros de vias já existentes, além de 293 pontes, foram consertados. Nada menos do que 142 mil veículos abarrotados de soldados e equipamentos foram enviados para Stalingrado.

Em 19 de novembro de 1942, uma edição múltipla (da 637 a 642) do cinejornal semanal nazista foi distribuída pelos cinemas alemães. As imagens da luta em Stalingrado vinham acompanhadas do seguinte comentário: "Aquilo que um dia foi a capital da região do Volga, com exceção de alguns distritos, acaba de ser arrancado das mãos inimigas. A Wehrmacht alemã está no Volga."

Antes que a maior parte dessas cópias chegasse aos cinemas, a situação na área entre o Volga e o Don já parecia completamente distinta. No dia seguinte, Paulus foi obrigado a relatar:

> Unidades russas fortemente armadas atacaram o Exército adjacente pelo oeste e realizaram uma incursão nos dois lados de Kletskaya e Blinov, embora continuemos com os dois lados de Baskovsky. ... Devemos esperar que os russos tentem alargar essas brechas com forças blindadas. Não sabemos se as tropas romenas serão capazes de impor uma resistência forte.

O OKW enviou uma resposta: "Aconteça o que acontecer, o 6º Exército deve manter Stalingrado e as atuais posições. Contramedidas em relação à penetração do inimigo já foram iniciadas."

Por volta das 14h45 do dia 20 de novembro, o QG do 6º Exército emitiu uma ordem para todas as unidades sob seu comando: "O exército cessará os ataques a Stalingrado e manterá suas presentes posições. Forças serão mandadas para a retaguarda do flanco oeste, inicialmente a fim de formar uma frente de defesa. Um futuro ataque a oeste, através dessa frente, está sendo planejado." Em linguagem mais clara, essa ordem significava que Paulus e Schmidt já sabiam do destino que os aguardava mesmo antes de os primeiros tanques do Exército Vermelho fecharem o cerco a Kalatch dois dias depois.

No dia 22 de novembro, uma divisão avançada do 26º Corpo de Blindados soviético capturou a ponte sobre o Don em Kalatch, bloqueando a via de suprimentos do 6º Exército e restringindo severamente a movimentação tática do grupo. A pequena retaguarda alemã era inadequada para rechaçar a cabeça-de-ponte soviética. Um ataque de socorro do 14º Corpo Panzer foi ordenado mas, devido à falta de combustível, não pôde ser realizado. Naquele momento, a falta de suprimentos do Exército cercado já estava tão grave que os alemães não conseguiram se defender dos inimigos russos. Quando o cerco foi fechado, o posto de comando de Paulus estava localizado fora do bolsão que estava sendo formado. Na noite de 22 de novembro, por instrução do Grupo de Exércitos, ele foi de avião para Gumrak. Paulus e seu *staff* voaram diretamente para o "caldeirão". Uma "Ordem do Führer" foi emitida pessoalmente por Hitler prendendo o Exército em Stalingrado: "O 6º Exército precisa saber que estou fazendo tudo o que posso para ajudar e mandar socorro."

A mensagem passou a circular entre os soldados das tropas sitiadas: "O Führer irá nos tirar daqui!" Mas foram palavras ditas ao vento. Durante a madrugada de 23 para 24 de novembro, o general Paulus apelou diretamente a Hitler em uma conversa por rádio e implorou por liberdade de ação:

> *Mein* Führer, desde a sua mensagem de rádio em 22 de novembro, os acontecimentos modificaram totalmente a situação. ... Ataques do inimigo são iminentes. Munição e combustível se esgotam. Muitas de nossas baterias e armas antitanques já dispararam o último cartucho. As perspectivas de um reabastecimento adequado e em tempo são nulas. Muito em breve o Exército será destruído, a menos que todas as nossas forças se juntem para lançar uma ofensiva esmagadora contra o inimigo, que agora ataca do sul e do oeste. Para isso, é essencial que retiremos todas as divisões de Stalingrado e chamemos

> unidades fortes do norte. ... Isso com certeza significará a perda de muitos equipamentos, mas ao menos conseguiremos proteger a maior parte de nossas preciosas tropas de combate e alguns armamentos. ... Devido à situação, peço novamente liberdade de ação. Todos os generais no comando do 6º Exército compartilham da mesma opinião.

Na manhã seguinte, o QG do 6º Exército recebeu uma "Decisão do Führer", a categoria mais expressa e severa de ordem, que terminou com as seguintes palavras: "As presentes frentes Volga e norte devem resistir sob quaisquer circunstâncias. Suprimentos virão por ar." Quando o conteúdo da ordem foi anunciado, o general no comando do 51º Corpo do Exército, o *General der Artillerie* Walther von Seydlitz-Kurzbach, enviou um memorando para Paulus, seu comandante-em-chefe, pedindo que lhe autorizassem a preparar uma fuga imediata e independente. O pedido trazia as seguintes palavras: "Se a intenção for manter o Exército intacto, precisamos de uma ordem diferente, ou então de uma decisão própria e imediata." A situação desesperadora se refletiu no último parágrafo:

> Caso o Alto Comando do Exército não revogue imediatamente a ordem que nos manda resistir nas posições defensivas, sua consciência como comandante faz com que seja seu dever para com o Exército e o povo alemão agir de acordo com seus próprios critérios. A completa destruição de 200 mil soldados e de todo o equipamento está em jogo. Não resta outra opção.

A partir de então, passaram a discutir se a decisão de manter o 6º Exército lutando e morrendo nas ruas nos primeiros dias após o cerco fora um erro por parte dos comandantes do Exército e do comandante-em-chefe Friedrich Paulus. "Desobedecer" seria o equivalente a "trair", algo que hoje seria visto como um ato de patriotismo. Mas para agir dessa forma, Paulus teria que negar tudo aquilo que fora treinado a acreditar.

> *Paulus acreditou nas promessas de Hitler e Göring de que os suprimentos seriam enviados. Paulus também deve ter sido influenciado pelo fato de que a Alemanha e todas as nações combatentes assistiam à batalha do 6º Exército. Esta luta parecia, de uma hora para outra, ter se transformado em um teste de mérito pessoal, no qual ele, Paulus, precisava ser aprovado.*
>
> Otto E. Moll, jornalista

Bem depois do final da guerra, em uma conversa com o filho, Paulus falou a respeito de Stalingrado e do memorando do general Von Seydlitz:

> O papel do general me parece ter sido exagerado. Porém, não é de surpreender que a catástrofe tenha acontecido. As pessoas transformaram o episódio em uma lenda! É claro que éramos todos a favor de uma fuga, inclusive meus comandantes. Expus meus argumentos ao Alto Comando em termos igualmente explícitos. Mas sem uma noção geral da situação, mandar um Exército inteiro abandonar a posição que lhe foi determinada estava fora de questão.

O resultado de uma retirada precipitada das posições construídas, portanto relativamente seguras, ao redor de Stalingrado por parte dos enfraquecidos soldados ficou evidente no início do cerco. Em 24 de novembro, o general Von Seydlitz retirou algumas de suas tropas por iniciativa própria a fim de diminuir a frente. A maioria dessas unidades – em particular a 94ª Divisão de Infantaria – foi capturada e praticamente aniquilada pelos soviéticos, que avançavam com rapidez. Além disso, Paulus disse ter convocado uma reunião para decidir entre a fuga ou a defesa. Este encontro contou com a presença de Seydlitz e do chefe do Estado-Maior dele, Clausius (que havia escrito o memorando). "Eu disse a Seydlitz: 'caso eu desista do comando do 6º Exército agora, não tenho dúvidas de que o Führer irá escolhê-lo para me substituir como comandante-em-chefe. Pergunto, então: você desobedeceria às ordens de Hitler?' Após pensar um pouco, Seydlitz respondeu: 'Não, optaria pela defesa.'"

É certo também que Hitler soube da divisão entre os comandantes do Exército, uma vez que suas decisões subseqüentes demonstraram certa delicadeza com relação aos comandantes: promoveu Paulus a *Generaloberst* (a patente mais alta de general), garantindo assim a lealdade dele. Também determinou que Seydlitz seria diretamente responsável pelo setor norte do bolsão, e dessa forma o manteria calado. Agora, dificilmente o general iria agir por iniciativa própria desafiando a "Ordem do Führer".

Hitler também mandou o marechal-de-campo Erich von Manstein, o melhor estrategista da Wehrmacht, assumir o comando do recém-formado Grupo de Exércitos Don. Sua principal tarefa parecia simples e estimulante: devolver a "antiga situação" ao front e assim libertar o 6º Exército da armadilha. Para que tal objetivo fosse atingido, um grupo de assalto do 4º Exército Panzer, comandado pelo *Generaloberst* Hoth, avançaria da área de Kotelnikov em direção a Stalingrado, formando uma ligação de terra com o Exército sitiado. A ponte aérea tão prometida por Göring e Richtofen nunca foi realmente feita. A quantidade de munição e alimentos despejados no bolsão chegava, em seu auge, a apenas 40 toneladas por dia, somente 15% do que era pedido.

Devido à falta de forças disponíveis, Hoth só conseguiu iniciar o ataque em 12 de dezembro. A 6ª Divisão Panzer, que estava na França com seus 136 tanques, precisou ser enviada imediatamente; e a 23ª Divisão Panzer chegou em más condições, com 96 tanques e carros blindados. Entretanto, no período de 19 a 23 de dezembro, essas unidades começaram a subir e chegaram a 48 quilômetros do perímetro de Stalingrado. Então, ficaram sem energia. Ao mesmo tempo, os russos lançaram uma grande ofensiva contra o 8º Exército italiano no flanco norte do Grupo de Exércitos Don. Todo o Grupo de Exércitos começou a hesitar.

Manstein e Paulus perceberam que se o Exército Vermelho conseguisse avançar para além de Rostov, os alemães seriam ameaçados por uma "super-Stalingrado". Além disso, as unidades do 17º Exército e de seu 1º Exército Panzer, estacionado no Cáucaso, também ficariam isoladas. Manstein decidiu cancelar a tentativa de ajudar Stalingrado e optou por se concentrar em garantir a retirada do Grupo de Exércitos Cáucaso. Essa foi a sentença de morte para o exército do *Generaloberst* Paulus, que naquele momento detinha oito exércitos soviéticos e portanto cobria a retirada do Cáucaso.

> *Após o fracasso da operação de socorro e do não aparecimento da assistência prometida, a questão era ganhar tempo para que fosse possível reconstruir o setor sul do front oriental e resgatar as enormes forças alemãs localizadas no Cáucaso. Se não conseguíssemos, a guerra seria perdida.*
>
> Friedrich Paulus

O que aconteceu depois no cerco a Stalingrado pode ser explicado de maneira sucinta: não foi feita nenhuma outra tentativa de socorrer o 6º Exército; a Luftwaffe jamais conseguiu entregar os suprimentos prometidos por Göring: os soviéticos ofereceram acordos de rendição diversas vezes, mas todos foram rejeitados pelo comando do Exército. Sob um incessante ataque russo, o bolsão de Stalingrado se reduziu a alguns poucos quarteirões no centro da cidade. Em 13 de janeiro de 1943, o *Hauptmann* Winrich Behr, ajudante-de-ordens do QG do 6º Exército, deixou a área em um dos últimos aviões, com ordens de Paulus e Schmidt para visitar Hitler no bunker de Rastenburg e descrever-lhe pessoalmente a situação desesperadora em que se encontravam. A tarefa de Behr incluía ainda levar o diário de guerra de Paulus, junto com a aliança de casamento do general e uma carta de despedida à mulher dele, Elena Constance. Nela, escreveu: "Minha amada Coca, quando você receber esta carta, meu destino já estará definido, ou continuará incerto. Na condição de soldado, continuo aqui aguardando ordens, como sempre. O que será de mim, não sei. Aceitarei o que Deus determinar."

No dia 22 de janeiro de 1943, os russos começaram a investida decisiva para destruir o que restava do 6º Exército. O fim parecia realmente ter chegado e Paulus implorou a Hitler – contra a vontade de Schimdt – para que ele lhe desse permissão para ordenar um cessar-fogo. Quando Hitler se recusou, Manstein telefonou para Hitler e fez o mesmo pedido, mas também não ouviu o que desejava: por uma questão de honra, uma rendição estava fora de cogitação. Naquela noite, Hitler mandou uma mensagem de rádio para o 6º Exército e disse que o grupo havia "feito uma célebre contribuição para a maior luta da história alemã". O Exército fracassou e a última tentativa de pôr um fim às mortes falhou. Até no quartel-general do 6º Exército havia sinais de que as portas seriam fechadas.

Em 30 de janeiro, no aniversário de dez anos da subida dos nazistas ao poder, Paulus se comunicou novamente com Hitler:

> Do *Generaloberst* Paulus para Hitler: no aniversário de sua subida ao poder, o 6º Exército saúda o Führer. A bandeira com a suástica ainda paira sobre Stalingrado. Para que nossa luta sirva de exemplo para as atuais e futuras gerações, nunca nos renderemos, mesmo diante da situação mais desesperadora. A Alemanha será vitoriosa. *Heil Mein Führer!*
>
> Paulus

Hitler respondeu:

> *Mein Generaloberst Paulus!* Hoje o povo alemão, profundamente emocionado, assiste a seus heróis nessa cidade. Como sempre na história mundial, este sacrifício não será em vão. Os preceitos de Clausewitz serão cumpridos. Apenas agora o povo alemão compreende o peso desta luta e fará o sacrifício supremo. Estou sempre com você e seus homens em pensamento.
>
> Seu,
> Adolf Hitler

> *Coerente em relação ao juramento de lealdade à bandeira e atento a essa grande e importante missão, o 6º Exército manteve sua posição pelo Führer e pela pátria até o fim, até o último homem e o último lote de munição.*
>
> Paulus em seu último relatório de guerra ao Grupo de Exércitos Don, 31 de janeiro de 1943

Na noite seguinte, Hitler fez com que seu apelo por um sacrifício clausewitziano ficasse absolutamente claro: promoveu o *Generaloberst* Friedrich Paulus, então com 52 anos, a *Generalfeldmarschall*. Um marechal-de-campo não se entrega, vai até o fim com seus homens, era a suposição cínica de Hitler. Em termos de propaganda, o sacrifício do 6º Exército só fazia sentido se não houvesse sobreviventes.

> *Suas ordens estão sendo cumpridas; vida longa para a Alemanha!*
>
> Paulus em resposta à ordem de não-rendição
>
> *Suponho que isso signifique um convite ao suicídio. Mas não farei esse favor a ele [Hitler].*
>
> Paulus após ter sido promovido a marechal-de-campo
>
> *O que mais me dói é que eu o promovi a marechal-de-campo.*
>
> Hitler
>
> *Ele encontrou uma saída muito fácil! ... Deveria ter se suicidado, da mesma maneira que os generais que caíam sobre suas espadas quando percebiam que não havia saída.*
>
> Hitler, 1º de fevereiro de 1943

Na manhã de 31 de janeiro, na loja de departamentos destruída no centro de Stalingrado, os procedimentos para uma rendição foram negociados entre o chefe do Estado-Maior do 64º Exército soviético e o comandante-em-chefe da 71ª Divisão de Infantaria, que representou o comando do 6º Exército. Paulus não participou das conversas. De forma apática, esperou pela conclusão. Antes de ser preso, disse brevemente a um oficial de Estado-Maior: "Sei que a história da guerra já definiu a minha sentença."

Quando Paulus entrou na sala, ele disse: "Heil Hitler."
LEV BEZYMENSKY, INTÉRPRETE MILITAR

No relatório das tropas soviéticas sobre a captura de Paulus, lê-se:

> Diante do pedido do major-general Laskin para que o grupo Norte revertesse a ordem de resistência, Paulus declarou que não era o comandante dessa formação e que não tinha contato com ela. Disse que na noite anterior, após a transmissão do discurso do marechal Göring em comemoração pelo aniversário da subida dos nazistas ao poder, anunciou seu desligamento do comando das tropas, disse que era um "indivíduo privado" e que havia designado comandantes para os dois setores do bolsão de Stalingrado. A única exigência que fez para aqueles comandados por ele foi: caso fossem obrigados a se render, todos os oficiais e demais homens deveriam estar armados enquanto permanecessem na região. Após sua partida, tudo passaria para as mãos dos comandantes dos Grupos Norte e Sul.

Assim, quando Hitler mandou uma mensagem de rádio com a intenção de estimular o comandante-em-chefe a morrer como herói, o homem promovido a marechal-de-campo já era um cidadão privado, embora continuasse a desejar proteção armada para seu Exército, um homem que não tinha qualquer intenção de pôr fim à própria vida com um tiro na cabeça. Quando soube disso, Hitler perdeu o controle: "Como pode um homem ver seus soldados morrerem ... e depois se render aos bolcheviques? O que mais me dói é o fato de o heroísmo de tantos soldados ter sido aniquilado por um único ato de fraqueza. Nessa guerra, ninguém mais se tornará marechal-de-campo."

Devemos ter em mente que o comandante de Stalingrado teve a escolha de viver por mais 15 ou 20 anos ou de ganhar muitos milhares de anos de fama imortal. A meu ver, essa não era uma escolha difícil.
JOSEPH GOEBBELS EM SEU DIÁRIO, 2 DE FEVEREIRO DE 1943

Ainda não se sabe se o Generalfeldmarschall *Paulus continua vivo ou morreu voluntariamente. Os bolcheviques insistem em dizer que Paulus está nas mãos deles. Para o Exército, isso representa um grave retrocesso moral.*
JOSEPH GOEBBELS EM SEU DIÁRIO, 4 DE FEVEREIRO DE 1943

Em seu primeiro interrogatório diante do general Shumilov e do major-general Laskin, o prisioneiro enfatizou seu novo status:

Shumilov: Por favor, apresente seus documentos.
Paulus: Tenho um passe militar.
Shumilov: Refiro-me a uma confirmação de que você foi promovido a marechal-de-campo.
Paulus: Tal confirmação não existe.
Shumilov: Recebeu algum telegrama a respeito de sua promoção?
Paulus: Recebi a ordem de Hitler por rádio.
Shumilov: Devo dizer isso a meu comandante supremo?
Paulus: Sim. *Herr* Schmidt, o chefe do meu Estado-Maior, pode confirmar.
Shumilov: Quem foi feito prisioneiro junto com você?
Paulus: O *Generalleutnant* Schmidt, chefe de Estado-Maior, e um coronel do 6º Exército.
Shumilov: Quem mais?
Paulus: Passei por escrito o nome dos outros aos negociadores...
Shumilov: O que o convenceu a desistir da luta agora?
Paulus: Não desistimos da luta, estávamos exaustos. Não podíamos mais lutar. Após suas tropas terem irrompido e avançado sobre o que restava das nossas, não havia mais como nossos soldados se defenderem, não tínhamos mais munição, é por isso que paramos de lutar.
Shumilov: Você mandou o Grupo Sul desistir da luta?
Paulus: Não dei tal ordem.
Laskin: A ordem foi emitida em nossa presença pelo major-general Roske, comandante da 71ª Divisão de Infantaria. A ordem foi transmitida para os soldados das formações.
Shumilov: E você confirma a ordem para cessar a luta?
Paulus: Não. Ele agiu por iniciativa própria. Eu não estava no comando dos Grupos Norte e Sul; nenhuma formação estava sob minhas ordens. Foi *Herr* Roske quem decidiu parar a luta.
Shumilov: Você mandou o Grupo Norte se render?
Paulus: Não.
Shumilov: Peço-lhe que faça isso.
Paulus: Não tenho autoridade para dar nenhuma ordem.
Shumilov: Mas você é o comandante, não é?
Paulus: Não posso dar a ordem de rendição a soldados que não estão sob meu comando. Espero que entenda a posição de um soldado, suas obrigações.
Shumilov: Todo soldado deve lutar até o fim. Mas o oficial superior pode mandar os homens abaixo dele pararem de lutar, caso perceba que os soldados estão morrendo em vão.

Paulus: Tal decisão cabe ao oficial que permanece diretamente com suas tropas. Na verdade, isso foi o que aconteceu com o Grupo Sul, que estava sob meu comando.

Shumilov (para o intérprete): Diga ao marechal-de-campo que eu o estou convidando para jantar e que depois ele será levado para o comando de linha de frente.

Há dois elementos dignos de nota nesse diálogo: primeiro, a extrema cordialidade do general soviético – afinal de contas, as tropas alemãs espalharam guerra e morte pelo país dele; segundo, a estranha indiferença mostrada pelo prisioneiro alemão. Seria simplesmente fraqueza ou uma abdicação de responsabilidade?

> *A perspectiva de morte ou uma provável destruição, ou prisão, de seus soldados livra um comandante do dever de obedecer ordens? Hoje, deixo que cada um busque uma resposta para essa pergunta por própria conta.*
>
> FRIEDRICH PAULUS

A jornada de Paulus até o cativeiro o levou primeiro, no início de fevereiro de 1943, ao campo de Krasnogorsk, perto de Moscou; depois, em abril, ao mosteiro de Suzdal; e por fim, em julho, ao campo de oficiais seniores de Voikovo. Cópias de grande parte de suas cartas sobreviveram. Inicialmente, sua principal preocupação era manter as aparências e o status. Afinal de contas, quando foi feito prisioneiro, o marechal-de-campo ainda usava a insígnia de *Generaloberst*. Uma das primeiras cartas escritas por ele após ser preso foi destinada ao responsável pelas questões militares da embaixada alemã em Ankara:

> Meu caro Rhode,
>
> Fui feito prisioneiro com apenas as roupas que vestia. Por isso, peço-lhe que me faça o favor de comprar algumas coisas para mim ... (3) Seis pares de dragonas de marechal-de-campo, (4) um quepe pontudo de general tamanho 58, (5) um uniforme de serviço (pergunte à minha esposa sobre o que mandei fazer em Paris) ...
>
> Agradeço de antemão por esse favor e desejo-lhe meus melhores votos.
>
> PAULUS
>
> Meu endereço: campo de prisioneiros de guerra 27, USRR. Paulus 25/02/43

Paulus logo recebeu sua insígnia. Sem dúvida também interessava à propaganda soviética que ele a recebesse rapidamente. Nas últimas fotos de seu período no cativeiro, Paulus sempre é visto com seu uniforme de marechal-de-campo. Faltava-lhe o bastão de marechal, já que o objeto precisava ser oferecido por Hitler pessoalmente.

A Alemanha continua forte e lutará até a vitória.

PAULUS, JÁ PRISIONEIRO DOS RUSSOS, EM 1943

Até o verão de 1944, Paulus foi cuidadoso em se manter distante de tudo o que envolvesse política. Entendeu os eventos subseqüentes a partir de um mapa na cantina e logo percebeu que a guerra estava perdida para a Alemanha. Mesmo assim, não podia ceder à pressão dos oficiais soviéticos, dos comunistas alemães ou dos ativistas do "Comitê Nacional pela Alemanha Livre" e entrar para a "Liga dos oficiais alemães" (*Bund Deutscher Offiziere* ou BDO) e fazer um sinal para um final rápido para a guerra. Em 1943, a relação de Paulus com o "movimento antifascista" era marcada por muitas suspeitas, embora seus valores estivessem mudando com rapidez.

Em retrospecto, descreveu suas atitudes da seguinte forma: "Coerente com a decisão de manter minha postura de comandante do Exército, não considerei justificável, como prisioneiro de guerra, intervir no destino de minha pátria – quer dizer, de colaborador com o inimigo da Alemanha." Temia o estigma de estar propagando o mito da "punhalada pelas costas". Paulus, que enfrentava um profundo conflito moral, aceitou sua parcela de culpa pelo final infeliz do 6º Exército mas continuou convicto de que a responsabilidade dele era apenas militar, e não política.

Em 24 de julho de 1944, os prisioneiros do campo "de generais" de Voikovo souberam do atentado contra a vida de Hitler. Muitos dos conspiradores eram homens que Paulus conhecia e admirava, como os generais Beck, Fellgiebel e Olbricht, além do *Oberst* Stauffenberg. Porém, quando seu amigo, o marechal-de-campo Von Witzleben, foi morto por estrangulamento na prisão de Plötzensee no dia 8 de agosto de 1944, foi impossível Paulus não se envolver. Ele assinou um apelo "aos oficiais alemães prisioneiros e ao povo alemão" e transmitiu uma mensagem pela estação de rádio Alemanha Livre: "A Alemanha precisa renunciar a Adolf Hitler e se dar um novo governo, que termine com a guerra e crie as condições para que nosso povo siga sua vida e estabeleça relações pacíficas e amistosas com os nossos atuais adversários." Uma transformação surpreendente no principal responsável pelo planejamento da "Operação Barbarossa".

Assim, a União Soviética ganhou um testa-de-ferro entre os prisioneiros de guerra alemães. Paulus abandonou a neutralidade. Hitler ficou fora de si de tanta raiva. Já que Paulus começou a fazer declarações públicas desse tipo, a propaganda nazista não podia mais manter o mito do marechal-de-campo que lutou lado a lado com seus granadeiros, resistiu em Stalingrado até o último cartucho e morreu junto com seu Exército. O "herói de Stalingrado" estava vivo e era prisioneiro de Stálin. A mulher de Paulus, Elena Constance, resistiu às pressões dos nazistas e não denunciou o marido. Foi presa junto com o filho Ernst e a filha Olga devido à dura lei nazista da *Sippenhaft,* de acordo com a qual famílias inteiras eram consideradas culpadas pelos crimes atribuídos a um de seus membros. O sofrimento deles só terminou em abril de 1945, quando o campo de concentração de Dachau foi fechado.

A "Liga dos Oficiais Alemães" ganhou a figura de Paulus para sua causa em um momento no qual os objetivos da organização já haviam se mostrado ilusórios. O Exército Vermelho estava na fronteira oriental do Reich alemão e sequer passava pela cabeça de Stálin parar por ali. Os diversos pedidos para uma rendição alemã, esboçados e assinados por Paulus, não serviram de nada. A guerra terminou com uma rendição incondicional.

No início de 1946, o ilustre prisioneiro voltou para os holofotes do mundo da publicidade. Em 11 de fevereiro, o promotor-chefe soviético nos tribunais de Nuremberg, Rudenkov, anunciou que o marechal-de-campo Paulus compareceria naquele mesmo dia à corte como testemunha de acusação. Por volta das 14h, Paulus estava diante de seus ex-superiores, Jodl e Keitel. A presença dele foi cuidadosamente planejada pelos soviéticos; o tempo foi calculado para que causasse o maior efeito possível nos procedimentos e a presença dele foi mantida em segredo até o último momento. Mesmo quando Paulus estava na Alemanha, em uma casa de campo perto de Plauen, na Saxônia, preparando-se para ir ao tribunal, ninguém tinha idéia da declaração que ele estava prestes a fazer.

O antigo general de infantaria Erich Buschenhagen, em uma carta escrita em 1959 para o filho de Paulus, Ernst Alexander, reconstituiu a jornada do marechal-de-campo até Nuremberg:

> 20/01/46: O marechal-de-campo Paulus e o general Buschenhagen foram transferidos do campo de Lunovo para uma casa protegida do MVD [Serviço Secreto Russo] em Moscou.

01/02/46:Ao meio-dia, em uma base aérea militar, embarcaram num avião especial do MVD e foram para Berlim (campo de pouso de Staaken), via Olsztyn e Küstrin [hoje Polônia, na época Alemanha], junto com o major-general Pavlov, o tenente-coronel Georgadze e três tenentes. Então, seguiram de carro para Babelsberg via Potsdam e passaram a noite em uma casa na rua Kaiserstrasse (que mais tarde recebeu o nome de Leninstrasse).

03/02/46:Domingo – primeira tentativa de viajar para Plauen. A viagem foi interrompida porque o carro quebrou nas montanhas de Ravensberg, depois de Potsdam.

04/02/46: Seguiram em um carro trazido de Dresden. Passaram por Treuenbritzen, Leipzig, Altenburg, Zwickau e Reichenbach até chegarem a Plauen. Ficaram em uma casa chamada "Torterotot", na Mommsenstrasse (agora chamada de Antifa-Strasse).

11/02/46: Saíram cedo de Plauen e, pela via expressa de Hof, entraram em Nuremberg. Chegaram por volta das 10h ao Tribunal Militar Internacional, que fica no Palácio de Justiça, situado na Fürther Strasse. À tarde, o marechal-de-campo Paulus foi inquirido como testemunha. Passou a noite em um conjunto de edifícios fora de Nuremberg ocupado pelos guardas russos.

12/02/46:Pela manhã, o marechal-de-campo Paulus foi inquirido pela defesa. À tarde, o general Buschenhagen prestou depoimento como testemunha. À noite, voltaram a Plauen.

13/02/46 em diante: Espera torturante em Plauen pelo prometido "encontro com a família".

28/03/46:À noite, viagem inesperada para Dresden.

29 e 30/03/46: Permaneceram em Dresden-Neustadt.

31/03/46:Vôo de Dresden para Moscou. Ficaram hospedados em uma casa do MVD na rua Górki. Por volta de uma semana depois, foram transferidos para uma casa de veraneio no subúrbio de Tomilino, na região sudeste de Moscou.

Um dia antes da aparição de Paulus no tribunal, o fotojornalista russo Yevgeny Khaldei utilizou fotografias para explicar a configuração dos assentos da sala de audiência. Os que mais ficaram chocados em se deparar com Paulus fazendo declarações contra eles foram os comandantes da Wehrmacht que haviam sido indiciados. Hermann Göring pediu a seu advogado de defesa que "perguntasse àquele porco imundo se ele sabia que era um traidor". Quando Paulus entrou no tribunal, fez o juramento e começou a responder as perguntas, alguns dos acusados não conseguiram se conter. Os policiais norte-americanos foram obrigados a pedir silêncio.

As declarações da testemunha não revelaram nenhum novo detalhe sensacional sobre o plano de guerra de Hitler, mas só a simples presença do marechal-de-campo valia mais do que qualquer documento. Paulus fez diversas acusações, sobretudo contra Göring, Keitel e Jodl. Embora alguns dos acusados tivessem demonstrado alguma simpatia com relação a Paulus, a maioria o condenou, como se tivessem decidido que não empregariam um homem como ele na próxima guerra.

Vocês não podem me comparar a Paulus. ... Uma enorme quantidade de pessoas foi morta por ordem dele. O marechal-de-campo é responsável por suas ações, uma vez que era o general no comando do 6º Exército e o chefe interino do Estado-Maior.

GENERAL WALTHER VON SEYDLITZ, DIRIGINDO-SE AOS GENERAIS ALEMÃES PRISIONEIROS NA RÚSSIA, EM CONEXÃO COM O TRIBUNAL DE NUREMBERG

O único homem que pôde alegar uma vitória por pontos foi Hans Laternser, o advogado de defesa do Alto Comando da Wehrmacht: o momento em que a promotoria soviética ficou mais apreensiva foi quando Laternser perguntou a Paulus sobre a condição de seus soldados como prisioneiros dos russos. A promotoria russa fez uma objeção quanto à autorização desta pergunta. O jornalista austríaco Joe Heydecker aproveitou a oportunidade para conversar sobre isso com Paulus fora do tribunal. Primeiro Paulus se esquivou da pergunta referindo se à objeção levantada no tribunal, mas depois respondeu o seguinte: "Diga às mães e às mulheres dos prisioneiros que eles estão bem!" Isso apareceu em todos os jornais no dia seguinte. Por ter sido tão inquisitivo, Joe Heydecker esteve a ponto de perder sua credencial, mas os norte-americanos evitaram que isso acontecesse.

Depois da estada na Alemanha, Paulus não voltou para o campo de generais prisioneiros. Um alojamento próprio foi posto à disposição dele em Tomilino, um pequeno vilarejo a cerca de 48 quilômetros de Moscou. A casa era uma típica *dacha* russa. Mas o desejo dele de encontrar a mulher durante a breve permanência na Alemanha não se realizou. Elena Constance Paulus morreu em novembro de 1949 sem ter visto o marido novamente. Para Stálin, Paulus era o que a vitória lhe trouxera de mais valioso. Ele pôs um assistente, um médico pessoal e um cozinheiro à disposição de seu prisioneiro. (Naturalmente, esses três agentes do Serviço Secreto controlavam uns aos outros, e também o vigiado.)

Ele é fraco e hesitante demais. Tem aparentado muito nervosismo ultimamente e tornou-se tão maçante e queixoso que muitos dos generais passaram a evitá-lo.

Opinião dos generais alemães em cativeiro russo sobre Paulus

Friedrich Paulus pôs no papel suas visões sobre a guerra e deu palestras para os generais soviéticos. Embora fosse o prisioneiro de guerra de mais alta patente, não foi, como ocorreu com muitos outros generais, condenado a 25 anos em um campo de trabalho. O próprio Stálin havia dado ordens para que não perturbassem Paulus, chegando inclusive a organizar uma viagem para o marechal-de-campo cuidar da saúde em Ialta. Mas Paulus queria voltar para sua família e anunciou que desejava participar da reconstrução da Alemanha. Escreveu requerimentos a Stálin e a Beria, chefe da polícia secreta. Não se tratava apenas de um prisioneiro fazendo solicitações a Stálin; era o marechal Paulus escrevendo ao marechal Stálin. Não há indícios de que Stálin tivesse considerado a abordagem impertinente. Na pior das hipóteses, teria se divertido com tais súplicas.

A grande transformação dele ocorreu quando era prisioneiro. Paulus admitiu que o ataque alemão à União Soviética violou o direito internacional. Admitiu ter seguido o homem que desprezava a lealdade dos outros e que portanto não merecia nenhuma.

Otto E. Moll, jornalista

Em 1948, até o notório promotor principal dos "julgamentos-show"* de Moscou, Andrei Vyshinski, advogou pelo ilustre prisioneiro. Stálin respondia a cada pedido dizendo que decidiria sozinho quando o marechal-de-campo seria libertado.

* Como ficaram conhecidos os julgamentos "manipulados" do regime de Stálin para condenar os que se opunham ao ditador. (N.T.)

Em uma manhã de 1951, o mais honrado prisioneiro da União Soviética foi encontrado em sua *dacha* à beira do colapso. Nos dias que se seguiram, o marechal-de-campo de 60 anos se recusava a sair da cama ou a comer. Não falava com ninguém. Estava sofrendo de uma depressão profunda. Durante anos, fez de tudo para voltar à Alemanha, escreveu inúmeras cartas a Stálin. Para o ditador, Paulus representava um troféu humano de valor incalculável, a lembrança concreta de sua maior vitória: Stalingrado. Mas nesse momento o generalíssimo começou a temer que seu pássaro preferido morresse em sua gaiola de ouro. Stálin decidiu libertar Friedrich Paulus. No entanto, seria importante escolher o momento mais favorável para que a repatriação do marechal-de-campo rendesse aos soviéticos o maior proveito político. Isso levaria algum tempo. Antes que uma decisão fosse tomada, Stálin morreu, dando início a uma disputa de poder no Kremlin entre os possíveis sucessores do ditador.

Em 27 de setembro de 1953, Walter Ulbricht, presidente do Estado comunista da Alemanha Oriental, a chamada República Democrática Alemã, visitou Moscou quando seguia para uma temporada de cura no Mar Negro. Os soviéticos organizaram uma reunião de última hora entre Paulus e Ulbricht. A conversa privada entre os dois durou mais de uma hora e meia. No dia seguinte, antes de seguir viagem, Ulbritch se encontrou com um representante do Comitê Central do Partido Comunista Soviético. Ulbricht disse o seguinte sobre sua conversa com Paulus: o marechal-de-campo expressou o desejo de se estabelecer na RDA e assumir um cargo em algum órgão do governo ou em alguma estatal. Paulus também se dispôs a fazer uma declaração política em público. Tal declaração deveria, na opinião de Ulbricht, restringir-se a um resumo das lições tiradas da guerra que levou a Alemanha à catástrofe.

Pouco tempo depois, Paulus escreveu:

> Como comandante das tropas alemãs na batalha de Stalingrado, tão fatídica para minha Pátria, vim a conhecer todos os horrores de uma guerra de conquista, não só para a população do país invadido mas para meus próprios soldados. As lições tiradas de minha experiência, e também de toda a Segunda Guerra Mundial, levou-me a perceber que o destino do povo alemão não pode ser construído com base em noções de poder, mas sim com base na amizade duradoura com a União Soviética e outras nações defensoras da paz. ... Não quero deixar este país sem dizer ao povo soviético que, com uma obediência cega, vim para a terra deles como inimigo, mas agora deixo a União Soviética como amigo. (Esta declaração foi publicada no jornal *Pravda* no dia 24 de outubro de 1953.)

Em 26 de outubro do mesmo ano, Friedrich Paulus aterrissou em Berlim Oriental. Decidiu que a partir daquele momento moraria na RDA. Tal decisão talvez tenha sido influenciada pela morte de sua mulher, pelo medo justificável de se tornar objeto de controvérsia pública na República Federal e por suas evidentes ressalvas à política de Adenauer com relação à integração militar por meio de um sistema de alianças na Europa Ocidental. Paulus não era comunista, tampouco queria uma Alemanha comunista, mas desejava um "futuro pacífico para uma Alemanha unificada e democrática." O fator decisivo talvez tenha sido o fato de a RDA ter oferecido melhores oportunidades. Como chefe do recém-criado gabinete de Pesquisa da História Militar, começou a ministrar, em agosto de 1954, um curso sobre guerra na Academia da Polícia Militar de Dresden. Participava ativamente do planejamento do novo gabinete de pesquisa e dava aulas sobre a batalha de Stalingrado e o Plano Schlieffen.*

A RDA mostrou sua gratidão e concedeu-lhe uma casa no exclusivo distrito de Weisser Hirsch, além de privilégios, como uma licença para porte de arma e caçadas e um carro Opel Kapitän financiado pela polícia. O crescente Exército Popular Nacional ofereceu ao marechal-de-campo um assistente, o jovem oficial *Hauptmann* Beutel. A luxuosa casa de Paulus era protegida pelo batalhão de urgência da Polícia Militar do Povo (e a partir de março de 1956, pela 7ª Divisão Armada do Exército Popular Nacional). Em sua correspondência com os líderes do "Estado Socialista de Operários e Camponeses",** o papel timbrado usado por Paulus trazia o seguinte título: "Friedrich Paulus – *Generalfeldmarschall* do antigo Exército alemão".

> *Paulus não era comunista, tampouco queria uma Alemanha comunista, embora desejasse um "futuro pacífico para uma Alemanha unificada e democrática". Foi obrigado a lutar por esse fim em sua nova pátria – a RDA.*
>
> Thorsten Diedrich, jornalista

A RDA conseguiu convencer o marechal-de-campo a se engajar na luta pelos objetivos políticos da república. Ulbricht e a administração política da

* Plano para derrotar a França na Primeira Guerra Mundial. Previa uma ofensiva que começaria pelas Ardenas e iria até a costa do Canal da Mancha. (N.T.)

** Forma como a própria República Democrática Alemã se definia. (N.T.)

Polícia Militar do Povo davam grande importância à "atitude patriótica" do marechal-de-campo e à oposição dele à integração com o oeste defendida por Adenauer – cujos objetivos Paulus, após dez anos fora da Alemanha, e por isso sujeito a informações de apenas um lado, considerava "perigosos". A liderança da RDA desejava utilizar aqueles que serviram na guerra para criar uma espécie de grupo militar pangermânico contra os tratados da Otan. Em julho de 1954, Paulus, cujos artigos e palestras tiveram influência duradoura, atacou os tratados de Paris publicamente em uma conferência internacional de imprensa.

Em dezembro, fez o mesmo durante uma entrevista concedida à estação de rádio da Alemanha Oriental, a *Deutschlandsender.* Como palestrante principal, falou sobre os oficiais da antiga Wehrmacht e da Waffen-SS em reuniões realizadas em Berlim Oriental nos dias 29 e 30 de janeiro e 25 e 26 de junho de 1955, assim como em encontros menores. Disse que era contra o envolvimento militar da República Federal em uma aliança ocidental e que aqueles que lutaram na guerra têm grande responsabilidade para com uma Alemanha democrática. Aos olhos de seus antigos colegas, Paulus (o nome alemão para Paulo, o apóstolo) tornou-se Saulus (Saulo de Tarso). Ele, por sua vez, acreditava estar sendo fiel às suas convicções. Porém, jamais emitiu uma única palavra, nem mesmo aos amigos em que mais confiava, a respeito de sua opinião em relação ao rearmamento da GDR, à "sovietização" da Alemanha Oriental ou sobre como vislumbrava uma Alemanha unificada.

Quando organizou um encontro de ex-oficiais, ficou profundamente magoado com as cartas de recusa de seus antigos colegas, entre eles o *Generaloberst* Franz Halder, que o acusou de trair a Alemanha e de se aliar ao inimigo. Igualmente dolorosas eram as perguntas dos parentes daqueles que lutaram em Stalingrado. Eles queriam saber o paradeiro de seus filhos, irmãos ou maridos. Com cuidado, Paulus lhes contava o que sabia. Tudo isso debilitou sua saúde e aumentou a infeliz carga de responsabilidade que lhe pesava sobre os ombros. Durante o discurso de abertura de uma conferência de oficiais, tentou enfatizar sua crença política da seguinte forma:

> Com as amargas lições que tiramos da chamada política da força e do nosso sentimento geral de responsabilidade pelo atual estado da nação alemã, expressamos nossa convicção de que não necessitamos de novos tratados militares, que por sinal determinaram a funesta divisão da Alemanha com pedra; em vez disso, precisamos de um entendimento entre as partes Oriental e Ocidental e entre a Alemanha e outras nações. Queremos uma Alemanha forte, respeitada, soberana e independente, sem a ocupação de tropas; uma

> Alemanha cujo território seja garantido por um acordo geral de segurança entre todos os Estados europeus e as grandes potências, e cujas fronteiras sejam guardadas pelas Forças Armadas Nacionais, subordinadas apenas ao povo alemão.

Pouco tempo depois, um relatório "irritante" da Stasi (o Serviço de Segurança do Estado) disse que ele havia falado a seguinte frase: "Não sou da parte oriental, nem da ocidental. Sou alemão."

> *Paulus era obcecado pela idéia de que um dia haveria um Reich alemão, uma Alemanha, não duas faixas de território separadas.*
>
> Baronesa Olga von Kutzchenbach, filha de Paulus

Ele era freqüentemente acusado de ter participado da construção das Forças Armadas da RDA, embora não existisse qualquer prova disso. Pelo contrário, até o fim de sua vida, o renomado marechal-de-campo parecia um alienígena no "Estado de Operários e Camponeses". O Ministério de Segurança do Estado armou uma densa rede de informantes ao redor dele e de seu círculo social. Para os espiões comunistas, a vigilância a Paulus era conhecida como "Operação Terraço". Em um relatório de agosto de 1956, podemos, entre outros tópicos, ler: "É evidente que ele não está, nem nunca esteve, envolvido na construção, no treinamento ou na liderança da Polícia Militar do Povo. Ele não tem, e nunca teve, qualquer ligação com oficiais ou unidades de comando; apenas seu custo de vida consta nas contas do Ministério da Defesa Nacional por meio de um salário para um cargo inexistente."

Sofrendo de uma doença grave, Paulus saiu de vez da ribalta política no final de 1955. Foi acometido por uma doença incurável e progressiva no cérebro. Embora não afetasse as faculdades mentais dele, causou a total paralisia de todos os movimentos musculares. Talvez possamos dizer que tal doença simbolizou a vida de Friedrich Paulus.

Em 1º de fevereiro de 1957, dia do 14º aniversário da derrota em Stalingrado, o marechal-de-campo morreu em Dresden, num estado de profunda depressão. Em 6 de fevereiro, após um modesto funeral com a presença de parentes e membros do Conselho Nacional da RDA, além de uma pequena delegação do Ministério da Defesa Nacional, seus restos mortais foram cremados em Tolkewitz, subúrbio de Dresden. A pedido da família, a urna foi levada para Baden-Baden, onde Friedrich Paulus encontrou seu último refúgio ao lado da mulher, Elena Constance, a quem viu pela última vez na primavera de 1942.

Pelas declarações oficiais é impossível deduzir o que Paulus realmente pensava e sentia. Era uma pessoa muito reservada e, sobretudo depois de Stalingrado, tinha uma grande consciência de sua participação na história. Como marechal-de-campo da Wehrmacht, carregava o estigma de ter sido comandante do Exército demonizado por sua lealdade a Hitler; depois, foi ridicularizado e acusado de ser comunista. Entretanto, nenhuma das duas acusações define Paulus com precisão.

Do ponto de vista atual, esse homem alto e introvertido teve sua personalidade dolorosamente testada pelo destino, uma pessoa que se reconhecia como uma triste figura da história militar alemã. Confinado entre o peso da responsabilidade pela catástrofe em Stalingrado e uma nova sociedade que nunca compreendeu por completo, Paulus buscou novos ideais tanto no leste quanto no oeste, mas sempre se sentiu um estranho. Voltar da União Soviética foi como voltar para casa e só encontrar estranhos. Suas expectativas patrióticas por uma Alemanha unificada e pacífica e a tentativa de utilizar sua experiência pessoal para esse fim foram exploradas para outros objetivos. O homem que ajudou a escrever dois episódios trágicos da historia alemã morreu sozinho.

No dia 6 de fevereiro de 1957, um membro da Stasi arquivou a ficha de Paulus com o seguinte comentário: "O sujeito 'Terraço' foi um dia marechal-de-campo do antigo Exército fascista alemão. Com a morte dele em 1º de fevereiro, encerra-se a vigilância ao sujeito." Friedrich Paulus nunca foi aceito pela Alemanha pós-guerra.

Diante dos soldados e oficiais do 6º Exército e diante do povo alemão, carrego a responsabilidade de ter obedecido a ordem do comando supremo para resistir até o momento da desintegração.

Friedrich Paulus

Sinto apenas simpatia por ele.

General Alfred Jodl, em Nuremberg

CAPÍTULO CINCO

O aviador – Ernst Udet

Voar torna-se uma paixão. Uma vez que se adquire o domínio, nunca mais se consegue parar...

Não se pode pensar no fato de que, para cada homem abatido, uma mãe chora.

Os relatos sobre os acontecimentos na Alemanha são exagerados. ... Houve alguns casos de judeus que foram maltratados, mas a estes deram uma importância desmedida.

Hitler não levará a Alemanha à guerra.

Éramos soldados sem bandeira. Hasteamos nossa bandeira novamente. O Führer nos devolveu isso. Para os soldados antigos, a vida passou a valer a pena novamente.

Para se voar, às vezes é necessário fazer um pacto com o diabo. Só não podemos deixar que ele nos devore.

Não passo de um fantasma que veste um uniforme.

Mas devo prosseguir. A grande noite logo terá início e toda a vida ficará submersa.

ERNST UDET

Por volta das 5h15, vi o avião vermelho do Oberleutnant *Udet destruir um DH [De Havilland] 9 e logo depois fazer com que um segundo avião, um DH 2, caísse em chamas.*
Assinado: Göring, comandante do Esquadrão do barão Von Richthofen

HERMANN GÖRING

Udet é um mestre dos céus, e lá sente-se tão em casa quanto um motociclista se sente quando está em uma rodovia. ... Ficamos contentes que a tecnologia alemã esteja avançando sem parar e que possamos contar com desbravadores como Udet na indústria aérea. A aviação alemã está amarrada e amordaçada, porém jamais poderão destruí-la.

WÜRZBURGER VOLKSBLATT (JORNAL)

De forma acertada, Hitler considerava Udet um dos maiores pilotos da Alemanha. Infelizmente, também o via, de maneira equivocada, como um dos melhores especialistas em tecnologia de aviação.

ERHARD MILCH, SECRETÁRIO PERMANENTE
DO MINISTÉRIO DA AVIAÇÃO DO REICH

Se eu soubesse o que Udet pensava estar fazendo... Ele desestruturou todo o programa da Luftwaffe. Se estivesse vivo hoje, me sentiria na obrigação de dizer-lhe: "Você é responsável pela destruição da Luftwaffe alemã."

HERMANN GÖRING

Era um artista muito talentoso em sua área de atuação; um homem cuja habilidade como piloto o levou a uma posição singularmente nobre. "Não me fale mal de nossos mestres", este lema é a atual força mobilizadora dos jovens alemães; com certeza eles não desdenham do piloto Udet e olham para ele no céu com admiração e entusiasmo, enxergam nele um grande exemplo.

DIE LUFWELT (REVISTA SOBRE O MUNDO DA AVIAÇÃO)

Udet morava em um apartamento de tamanho mediano, repleto de troféus de aviação, de caça e desses suvenires que se coleciona ou recebe ao longo de uma vida ativa e viajada. Em uma das paredes havia diversas fotos de mulheres bonitas. Tomei cinco doses. Udet bebeu outras cinco. Udet venceu ...

CHARLES LINDBERGH

Ele irradiava charme, bom caráter e entusiasmo graças à aviação. Era capaz de beber enormes quantidades de álcool e no momento seguinte estar completamente sóbrio.

ADOLF GALLAND, PILOTO DE CAÇA

Simpatizamos um com o outro após trocarmos apenas algumas palavras, depois terminamos nossa primeira garrafa de conhaque juntos.

CARL ZUCKMAYER, DRAMATURGO

Não há qualquer motivo para se preocupar com o trabalho. Sua excelente equipe fará o que for necessário. De todo modo, pedi a Milch que também tome conta de tudo.

Hermann Göring

Ele e Göring sempre falavam dos velhos tempos quando se encontravam. Qualquer discussão sobre questões de trabalho era escrupulosamente evitada.

Christian von Hammerstein, advogado-geral

Udet tinha que lutar contra as intrigas de Milch, lidar com as exigências excessivas de Göring e tentar conciliar as visões divergentes de uma equipe muito ampla. Era demais para ele.

General von Seidel

Não era uma pessoa direta, era muito vaidoso e se ofendia com facilidade.

Erhard Milch, secretário permanente no Ministério da Aviação do Reich

Só alguns dos que estavam presentes sabiam o que de fato havia acontecido. No grandioso salão de recepções do Ministério da Aviação, reinava um silêncio nervoso, quebrado apenas pelo monótono chiado das câmeras do cinejornal, que registravam cada detalhe do espetáculo encenado meticulosamente.

Junto ao caixão colocado sobre o catafalco, vários oficiais permaneciam inertes com suas espadas levantadas. Em seus rostos, o reflexo de quatro tochas acesas em colunas negras, ao lado do caixão. Entre os enlutados, destacavam-se nomes conhecidos, chamados pelos assistentes de palco desse funeral de Estado. Adolf Hitler estava lá, assim como os grandes ases da aviação alemã. Emmy Göring, a "primeira-dama" do Terceiro Reich, também compareceu, e atrás dela, o corpo diplomático e figuras importantes do Partido Nazista. O último a chegar foi Hermann Göring, o *Reichsmarschall* e comandante-em-chefe da Luftwaffe. Todo enfeitado, ele vestia um uniforme azul-claro, botas escuras e um cinto dourado de cerimônias. Ao som da *Heróica* de Beethoven, subiu os degraus até o catafalco. Ouvia-se o tilintar de suas esporas. O *Reichsmarschall* limpou a garganta e disse:

Udet (à direita) em 1937 com o general Erhard Milch, secretário permanente do Ministério da Aviação do Reich, onde Udet era chefe da Divisão Técnica. Embora um dia já tivesse sido amigo pessoal de Udet, Milch colaborou para a ruína do oficial.

> Agora, nos despedimos de você. É impossível aceitarmos a idéia de que você, meu querido Udet,* não está mais entre nós. Não podemos entender, já que sua personalidade era tão forte, revigorante e alegre. Você era tão cheio de vitalidade que ainda sentimos sua presença. Você continua entre nós. O Todo-Poderoso o chamou para perto Dele e agora você poderá rever aqueles que já morreram. E agora... simplesmente não consigo mais falar... meu melhor companheiro, adeus!

As últimas palavras de Göring mal puderam ser ouvidas. A voz dele falhou. E quando o gordo marechal do Reich desceu os degraus, a banda começou a tocar, bem baixo, "*Ich Hatt' einen Kameraden*". Göring cantou com lágrimas nos olhos. Adolf Hitler deu um passo adiante e apertou a mão de uma senhora cheia de véus. Paula Udet lutava para manter a compostura. O drama ali encenado era o clímax mentiroso de uma produção da qual até a mãe do morto teve que participar.

Os oficiais pegaram o caixão e saíram pela rua em meio a uma multidão. Uma procissão foi formada. Na frente, um oficial com a bandeira do partido. Depois vinham a banda, homens carregando coroas de flores e, por fim, a figura solitária do *Reichsmarschall* Hermann Göring.

Cinco dias antes, o Serviço de Notícias alemão anunciou: "Em 17 de novembro de 1941, enquanto testava um novo avião de guerra, o general de armamentos aéreos Ernst Udet sofreu um acidente grave e morreu a caminho do hospital. O Führer ordenou um funeral de Estado para o oficial, que faleceu de forma tão trágica no exercício de sua função."

Um piloto morreu, a Alemanha fica de luto. Até 1945, a maioria dos alemães acreditava no conto de fadas de que Udet morrera de forma heróica pelo povo e pela Pátria. Ernst Udet foi um homem famoso. Acumulou inúmeras horas de vôo e realizou acrobacias incríveis nas alturas. As crianças amavam o homem que podia "balançar as asas" e que, quando queria, era capaz de pegar um lenço do chão com a ponta da asa de seu avião. Nas telas de cinema, divertiu casais de jovens namorados ao resgatar montanhistas em perigo. Os cidadãos de Berlim o conheciam dos bares da cidade, onde passava as noites e sempre era um dos últimos a ir embora. E todos o conheciam pelas reportagens do cinejornal, nas quais era visto com freqüência ao lado de Hermann Göring e Hitler.

---

* Embora seja um nome francês, provavelmente huguenote, a pronúncia em alemão é "Oodett".

O dramaturgo Carl Zuckmayer, amigo de Udet, estava nos Estados Unidos quando leu nos jornais sobre a morte trágica do piloto. A notícia o estimulou a começar a escrever a peça *The Devil's General.* O título da obra se tornaria um sinônimo de Udet. Zuckmayer não escondia de ninguém que o herói da peça, "Harras", foi baseado em seu amigo da Luftwaffe.

O texto foi um dos mais encenados na Alemanha pós-guerra. Udet foi transformado em seu *alter ego* literário, o piloto Harras. "General ou palhaço de circo? Sou um piloto, nada mais do que isso", insistia o personagem. Harras era um piloto, e se ele precisava voar para Hitler, que assim fosse. Passou a se envolver cada vez mais nas tramas criminosas do regime, até admitir, resignado, que havia se tornado "um general do diabo". Heroicamente, assume as conseqüências e se mata colidindo seu avião. Com essa peça, Zuckmayer criou um memorial para o amigo. Mas apenas 20 anos depois de ter escrito as primeiras linhas do texto em uma espécie de catarse é que começou a questionar as razões de Udet. Em 1966, reescreveu a peça e depois a retirou dos palcos para sempre. A obra foi muitas vezes entendida como uma apologia "a um certo tipo de simpatizante", o que é um equívoco.

Quem foi Ernst Udet? Um dos generais do diabo? Ou alguém que resistiu à dominação do diabo?

> *Eu me apaixonei pelo vôo. Nunca conseguirei fugir disso. Mas um dia o diabo nos tomará a vida.*
>
> ERNST UDET

A guerra dele foi a de 1914 a 1918. A aura de ser o piloto de combate mais bem-sucedido depois de Manfred von Richthofen, o "Barão Vermelho", aderiu a ele como uma segunda pele e, durante o período entre guerras, garantiu-lhe acesso aos ricos e poderosos. Era charmoso e galante, um homem cuja maneira aberta e amigável não passava despercebida. Mas ao mesmo tempo, era inconseqüente e irresponsável. Passou os anos da República de Weimar como piloto acrobático e astro de cinema. Não era um homem propriamente militar. Em 1935, porém, entrou para a recém-criada Luftwaffe, com a patente de *Oberst* (o equivalente a coronel). Sob as instruções de Hitler e o comando de Hermann Göring, coordenou o armamento e a equipação da Luftwaffe para a Segunda Guerra Mundial, cujo final não viveria para ver. Quando morreu, tinha apenas 45 anos. Deixou uma montanha de contas a pagar no refinado restaurante Horcher, em Berlim, além de diversos filhos ilegítimos e um Ministério da Aviação, ao qual seu sucessor chamou, consternado, de "as cavalariças de Augias".*

Em 1896, o pioneiro da aviação alemã, Otto Lilienthal, morreu em um acidente aéreo enquanto tentava voar num planador. Naquele mesmo ano, em Frankfurt-am-Main, nascia Ernst Udet. Ele veio à luz em 26 de abril, um domingo. Seus país, Paula e Adolf Udet, estavam orgulhosos com o primeiro filho. A mãe o chamava carinhosamente de "Erni". Logo após o nascimento, a família se mudou para Munique, onde Erni cresceu como um típico "malandro" bávaro. Seu desempenho escolar não era brilhante. Na opinião dos professores da escola Theresien, na praça Kaiser-Ludwig, o menino tinha muitas idéias loucas na cabeça. "Ele aprendia rápido, mas esquecia tudo com a mesma facilidade. Tinha diversos interesses, porém de uma forma superficial. Era capaz de falar com facilidade e prazer sobre muitos assuntos. ... Mas lhe faltavam seriedade e zelo em todas as tarefas." Esse foi o relatório da escola em seu primeiro ano do ginásio. Os verdadeiros interesses de Erni estavam fora dos muros sombrios do estabelecimento de ensino. Era um desenhista talentoso e também gostava muito de fotografia e, sobretudo, pilotagem. Entre seus heróis de infância estavam os irmãos Wright, dois dos pioneiros da aviação.

Entusiasmado com a primeira exibição internacional de vôo, no outono em 1904, Erni e alguns amigos fundaram o "aeroclube de Munique". O pai de Udet deixou que eles usassem o sótão de sua casa para os encontros de "pilotos". Os meninos passaram a se reunir todas as quartas-feiras após a escola para construir modelos de aviões e conversar sobre o tema. O complexo aéreo de Gustav Otto, em Milbertshofen, subúrbio de Berlim, exercia uma fascinação mágica sobre eles. Encostados nas grades que cercavam o local, os membros do "aeroclube" viam, maravilhados, os primeiros bimotores e admiravam os corajosos pilotos. Às vezes os meninos eram autorizados a ajudar os pilotos, girando a hélice manualmente para dar partida no motor. Em 1909, o piloto francês Louis Blériot conseguiu realizar a primeira travessia aérea ao cruzar o Canal da Mancha. Para os jovens aviadores de Munique, o rio

* Na mitologia grega, Augias foi um rei cujos currais nunca haviam sido limpos. Tal tarefa seria o quinto dos 12 trabalhos de Hércules. (N.T.)

Isar era o "canal" a ser "conquistado" com aeromodelos. Em 9 de janeiro de 1909, Erni Udet adquiriu sua primeira "qualificação": "O certificado oficial de piloto do Aeroclube de Munique foi obtido por *Herr* Ernst Udet, aviador, em um monomotor Dornier construído pela MGW. Ele cobriu a distância prescrita de três metros na presença do presidente e do secretário."

Durante as férias de verão de 1910, em sua casa de campo no vilarejo de Aschau, Udet construiu seu primeiro planador, feito com bambu e linho, em tamanho natural. Com saltos largos, desceu a rampa com o avião improvisado até que o objeto se partiu. Os aviadores do "aeroclube", que correram para ver a cena, tinham uma explicação pronta para os aldeões que zombavam deles: naquela área específica o magnetismo exercido pela Terra era tão forte que voar era algo impossível.

O desejo do jovem era uma pedra no sapato de seus professores na escola: "Embora inteligente e talentoso, o desempenho dele não vai além da mediocridade, em grande parte devido à distração e à falta de atenção. Sua cabeça está repleta de outras idéias. Ele é particularmente obcecado pela idéia de voar. Está determinado a construir um monomotor sozinho e a tornar-se piloto." O fato de não ter passado de ano causou pouco impacto em Erni. E ao que parece, também em seus pais, já que nunca entraram em contato com a escola para falar sobre a questão. Deixaram-no à deriva. Na verdade, o pai, que na época tinha uma próspera fábrica de boilers e aquecedores centrais, tentou preparar o filho para uma carreira na empresa da família. Mas fracassou, já que Erni não vislumbrava um futuro entre encanamentos e banheiras.

Com muito esforço, em 1913 ele conseguiu passar no *Mittlere Reife*, o último exame escolar alemão. Satisfeito, seu pai lhe deu uma motocicleta – presumivelmente como um "agrado" para conseguir convencê-lo a trabalhar na empresa da família. Porém, o rapaz se contentava em vagar melancolicamente pelo complexo aéreo de Gustav Otto, até que um dos pilotos ficou com pena dele e o convidou para realizar um vôo. Esta foi a primeira de inúmeras viagens.

> *Wer fliegt da so früh mit dem Morgenwind?*
> *Das ist der Udet, das fröliche Kind**
>
> Ernst Udet

* Quem voa tão cedo com a brisa da manhã?/ É apenas Udet, a criança feliz. (N.T.)

Em 1914, a época de brincadeiras chegou ao fim. Com os tiros que mataram o príncipe Franz Ferdinand, da Coroa austríaca, em 28 de junho em Sarajevo, o delicado equilíbrio que há anos vinha mantendo a Europa no limiar da guerra chegou ao fim. Em Munique, Berlim, Viena, Paris e em outras partes, as multidões aclamaram a deflagração de um conflito que liberou anos de ódio contido.

Contagiado pela euforia geral da guerra, Udet se apresentou imediatamente para servir. "Baixo demais", foi o sucinto veredicto do recepcionista do centro de voluntários. Ele realmente era baixo, mas também era muito persistente. Entrava em contato todos os dias com a filial de Munique do Automóvel Clube da Alemanha, que organizava um grupo de mensageiros para o front. Por ser um dos poucos a possuir uma motocicleta, acabou sendo selecionado. Primeiro, foi alocado como motorista da 26ª Divisão de Infantaria da jurisdição militar de Estrasburgo, sendo mandado logo depois para um *pool* de veículos em Namur, na Bélgica. Os soldados zombavam dos mensageiros chamando-os de "hussardos a gasolina" ou "cavaleiros motorizados". Mas a atividade que desempenhavam também tinha seus perigos. Durante um bombardeio, Udet caiu com sua motocicleta em uma cratera aberta por uma explosão e se feriu.

Em outubro, o Exército suspendeu o contrato com o grupo de mensageiros voluntários. Mais uma vez, o soldado frustrado ficou vagando por Munique. O pai percebeu que algo precisava ser feito. Com uma generosa doação em dinheiro e a construção de um novo banheiro para o complexo aéreo de Gustav Otto, conseguiu que o filho fosse aceito na escola aérea de Oberwiesenfeld e em abril de 1915 Ernst Udet já tinha conseguido a licença de piloto. Em 4 de setembro do mesmo ano, passou a servir como piloto na 206ª Divisão de Artilharia – ainda não havia disparado um tiro, já que os pilotos atuavam principalmente como observadores desarmados. Entretanto, com a transferência para a seção 68 da base aérea de Habsheim, Udet logo passaria por uma experiência bem diferente.

O engenheiro aeronáutico Anthony Fokker desenvolveu uma metralhadora que permitia aos pilotos atirarem por entre as palhetas da hélice, transformando o céu em um campo de batalhas. Em dezembro, Udet enfrentou sua primeira batalha aérea com um bimotor francês Caudron. Embora tenha tido a oportunidade, ele não conseguiu abater o adversário. Em sua autobiografia, *A Pilot's Life*, publicada em 1935, descreveu esse duelo como uma experiência seminal: "Foi como se o horror tivesse congelado o sangue dentro de minhas veias, paralisado meus braços e retirado todo o pensamento de minha mente, tudo de uma só vez." E depois completou: "No entanto, aquele que deseja continuar sendo considerado homem, deve, no momento da decisão, ter a força necessária para sufocar o medo que todo animal sente, já que o medo animal que existe em nós quer continuar vivo a qualquer custo. E quem sucumbir a ele, não fará mais parte da comunidade de homens, na qual prevalecem a honra, o dever e a pátria."

O homem sentimental, do qual mais tarde ele passou a zombar, não durou muito tempo. Com uma ambição implacável, tentava se livrar de suas fraquezas. Pôs um "avião" fictício na extremidade da base aérea e passou a atirar repetidamente no alvo até melhorar seus resultados. Com o treinamento, afinal conseguiu sua primeira vitória aérea. "Não posso descrever o que senti; eu quase gritei de tanta alegria e orgulho."

Daquele momento em diante, passou a registrar seus triunfos em detalhes. Em sua autobiografia, escreve sobre cada "morte". O clímax veio quando abateu três aviões inimigos em um único dia. Evitava tirar licenças para não perder a primeira posição na lista de abatimentos. Para Udet, a guerra parecia um romance de aventura.

A força aérea era a nova tropa de elite do Exército do kaiser. Os pilotos se apresentavam como "os cavaleiros dos céus". Eram homens que estavam acima da penúria da guerra de trincheiras, na qual centenas de milhares de conterrâneos perdiam a vida.

Graças a marcas pessoais que identificavam os aviões, os pilotos em geral sabiam com qual adversário estavam lidando. Sem falsa modéstia, escreviam frases chamativas em suas máquinas. A de Udet era "*Du doch nicht*" (algo como "Você não!"). "*Le voilá, le foudroyant*" ("Aí vem a tempestade"), advertia um de seus adversários franceses.

Os pilotos cultivavam o mito de uma relação cordial no ar. Em 1916, Udet se viu em meio a um duelo com Georges Guynemer, o ás da aviação francesa. Lutaram por oito minutos, até a arma automática de Udet parar de funcionar. Guynemer se aproximou, percebeu o problema do adversário e foi embora. Ao menos era a versão da história que Udet gostava de contar, apesar de outros alegarem, de forma mais prosaica, que Guynemer também enfrentava problemas com seus armamentos.

O sonho de um "companheirismo genuíno" continuou sendo compartilhado entre o piloto e seus antigos adversários mesmo após a guerra. Em 1928, Udet encontrou o famoso piloto francês René Fonck, que assinou sua foto com as palavras: "Quanto mais lutamos uns contra os outros, mais somos capazes de entender a verdadeira solidariedade do céu."

No entanto, a verdade é que a guerra no ar logo se tornou uma sombria batalha de vida ou morte. O próprio Udet já tinha visto sua esquadrilha inteira ser destruída em minutos. A perda de amigos e colegas fariam ele temer relações próximas pelo resto da vida. Ao mesmo tempo, porém, adquiriu a fama de ser um homem de sorte. Havia sido incluído na categoria de herói, e heróis são cortejados.

Em eventos realizados em Berlim, os fabricantes de aviões competiam pela preferência dos pilotos. Andares inteiros dos melhores hotéis de Berlim eram reservados. A empresa Pfalzwerke ocupou todo o Adlon Hotel, na Pariser Platz, enquanto a Fokker realizava suas recepções no Bristol. E quando um piloto abria seu guarda-roupa, às vezes encontrava uma surpresa como um casaco de peles.

Até mesmo na frente de batalha os pilotos sabiam como explorar ao máximo a aura que os cercava. O champanhe raramente terminava, e nos *châteaux* ocupados sempre tinham festas animadas. Um tipo de vida que atraía bastante o jovem Udet. Seus colegas o chamavam de *Kneeckes*, "Baixinho". Gostavam do jovem cheio de vida e luz que topava qualquer brincadeira. O dramaturgo Carl Zuckmayer relembra o primeiro encontro que teve com o piloto: "Simpatizamos um com o outro após trocarmos apenas algumas palavras, depois terminamos nossa primeira garrafa de conhaque juntos."

> *Nossa vida era melhor do que a dos outros soldados em todos os aspectos. Éramos mais bem alimentados, mais bem equipados e tínhamos mais tempo livre. Porém, o mais importante era a nossa avidez pela luta e o sentimento de que fazíamos parte da elite. ... Voar pelo incomensurável firmamento, muitas vezes tendo que resolver tudo completamente sozinhos, dava-nos uma sensação de superioridade em relação às pequenas criaturas da Terra e às atividades triviais desempenhadas por elas. Tínhamos nosso próprio tipo de orgulho.*
>
> Hauptmann Hermann Steiner, falando sobre os pilotos da Primeira Guerra Mundial

Udet passou a abater um avião inimigo atrás do outro. Subia cada vez mais na lista de pilotos bem-sucedidos. Uma foto de Udet foi encontrada no corpo de um piloto inimigo abatido por ele. Ela tinha a seguinte frase: "O ás dos ases."

Em um dia chuvoso de novembro de 1917, em Le Cateau, Norte da França, Udet foi agraciado pelo "Barão Vermelho", Manfred von Richthofen, comandante do 1º Esquadrão de Caça e o piloto mais bem-sucedido da Primeira Guerra Mundial: "Quantas mortes até agora, Udet?" Ele respondeu: "Dezenove já confirmadas e mais uma relatada, senhor." "Então, diria que você está pronto para juntar-se a nós. O que acha?"

Com o esquadrão de Richthofen, Udet se familiarizou com um novo nível de combate aéreo. Dizia-se que o Barão Vermelho caçava os britânicos como porcos selvagens na floresta. Certa vez, Richthofen escreveu à mãe: "Querida mamãe, o coração bate mais forte quando o inimigo, cujo rosto acabamos de ver, despenca envolto em chamas." Vivia para voar, e voar significava abater aviões inimigos. A apenas alguns quilômetros da linha de frente, os pilotos eram alojados em quartéis e travavam batalhas aéreas freqüentes, às vezes três por dia. A tensão física e mental a que estavam sujeitos se revelaria grande demais para Udet. Uma infecção no ouvido o forçou a passar alguns dias em casa. Tal aflição seguiria o piloto pelo resto da vida.

De volta a Munique, ele e a família celebraram o fato de o piloto ter recebido a condecoração mais alta das Forças Armadas, a *Pour le Mérite* (a famosa "Blue Max"), por ter abatido 20 aviões inimigos. Este foi seu bilhete de entrada para a aristocracia militar. Exalando orgulho, Udet andava pelas ruas de Munique com a namorada, deliciando-se com o fato de os guardas na frente do palácio real terem de saudá-lo com uma continência. De uma hora para outra, o piloto baixinho passou a caminhar de forma imponente. Em 21 de abril de 1918, ficou sabendo da morte de Manfred von Richthofen. Depois que Reinhard, sucessor do barão, também morreu, Udet assumiu o comando temporário do famoso esquadrão.

Mas quem seria o novo líder? Poderia ser Udet, que àquela altura tinha ao menos 40 mortes nas costas? No último momento, outro membro da família Richthofen, Lothar, foi cogitado. Os pilotos estavam certos de que o novo comandante-em-chefe seria alguém do próprio esquadrão. O suspense terminou com um telegrama surpreendente: "De acordo com a ordem nº 178654, de 8 de julho de 1918, o Comando Geral da Força Aérea nomeia o *Oberleutnant* Hermann Göring como novo comandante do Esquadrão Richthofen." Então foi Hermann Göring, que, com 21 mortes, havia recebido, assim como Udet, a *Pour le Mérite*! Mas algo parecia errado nessas estatísticas; alguns de seus colegas diziam que Göring supervalorizava seus feitos. Seja qual for a verdade, ele se contentou, naquele momento, com uma breve visita a seu novo esquadrão e depois saiu de licença. A personalidade instável deste orgulhoso ás da aviação, a quem Udet passaria a chamar de "Ironsides", foi algo que ele veio a conhecer muito bem.

A geração a que pertenço foi moldada pela guerra. Ela nos atingiu enquanto ainda estávamos em formação. Os fracos foram destruídos por ela. Restou-lhes apenas um horror paralisante. Mas em nós, e falo por quase todas as tropas de linha de frente, a vontade de viver tornou-se mais sólida e forte. Um novo tipo de vontade de viver, que sabe que a existência individual nada significa, a vida e o futuro da comunidade são tudo ...

Ernst Udet

A notícia de que um armistício foi assinado na cidade francesa de Compiègne pegou os pilotos alemães de surpresa. Isso significava que todo o sacrifício deles havia sido em vão? Hermann Göring voou com seu esquadrão para Aschaffenburg, perto de Frankfurt, e tentou, sem sucesso, esconder seus aviões em uma fábrica de papel, antes que os vitoriosos pudessem pegá-los. Pela última vez, os colegas de esquadrão foram beber no mosteiro da cidade, o Bierkeller, e Göring gritou com grande emoção: "Nossa hora chegará novamente!"

No dia seguinte, Ernst Udet foi dispensado do serviço. Com 62 mortes em ação, era o mais bem-sucedido piloto alemão a sobreviver à guerra.

De volta a Munique, Udet compartilhou da mesma sorte de todos que voltavam da guerra. O piloto trocou o mundo de fantasia e heroísmo dos anos de guerra pela dura realidade, que para muitos significava desemprego. Alguns conseguiram trabalho na aviação civil, outros passaram a voar sob as ordens dos Freikorps. Ernst Udet conseguiu um emprego como mecânico de motores na fábrica de Gustav Otto. O único assunto que ele realmente dominava era aviação. Mas com a assinatura do Tratado de Versalhes, quase não havia oportunidades para a realização de suas ambições aéreas. A Alemanha não podia ter aviões militares e o campo da aviação civil era bastante restrito. Por seis meses, nenhuma peça ou componente de avião, muito menos aeronaves, pôde ser fabricado ou importado. De um só golpe, a indústria aérea alemã foi reduzida às mesmas condições da fábrica de balões dos irmãos Montgolfier.

Udet, cujo otimismo seguia intacto, convenceu seu amigo Robert Ritter von Greim a ir em busca de aviões para viabilizar uma idéia que o piloto acreditava ser muito rentável: apresentações aéreas. Em 10 de agosto de 1919, milhares de pessoas se reuniram no campo de Oberwiesenfeld, perto de Munique. O programa era espetacular: mergulhos, piruetas, manobras longitudinais, vôos de cabeça para baixo... Udet sentia-se em casa. O clímax do evento foi uma batalha aérea fictícia entre os "Cavaleiros do Ar", na qual Udet e Von Greim perseguiam um ao outro com uma série de acrobacias de entortar o pescoço.

Em 1920, entretanto, a dura realidade logo trouxe os dois valentões de volta à Terra. Em 10 de janeiro daquele ano, os termos do Tratado de Versalhes passaram a entrar em vigor. Cerca de 15 mil aeronaves e 28 mil componentes aéreos foram reunidos e destruídos; um milhão de metros quadrados de galpões foram demolidos. O sonho de uma carreira no vôo acrobático ficou em suspenso.

Udet precisou arranjar outros meios para sobreviver. Tentou a sorte como piloto de carros de corrida, depois, como piloto de aviões comerciais. Tais atividades não lhe renderam o suficiente para o sustento, sobretudo porque ele, mais do que nunca, continuava gostando das coisas boas da vida. Munique passava por um renascimento boêmio. Nos bares e boates repletos de artistas ao redor de Schwabing, a Chelsea de Munique, todos festejavam – e entre eles estava Ernst Udet. Chamava essa atividade de "acrobacia no solo" e, entrando pela porta com sua motocicleta, perseguia a recepcionista até a mesa. Em bares como o Maxim ou o Odeon, ele era quase um dos móveis, estava sempre lá. Fez novos amigos nos bares e nas pistas de dança, de quem desenhava caricaturas em seu caderno. Uma destas pessoas era o poeta Joachim Ringelnatz, com quem se lançava em maratonas alcoólicas. Um novo trabalho viria na hora certa.

Isso aconteceu antes do esperado. Em 1921, Udet foi contatado pelos irmãos Heinz e Wilhelm Pohl. Eles disseram ao piloto que Wilhelm havia feito fortuna nos Estados Unidos e que empregaria o dinheiro na construção de uma nova empresa chamada Udet-Flugzeugbau (Construções Aéreas Udet).

A produção de aviões continuava proibida na Alemanha, mas o despreocupado Udet não considerou isso um problema. Junto com seus amigos, adquiriu um escritório em Milberstshofen. Vedaram as janelas e construíram "armadilhas" para evitar visitantes indesejados.

Eles não foram os únicos a ignorar os termos do Tratado de Versalhes. Em Bremen, por exemplo, Heinrich Focke e Georg Wulf produziam aviões em um porão. Esta era justamente a intenção do chefe das Forças Armadas, o general Von Seeckt. Em 1920, enquanto o corpo aéreo alemão estava oficialmente dispensado, ele fez o seguinte anúncio: "A Força Aérea não está morta, seu espírito sobrevive."

Em 1922, quando o primeiro avião desenvolvido pela Udet-Flugzeugbau, o U-1, ficou pronto, as condições impostas pelos Aliados já haviam se abrandado a tal ponto que a aeronave pôde ser mostrada ao público. Seus engenheiros desenvolveram vários novos modelos, mas nem o celebrado nome de Udet foi capaz de vendê-los. Até 1925, apenas 27 aeronaves tinham sido compradas. A empresa foi à falência, deixando uma imensa dívida de

800 mil Reichsmarks com o banco Merck, Finck and Co. A enorme quantia acabou sendo paga por um fiador, mas os proprietários da empresa se recusaram a revelar a identidade dele. Não seria difícil adivinharmos, já que, como muitas outras, a firma estava sendo financiada, por meios escusos, pelo governo alemão. Havia muito tempo que as autoridades alemãs tinham encontrado formas de produzir, entre quatro paredes e além dos limites das fronteiras do Reich, armamentos proibidos pelo Tratado de Versalhes. Desde 1924, o governo administrava um campo secreto das Forças Armadas na cidade russa de Lipetsk, onde pilotos de combate alemães recebiam treinamento sem serem incomodados pelas visitas das autoridades aliadas.

Em 1924, a fábrica de Udet produziu seu grande campeão de vendas, o *Flamingo*. Mas naquele momento, o agitado Udet já estava cansado de produzir aviões. Desejava retomar a antiga vida livre, sem o peso de uma organização ou dos registros de contas e planilhas. Queria de volta os velhos e bons tempos das acrobacias aéreas. Com outro amigo, Walter Angermund, voltou para o mundo do entretenimento.

Na segunda metade dos anos 1920, realizou diversos shows aéreos. Em 1926, em apenas três meses, Udet apresentou-se em Krefeld, Würzburg, Karlsruhe, Mannheim, Chemnitz, Villingen, Fürth, Berlim, Traunstein, Stuttgart e Hof. "Udet levanta vôo" – este título era o suficiente para atrair multidões. Walter Angermund ficou encarregado da organização dos espetáculos, enquanto Udet fazia o que mais gostava: voar. E se as apresentações aéreas se tornassem um pouco entediantes, realizava vôos particulares: por baixo da ponte sobre o Reno em Düsseldorf, por baixo das pontes do rio Isar em Munique, ou entre as torres da catedral Frauenkirche.

> *Udet estava voando. É preciso recorrer aos superlativos para descrever, de forma resumida, a experiência que o piloto nos proporcionou ontem com seus vôos sobre o campo de Breitenau, a fim de prestarmos uma pequena homenagem ao desempenho dele. Não há nada que possa ser comparado a isso. Tudo o que podemos dizer é: Udet estava voando.*
>
> *Bamberger Tageblatt* (jornal)

As apresentações aéreas o tornaram famoso, mas não rico, embora suas manobras fossem um sucesso de bilheteria. Angermund, que conhecia muito bem o amigo irresponsável, sugeriu guardarem o dinheiro arrecadado em uma conta bancária. "Prefiro ficar com dinheiro vivo. Mas me dê em notas de mil marcos. Dessa forma, durará mais", foi a resposta de Udet. No entanto, nem mesmo as enormes quantias seriam capazes de fazê-lo economizar. Udet gastava tudo muito rápido. Em 1925, o circo aéreo e as competições lhe renderam cerca de 140 mil marcos – uma enorme soma para a época.

Porém, nem mesmo tal montante era suficiente. Udet adorava agir como um grande gastador; sem qualquer preocupação, pagava bebidas para todos no bar. Mas em geral seus credores eram mais rápidos do que ele. Em dezembro de 1926, escreveu uma carta para o prefeito de Villingen, uma cidade antiga em Baden-Württemberg: "Peço perdão por ainda não ter me pronunciado sobre a dívida do hidrogênio fornecido por Rheinfelden para a apresentação aérea realizada no local. Estou com tantas dificuldades financeiras que ainda não consegui a quantia de 75 mil marcos. Se o senhor não puder arcar com essa conta, sou obrigado a lhe pedir paciência."

O dinheiro recebido com atividades publicitárias melhorava a situação a curto prazo. Um fabricante de brinquedos usou o nome de Udet para um de seus aviõezinhos e deu a ele uma parcela dos lucros. Em nome da empresa de lâminas de barbear Rotbart, bombardeava banhistas no Báltico e no Mar do Norte jogando pequenas bolas coloridas de praia com os seguintes dizeres: "Um barbear suave – feliz o dia todo. Saudações, Udet." Fundou uma empresa chamada Udet-Schleppschrift, exibindo slogans de propaganda em um faixa de tecido presa ao seu avião.

"Não podemos deixar que nos derrubem", era a forma despreocupada com a qual Udet lidava com as contas a pagar, pelas quais suas companheiras femininas, que mudavam com bastante freqüência, eram em grande parte responsáveis.

Pouco tempo depois do final da guerra, decidiu que levaria uma vida normal e se casou com seu primeiro amor, Lo Zink, filha de um rico empresário de Nuremberg. Como era de se esperar, o casamento de Udet foi celebrado com exuberância, apesar de ter parecido uma questão de obrigação. Durante a guerra, em um momento de melancolia, o piloto pintou as letras "LO" em seu avião e visitava a moça sempre que estava de folga. Mas o pai dela não gostava do valente pretendente e se recusou várias vezes a ser apresentado a ele.

Contudo, o pai da moça foi obrigado a financiar o extravagante estilo de vida do casal quando os dois se mudaram para um espaçoso apartamento de três quartos na rua Widenmayerstrasse, em Munique. Em 1923, o casamento já havia chegado ao fim. Udet queria a liberdade de volta. Mas, cavalheiro como sempre, Udet dizia que a iniciativa do divórcio havia partido de Lo. A separação fora consumada sem muito alarde e Udet foi morar em um dos apartamentos do hotel Vier Jahreszeiten (atual Four Seasons), o qual ele decorou a seu gosto. As paredes foram cobertas com identificações e hélices de aviões inimigos, fotos de pilotos e mulheres, além de um alvo em que, à medida que seu nível alcoólico aumentava, ele atirava com menos precisão com sua arma de ar comprimido.

Logo depois, passou a ser visto ao lado de uma nova companhia: a condessa Einsiedel, uma *femme fatale* sofisticada que gostava de ser fotografada no avião de Udet vestindo um casaco de pele de leopardo. Após deixar o marido, foi morar com o piloto no Vier Jahreszeiten – foi de mala e cuia, levando os filhos e uma empregada. Mas tão repentinamente quanto havia entrado na vida do piloto, ela o deixou. Em fevereiro de 1927, arrumou as malas e foi embora com o novo namorado, um piloto de carros de corrida, deixando para trás dívidas astronômicas. Udet nunca se deixou aborrecer pelas dívidas enormes contraídas pela condessa no Vier Jahreszeiten. Afinal de contas, ela lhe escreveu de próprio punho bilhetes reconhecendo a dívida, o que, é óbvio, era completamente inútil. Udet celebrou a abrupta partida dela em uma animada festa em Garmisch-Partenkirchen.

Durante os loucos anos 1920, ela não foi a única mulher a se deixar seduzir pelos encantos do charmoso aviador. Mas poucos de seus casos amorosos terminaram de forma tão tranqüila. Um final de semana divertido em Garmisch quase foi fatal para o conquistador inveterado. Quando a moça que ele foi visitar, cujo nome Udet jamais revelou, viu a fotografia de outra mulher na carteira do piloto, teve um ataque histérico e cravou um longo objeto pontiagudo em seu peito. Sangrando muito, precisou ir ao médico mais próximo: "Não corro atrás das mulheres. Elas é que correm atrás de mim. O que eu posso fazer?", confidenciou, escondendo a verdade, ao mecânico Erich Baier. Nenhum romance durava.

Em razão de seu estilo de vida, passou a ser conhecido como uma "personalidade pitoresca". Ocasionalmente, ia de bar em bar tocar serrote, depois, podia ser visto com um prego nos lábios, como um faquir indiano. No sofisticado resort de St. Moritz, ajustou um trem de pouso para neve em seu *Flamingo* e deixava os hóspedes apavorados ao passar raspando por suas varandas. Café-da-manhã em Berlim, almoço no lago Eisbee e drinques em St. Moritz – esse era o tipo de dia que Udet apreciava.

> *O que é coragem? Sento em meu avião, fecho os dois olhos com força e então puxo a alavanca. Por alguma razão, parece funcionar...*
>
> Ernst Udet

Apesar de toda a sua aparente exuberância, o brincalhão era assombrado por uma insônia desesperadora, à qual tentava combater com doses cada vez maiores de álcool. Era visto quase sempre com uma garrafa, mas raramente ficava bêbado. Conseguia tomar grandes quantidades de licor. Chegou a instalar um bar em sua cabine para poder beber durante os vôos. Alegava pilotar melhor quando bebia. Realizava manobras aéreas cada vez mais arriscadas: mergulhos em 90 graus com a hélice desligada, círculos em planos verticais muito perto do chão, voava com planadores decolando de Zugspitze, a montanha mais alta da Alemanha – nada parecia arriscado demais. Era como se o avião de Udet estivesse sempre acompanhado de um anjo da guarda invisível. Alguns que o imitavam tiveram menos sorte. Vários de seus colegas morreram realizando acrobacias aéreas. Durante uma apresentação em Karlsruhe em 1926, Udet decolou acompanhado de um pára-quedista, um estudante de 20 anos chamado Otto Fusshöler. O jovem saltou de uma altura de 380 metros, mas o pára-quedas não abriu e o rapaz morreu, caindo sobre a multidão. Udet jamais se manifestou publicamente a respeito desse ou de qualquer outro acidente, embora tivesse perdido muitos bons amigos.

Parecia constantemente interessado em melhorar o próprio desempenho e apostava sempre a mesma coisa: sua vida. E sempre vencia. Assim como havia ocorrido na Primeira Guerra Mundial, voltava ileso de cada vôo.

Os anos como piloto acrobático parecem ter sido os mais felizes da vida de Ernst Udet. Em 1928, uma série de caricaturas de seus colegas feita pelo piloto foram publicadas com o título *Break a Leg.** Entre outros, os desenhos traziam o responsável pela construção do avião Junkers e o celebrado piloto norte-americano Charles Lindbergh. Udet também se desenhou no controle de seu *Flamingo* voando em alta velocidade com uma garrafa de conhaque amarrada no pescoço. Embaixo da caricatura, escreveu: *Wer fliegt da so früh mit dem Morgenwind? Das ist der Udet, das fröhliche Kind*, que pode ser traduzido livremente como: "Quem voa tão cedo com a brisa da manhã? É Udet, a criança feliz."

Em Berlim, conheceu a atriz e cineasta Leni Riefensthal, que lhe perguntou se ele gostaria de atuar no próximo filme dela. Udet aceitou. Em *O inferno branco de Piz Palü*, fez o papel de um piloto que resgata um casal de namorados, pegos por uma tempestade de neve nas montanhas – uma trama batida, mas de tirar o fôlego. O crítico do jornal *Berliner Zeitung* definiu

* Expressão que significa "quebre a perna", normalmente utilizada no teatro para desejar boa sorte. (N.T.)

a epopéia dirigida por Arnold Fanck (Leni Riefensthal foi a atriz principal e ajudou na direção), como um "hino à humanidade em sua nobreza e à presteza abnegada de ajudar os outros". Em apenas quatro semanas, mais de 100 mil pessoas passaram pelo cinema Ufa-Palast, em Berlim. Só na Alemanha, o filme alcançou a marca de mais de um milhão de espectadores.

Udet gostou de aparecer nas telas. *O inferno branco de Piz Palü* foi seguido por *Stürme über dem Montblanc* (Tempestade no Mont Blanc), outro drama de amor e paixão no alto dos Alpes. Dessa vez, Leni Riefensthal interpreta a filha de um astrônomo que conhece um observador do clima. Quando o amado está em perigo, quem o resgata? Ernst Udet.

Em 1930, Udet e seu amigo, o *cameraman* Hans Schneeberger, conhecido como "Pulga da Neve", lançaram-se em uma expedição cinematográfica pela África Oriental intitulada de *Strange Birds Over Africa*. Com filmadoras e câmeras fotográficas, capturaram imagens extraordinárias da natureza. Quando Udet desceu abruptamente, quase tocando o solo, uma leoa saltou sobre o avião e partiu uma das asas com a pata. A aventura africana aumentou seu repertório de histórias, com as quais ele entretinha platéias maravilhadas pelos bares de Berlim. Aqueles que visitavam seu apartamento na Pommersche Strasse ficavam encantados ao ver as paredes cobertas de suvenires africanos, cabeças de animais, escudos, lanças e máscaras.

Quando Udet voltou da África, a Alemanha que encontrou estava muito diferente. Ele realizava seus vôos despreocupadamente enquanto as sementes nazistas eram plantadas. E agora, de tais sementes brotavam os camisas-pardas. Em 1923, estava em Munique e viu Adolf Hitler e seus defensores se fazendo de revolucionários na cervejaria de Bürgerbräu. Hermann Göring, seu colega de esquadrão durante a Primeira Guerra Mundial, estava entre os que marchavam à frente da guarda parda. A única preocupação de Udet naquele dia 9 de novembro de 1923 era com seus aviões. Os rebeldes nazistas os desejavam para si. Quando a revolta foi reprimida e Göring fugiu para a Suécia, Udet foi um dos que pediu a expulsão dele da "associação dos veteranos do Esquadrão Richthofen" – uma vergonha que o presunçoso aviador nunca superaria.

A atitude de Udet em relação ao movimento nacional-socialista era de indiferença e incompreensão. Em 30 de março de 1936, quando a SA doou aviões para a Luftwaffe formar um esquadrão de caça, que iria se chamar esquadrão "Horst Wessel",* Udet observou em seu diário: "Devemos

---

* Uma homenagem a Horst Ludwig Wessel, ativista do Partido Nazista transformado em herói do movimento após sua violenta morte em 1930. (N.T.)

ficar gratos por nos chamarmos Horst Wessel?" Udet era da tradição do "Barão Vermelho", dos heróicos combates aéreos de curta distância no céu de Flandres. Ainda assim, três dos homens que estiveram estacionados no front ocidental, não muito longe de Udet, marchavam mais uma vez lado a lado. Nas eleições parlamentares de 14 de setembro de 1930, o Partido Nazista celebrou sua vitória esmagadora. E um convidado foi muito bem-vindo entre os ajudantes de Hitler: Erhard Milch, o criador da Lufthansa – a empresa nacional de aviação da Alemanha –, que agora tentava entrar para o partido. Tal acesso continuava sendo negado, pois Hitler acreditava que Milch lhe era mais útil se continuasse sem ser muito notado. Porém, por precaução, já havia sido reservado para ele um dos primeiros números entre os integrantes do partido.

Udet ignorou as mudanças que ocorriam em sua terra natal e foi para bem longe delas. De todo modo, suas exibições aéreas no exterior lhe rendiam um lucro consideravelmente maior do que as realizadas na economicamente estagnada Alemanha. Em 1931, à procura de um novo avião, despachou seu *Flamingo* para os Estados Unidos e viajou para lá. Entre as aeronaves que lhe foram mostradas, viu um Curtiss Hawk, um avião ideal para mergulhos verticais. Udet ficou maravilhado. Havia encontrado a máquina perfeita para suas acrobacias espetaculares. O objeto de seu desejo lhe custaria US$ 18.500 – um preço que Udet provavelmente não conseguiria arrecadar, a não ser que alguém lhe oferecesse ajuda.

De volta à Alemanha, preparou-se para sua próxima aventura: *SOS Iceberg* era o título de um filme que seria dirigido por Arnold Fanck. Udet foi para a Groenlândia com uma equipe ampla: pilotos, *cameramen*, atores, atrizes (incluindo sua namorada, Elloys Illing, apelidada de "Laus"), três ursos polares e três focas do Circo Hagenbeck.

As filmagens na Groenlândia provavelmente renderam as imagens mais espetaculares feitas com Udet. O piloto decolou de geleiras que desmoronavam embaixo das rodas de seu avião. Tornar-se amigo dos esquimós nativos foi algo que lhe marcou para o resto da vida. Realizou o último desejo de um senhor que, ao menos uma vez, queria voar como um pássaro. A morte feliz do senhor, que faleceu na noite seguinte, nunca lhe saiu da memória. Foi com essa experiência que concluiu seu livro, *A Pilot's Life*. A última frase é repleta de significado: "Mas devo prosseguir. A grande noite logo terá início e então toda a vida ficará submersa." Entretanto, a grande noite estava apenas começando para a Alemanha. Na véspera da subida dos nazistas ao poder, a alta sociedade de Berlim se encontrou no baile da imprensa. Jorrava champanhe da mesa de Ullstein.* O amigo de Udet, Carl Zuckmayer relembrou mais tarde:

> A atmosfera nos salões lotados ... estava muito estranha. ... Sentíamos algo esquisito no ar, mas ninguém queria aceitar o que era. Naquela tarde, Schleicher havia renunciado. ... As pessoas estavam assustadas e tristes. ... Eu e Udet, que já havíamos tomado diversos copos de conhaque, logo passamos a não nos importar mais com o que estava sendo dito. "Você está vendo esses falsos?", disse Udet, apontando para os convidados. "Tiraram seus gongos e laços do fundo do armário. Um ano atrás, ainda estavam fora de moda." É verdade que em muitas lapelas e peitos havia adornos com motivos de guerra que antes ninguém usaria em um baile da imprensa. Udet soltou sua *Pour le Mérite*, que sempre usava por baixo da gravata clara nas noites de gala, e a guardou no bolso. "E digo mais, vamos tirar nossas calças e exibir nosso traseiro nu na balaustrada", sugeriu. Mas a verdade era que não estávamos com ânimo para fazer piada.

> *Ele era um verdadeiro veterano de guerra, que sabia como beber e nunca perdia o controle. Estava sempre cheio de idéias divertidas e era o melhor contador de piadas que já conheci. Ernst Udet era um homem fascinante.*
>
> Ilse Werner, atriz

Logo depois, espalhou-se pela recepção a notícia de que Hitler fora nomeado chanceler do Reich. Os dois, junto com a mulher de Zuckmayer e a mãe de Udet, saíram da festa e foram para o bar favorito do piloto: "Nem mais uma palavra sobre Hitler," sussurrou Udet a Zuckmayer, "isso estragará a noite de minha mãe." Na bancada do bar, afogaram as mágoas em doses duplas de conhaque.

Na segunda-feira seguinte, 30 de janeiro, a *Pour le Mérite* de Udet já havia voltado para o lugar habitual. Da janela do hotel Adlon, ele viu a procissão, com suas tochas, da tropa de assalto da SA, que ofereceu ao novo chanceler um cenário comovente para sua vitória. Daquele momento em diante, a condecoração prussiana de Udet seria mais do que útil.

---

* Grupo de Leopold Ullstein, fundador do *B.Z*, um tablóide alemão publicado em Berlim. (N.T.)

Ele não foi o único a fazer tais cálculos. No aeroporto de Berlim, uma delegação de 12 heróis da aviação na Primeira Guerra Mundial foi receber Hermann Göring, cuja nomeação para ministro da Aviação já era esperada. Göring passou pelo grupo de civis e saudou apenas a guarda de honra da SA. Isso deixou claro com quem a nova elite estava contando. Göring precisava de grandes nomes, dos heróis da Primeira Guerra Mundial. Para tanto, passou por cima da vergonha de ter sido expulso da "Associação Richthofen". A festa de comemoração do 25º aniversário do aeroclube alemão também foi uma boa ocasião para que ele restabelecesse algumas relações. Todos aqueles que haviam recebido a *Pour le Mérite* estavam reunidos, ouvindo as ofertas tentadoras do novo responsável pela aviação do Reich. Até Udet encontrou algo que lhe interessou: "Ele está recrutando pilotos. Prometeu-me dinheiro para comprar dois Curtiss Hawks."

No entanto, o piloto ainda não parecia pronto para marchar ao lado dos nazistas. Em 21 de abril de 1933, foram feitas imagens exclusivas durante uma cerimônia em memória do 15º aniversario da morte de Manfred von Richthofen. No Cemitério dos Inválidos, uma delegação da Associação de Esportes Aéreos da Alemanha pôs uma coroa de flores sobre o túmulo. Três oficiais condecorados com a *Pour le Mérite* marcharam à frente. Dois deles vestiam seus novos uniformes da Luftwaffe. No meio, Ernst Udet destacava-se com seu fraque e sua cartola, além de um elegante lenço de seda em volta do pescoço.

A partir de 1º de maio de 1933, Udet tornou-se o membro nº 2010976 do Partido Nacional-Socialista dos Trabalhadores Alemães, conhecido também como Partido Nazista. Algumas semanas antes, quando perguntado se voaria para os nazistas, respondeu: "Depende de quanto estão pagando." Dizem que ele celebrou sua entrada para o partido com grandes quantidades de conhaque e a saudação "*Heil* Hitler".

O novo *Genosse* ("companheiro"), como os membros do partido eram conhecidos, era mais do que bem-vindo. Ele era muito conhecido e popular, tinha viajado bastante, um homem do mundo. Quando o Aeroclube Alemão convidou 25 membros do Parlamento britânico, Udet foi o destaque da reunião – o charmoso *bon-vivant* que fazia caricaturas dos convidados e divertia a todos com as histórias de suas aventuras. Udet era um excelente porta-voz para explicar às delegações dos países estrangeiros que a mudança de regime na Alemanha era inofensiva. Outra viagem para os Estados Unidos estava prevista, com exibições aéreas em Los Angeles e na Feira Mundial de Chicago. E dessa vez, ele não retornou de mãos vazias. Foi necessário apenas telefonar para Curtiss. O ministro alemão da Aviação já havia transferido o dinheiro para a compra de dois Hawks. Göring cumpriu a promessa.

Agora, era a vez de Udet cumprir com suas obrigações. Passou a encher a boca e estufar o peito para responder às perguntas dos jornalistas mais críticos:

> Nos outros países, a posição de Hitler na Alemanha é mal-interpretada ou mal-entendida. Hitler não está fazendo o que deseja, mas o que desejam os 40 milhões de alemães que o apóiam. Os relatos sobre os acontecimentos na Alemanha são exagerados. Uma coisa está clara: o kaiser não voltará ao trono; isso já é passado. Houve alguns casos de judeus que foram maltratados, mas a estes deram uma importância desmedida. O judeu alemão que cumpre o próprio dever e é um bom cidadão não será incomodado. E todos os outros que não são do Partido Comunista poderão levar suas vidas normalmente. As coisas chegaram a um ponto em que algo precisa ser feito para impedir o crescimento e o alcance do comunismo.

Em outra ocasião, ele foi presunçoso o suficiente para declarar: "Hitler nunca levará a Alemanha à guerra. Está ansioso para livrar a população de certos elementos indesejáveis e limpar o país de idéias revolucionárias, e qualquer nação tem o direito de fazer isso."

Será que havia decorado essas frases ou de fato estava convicto do que falava? É difícil saber o que pensar dos discursos feitos por Udet nos Estados Unidos. Ele nunca se envolveu seriamente com política, muito menos com ideologias. Contudo, adotou os jargões dos novos senhores, para os quais passou a trabalhar. Mas na vida privada, tinha um discurso diferente. Certo dia, por exemplo, ele perguntou a Clifford Henderson, diretor do America's National Air Races: "Você acha que eu poderia encontrar um bom emprego aqui? E talvez uma moça norte-americana com quem pudesse me casar? Aqueles malditos nazistas. Quando estiver em casa, serei um bom nazista também, mas..." Em sua viagem de volta à Alemanha, confidenciou a seu mecânico, Bauer, que Göring o convidara para fazer parte do Ministério da Aviação. E disse que provavelmente aceitaria a oferta.

Em 25 de outubro de 1933, voou com seu presente, um Curtiss Hawk, até o centro de testes em Rechlin.

Mais tarde, a propaganda nazista viria a chamá-lo de "pai do *Stuka*". Em seu discurso fúnebre, Hermann Göring mergulhou em memórias nostálgicas: "Naquele tempo, você foi o primeiro a falar em bombardeiros de mergulho. Logo percebi a genialidade da idéia, percebi as infinitas possibilidades..."

Entretanto, o fato é que, em 1930, Ernst Heinkel já havia construído o He-50, que possuía as capacidades de um bombardeiro de mergulho.

Durante anos, o avião passou por testes no campo de treinamento secreto de Lipetsk, na Rússia. E apenas duas semanas antes de Udet aparecer em Rechlin, Göring deu ordens para que as primeiras unidades do *Stuka* (um bombardeiro de mergulho) fossem construídas em Schwerin. Devido à falta de combustível e matérias-primas na Alemanha, a grande capacidade de destruição da máquina parecia ser a receita para o futuro. Para popularizá-lo, precisavam de Udet. Em razão de seu talento indiscutível como piloto, poderia fazer com que um avião desse tipo fosse aceito, mesmo com a resistência que existia dentro da própria Lufwaffe. Ele gostava do trabalho promocional. E a infalível máquina também era de seu agrado, tanto como piloto de guerra quanto como aviador acrobático.

A nação alemã deverá se tornar uma nação de aviadores.

Hermann Göring

Em 1º de abril de 1934, Udet exibiu o Hawk para um público de 120 mil pessoas em Hamburgo. O entusiasmo dos repórteres do *Hamburger Fremdenblatt* não pôde ser contido:

> Agora o motor ronca com uma força que abafa qualquer outro som. A arma milagrosa de Udet ruge com seus 750 cavalos. O mestre dos pilotos alemães nos oferece um espetáculo nunca antes visto. Como um inseto pré-histórico de tamanho e poder gigantescos, a máquina domina o ar e se move verticalmente pelo céu numa velocidade inimaginável, atravessa as nuvens e desaparece. Então, algo estranho acontece. Como uma águia fatalmente ferida, cai de novo das nuvens e mergulha, mais uma vez, na direção do campo aéreo a mais de 570 km/h. Prendemos a respiração; uma tensão incrível reduz as dezenas de milhares de espectadores a um silêncio. Algo deu errado, o motor falhou? Era como se a águia de metal a qualquer momento fosse perfurar a Terra com uma força fantástica! Udet mergulha com seu avião de uma altura de cerca de 3 mil metros. Então, o motor ganha vida com um grito muito forte; chegando ao limite, com as últimas reservas de energia já utilizadas, a aeronave sobe novamente quando estava a poucos metros de distância da pista. A multidão respira aliviada. Mas o valente Udet já está no alto mais uma vez, para novos vôos.

Udet estava voando com trajes recém-confeccionados. Em 10 de setembro de 1935, a "nova Luftwaffe alemã" se apresentou na "Convenção

Nacional de Libertação do Partido".* Em março, Hitler havia anunciado oficialmente a existência de uma Força Aérea alemã, cujo sigilo vinha sendo apenas uma formalidade. Em Nuremberg, as forças de combate aéreo realizaram uma grande exibição. Construíram um imenso protótipo de uma usina de energia no campo de zepelins e uma esquadra de aviões o atacou. O clímax da exibição ocorreu quando um avião se fez ouvir por baixo das nuvens carregadas e cinzentas e reduziu a usina a entulhos e cinzas. O piloto era Ernst Udet.

Udet, o inconseqüente, o artista acrobático, o astro de cinema, tornou-se piloto da propaganda de Hitler. Em 1935, o *bon-vivant* trocou suas roupas informais pelo uniforme da Luftwaffe, instituição da qual passou a fazer parte com a patente de *Oberst*. O projetista de aviões Ernst Heickel mais tarde lembrou o quanto ficou surpreso ao ver Udet uniformizado pela primeira vez: "Para se voar, às vezes é preciso fazer um pacto com o diabo", foi a resposta do piloto. "Só não podemos deixar que ele nos devore."

Aqueles que o conheciam reagiram com perplexidade à mudança de postura. A transformação, de hedonista a oficial disciplinado, parecia ter sido abrupta demais. O homem que era capaz de gastar milhares de marcos em uma única noite se satisfaria com o pequeno salário de coronel da Luftwaffe? O mesmo Udet que desde o final da Primeira Guerra Mundial fugia de qualquer tipo de comprometimento, a não ser os de curto prazo, agora fazia parte das Forças Armadas.

Ele já tinha voado pela pátria, pela felicidade do público e por dinheiro. Agora, voava pelo Partido Nazista. Porém, logo viria a saber por experiência própria o que significava brigar com seus novos senhores.

Seu amigo Walter Kleffel, jornalista do grupo de Ullstein e narrador eloqüente de inúmeras exibições aéreas de Udet, foi pego pelo maquinário cruel dos "expurgos" nazistas. Em um de seus relatórios, utilizou de forma explícita o termo "bombardeiro de mergulho" (*Sturzbomber*, em vez de *Sturzkampfflieger*, ou "avião de combate de baixo impacto", que soava mais inofensivo). Logo depois, a Gestapo bateu em sua porta e o acusou de ter traído um segredo de Estado. O pano de fundo dessa alegação absurda era o fato de o ministro da Propaganda do Reich, Joseph Goebbels, estar conduzindo uma campanha de ódio contra o grupo do jornal liberal de Ullstein para que mais tarde pudesse "se apropriar" da empresa.

* Naquele ano, a convenção anual do partido acrescentou a palavra "liberdade" em seu nome devido à reintrodução do serviço militar compulsório, o que significava uma "libertação" do Tratado de Versalhes. (N.T.)

Kleffel não conseguiu se defender das acusações. Em outubro, foi mandado para Dachau, o primeiro campo de concentração nazista, perto de Munique. Desesperado, pediu ajuda a Udet. O amigo notável certamente conseguiria ajudá-lo. Mas não; Udet não mexeu um dedo sequer. Quando foi solto do campo de concentração em 1939, Kleffel procurou Udet de novo para lhe implorar ajuda, e mais uma vez não obteve resposta.

Foi um caso de velhos amigos *versus* novos amigos; e os últimos sabiam como fazer bom uso da popularidade de Udet. Em 1935, o público alemão teve a última oportunidade de admirá-lo nas telas de cinema. O filme *Miracle of Flight* já trazia claramente as impressões digitais do homem que havia acabado de chegar ao poder.

De acordo com uma diretiva de Bernhard Rust, ministro da Educação, o interesse dos jovens pela aviação deveria ser promovido nas escolas e nas horas de lazer. A ação do filme condizia com o novo ideal do piloto jovem. Um menino cujo maior desejo era se tornar aviador, assim como o pai morto, conhece Ernst Udet, que passa a protegê-lo e a treiná-lo. Nem é preciso mencionar que o clímax do filme se passa nos Alpes, onde o herói aviador salva a jovem namorada dos perigos das montanhas.

As aparições públicas de Udet em 1934 e 1935 seriam as últimas desse tipo. Logo depois, deixou de lado o mundo do entretenimento. Fora nomeado inspetor de aviões de caça e bombardeiros de mergulho. O que se seguiu foi uma escalada meteórica na carreira, a reboque de Göring. No verão de 1936, Göring o nomeou chefe da Divisão Técnica do Ministério da Aviação do Reich. Aparentemente, Udet resistiu à idéia: "Não sei nada sobre produção. Não sei nada sobre aeronaves grandes. Elas não são para mim, não são o meu estilo." Göring o acalmou: "O que importa é ter muitas idéias. Para todo o resto, você terá quantas pessoas necessitar. O que precisamos, acima de tudo, é do seu nome na boca do público. No momento, isso vale mais do que qualquer coisa."

Göring não fez segredo quanto à direção que os avanços técnicos estavam tomando. Em 20 de maio de 1936, anunciou em Berlim: "Sonho em ter uma Luftwaffe que, sempre que o momento exigir, desça sobre o inimigo como uma unidade de vingança."

Para Carl Zuckmayer e Ernst Udet, amigos próximos durante muitos anos, 1936 foi o ano da despedida. "Tire a poeira desse país de seus pés, ganhe o mundo e nunca volte", disse Udet ao amigo. "E você?", perguntou Zuckmayer. "Eu me apaixonei pelo vôo. Nunca conseguirei fugir disso. Mas um dia o diabo nos tomará a vida." Os dois nunca mais se viram.

Udet tentou apenas mais uma vez tirar seu destino das mãos de Hitler e escapar das engrenagens do Partido Nazista. Um amigo dele, o piloto norte-americano Eddie Rickenbacker, que havia lutado na Primeira Guerra Mundial, recebeu uma carta de Udet. O aviador alemão queria que, por meio da Força Aérea norte-americana, Rickenbacker dissesse às autoridades alemãs o quanto todos ficariam agradecidos ao ver o popular Udet como adido da Luftwaffe na embaixada alemã dos Estados Unidos. Mas a tentativa não surtiu efeito. Udet continuou na Alemanha de Hitler.

É difícil descrever esse homem. Baixo, forte, em boa forma, pés e mãos pequenos, cabelo bonito, sobre o qual o tempo não parece ter agido, um rosto forte e expressivo e olhos azuis brilhantes, irradiando determinação e humor. Mas tão logo pensamos tê-lo definido, ele já se transformou e é preciso começar de novo.

AL WILLIAMS, ÁS DA AVIAÇÃO NORTE-AMERICANA, A RESPEITO DE UDET

Em abril de 1937, Udet já havia se tornado general-major,* e em novembro de 1938, foi promovido de novo, agora, a tenente-general.** Quando recebeu as divisas de general, ficou tão alegre que parecia um menino, e em uma festa animada dançou cancã em cima da mesa.

Como chefe da Divisão Técnica, a árdua tarefa de desenvolver e produzir aviões passou a lhe pesar sobre os ombros. Buscando adquirir a maior fatia possível da indústria da aviação, as empresas privadas brigavam entre si. O trio formado por Heinkel, Messerschmitt e Junkers mantinha seus olhos gananciosos em cada contrato, em cada novo tipo de aeronave. A Messerschmitt e a Heinkel, embora fossem brilhantes em termos de design, cada uma a seu modo, não demonstravam muito interesse em planejamentos a longo prazo e encontraram em Ernst Udet um cliente crédulo, que se deixava seduzir rapidamente por novas idéias. No entanto, a tarefa dele era manter todas as empresas em um mesmo curso e guiar os novos avanços de forma ordenada.

Mas Udet via as coisas de forma diferente; o que desejava era ser o piloto de testes sênior da Luftwaffe, pegando cada protótipo, experimentando-o,

* Do alemão *Generalmajor*, na Aeronáutica seria o equivalente a brigadeiro. (N.T.)

** Do alemão *Generalleutnant*, que equivale a major-brigadeiro. (N.T.)

aperfeiçoando-o e colocando-o em produção. O Ministério da Aviação era como se fosse um grande armário de brinquedos repleto de aviões, do qual Göring tinha a chave.

"Que outro chefe da Divisão Técnica experimentaria, pessoalmente, cada novo avião? Por duas vezes, quando você testava uma máquina em estágio inicial, precisou saltar de pára-quedas e salvou sua vida, tão preciosa para nós", relembrou Göring em seu discurso hipócrita durante o funeral do piloto. É verdade que Udet utilizou cada minuto que tinha livre, e muitos deles nem eram tão livres assim, para testar novos tipos de avião. Corria de fábrica em fábrica, de base aérea em base aérea, fechando um contrato aqui, sugerindo um aperfeiçoamento técnico ali, sem jamais conferir de verdade se o trabalho estava sendo feito.

O avião será o instrumento de uma afortunada raça humana, que levará seus benefícios a todos os povos e nações e receberá as graças deles em compensação.

PROFESSOR HUGO JUNKERS

Udet ficava mais feliz quando buscava novas aventuras. Em 1937, enquanto as câmeras rodavam, acoplou um avião ao dirigível *Hindenburg* – uma operação muito perigosa. Apenas alguns dias mais tarde, o mesmo dirigível explodiu ao chegar em Lakehurst, perto de Nova York. Trinta e cinco pessoas morreram. Graças ao talento que tinha como piloto, Udet acostumou-se a entrar em qualquer avião e decolar sem pestanejar. Desde que se tratasse de um avião de design simples, sempre conseguia fazê-lo com êxito. Mas a época em que o painel de controle consistia apenas em um regulador de pressão e em uma alavanca já fazia parte do passado.

Ao testar um He-18, recebeu instruções expressas do projetista do avião, Ernst Heinkel, para prestar atenção à freqüência da hélice. Como de hábito, Udet não lhe deu ouvidos. A hélice falhou e ele conseguiu sair da aeronave apenas no último instante. Um de seus pés ficou preso na cabine e o piloto só foi capaz de se soltar porque usava sapatos normais, em vez das botas determinadas pelo regulamento. Descendo de pára-quedas, fez uma aterrissagem difícil. Foi encontrado inconsciente e precisou ser levado às pressas para o hospital. Mas naquela mesma noite, já estava recuperado o suficiente para telefonar para Heinkel: "Venha para cá imediatamente. Estou morrendo de sede!" Pouco depois, as garrafas de champanhe eram passadas de mão em mão em volta de sua cama. O acidente não havia produzido qualquer impacto sobre Udet. Ele continuou querendo cada vez mais velocidade, mais capacidade de manobra e mais riscos.

Em 1938, perto do dia de Pentecostes, visitou Ernst Heinkel em Warnemünde. Estava curioso para ver o protótipo do He-100, um caça que Heinkel prometera que iria atingir 670 km/h. Ele embarcou no avião às 19h27 e, nove minutos e meio depois, havia percorrido a distância entre Müritz e Wustrow atingindo uma velocidade de 634,32 km/h – um recorde mundial. Quando saiu do avião, Udet observou lacônico: "Não fiz nada de especial. Aliás, para que servem essas luzes vermelhas idiotas no painel de controle? Não paravam de piscar." Tais luzes "idiotas" estavam indicando que o sistema de refrigeração do motor não estava funcionando.

Esses e outros feitos heróicos no ar ajudaram Udet a construir seu repertório de histórias, que eram conhecidas por toda a Alemanha e divertiam as pessoas. Cada vez que Udet entrava na cabine de um avião, arriscava-se mais. Parecia um milagre ele sair vivo ou sem sofrer qualquer ferimento sério, mesmo que o avião fosse totalmente destruído. Ele certamente corria riscos imensos, mas também tinha nascido com sorte. Não foram poucas as vezes em que entrou na cabine bêbado. O general Manhke, chefe da Escola de Aviação, queria que o livro de Udet, *A Pilot's Life*, fosse retirado de todas as bibliotecas da Luftwaffe. Para ele, o piloto e suas excêntricas travessuras não eram um bom exemplo para os pilotos iniciantes.

Após Udet ter quebrado o recorde de velocidade aérea, Hitler proibiu o aviador louco de voar. Apenas com muita dificuldade, ele conseguiu que a proibição ficasse restrita aos espetáculos aéreos. Mas até tal ordem ele ignoraria por completo.

Udet buscava nas aventuras uma forma de escapar do dia-a-dia repetitivo e tedioso do trabalho burocrático que havia assumido no Ministério da Aviação, já que seu local de trabalho deixou de ser o assento do piloto e passou para uma mesa na sala 201 do gigantesco ministério de Hermann Göring. O prédio na Leipziger Strasse era a própria megalomania expressa em concreto: um império com mais de 3 mil salas, onde o próprio imperador raras vezes aparecia. Desde sua promoção a "encarregado do Plano de Quatro Anos", o interesse de Göring nas minúcias da construção da Luftwaffe, que mesmo em seu ápice era moderado, havia se reduzido ao mínimo. Deixava que sua equipe encontrasse o caminho em meio à confusão do trabalho administrativo, das conferências e das montanhas de papéis.

Ernst Udet era um piloto inconseqüente que, de uma hora para outra, precisou assumir um departamento inteiro. Assim como Göring, também não conseguia se concentrar no trabalho durante um segundo sequer. Tudo o que sempre quis foi voar, por isso sentia-se privado de suas asas. Udet, "a criança feliz", agora se encontrava atrás de uma mesa abarrotada de papéis, preso a uma cadeira. Em seus pensamentos, o ás da aviação pilotava contente pelo céu, cercado por montanhas.

Serei franco, minhas asas foram amarradas, meu trabalho aqui é uma prisão. O volume de tarefas é insano. Deixei que Göring me convencesse a assumir a Divisão Técnica. Agora, sei muito bem que meu antigo companheiro de esquadrão não tem a menor intenção de me fazer crescer na carreira; ele apenas me usa para garantir a própria posição. O trabalho está me matando. Ao meu redor, vejo apenas intrigas, falsidade e a Gestapo – e assim terminou minha vida livre e feliz de piloto.

ERNST UDET

O homem que tomava conta de tudo na Leipziger Strasse era o diligente Erhard Milch. Filho de um farmacêutico de Wilhelmshaven, já tinha uma carreira notável quando Göring o trouxe para o ministério em 1933. Em 1926, com apenas 33 anos, foi nomeado para o quadro administrativo da empresa de aviação nacional, a Deutsche Lufthansa AG, então recém-criada. Após a subida dos nazistas ao poder, Göring o convidou para o cargo de secretário permanente do Ministério da Aviação. Admirador ferrenho de Hitler, Milch não precisou de um segundo convite. Era rígido em seu trabalho no ministério, e não menos rígido consigo. Foi Paul Körner, um de seus colegas mais antigos, que cunhou a seguinte expressão: "Aquele Milch urina gelo." Quando boatos sobre uma possível ancestralidade judaica vieram à tona, Milch fez com que seus pais elaborassem documentos por escrito confirmando que ele era, na verdade, um filho bastardo. Seu pai verdadeiro, alegavam, era um tio de sua mãe, um ariano perfeito. Hermann Göring não dava importância para tais rumores. "*Eu* decido quem é judeu", disse certa vez.

Göring precisava de um homem como Milch. Assim como a maior parte da equipe do Ministério da Aviação, Göring não era um grande entendido em tecnologia aérea, tampouco se interessava por questões organizacionais. Mas Erhard Milch era diferente. Entendia de todos os assuntos relacionados a armamentos aéreos, dominava suas tarefas e gostava de trabalhar duro. Também era detentor de uma ambição obstinada, o que preocupava Göring. Ele precisava do indiscutível conhecimento técnico de Milch, desde que fosse mantido dentro dos limites da autoridade que estava disposto a lhe conceder.

Dividir para imperar. Este era o princípio com o qual Göring jogava seus subordinados uns contra os outros. Em Ernst Udet, encontrou o coringa que sempre poderia ser usado contra Milch. Desta forma, iniciou-se um jogo em que Udet, infeliz e desnorteado, viria a ser derrotado.

Sempre que algo dá errado, Milch diz: "Há tempos já sabia que isso iria acontecer." Ele está sempre em busca de uma oportunidade para me derrubar.

Ernst Udet

Em junho de 1936, o general Wevers, chefe do Estado-Maior da Luftwaffe, morreu e Göring aproveitou a oportunidade para realocar os integrantes de seu ministério na Leipziger Strasse. No lugar de Wevers, pôs Albert Kesselring, que mais tarde viria a desempenhar um papel crucial nas batalhas no Mediterrâneo e na Itália. Ernst Udet substituiu o general Wimmer, que sempre fora uma pedra no sapato de Göring. Assim, Milch se viu, de uma hora para outra, excluído da maioria das decisões técnicas e táticas.

No ano seguinte, Göring reestruturou o departamento de novo. E, mais uma vez, o resultado foi um passo atrás para Milch. O chefe da Luftwaffe respondia diretamente ao Estado-Maior Geral da Wehrmacht, e dessa forma Milch se viu privado da maior parte de seus deveres de segundo oficial mais importante depois de Göring. Apenas durante "ausências imprevistas" é que assumia o papel de interino. Essa seria uma repreensão sem paralelo para o homem que acreditava ter o apoio de Hitler. Afinal de contas, já havia recebido a cobiçada medalha de ouro do partido. Além disso, em junho do mesmo ano, recebera a missão de "assegurar uma doutrinação ideológica" uniforme entre as forças da Luftwaffe.

No dia 1º de fevereiro de 1939, Udet foi promovido a "general de armamentos aéreos", um título-fantasia bem ao estilo de Göring. Para Udet, como chefe de um departamento do ministério, em teoria não havia mais espaço para promoções além de tenente-general – a menos que um novo cargo na escala hierárquica fosse criado especialmente para ele. Remontando ao título de *Generalfeldzeugmeister,* ou general de armamentos de campo, da Primeira Guerra Mundial, inventaram o título de "*Generalluftzeugmeister*" (general de armamentos aéreos). Para explicar o acesso repentino de vaidade de Udet, os biógrafos do piloto também chamam atenção para seu estado permanente de crise financeira.

Contudo, a promoção quase não elevaria seu salário. É mais provável que a essa altura Udet estivesse infectado pela competição por títulos e condecorações entre ele e os rivais, em particular Erhard Milch, que sempre esteve um passo à frente do aviador. A promoção de Udet a *Generalluftzeugmeister* foi como um tapa na cara de Milch. O poder sobre todos os assuntos relativos ao rearmamento não estaria nas mãos dele, o organizador aplicado, mas nas mãos do "peso leve" Udet. Muitos historiadores encaram tal promoção como um ponto de virada, o momento em que Milch decidiu abandonar seu rival à própria sorte. Por mais que possa parecer estranho, os dois já haviam sido amigos no âmbito privado. Udet deu aulas de vôo a Milch e durante um dos primeiros passeios aéreos lhe disse que já tinha total confiança no novo piloto. Então, jogou a alavanca para fora da cabine. Milch fingiu estar aterrorizado, mas sabia que nessas ocasiões o piloto gozador sempre carregava uma alavanca sobressalente. Udet se divertiu muito; adorava brincadeiras como essas. Naquele momento, Milch riu junto com ele.

Para Udet, o outro lado da moeda seria a grande expansão de sua esfera de responsabilidades, da qual, mesmo antes de tal aumento, já não conseguia dar conta. Além do desenvolvimento e dos testes de novas aeronaves, passou a ser responsável também pela aquisição e fornecimento de equipamentos, combustível e suprimentos. No total, tinha 26 departamentos reportando-se a ele, formando um labirinto impenetrável de 4 mil oficiais, burocratas e engenheiros, em teoria responsáveis por tudo, mas que na prática não prestavam contas a ninguém. Até Milch, que não temia o trabalho burocrático, jamais havia administrado mais de quatro departamentos ao mesmo tempo. "Nas mãos de Udet, tudo vira pó", reclamava o secretário permanente.

O homem que precisava receber dinheiro em notas grandes para que não gastasse tudo em uma única noite passou a administrar um orçamento de milhões de marcos. Do homem que era obcecado por novos tipos de aeronaves, agora esperavam que obrigasse a indústria a otimizar os modelos já existentes. O piloto que já havia sofrido diversos acidentes em aterrissagens por ignorar as normas de segurança mais elementares ocupava o cargo mais alto na área de desenvolvimento tecnológico da Luftwaffe.

Os "alertas de tempestade" foram suspensos por algum tempo. Enquanto os homens de Göring afiavam as facas em prontidão, a "emergência" – tão temida quanto aguardada – parecia cada vez mais próxima. Externamente, os protagonistas aparentavam continuar trabalhando juntos. Udet e Milch visitaram Londres e Paris para que obtivessem uma idéia real a respeito da defesa aérea do inimigo. Nas sombras da Torre de Londres e da Torre Eiffel, pareciam uma equipe perfeita: o especialista sensato e o conversador charmoso, do qual os antigos colegas em toda parte continuavam a ter boas lembranças. Após cada viagem, apresentavam-se no retiro de Hitler, o Berghof, e entregavam seus relatórios, que também abordavam as consideráveis atividades britânicas na frente de combate aérea. Não haveria combate aéreo com a Grã-Bretanha, o Führer lhes garantiu com alegria. E seus atentos ouvintes ficaram felizes em acreditar nisso.

Udet é um homem alegre e amável. Relutou apenas quando lhe perguntei sobre o futuro da aviação militar alemã. Disse que os boatos de que os bombardeiros alemães poderiam destruir Paris em uma única noite era algo sem sentido. Quando olhamos para ele e o escutamos, ficamos convencidos de sua benevolência.

Artigo publicado na *Les Ailes*, revista francesa sobre aviação

As visitas do lado inimigo não tardaram a acontecer. Em agosto de 1938, Göring convidou Joseph Vuillemin, chefe da Força Aérea francesa, para inspecionar a produção de aeronaves alemãs. Na base aérea de Döberitz, fileiras e mais fileiras de caças ME-109 brilhavam sob o sol. No momento exato em que Vuillemin terminou a inspeção, um Focke-Wulf Condor aterrissou, supostamente vindo direto de Nova York. Na fábrica da Heinkel em Oranienburg, perto de Berlim, o francês se encantou com o bombardeiro He-111, e Udet, que estava se divertindo com aquele jogo, convidou-o para um vôo rápido pelo complexo. Quando pousaram, ouviram o estrondo de um caça He-110 passando sobre eles a uma velocidade impressionante. Udet e Milch então deram início ao teatro que já sabiam de cor. "Como está indo a produção?", perguntou Milch casualmente. "A produção da segunda leva acabou de começar e a terceira deverá ser iniciada em três semanas", disse Udet com descaramento. E o francês mordeu a isca. Vuillemin relatou a Paris o "poder de fogo devastador da Luftwaffe". E assim a Alemanha venceu o primeiro round da luta psicológica.

Contudo, não existia uma Força Aérea capaz de ser eficiente a longo prazo, apesar de a indústria aérea alemã ter alcançado uma posição mundial ímpar em 1939. Quando a guerra começou, estima-se que a Luftwaffe possuía 4 mil aviões de combate e mais de 8 mil aeronaves de treinamento, transporte e de outros tipos não-utilizados para a guerra em si. Porém, a Luftwaffe não passava de um gigante com pés de barro. Enfrentava problemas de falta de combustível e de outros suprimentos.

Além disso, um número imenso de modelos de aviões, para os quais os projetistas haviam definido metas mirabolantes, estava muito longe de uma produção em grande escala. E os bombardeiros de médio e longo alcance existiam apenas nas pranchetas de desenho. Em 1936, a produção destas aeronaves precisou ser deixada de lado. "O Führer não me pergunta sobre o tamanho de meus bombardeiros, mas sobre quantos tenho", era como Göring justificava sua decisão. Com a arrogância de um comandante que se considerava invencível, equipou a Luftwaffe para campanhas curtas, sem desenvolver uma estratégia de combate aéreo mais ampla.

Uma solução para o dilema, do qual até o alto escalão da Luftwaffe estava a par, seria oferecida pela construção dos Junkers Ju-88. Os contratos e também a supervisão da produção foi posta nas mãos de Heinrich Koppenberg, chefe-executivo da empresa de aviação Junkers. "Agora se organize e crie, no menor tempo possível, uma poderosa frota de bombardeiros Ju-88", Göring escreveu a Koppenberg. O modelo teria as mesmas capacidades de seu predecessor, o bombardeiro de mergulho Ju-87. O princípio do "*Stuka*" havia mostrado seu valor na Guerra Civil Espanhola. Agora, havia se transformado em uma panacéia, ainda que adicionar a função de bombardeiro de mergulho a um avião tornasse a máquina consideravelmente mais pesada e diminuísse seu poder de manobra.

Durante a interminável fase de pré-produção, na qual o Ju-88 passou por nada menos do que 25 mil modificações em termos de design, como Koppenberg disse mais tarde, o peso da aeronave, que originalmente era de 6 toneladas, aumentou para 13 toneladas. Ao mesmo tempo, sua velocidade máxima diminuiu de 480 km/h para apenas 335 km/h. Mais tarde, Milch zombou do avião, referindo-se a ele como um "celeiro voador".

A mesma história se repetiu com o bombardeiro He-177, que, em razão da capacidade de mergulho introduzida nele, ficou pronto bem depois do esperado. Para piorar, ainda não estava totalmente desenvolvido em termos técnicos. Só no outono de 1942 Göring se daria conta da "idiotice" que era transformar aviões como esses em bombardeiros de mergulho. Udet foi um dos muitos integrantes seniores da Luftwaffe a se manter preso ao princípio do "*Stuka*". A idéia de que a aeronave precisava mergulhar verticalmente pelo céu emitindo um barulho ensurdecedor fora do próprio piloto. Quando utilizados pela primeira vez, as chamadas "trombetas de Jericó" causavam medo e terror nos que estavam sob ataque. As vitórias rápidas da Alemanha no início da Segunda Guerra Mundial pareciam indicar que os entusiastas dos bombardeiros de mergulho estavam certos.

O que importa agora é a paridade aérea da Alemanha. Conduzirei esta batalha com o fervor e a tenacidade que as pessoas esperam de nós, nacional-socialistas antigos, até que eu tenha a certeza de que a segurança da nação alemã está garantida.

Hermann Göring

Em 26 de setembro de 1938, Hitler determinou que a Luftwaffe deveria quintuplicar sua frota. Um total de 31.300 aviões, incluindo 3.500 caças e 7.700 bombardeiros, deveriam ser produzidos, do zero e rapidamente. Quanto aos bombardeiros, ainda não existia nenhum modelo em funcionamento. Todos sabiam quão não realista era tal programa, sabiam também que o homem que emprestava seu nome a ele seria o responsável por implementá-lo. Esta pessoa era Ernst Udet. Nos meses seguintes, à medida que a guerra se tornava iminente, o problema parecia maior para os chefes da Lutfwaffe. A Força Aérea alemã não estava bem preparada para uma guerra, tampouco para um conflito contra a Grã-Bretanha. Planejaram realizar uma demonstração do poder da Luftwaffe para mostrar a Hitler as dificuldades enfrentadas, mas sem passar para ele uma impressão negativa. Após tal demonstração, o Führer com certeza destinaria maiores quantidades de matéria-prima para a Força Aérea. Em 3 de julho de 1939, o aviador mostrou ao Führer o que eles tinham alcançado. Hitler ficou impressionado e considerou que a Luftwaffe estava suficientemente bem equipada.

Udet não percebeu as nuvens negras que se formavam em seu horizonte. Parecia mais despreocupado do que nunca. Seu diário, uma coleção de caricaturas satíricas que costumava dar de presente aos amigos no final do ano, evidencia sua alegria na véspera da virada do ano de 1938. Durante o ano, desenhou o "sonho de um chefe de departamento" que mostrava Göring inspecionando uma frota gigantesca de aviões, o mágico "Koppenbergini" tirando uma esquadra de Ju-88 de dentro de uma cartola e o próprio Udet – naquilo que talvez seja seu auto-retrato mais revelador – de pé em uma escada tentando alcançar uma estrela no céu.

Nas primeiras horas da manhã de 1º de setembro de 1939, enquanto as tropas alemãs cruzavam a fronteira com a Polônia, Ernst Udet se divertia em uma festa animada com Inge Bleyle, Ernst Heinkel e a esposa deste. Usando um turbante indiano vermelho, Udet atirava com uma pistola no alvo preso em sua parede. Heikel falou mais tarde sobre o clima no local quando alguém resolveu ligar o rádio: "... Desde às 5h45 os dois lados enfrentam uma troca de tiros." Udet retirou o turbante e disse: "Então ele realmente fez isso."

As forças alemãs passaram por cima do inimigo como um rolo compressor. Göring estava exultante: "Aquilo que a Luftwaffe prometeu na Polônia, cumprirá na França e na Grã-Bretanha", gabou-se em meio à inebriante euforia da vitória.

No dia 10 de maio de 1940, os Exércitos alemães irromperam na Europa Oriental e, mais uma vez, mostraram sua força. Em 22 de junho, a convite de Göring, Udet participou da cerimônia de assinatura da rendição francesa no histórico vagão de trem em Compiègne. Como Göring havia profetizado em 1918, "nossa hora chegaria".

De braços dados e com seus lenços vermelhos de aviador em volta do pescoço, Udet e Milch caminharam pela Champ Elysées. Depois tomaram um drinque para brindar a vitória. Mais uma vez, Hitler distribuiu condecorações e honrarias a seus guerreiros. Por seus "excelentes serviços na construção da Luftwaffe", Udet foi promovido a *Generaloberst,* a patente mais alta de general. Seu mentor, Göring, ganhou a mais alta entre todas as patentes fantasiosas: *Reichsmarschall.*

Agora, precisavam "apenas" derrubar a Grã-Bretanha. Tarefa que viria a revelar as fraquezas da Luftwaffe. Ela havia sido equipada para guerras relâmpago, não para uma batalha contra a Força Aérea Real. Em Dunquerque, no dia 4 de junho de 1940, a Luftwaffe sofreu sua primeira grande derrota. A Força Expedicionária Britânica escapou pelo Canal da Mancha quase intacta. Mas Göring continuava se vangloriando: "Conseguimos. A Luftwaffe está destruindo os britânicos nas praias." Acompanhado por Udet e Bruno Loerzer, Göring decidiu atacar as antigüidades e tesouros antigos de Haia e Amsterdã. "Não há nada além de barcos de pescadores. Espero que esses *tommies** nadem bem", desdenhou exultante durante uma visita ao QG militar do Führer. Até o final da retirada, em 4 de junho, mais de 338 mil soldados britânicos e franceses já haviam deixado Dunquerque pelo mar.

Seis semanas mais tarde, de Karinhall, sua propriedade no campo, Göring anunciou que os ataques aos britânicos seriam intensificados e que a Força Aérea Real precisava ser destruída por completo. Cinco semanas, profetizou ele, seria o tempo necessário para que a Luftwaffe alcançasse a "supremacia aérea" em relação à Grã-Bretanha, possibilitando então a "Operação Leão-Marinho", que almejava invadir ilhas britânicas. Quando

* Alcunha dos soldados britânicos. (N.T.)

um dos que estavam presentes falou sobre o poder considerável da Força Aérea Real, Göring o interrompeu bruscamente: "Mesmo que os aviões britânicos sejam tão bons e numerosos quanto eles dizem que são, se eu fosse Churchill, mandaria matar o chefe da Força Aérea por incompetência." Udet, que estava perto, já com uma ou duas doses na cabeça, divertia-se imensamente e enfatizou a fala raivosa do chefe, passando a mão no pescoço e fazendo o tradicional gesto de cortar a garganta.

O dia 13 de maio de 1940 ficou conhecido como *Adlertag*, ou "Dia da Águia", quando houve um batismo de fogo para a Luftwaffe, que até o momento havia conseguido tudo que ambicionara com grande facilidade. Mas os caças britânicos se saíram bem. No pouco espaço que tinham, tornaram-se um adversário à altura dos alemães. O sonho de invencibilidade da Luftwaffe foi destruído pelas bombas da defesa antiaérea britânica.

Nem mesmo o intenso bombardeio a Londres provocou o resultado desejado. Embora o ataque tivesse sido fisicamente devastador, o objetivo de desmoralizar o inimigo jamais foi alcançado. O que aconteceu foi praticamente o contrário. Quando, em agosto de 1940, os primeiros bombardeiros britânicos surgiram nos céus de Berlim, Göring sofreu uma dolorosa perda de prestígio. Ele havia dito que "passaria a se chamar Meier" caso um único avião inimigo fosse visto sobrevoando o território alemão. A partir daquele dia, passou a ser chamado de "Hermann Meier" pela população. Naquele momento, os danos causados pelos ataques britânicos foram leves, mas serviram como uma prévia do bombardeio devastador que estava por vir.

As perdas sofridas pela Luftwaffe no combate contra os britânicos foram catastróficas. Em outubro de 1940, os alemães já haviam perdido 1.700 aviões, mais do que o dobro do número perdido pela Força Aérea Real. A implementação da Operação Leão-Marinho (a planejada invasão à Grã-Bretanha) passou a ser algo inviável. Em maio de 1941, os bombardeiros de Göring decolaram para seu maior ataque à Londres. Hitler deixou a Operação Leão-Marinho de lado. Havia muito tempo que sua atenção se voltara para outros objetivos: "a conquista de espaço vital no leste" – um sonho insano, cuja terrível realização Ernst Udet não viveria para ver.

Ter sido caçada pelos céus britânicos foi a primeira mancha na reputação da Luftwaffe de Göring. Para o orgulhoso marechal do Reich, isso significava mais do que apenas a derrota em uma batalha, significava que Hitler não confiaria mais nele. Mas Göring não pretendia carregar tal peso: precisava de um bode expiatório. E Udet entendera muito bem o que isso queria dizer. Passou a evitar as reuniões com Göring e se escondeu atrás do próprio sarcasmo. Quando um piloto de testes chamado Warsitz pediu que trabalhassem mais no desenvolvimento do motor de propulsão a jato recém-desenvolvido por Heinkel, Udet respondeu com ironia: "Warsitz, quando o seu pessoal vai entender que essa guerra será vencida dentro de um ano e nós não precisaremos mais de nenhum caça?"

Não era nada difícil mostrar ao chefe de armamentos aéreos uma coleção de suas próprias decisões equivocadas, especialmente na área técnica. O Ju-88, ao qual, um ano antes, havia considerado sua salvação, agora sofria críticas severas dos homens que os pilotavam. E isso era um prato cheio para Milch: "Os pilotos não têm medo do inimigo, mas do próprio Ju-88", sussurrou ao marechal do Reich, que agora, mais do que nunca, estava propenso a ouvir as críticas a seu protegido Udet e a mantê-lo sob rédeas curtas. No outono de 1940, de Karinhall, seu grandioso palácio fantástico, Göring mandou Udet abrir mão de seu apartamento na Pommersche Strasse, em Berlim, e se mudar para uma residência condizente com seu status. Tal residência seria uma casa na Stallupöner Allee, um enclave de classe alta em Grunewald – claramente visível e vigiada pelo "Departamento de Pesquisa" de Göring, o centro de vigilância do Terceiro Reich. A casa viria a ser o último lar de Udet. Ele nunca gostou de lá. Quando chegou pela primeira vez ao local, notou que havia um crucifixo pequeno na grade de ferro da porta principal e berrou: "Não vou entrar, há uma cruz na porta!"

Dois dias depois da mudança, passou mal e, ao ser levado para o hospital, descobriu que tinha sofrido uma hemorragia. A saúde de Udet havia se deteriorado muito. Estava irreconhecível. O piloto cheio de energia se transformou em um homem pálido, de rosto inchado e cabelo desgrenhado. Seus olhos, que um dia foram capazes de reconhecer um avião inimigo rapidamente, pareciam irrequietos e distantes. A quantidade de álcool consumida por Udet – que sempre foi muito maior do que a suportada por qualquer homem – aumentou ainda mais. Para piorar, fazia algum tempo que passara a buscar alívio em uma droga chamada Pervitin (metanfetamina). O medicamento era um estimulante cada vez mais usado pelos soldados exaustos da linha de frente, já que praticamente eliminava a necessidade de dormir.

Udet precisava dele para sua batalha pessoal – contra seus rivais e contra si próprio. Sob o efeito do Pervitin, tornava-se alegre, falante e autoconfiante. Os que tinham contato com Udet nessa época diziam que ele tomava punhados do remédio, embora a dosagem normal fosse de apenas três miligramas. Com o conhecimento médico que dispomos hoje, sabemos que o abuso do medicamento leva à mania de perseguição e a oscilações rápidas entre euforia e depressão extremas. Dependentes dizem ouvir vozes e ver aparições misteriosas e ameaçadoras. Ernst Udet apresentava tais sintomas. Ele dizia ver figuras escuras com chapéus pretos. Em certa ocasião, resmungou para Ernst Heinkel: "Estão todos contra mim. Ironsides simplesmente saiu de licença e me deixou sozinho com Milch. E é Milch quem responde por ele nas negociações com o Führer. E ele garantirá que cada erro que já cometi seja apresentado a Hitler. Não consigo agüentar tudo isso. Não consigo suportar essa perseguição."

Em uma visita subseqüente, Heinkel quase não reconheceu o amigo. Udet parecia pálido e nervoso. "Ironsides quer me despachar para um sanatório, mas não vou." Porém, e obviamente contra sua vontade, deu entrada no famoso sanatório Bühler Höhe, na Floresta Negra. Durante a viagem até lá, encheu o banco de trás do carro de maços de cigarros e garrafas de bebidas alcoólicas. Os médicos conseguiram mantê-lo no local por apenas alguns dias. Göring enviou-lhe um telegrama, que para Udet não passava de puro cinismo: "Não há qualquer motivo para você se preocupar com o trabalho. Sua excelente equipe, em particular o general Ploch, fará o que for necessário. De todo modo, pedi a Milch que também tome conta de tudo."

Logo Milch, entre todas as pessoas. Udet entendeu a mensagem: Ironsides estava colocando-o de lado e não fazia mais questão de esconder isso.

Udet conseguiu se recompor mais uma vez e retomou algumas de suas tarefas burocráticas. No final do ano, fez seus últimos desenhos, mais eloqüentes do que qualquer palavra. Uma das ilustrações trazia Erhard Milch flutuando com pequenas asas sobre uma cidade em chamas. Há também a figura de Udet se arrastando triste até o sanatório Bühler Höhe debaixo de chuva.

O ano de 1941 não ofereceu nada além de uma crônica sobre sua ruína. Os amigos estavam preocupados. Em março, quando Udet visitou Bruno Loerzer em Amsterdã, murmurou resignado: "Bruno, sou o homem errado para esse trabalho. Eles me pegarão no final. Precisarão de um bode expiatório. Mas não se preocupe. Ainda não desisti. É que às vezes fico cansado de jogar."

Um piloto de bombardeiro, Werner Baumbach, lembrou de uma conversa no gabinete de Göring em março de 1941:

> Quando a reunião chegava ao fim, alguém bateu-me no ombro. Era o *Generaloberst* Udet. ... Disse-me, brincando, que nada do que Göring estava falando era importante. Perguntou-me se eu gostaria de me sentar com ele e alguns amigos na esquina. Então, ele logo apareceu com uma garrafa de conhaque.

Udet não conseguia mais ficar sozinho. Após ir de um bar esfumaçado para outro, implorava que seus companheiros o acompanhassem até em casa para um último drinque. Enquanto os amigos sentavam, bêbados e cansados, ele invocava os bons e velhos tempos em monólogos confusos. De tempos em tempos, assustavam-se com um dos tiros que o anfitrião disparava contra o alvo na parede. Na verdade, os vários "melhores amigos" que tinha o conheciam pouco. Até mesmo a piloto Elly Beinhorn, com quem havia voado durante anos, ficou surpresa em uma ocasião na qual Udet, enquanto brincava com o filho pequeno dela, de repente confessou: "Tenho uma filhinha, sabia? Já está mais do que na hora de fazer amizade com ela."

"Não passo de um fantasma de uniforme", ele disse para sua amante de longa data, Inge Bleyle. Ela foi uma das pessoas que conseguiram lhe dar um pouco de estabilidade naqueles meses finais. Udet anunciou várias vezes que se casaria com ela, mas nunca cumpriu a promessa. Ela tentou impedir o acelerado declínio dele e o censurou por beber tanto. "Inge, meu amor, as pessoas que têm preocupações bebem. E eu tenho preocupações." Foi então que ele falou pela primeira vez em pôr um fim à própria vida.

Os intervalos durante os quais ele conseguia reunir força de vontade suficiente para trabalhar se tornaram ainda mais curtos. Em abril, entregou a Erhard Milch um estudo no qual utilizava argumentos exagerados para provar que a guerra deveria ser interrompida até setembro em razão da falta de combustível para a aviação. Milch lançou o documento no cesto de lixo sem cerimônia alguma e ordenou que Udet se recompusesse. É verdade que nos meses da primavera a agenda de compromissos de Udet registra reuniões freqüentes com Göring, tratando, por exemplo, da "situação das entregas", mas o fato é que tentava desviar o assunto das conversas com o marechal do Reich para outros tópicos o mais rápido possível. O advogado-geral, Christian von Hammerstein, recordou depois, durante a investigação realizada por um tribunal militar: "Quando ele e Göring se encontravam, falavam dos velhos tempos. ... Qualquer discussão sobre assuntos de trabalho era escrupulosamente evitada."

Os cinejornais agora mostravam, sem censura, no que havia se transformado o garoto dourado. Na festa de aniversário de Emmy Göring, Udet não fazia nada além de olhar de forma apática para o nada. Seu "*Heil* Hitler" saía meio truncado. Era assim que o herói era visto em público. Fizeram-no parecer um tolo. Durante uma conferência de guerra no verão de 1941, enquanto as câmeras do cinejornal filmavam, todos os seus documentos caíram no chão e ele sequer percebeu.

Até mesmo os projetistas de aeronaves, sujeitos a críticas cada vez mais intensas pelos intermináveis atrasos na entrega, agora o abandonavam à própria sorte. Em 13 de março de 1941, Messerschmitt escreveu uma carta agressiva ao departamento de planejamento da divisão do general de armamentos aéreos:

> Cada vez mais, tenho a impressão de que o maior problema com relação à aquisição oportuna de aeronaves e equipamentos se deve à forma desordenada como funciona o Ministério da Aviação. Lembro bem do grande número de vezes em que os programas foram adiados. Seria muito bom se vocês tentassem, de uma vez por todas, sanar essa ausência de planejamento ministerial, se ao menos introduzissem um pingo de planejamento e não saíssem por aí culpando os fornecedores por coisas que são de única e exclusiva responsabilidade do ministério.

Ainda assim, Udet continuava defendendo sua posição. Seria culpa dele o fato de o Me-210 não ter sido tecnicamente desenvolvido nem mesmo como protótipo? Ou que o alcance do Ju-88 fosse inadequado? E que os motores do He-177 continuassem pegando fogo?

Acabou por adotar o tom de voz que já devia ter começado a usar há muito tempo para disciplinar os fabricantes de aviões: "Existe uma coisa, meu caro Messerschmitt, que precisa ficar muito clara. Não pode haver mais perda de aeronaves em pousos normais, em decorrência de trens de pouso ineficientes. Este componente da aeronave não é exatamente o que se pode chamar de inovação em projetos aeronáuticos." Mas agora, quem aceitaria sua autoridade? As rédeas já estavam em outras mãos.

Agora vocês têm que fabricar bombardeiros. A guerra continuará.

Hitler para Göring, Milch e Udet

Após o lançamento da campanha russa no verão de 1941, Göring exigiu que a Luftwaffe tivesse seu tamanho aumentado imediatamente em quatro vezes. O diligente Milch encaminhou um plano para o marechal, ao qual, ciente da vaidade do chefe, deu o nome de "Programa Göring". O plano investia uma única pessoa de plenos poderes para ação: o próprio Erhard Milch. Isso queria dizer que Milch herdava as responsabilidades de general de armamentos aéreos, mesmo com Udet ainda vivo.

Ernst Udet era um homem combalido. Inge Bleyle foi capaz de convencê-lo, uma última vez, a tirar uma licença para cuidar da saúde. Enquanto estava fora, Göring e Milch rearranjaram os móveis no Ministério da Aviação. Milch demitiu o chefe do departamento de planejamento técnico, Tschersich, e o substituiu por Carl August von Gablenz. Amigo de longa data de Udet, o *Generalmajor* Ploch foi forçado a aceitar uma movimentação para o front russo.

Ao general de armamentos aéreos restou apenas o título. E mesmo este ele só podia manter devido à boa vontade de Milch. Fora um fantoche nas mãos de Göring, que agora lhe cortava as cordas.

Em outubro de 1941 ocorreu a última sessão crucial do Ministério da Aviação do Reich com a presença de Ernst Udet como general de armamentos aéreos. Cinqüenta membros do comando do ministério se reuniram para julgá-lo. Fritz Seiler, diretor de finanças da Messerschmitt, que havia sido prejudicado por um adiamento da produção autorizado por Udet, apresentou documentos que provavam que Udet havia tomado a decisão com base em valores adulterados. Udet ficou horrorizado. Não esperava um ataque assim tão direto. Deduzia a verdadeira razão por trás da reunião.

Na verdade, Messerschmitt havia ligado para Milch e lhe fornecido a munição necessária para tirar Udet do jogo. Messerschmitt, Milch e Göring orquestraram, juntos, esse "julgamento" final: "Teria sido mais digno da parte de vocês se tivessem me alertado antes", gaguejava Udet inutilmente. "É como um jogo de xadrez, *Herr* Udet. Estou simplesmente fazendo a segunda jogada", rebateu Seiler com frieza. Milch sugeriu que ele e Udet voassem juntos para Paris e passassem "alguns dias se recuperando", a fim de, como disse, "refazer a amizade deles". O inimigo sorridente continuava com o faz-de-conta. No entanto, quando chegou a data marcada para a viagem, Udet já estava morto.

No dia 16 de novembro de 1941, Erich Baier, mecânico que trabalhou com Udet em tempos mais felizes, telefonou para a casa do piloto em Stallupöner Allee. Não seria bom eles se encontrarem para uma conversa sobre os velhos tempos? Ernst disse que adoraria e pediu ao amigo que fosse buscá-lo de táxi. "É estranho que você apareça justamente hoje", murmurou pensativo ao abrir a porta para Baier. Enquanto almoçavam, foi quase como nos velhos tempos. Udet estava mais calmo do que estivera nos últimos dias; falou da África, da Groenlândia e de sua verdadeira paixão, voar.

Depois que Baier foi embora, Udet virou para Inge Bleyle e disse em tom sombrio: "Ele não voltará. Jamais o verei de novo." Teve, então, uma crise de choro. "Hoje é nosso último dia juntos. Amanhã você será uma viúva." Inge tentou acalmá-lo. O jantar foi servido: pato assado, repolho roxo e *apfelstrudel*. "Ontem este pobre pato estava vivo. É isso o que acontece com muitas pessoas. Um dia estão vivas, no dia seguinte, mortas." Era impossível dissuadir Udet. "Não quero continuar vivendo. Não quero testar outro bombardeiro e não quero assistir a outro cinejornal."

Bleyle o convenceu a aceitar um convite para ir à casa de um casal amigo. "Amanhã vocês não verão mais o tio", cantou ele para as crianças. Levou Inge até a casa dela e depois seguiu em direção ao campo aéreo de Tempelhof. Kurt Schnittke, a quem Udet havia empregado como mecânico, estava trabalhando lá em um novo tipo de aeronave. Até hoje se lembra de ver Udet entrar no velho Fh-104, seu avião favorito. Pegou uma garrafa de conhaque do bar instalado na aeronave e bebeu. Ao se despedir de Schnittke, tirou do bolso da camisa do mecânico um pedaço de giz vermelho e levou consigo.

Na manhã seguinte, Inge Bleyle acordou assustada quando ouviu o telefone tocar. Atendeu. Era Udet. Ela insistiu que precisavam tomar café-da-manhã juntos. "Não, não venha. É tarde demais. Minha querida Inge, você foi a pessoa que mais amei. Diga a Pilli Körner [um colega do ministério] que meu testamento está no armário." Então Inge ouviu o tiro.

Na Stallupöner Allee, os zeladores, *Herr* Peters e sua esposa, levantaram sobressaltados da mesa enquanto tomavam café-da-manhã. Correram para o andar de cima, entraram no quarto de Udet e encontraram a porta trancada. "O que podíamos fazer?", lembra-se *Herr* Peters. "Abra a porta! Abra a porta!", gritamos. "Então arrombamos a porta e o encontramos lá, caído..." Ernst Udet estava estendido na cama, de roupão, coberto de sangue. Em sua mão, o revólver mexicano da marca Colt com o qual havia desferido o tiro na cabeça. Ao seu redor havia um monte de garrafas de conhaque e papéis.

Inge Bleyle chegou logo depois. Frau Peters fez sinal de negativo com a cabeça. "Ele não estava mais vivo; só ouvimos os estertores." A partir de então, tudo começou a acontecer muito rápido. O assistente de Udet, *Oberst* Pendele, apareceu acompanhado de um médico. O secretário permanente do ministério, Paul ("Pilli") Körner, também chegou e foi, provavelmente, o primeiro a perceber as palavras escritas com giz vermelho acima da cabeceira da cama. "Ironsides, você me traiu!" Os presentes então limparam as palavras escritas na parede o mais rápido que puderam e recolheram os papéis espalhados pelo quarto. Juraram não contar nada.

O significado das últimas palavras de Ernst Udet nunca poderá ser realmente explicado, razão pela qual tantas especulações surgiram. Dizia-se que Milch e Gablenz eram "judeus". Dizem também que Udet acusou a amante: "Inge, por que você me abandonou?" Insultos obscenos, escritos nas paredes e na cama, tiveram que ser removidos às pressas. Udet pôs fim à vida em um estado de confusão mental e deixou as pessoas mais próximas com um sentimento de culpa. Mas o fato é que foi destruído por si mesmo e pela época em que viveu.

Udet jamais integrou a resistência anti-Hitler. A aversão que sentia pelo regime criminoso não ia além das piadas bobas contadas no refeitório dos oficiais. Contudo, por trás da máscara de comediante se escondia a repulsa contra a disciplina e a conformidade. O historiador militar Horst Boog chama Udet de "o fracasso mais famoso de Hermann Göring no que diz respeito a nomeações". Udet foi o homem errado no lugar errado. Foi o guerreiro de Hitler no desenvolvimento da Luftwaffe, nas campanhas de *blitzkrieg* de 1939 e 1940 e na Batalha da Inglaterra. No entanto, seu papel mais importante foi na propaganda de guerra. Era o aviador despreocupado por quem as mulheres suspiravam, cujo retrato era colecionado pelas crianças em estampas de maços de cigarros e cuja bravura os homens admiravam. A popularidade foi sua fortuna e também a sua ruína. Não tinha sentimentos nobres nem era consciencioso como Harras, o piloto herói de *The Devil's General*. Se Udet de fato percebia a direção que o regime tomava, não deu sinais disso aos amigos. Escondeu o fracasso de sua vida pessoal e profissional, e talvez suas dúvidas políticas, por trás da máscara de beberrão genial. No entanto, foi tão desgastado mental e fisicamente pela bebida que não encontrou outra saída a não ser a retirada teatral de um palco que ele próprio havia escolhido para si.

Não podia mais se defender da tempestade de acusações que caiu sobre seu nome após a morte. Em Udet, Hitler e Göring encontraram um bode expiatório perfeito, alguém em quem podiam despejar todas as críticas sobre as falhas na expansão da Luftwaffe. O tribunal militar colocou sobre os ombros dele toda a responsabilidade pela "tragédia" da Luftwaffe. O Führer derramou algumas poucas lágrimas pela perda dessa figura emblemática para a máquina da propaganda: "Ele escolheu um caminho fácil", foi seu veredicto, um ano após a morte de Udet, para o homem que cometeu suicídio no dia 17 de abril de 1941, tentando assim abdicar de toda responsabilidade pela catástrofe que ele próprio havia causado.

"Nunca fui mais do que um piloto", disse Harras sobre ele mesmo. Ernst Udet se tornou mais do que isso em razão de sua ligação voluntária com o nazismo.

O homem que o sucedeu como general de armamentos aéreos foi Erhard Milch.

Enquanto testava um novo avião de guerra. Isso mesmo. Funeral de Estado.

Última fala da peça *The Devil's General*,
de Carl Zuckmayer

CAPÍTULO SEIS

O conspirador – Wilhelm Canaris

O homem que é um bom soldado será também, independentemente de assumir ou não, um bom nacional-socialista.

Quem maltrata animais não pode ser uma boa pessoa.

Não posso mais fazer parte disso. Não nos deixaremos utilizar para propagar histórias de terror.

Chegou a hora de chamar atenção para o Abwehr, para seus novos e grandes feitos.

Uma guerra conduzida sem comprometimento com qualquer tipo de ética jamais poderá ser vencida. Existe uma justiça divina na Terra.

WILHELM CANARIS

Canaris sempre se preocupou em manter uma relação especialmente boa com Himmler e Heydrich, assim eles não suspeitariam dele.

ALFRED JODL

... durante o tempo em que serviu à Marinha, era um oficial que inspirava pouca confiança. Para nós, era um tipo de pessoa bem diferente. Costumávamos dizer que ele tinha sete almas em seu peito ...

KARL DÖNITZ

Em nosso primeiro encontro, Canaris foi uma decepção. Parecia velho e cansado de guerras. Seu cabelo era quase todo branco e ele estava malvestido. Embora tivesse pouco mais de 1,60m, andava com as costas curvadas.

Walter Huppenkothen, SS *Standartenführer*

A meu ver, pela forma como estruturou sua organização, Canaris demonstrou que não era – como reza a lenda – um gênio misterioso do serviço secreto, mas sim um típico oficial alemão que impunha estruturas militares a tudo. Além disso, seria também um típico alemão da sua faixa etária, com uma inegável tendência para organizações em grande escala. Sob o seu comando, o Abwehr (serviço de inteligência militar) se tornou uma burocracia gigantesca, que empregava mais funcionários administrativos do que agentes.

Werner Best, SS *Obergruppenführer*

Ele era capaz de ser infantil como um garoto, embora muitas vezes evitasse agir de maneira que demonstrasse isso. Fazia caretas de congelar o sorriso nos lábios de oficiais empertigados e, em segredo, divertia-se muito com esse tipo de embaraço. Ainda vejo o tom maquiavélico nos seus olhos azuis quando estava possuído pelo demônio. Mas essa travessura desapareceu com a gravidade opressiva dos acontecimentos, ainda que se manifestasse com freqüência na forma de ataques sarcásticos grotescos.

Otto Wagner

Canaris era uma pessoa puramente intelectual, um homem que em sua natureza complicada, estranha e fascinante odiava a violência por si só. Portanto, detestava a guerra, Hitler, seu sistema e seus métodos.

Erwin Lahousen, chefe do departamento de sabotagem da seção de assuntos internacionais do Abwehr

Toda a equipe de Canaris era passível de crítica e não alcançou as expectativas que depositamos nela. Se os "mocinhos" não sabem agir como cobras e são totalmente verdadeiros, nenhum objetivo é alcançado.

Ulrich von Hassel, embaixador alemão na Itália e opositor de Hitler

Canaris sempre deixava claro para meu marido que havia chegado ao limite do que era possível fazer; que sua posição política não era mais tão forte a ponto de lhe permitir impor suas vontades. Nesse aspecto, meu marido divergiu dele até o fim.

Christine von Dohnanyi, viúva de Hans von Dohnanyi, integrante da resistência

Conheci poucos homens com uma noção tão precisa do curso que tomavam os acontecimentos. Sempre ficava tão impactado com a irrealidade dos fatos que sequer conseguia esboçar reação.

Hans Bernd Gisevius, seção de assuntos internacionais do Abwehr

Por um lado, era um patriota alemão fervoroso, disposto a fazer qualquer coisa por seu país, mas por outro, era um homem autocentrado que dizia para si mesmo: se eu fizer o jogo deles, garanto minha posição.

Wilhelm Höttl, SS *Obersturmbannführer*

Acredito que Canaris tenha sofrido muito durante a guerra. É por isso que viajava tanto. E se tornou muito nervoso; ele nunca mais ficou em paz. De um momento para outro, desaparecia por uma semana inteira. E depois, também de repente, retornava.

Reinhard Spitzy, membro da equipe da seção de assuntos internacionais do Abwehr

Foi Canaris, com a posição que manteve e com as atividades de seu departamento, quem possibilitou a resistência contra Hitler.

Professor Eberhard Bethge, seção de assuntos internacionais do Abwehr

Sob a luz acinzentada do amanhecer, os prisioneiros foram despertados pelo latido dos cães de guarda. O pátio do campo de concentração de Flossenbürg estava iluminado pelo clarão dos holofotes. O som das ordens dadas e do bater pesado das botas ecoava pelo alojamento. O coronel Hans Lunding, que fora funcionário do serviço secreto da Dinamarca, ouviu o cadeado da cela 22, contígua à sua, ser aberto. "Para fora!" Algemas de mãos e pés caíram no chão com um estrondo. Por uma fenda na porta, lançou um último olhar para o homem da cela vizinha, que havia chegado ao campo apenas dois meses antes. O homem diminuto e de cabelos brancos como a neve era de uma palidez mortal. Ele sabia o que esperava por ele. Na noite anterior, passou, batendo na parede, uma última mensagem em código Morse para Lunding: "Meu tempo acabou. Nunca fui traidor. Cumpri meu dever como alemão." Pouco tempo depois, o dinamarquês

Canaris (à esquerda) durante uma visita ao front oriental em 1941.
O comando de Canaris não só permitiu o vazamento de informações para os Aliados como ajudou judeus a fugir e realizou alguns atentados contra a vida de Hitler, quase certamente com o conhecimento do almirante.

ouviu alguém dar a ordem: "Tirem as roupas!" O prisioneiro da cela 22, assim como outros quatro homens, foi levado nu até o pátio. Apesar da humilhação, estava calmo e controlado. Um homem da SS, um dos ávidos espectadores da terrível cerimônia, declarou depois que a agonia de morte "durou muito tempo. Ele teve que ser erguido e abaixado várias vezes".

Naquele dia, 9 de abril de 1945, milhares de pessoas ainda morreriam. A leste de Flossenbürg, a "fortaleza" de Königsberg foi tomada pelos russos, enquanto a oeste a batalha pelo distrito industrial do Ruhr continuava intensa. Os tanques norte-americanos já se aproximavam do Elba. Em Flossenbürg e em muitos outros campos de extermínio, inúmeros homens e mulheres ainda morriam enforcados, por desnutrição e nas câmaras de gás. Os algozes estavam se livrando das testemunhas. Isso se aplica sobretudo às cinco mortes daquela manhã em Flossenbürg. Hitler as havia ordenado em meio a um de seus ataques de fúria insana. Dessa forma, assassinou um homem a quem admirava, uma pessoa que se utilizou da própria engenhosidade tanto para conduzir a guerra em nome do tirano quanto para livrar a Alemanha das garras deste mesmo tirano: o chefe do serviço secreto do Terceiro Reich – Wilhelm Canaris.

Quase nenhum dos personagens centrais da ditadura de Hitler foi submetido a veredictos tão diversos quanto o "pequeno almirante". E depois da guerra, nenhum deles foi tão reverenciado e ao mesmo tempo censurado quanto ele. Será que Canaris foi de fato o "traidor" que "condenou milhares de alemães à morte", como acreditava um de seus primeiros biógrafos? Ou teria sido, conforme julgam hoje, um eficiente capanga de Hitler, "atrelado ao regime de inúmeras formas"? Seria ele, como acreditava o então chefe da CIA, Allen Dulles, um "administrador brilhante" de sua rede de serviço secreto, ou um "diletante" – termo pejorativo aplicado a ele pelo antigo chefe do serviço secreto federal alemão no pós-guerra, Reinhard Gehlen? (Ele também descreveu o Abwehr como "Família Canaris Companhia Limitada".) Será que era realmente o "patrono e o cérebro por trás da resistência antinazista", como a associação de veteranos de sua antiga equipe ainda gosta de vê-lo, ou será que foi sempre um indeciso, "um homem que nunca encontrou o caminho da liberdade de ação"? Era um capanga de Hitler ou seu adversário? Ou ambos ao mesmo tempo?

É indiscutível que Canaris e seu colega Hans von Dohnanyi se utilizaram dos recursos do serviço secreto para favorecer a fuga de judeus e de outras vítimas de perseguição para países neutros. Centenas foram salvos da morte certa. Vários deles solicitaram à diretoria do Yad Vashem, o museu do Holocausto em Israel, que agraciasse Dohnanyi com o título de "homem justo entre as nações do mundo". O pedido foi negado. Figuras como Dohnanyi pareciam ser ambivalentes demais para merecer uma homenagem como essa.

Nenhum alojamento militar na Alemanha leva o nome do almirante Canaris. Ele nunca foi considerado um herói, nem mesmo no auge de sua fama como chefe do serviço secreto do Terceiro Reich ou na era pós-guerra do chanceler Adenauer, quando membros da resistência antinazista eram considerados exemplos de virtude. Mesmo no tão falado filme sobre Canaris, com o ator O.E. Hasse no papel principal (ele era assustadoramente parecido com o almirante), o elemento trágico prevaleceu sobre o heróico. Como resumiu Heinz Höhne, seu biógrafo, o caminho escolhido por esse homem foi tortuoso demais; esteve sempre cercado de muita ambigüidade para que pudesse ser considerado um exemplo de virtude.

Quando, na ocasião de seu 48º aniversário, no dia 1º de janeiro de 1935, Wilhelm Canaris foi nomeado chefe da inteligência militar alemã, já havia servido como oficial por três décadas. Fizera três juramentos de lealdade: ao kaiser, à República e ao Führer. Vivera o auge da época de glória do militarismo alemão, escapara por pouco da morte em diversas ocasiões e acreditava que, com sua nomeação para ser comandante da base naval da pequena cidade báltica de Swinemünde, havia chegado ao topo de sua carreira. Tinha esposa, duas filhas em idade escolar e era conhecido por ser um cavaleiro dedicado, assim como um cozinheiro talentoso. Canaris tinha apenas uma vaga idéia de por que ele, entre todas as pessoas, deveria ocupar o gabinete, situado no anexo do prédio do Ministério da Defesa do Reich, de diretor daquele pequeno departamento que, após a abstinência imposta pelo Tratado de Versalhes, viria a ressuscitar a tradição de um serviço de inteligência militar.

Os corredores escuros da rua Tirpitzufer lhe eram bastante familiares. Foi lá que, como assessor de Gustav Noske, ministro da Defesa, havia feito contatos com a milícia ilegal Freikorps no final da Primeira Guerra Mundial. As lembranças dos "bons e velhos tempos" de luta contra os "vermelhos" continuavam vivas em sua memória. Como ex-oficial da Marinha, certamente sabia que era nesse mesmo prédio que o almirante do kaiser, Alfred von Tirpitz, tentava concretizar o sonho de seu mestre: construir navios de aço e obter poder marítimo – obsessão nacionalista que também dominou o jovem Canaris e fez com que ele, contra a vontade de sua família, viesse a vestir o uniforme da Marinha Imperial.

Tudo começou com Tirpitz. A enxurrada de artigos de jornais, panfletos e brochuras pró-Marinha, produzidos e financiados pelo ministério da própria instituição, atraiu a atenção de muitos jovens, entre eles Wilhelm

Canaris. Tudo que ele desejava era servir à pátria no mar. Porém, seu pai, um empresário rico da indústria do aço no próspero vale do Ruhr, preferia que o filho mais novo entrasse para a cavalaria. Mas o patriarca morreu de repente em decorrência de um acidente vascular cerebral e Wilhelm se viu livre para seguir o próprio caminho.

Em 1º de abril de 1905, tornou-se cadete da Marinha do kaiser. Apesar de ser um tanto franzino, logo conseguiu ascender na carreira. Em 1908, seu primeiro comandante disse sobre ele: "Canaris se tornará um bom oficial assim que ganhar mais segurança e autoconfiança." Quando a Primeira Guerra Mundial começou, Canaris servia como tenente no cruzador *Dresden*, em operação no Atlântico Sul. Em 31 de agosto de 1914, o navio recebeu uma mensagem do almirantado alemão: "Travem uma guerra de cruzadores de acordo com as exigências de mobilização." Todos a bordo sabiam que tal ordem equivalia à destruição total: estariam travando uma batalha contra a Marinha Real Britânica, a frota mais poderosa do mundo – e para piorar as coisas, a Alemanha não tinha bases navais no Atlântico Sul.

A expansão da frota de navios de guerra alemães, feita por Tirpitz, trouxe conseqüências devastadoras: a Marinha Imperial era grande demais para ser amiga da Grã-Bretanha e pequena para derrotá-la. Em 14 de março de 1915, a viagem do *Dresden* terminou no porto da pequena ilha chilena de Más a Tierra, no Pacífico Sul. Após um breve combate com o cruzador britânico *Glasgow*, o navio perdeu o rumo e pegou fogo. O código de honra da Marinha deixava apenas uma opção: afundar o *Dresden*. A fim de ganhar tempo, o capitão alemão mandou seu tenente para uma negociação espúria com os britânicos. Essa foi a primeira das muitas missões diplomáticas da carreira de Wilhelm Canaris.

Quando chegou ao HMS *Glasgow*, o enviado foi bastante mal recebido. Não havia nada a ser negociado, disseram-lhe. Quando Canaris protestou, argumentando que o *Dresden* encontrava-se em águas de um território neutro, o que tornava o ataque britânico uma violação ao Direito Internacional, o capitão inimigo respondeu que tinha ordens para afundar o *Dresden*. Qualquer outro assunto "poderia ser tratado pelos diplomatas posteriormente". Canaris precisou deixar o *Glasgow*. Mas ganhou um tempo crucial para o esquadrão de detonação a bordo de seu navio. Às 11h15, uma grande explosão quebrou o silêncio na baía de Más a Tierra. A tripulação, que já estava em terra firme, saudou o *Dresden* pela última vez. Depois, todos foram presos pelas autoridades chilenas.

A maioria dos integrantes da tripulação se considerou muito afortunada por poder descansar pelo resto da guerra, bem cuidados e em terra firme. Mas não Canaris. Antes que o mês chegasse ao fim, ele aproveitou a primeira oportunidade e fugiu do campo, que não contava com uma segurança forte. Esse foi o primeiro exemplo da inquietação que lhe serviria de força motriz pelo resto da vida – uma rebelião interna contra as limitações de qualquer situação. Afinal de contas, não se tornara um oficial da Marinha para ficar esperando em terra firme enquanto sua distante terra natal estava comprometida com uma luta titânica. Entretanto, o maior obstáculo ainda estava por vir: em meio ao severo inverno sul-americano, teve que cruzar os Andes, indo do neutro Chile à Argentina, que continuava pró-Alemanha. Diversos outros fugitivos já haviam desaparecido nas montanhas. Mas Canaris conseguiu completar a jornada. O corpo magro do jovem oficial continha uma energia que em um primeiro momento parecia inexistente.

> *Recomendo utilizá-lo em tarefas que exijam um poder agudo de observação e habilidades diplomáticas, e também em cargos nos quais suas grandes capacidades intelectuais possam ser empregadas, contanto que sua natureza cética, de certa forma oriunda de experiências corriqueiras, não influencie um círculo de pessoas grande demais.*
>
> CONTRA-ALMIRANTE BASTIAN FALANDO SOBRE CANARIS

O almirantado alemão o recompensou por sua determinação com uma promoção a *Kapitänleutnant* (capitão-tenente). Canaris foi então mandado para a Espanha. Sua tarefa seria construir uma rede de suprimentos para os submarinos alemães naquele país, que era neutro. O oficial da Marinha passou a se chamar "senhor Kika" e começou a estabelecer contatos com os mais variados tipos de cavalheiros espanhóis, alguns confiáveis e outros nem tanto, porém todos com um interesse em comum: os financiamentos ilegais oferecidos pelo almirantado alemão. Talvez esta não tenha sido exatamente uma missão no "campo de batalha da honra", embora tal jogo arriscado atraísse Canaris. Aos 28 anos, um novo mundo se abria para ele. Ainda criança, imaginava codinomes para si. Agora, via-se imerso nos "truques sujos" dos serviços secretos. O prazer sentido com as simulações e jogos duplos o acompanharia pelo resto da vida.

O "senhor Kika" conseguiu organizar os suprimentos para os submarinos alemães ao longo da costa da Espanha. Os "lobos-do-mar" em geral surgiam no crepúsculo, em baías remotas, levando munição, mantimentos e combustível em embarcações disfarçadas de barcos de pesca. Como resultado, a guerra envolvendo barcos de carga e passageiros foi ampliada – graças, sobretudo, a Canaris –, atingindo os rincões ocidentais do Mediterrâneo. Canaris logo viria a mostrar outro traço de sua personalidade, que mais tarde, em tempos mais perigosos, viria a se tornar dominante. Agora que havia cumprido sua missão, o talentoso agente do serviço secreto começou a ficar impaciente na Espanha. Para os amigos, ele parecia um pária, alguém sempre a caminho de um outro lugar.

No início de 1916, a Marinha alemã se mostrou solidária com Canaris. Ele recebeu ordens para integrar a tripulação de um torpedeiro em Kiel; ao menos voltaria a ver ação de verdade. Mas como ele deixaria a Espanha? A forma mais segura, esperar por um submarino que o transportasse ao mar Adriático via Mediterrâneo, levaria tempo demais. Em vez disso, optou por mais uma simulação: passou-se por um chileno chamado "Reed Rosa", que, supostamente sofrendo de tuberculose, estava a caminho de um sanatório na Suíça. Canaris planejava cruzar a França e o Norte da Itália, o coração do território inimigo. Mas dessa vez, seu disfarce deixou a desejar. A alguns quilômetros da fronteira com a Suíça, foi preso pela polícia italiana e mandado para uma prisão em Gênova.

O que aconteceu depois virou uma lenda. O certo é que em meados de março de 1916, Wilhelm Canaris reapareceu livre em Madri. Como ele conseguiu? Uma das versões conta que Canaris fora condenado à morte; então, quando um padre veio prepará-lo para a execução, ele friamente matou o religioso, vestiu a batina e fugiu. Outros biógrafos acreditam que os italianos o libertaram por falta de provas. Seja qual for a verdade, Canaris mais tarde falou com um médico da Marinha a respeito de "maus-tratos" e "fuga". Mas essa foi a única explicação dada por ele sobre esse episódio obscuro de sua carreira – outro exemplo de como cultivava cuidadosamente o mito de seus primeiros anos nas Forças Armadas.

Após o fracasso em se passar por "Reed Rosa", o jovem incansável conseguiu voltar à Alemanha ainda em 1916, desta vez em um submarino. Durante os dois últimos anos da guerra, ele ascendeu rapidamente na hierarquia da Marinha Imperial. Quando as hostilidades chegaram ao fim, Canaris estava no comando de um submarino, tendo sido responsável por um número considerável de "abatimentos": três navios inimigos afundados e outro severamente danificado. Até o kaiser começou a notá-lo.

Era conhecido como "o pequeno Levantino"! É evidente que este era apenas um apelido daqueles que só são mencionados no refeitório dos oficiais, mas não estava muito longe da realidade. Com sua natureza multifacetada, Wilhelm Canaris de fato tinha grande inclinação para travessuras.

Otto Wagner, colega de Canaris na Marinha

Era pequeno, tinha olhos grandes e inocentes e gostava de pregar peças nos outros.
Reinhard Spitzy, integrante do Abwehr

A derrota e a revolução transformaram o herói de guerra em um oficial politizado, que aparecia e desaparecia como um fogo-fátuo por entre as falhas das Forças Armadas e do governo, o que lhe rendeu certa notoriedade. Em 1928, jornais de esquerda, como o *Weltbühne*, publicaram "revelações picantes" sobre o assassinato, ocorrido em 1919, dos líderes comunistas Rosa Luxemburgo e Karl Liebknecht, e a respeito do inquérito judicial que se seguiu.* Nada de concreto emergiu da confusão de acusações e negações, mas a suspeita de que Canaris estivesse envolvido nos assassinatos recaiu sobre ele – não sem justificativa. É verdade que na noite de 15 de janeiro de 1919, quando soldados mataram os dois comunistas, Canaris não estava em Berlim, mas o papel desempenhado por ele na investigação judicial do caso revelou seu conhecimento sem paralelo dos detalhes legais.

Nas semanas que se seguiram ao fim da guerra, Canaris encontrou uma nova colocação nos Freikorps. Sob a bandeira de uma luta contra o suposto perigo comunista, essas unidades compostas por soldados desiludidos da frente de batalha estavam cobrindo a Alemanha com um rastro de sangue. Homens da "Divisão de Cavalaria Armada", formação conhecida pelo extremismo, comandada pelo *Hauptmann* Waldemar Pabst, prenderam Rosa Luxemburgo e Liebknecht e os assassinaram. O ministro do Exército, Noske, hesitou em tomar qualquer atitude, mas sob pressão dos social-democratas do Parlamento, abriu um processo na corte marcial contra o principal acusado, o *Oberleutnant* Kurt Vogel. Entretanto, Pabst conseguiu que Canaris fosse assessor do tribunal. Dessa forma, o algoz se transformou em defensor, já que, assim como a maioria dos combatentes dos Freikorps, Canaris considerava o assassinato da "Rosa Vermelha" e de seu colega um ato legítimo de guerra, não um crime.

Na condição de juiz, embora não fosse o único, fez o possível para esconder os verdadeiros acontecimentos por trás dos assassinatos, obtendo

* No início de janeiro de 1939, protestos violentos de trabalhadores, que ficaram conhecidos como "espartaquistas", contra o governo social-democrata eleito irromperam em Berlim. A marxista Rosa Luxemburgo clamava por reformas moderadas, porém Liebknecht, mais radical, desejava uma revolução armada. No entanto, em 11 de janeiro os distúrbios já haviam sido controlados pelo Exército e o assassinato dos dois líderes quatro dias depois foi um tanto gratuito.

um sucesso surpreendente. No final, Vogel foi condenado a apenas dois anos e quatro meses de prisão por "abuso de poder no cumprimento do dever e por ter se livrado dos corpos". Mas Pabst, o homem que de fato fora responsável pelos assassinatos, seguia desfrutando da liberdade; e mesmo na República Federal, 40 anos mais tarde, continuou impune, tendo inclusive alegado que ao ordenar os assassinatos havia salvo a Alemanha de "uma vitória do comunismo que teria destruído todo o Ocidente cristão".

No entanto, o "juiz" Canaris continuava insatisfeito com a sentença aplicada a Vogel. Em 17 de maio de 1919, um certo *Oberleutnant* Lindemann apareceu na prisão Moabit, em Berlim, e apresentou uma ordem escrita pedindo a transferência do prisioneiro Vogel para outra cadeia. Minutos mais tarde, o assassino de Rosa Luxemburgo e de Liebknecht desapareceu com o sinistro tenente. No dia seguinte, soube-se que "Lindemann" era ninguém menos do que Canaris; seus documentos de identidade e a suposta ordem para a transferência eram falsificados. O "juiz" libertou da prisão exatamente o homem a quem havia condenado! Tal energia para burlar a lei logo rendeu a Canaris a reputação de ser um oficial para situações especiais.

Ele ficava satisfeito com o fato de uma aura de mito ter sido erguida ao seu redor. ... Gostava de agir de forma misteriosa. Acho que tinha prazer nisso.
WILHELM HÖTTL, SS *OBERSTURMBANNFÜHRER*

O mito do "Levantino" que veio da Marinha certamente contribuiu para reforçar o mistério que envolvia Canaris.
WERNER BEST, SS *OBERGRUPPENFÜHRER*

Canaris não foi punido pelo que fez. Em vez disso, Noske, ministro do Exército, convidou-o para fazer parte de sua equipe pessoal e cuidar de questões relativas a "contatos" – algo que ainda viria a atormentar o próprio ministro. Na primavera de 1920, Noske decidiu acreditar na informação passada por Canaris de que o Exército não significava uma grande ameaça ao governo. Assim, o golpe liderado por um oficial do Exército, o general Von Lüttwitz, veio como uma total surpresa.*

* Em março de 1920, Wolfgang Kapp, um funcionário público, e o general Walther von Lüttwitz protagonizaram um golpe de Estado contra o governo de esquerda, que fugiu

O golpe fracassou em apenas algumas semanas por causa de uma greve geral e o ministro do Exército foi forçado a renunciar, sem ter se dado conta de que seu ajudante havia passado para o lado dos conspiradores. Em qualquer outro país do mundo, um oficial que tivesse feito seu chefe de bobo teria, na melhor das hipóteses, sido demitido imediatamente. Mas Canaris foi inocentado por uma comissão de inquérito, sendo apenas transferido de Berlim para Kiel. Mais tarde, um de seus superiores, o almirante Von Gagern, até escreveu algo em seu favor, dizendo que "a avaliação objetiva e precisa dos acontecimentos políticos" feita por Canaris era "digna de nota". A primeira democracia a conseguir se instituir na Alemanha mostrou ser fraca demais para exigir uma lealdade genuína do Exército à Constituição.

Em 1935, após a longa agonia da democracia de Weimar ter chegado ao fim, a realização anterior de tais "serviços" seria obviamente uma ótima recomendação para qualquer candidato ao cargo de chefe do serviço secreto. Além disso, o apoio demonstrado por Canaris ao homem que acabara de subir ao poder já havia chamado atenção. Apenas dois meses antes da nomeação dele para chefe do serviço secreto, seu comandante escreveu entusiasmado: "Devo enfatizar o esforço incansável do *Kapitäin-zur-See* Canaris ao proferir palestras para familiarizar sua tripulação com a filosofia do movimento nacional e com os princípios da estrutura de governo do novo Reich. Seu trabalho nesse campo tem sido exemplar." Embora diversos biógrafos – preocupados de forma benevolente com a reputação dele – não aceitem, Canaris no mínimo iniciou sua ascensão no Terceiro Reich como um simpatizante do nazismo. "Quase todos nos envolvemos nisso", admite Otto Wagner, colega de Canaris na Marinha.

Se o objetivo for explicar a atitude nacional-socialista do oficial da Wehrmacht, devo me concentrar no desenvolvimento preciso do Exército alemão, que teve sua origem nas grandes ações do nacional-socialismo e que chegou ao fim recentemente em uma revolução nacional-socialista. ... Da mesma forma que, antes da Primeira Guerra Mundial, um oficial era naturalmente um monarquista, e da mesma forma que, logo após a guerra, ele estava ansioso para preservar suas experiências na linha de frente, hoje, quando toda a

de Berlim para Dresden e depois para Stuttgart. Os trabalhadores apoiaram o governo eleito com uma greve nacional. O golpe fracassou, mas não sem antes forçar a nomeação de um governo mais à direita.

nossa experiência de combate encontra-se na compreensão do que é o Estado nacional-socialista, é natural que sejamos nacional-socialistas. E como homens em serviço, estamos felizes em assumir nossa ideologia política, que é profundamente militar.

CANARIS EM UMA PALESTRA FEITA EM VIENA, 22 DE ABRIL DE 1938

Além de sua experiência como agente do serviço secreto durante a Primeira Guerra Mundial e de sua necessária "atitude" política, havia uma terceira razão para a escolha de Canaris para o cargo: a relação dele com Reinhard Heydrich. Em 1923, serviram juntos à Marinha no cruzador de treino *Berlin*. Heydrich, na época em uma posição inferior à de Canaris, agora era chefe do "Serviço de Segurança do Reichsführer-SS" (o SD), fato que o tornava um dos novos homens fortes do Reich. Devido à sua ambição de erguer uma estrutura de segurança todo-poderosa, houve muita disputa entre Heydrich e o antecessor de Canaris, o *Fregattenkapitän* Conrad Patzig, que defendia com veemência o monopólio de seu serviço em termos de contra-espionagem doméstica. E para piorar a situação, Patzig despertou a hostilidade de Heydrich ao chamar a SS de "chiqueiro". Chefes de departamento desse tipo não pareciam úteis para o novo ministro da Guerra, Blomberg, cujo lema era "conduzir o Exército para dentro do novo Estado" da forma mais silenciosa possível.

Era necessário se livrar de Patzig. A expectativa de Blomberg era de que Canaris conseguisse colaborar, sem atritos, com "os homens de preto", como a SS era conhecida, e o fato de ele e Heydrich compartilharem de um passado na Marinha seria útil. Quando o novo chefe de departamento, por uma questão de cortesia, telefonou para Patzig, que deixava o cargo, ele declarou que não tinha tempo para as incessantes brigas com Heydrich. Patzig respondeu descrevendo os perigos que percebera no nascente "Estado do Führer". Canaris replicou com frieza: "Não se preocupe, logo cuidarei desses rapazes." Patzig desligou com um mau pressentimento.

... mais astuto do que Himmler e Heydrich juntos.

HANS BERND GISEVIUS, INTEGRANTE DA SEÇÃO DE ASSUNTOS INTERNACIONAIS DO ABWEHR

As primeiras ações oficiais de Canaris em seu gabinete na Tirpitzufer não deram motivos para suspeitarem que um nome importante da resistência estava por trás delas. "Extremamente velho e cansado", era a impressão que um dos integrantes de sua equipe tinha do novo chefe. O uniforme da Marinha todo mal-ajambrado, o andar curvado e o "estilo desleixado" foram uma decepção. A isso, somavam-se os slogans nazistas, os quais Canaris, diferentemente do combativo Patzig, era capaz de repetir como um mantra. "Um oficial precisa incorporar o nacional-socialismo à sua vida", discursou aos chefes de seu grupo, advertindo que "uma conduta apolítica no Estado nacional-socialista era uma sabotagem e um crime". Do SD e da Gestapo, exigia "companheirismo e cooperação", uma questão de dever.

Ele agia de forma exemplar ao tentar se aproximar de Heydrich. Logo os dois passariam a cultivar uma relação de amizade em suas vidas privadas. As duas famílias se divertiam juntas jogando croquet no jardim de Heydrich. A mulher de Canaris, Erika, uma excelente violinista, encontrou no chefe do SD um amigo interessado. Esporadicamente, Canaris, que não era nada musical, vestia seu chapéu de chef de cozinha e preparava iguarias para os músicos. Sua especialidade era salada de arenque com caviar e conhaque. E seus filés de carne de porco recheados tinham fama de ser particularmente saborosos. Mesmo mais tarde, quando as relações entre o Abwehr e a SS se tornavam cada vez mais tensas, os dois continuavam cultivando a amizade. Quando a família de Canaris se mudou para o aprazível Schlachtensee, subúrbio de Berlim, os Heydrich ocuparam uma propriedade ao lado, e um dos acessos à casa deles era o próprio jardim do chefe do Abwehr. Os vizinhos saíam juntos para cavalgar, o que lhes permitia discutir questões delicadas extra-oficialmente.

Heydrich e Canaris costumavam se encontrar a cada poucas semanas para reuniões no café-da-manhã.

WALTHER HUPPENKOTHEN, SS *STANDARTENFÜHRER*

Eles sabiam o que um pensava do outro e ambos se comportavam de forma muito amigável. Digamos que fingiam demonstrações de amizade.

WILHELM HÖTTL, SS *OBERSTURMBANNFÜHRER*

Canaris logo sentiu que o ambicioso Heydrich teria preferido incorporar todo o Abwehr à estrutura do SD, que se expandia de forma crescente, e presumiu que o equilíbrio de poderes na Alemanha tenderia cada vez mais a favorecer "os homens de preto". Uma resistência frontal, como a praticada por Patzig parecia pouco promissora a longo prazo. O novo chefe do

Abwehr optou pela *conciliação*. Fez um acordo com seus opositores e estimulava sua equipe a trabalhar ativamente com os "companheiros". Dessa forma, conseguiu, de maneira gradual, definir seu espaço, fazendo com que o Abwehr não fosse mais perturbado. Nos primeiros anos de sua gestão, o único objetivo seria o estabelecimento de um serviço de inteligência militar eficiente. Como relembra Werner Best, braço direito do chefe do SD durante muitos anos, "o duelo entre Canaris e Heydrich era uma batalha *pelo* nacional-socialismo, não contra ele".

A relação que unia os dois, que eram completamente diferentes, era de amor e ódio. Após o primeiro encontro que teve com seu antigo colega de Marinha, Canaris observou em seu diário que era provável que ele nunca viesse a ser capaz de cooperar de forma franca e aberta com Heydrich, já que ele havia se tornado um "fanático cruel". Heydrich, por sua vez, costumava advertir sua equipe dizendo que seu vizinho em Schlachtensee era uma "raposa velha, da qual devemos sempre desconfiar". Por outro lado, na opinião da mulher de Heydrich, Lina, Canaris sempre pareceu tratar seu marido "quase como um filho".

Será que todo o tempo que desfrutavam juntos não passava de um jogo duplo dissimulado do chefe do Abwehr para espionar Heydrich em sua vida privada, como acreditam os defensores do mito de Canaris? Não, é provável que Canaris gostasse de Heydrich. Talvez visse algo de si na inteligência aguda dele. Ocasionalmente, ambos revelavam um lado sensível e gentil, que contrastava bastante com as exigências de suas vidas profissionais. Os dois tinham uma paixão por dissimulações, truques e blefes: não é uma coincidência que o esporte preferido do chefe do SD fosse a esgrima, com sua sutil combinação de ação e reação, de ataque e defesa. Se os dois agentes do serviço secreto falavam de negócios durante as cavalgadas matinais, não restam dúvidas que às vezes chegavam perto de um duelo verbal.

> *Ouviam música juntos, viam-se muito e um espionava o outro.*
>
> REINHARD SPITZY, INTEGRANTE DA SEÇÃO INTERNACIONAL DO ABWEHR

Além disso, de acordo com Walter Schellenberg, que durante a guerra se tornou o novo homem forte do serviço secreto de Himmler, tanto Canaris quanto Heydrich demonstravam que nenhum dos dois poderia tomar qualquer atitude contra o outro sem se arriscar. Segundo Schellenberg, o chefe do Abwehr tinha documentos sobre a avó "não-ariana" do rival, enquanto Heydrich colecionava um material sobre a participação de integrantes do serviço secreto na resistência. Assim, o tempo que passavam juntos começou a ser assombrado pelo medo. Mesmo quando Canaris já havia se transformado em um opositor ferrenho do regime e sabia, com detalhes, que Heydrich era diretamente responsável pelos assassinatos em massa, a antiga afeição não se esvaiu por completo. Canaris passou a virada do ano de 1940-41 na propriedade de Heydrich em Stolpshof, onde costumavam caçar. Além disso, no funeral de Heydrich em 1942 – ele fora assassinado por combatentes da resistência tcheca –, as lágrimas que escorriam dos olhos de Canaris provavelmente eram sinceras.

A primeira impressão que Canaris teve de seu novo local de trabalho foi decepcionante. Quando assumiu o cargo na "toca da raposa", maneira como o prédio do Abwehr na Tirpitzufer era chamado em razão de seus muitos corredores e cantos escuros, Canaris encontrou pilhas e mais pilhas de "papéis inúteis". A Divisão I, sob o comando do *Oberst* Piekenbrock, responsável por obter informações do exterior, resumia-se a apenas um punhado de agentes que podiam ser tudo, menos fonte de informações proveitosas. Canaris consertou o que estava errado e melhorou o Abwehr. Em pouco tempo, o departamento passou a contar com recursos financeiros para recrutar um exército de agentes e informantes capazes de manter Berlim ciente dos projetos de defesa dos países inimigos e da movimentação de suas respectivas tropas.

O chefe se envolvia pessoalmente em todos os assuntos. Canaris deu sua contribuição quando se discutia a proteção das fábricas de armamentos alemãs, distribuiu recomendações para o recrutamento de agentes fora da Alemanha e mostrou grande interesse nos últimos avanços em tecnologia de rádio e microfotografia. Nos quartéis-generais, os oficiais logo precisaram rever a avaliação inicial que tinham feito, sendo obrigados a reconhecer que o cérebro de Canaris era muito perspicaz. Seu Abwehr continuava longe de ser páreo para uma organização como o MI6 da Grã-Bretanha, porém era eficaz o suficiente para que Hitler passasse a prestar atenção no homem responsável por tal serviço.

O fato era que Hitler necessitava urgentemente de informações para planejar seus arriscados *coups de main** de fim de semana. Será que a Fran-

* Ataques rápidos e repentinos para pegar o inimigo de surpresa. (N.T.)

ça se mobilizaria caso ele reintroduzisse o serviço militar obrigatório ou marchasse pela desmilitarizada Renânia? Canaris precisava fornecer respostas, e assim o fez, para a satisfação de Hitler. Entre dezembro de 1935 e março de 1936, o chefe do Abwehr foi convocado a comparecer na chancelaria do Reich nada menos do que 17 vezes. A forma serena como apresentava os fatos agradava Hitler. Além disso, sendo uma pessoa que havia lido os romances fantásticos de Karl May em uma hospedaria para homens, o Führer ficava encantado com as histórias contadas pelo chefe do serviço de inteligência sobre as aventuras de seus agentes secretos.

Canaris foi capaz de fazer com que Hitler confiasse nele a tal ponto que o ditador não conseguia acreditar que o chefe do Abwehr estivesse envolvido na conspiração para matá-lo. Canaris também fez uma avaliação equivocada de Hitler. Confidenciou a amigos com toda a seriedade: "Ele é acessível e compreende qualquer idéia, desde que lhe seja apresentada da maneira apropriada." Estava tão animado por ter se aproximado de Hitler, e portanto das catapultas para o poder, que acabou se transformando em um *workaholic*. Sua filha Brigitte relembra "como era raro ele voltar para casa naquela época". Já havia abolido as folgas de sábado de seus principais agentes e até aos domingos os chefes de divisões, conhecidos como "trabalhadores acorrentados", precisavam comparecer a reuniões. Canaris parecia "elétrico" sempre que decisões importantes precisavam ser tomadas.

No início do verão de 1936 a situação chegou a um ponto crítico: a guerra civil havia sido deflagrada na Espanha. O líder dos rebeldes de direita, Francisco Franco, estava preso no Marrocos – controlado pelos espanhóis – com seus soldados em frangalhos e sem aviões ou navios à disposição para levar as tropas para a batalha em seu país. O general pediu ajuda a Hitler e a Mussolini mas ambos hesitaram. Agora caberia a Canaris, que conheceu e passou a respeitar Franco em uma reunião em Madri, socorrê-lo. Em uma "conferência do Führer", o almirante argumentou em favor do general espanhol. Discorreu sobre a crescente ameaça de uma possível cabeça-de-ponte comunista no sudoeste da Europa e se utilizou do argumento de que a Alemanha poderia conseguir mais influência no Mediterrâneo. A decisão foi tomada na noite de 25 de julho de 1936 em Bayreuth, após uma apresentação de *As valquírias,* de Wagner, sob a regência de Wilhelm Furtwängler. Hitler se reuniu com Göring, Blomberg e Canaris. Estimulado pela euforia da ópera ou pelos conselhos do chefe de seu serviço secreto, o ditador aceitou se arriscar na aventura espanhola.

Ele se dedicou de corpo e alma ao rearmamento. Em outras palavras, a construir a Wehrmacht. Participou ativamente de uma série de empreitadas particulares de Hitler, como o envolvimento da Alemanha na Guerra Civil Espanhola.

Werner Best, SS *Obergruppenführer*

Dois dias depois, os primeiros aviões Junker Ju-52 de transporte decolaram para buscar Franco e seus soldados. Alguns meses mais tarde, soldados alemães da "Legião Condor" lutavam na Espanha. Nessa guerra por meio de procurações entre ideologias conflitantes, Canaris desempenhou um papel central: os agentes do Abwehr passaram a espionar os comunistas e mantinham Franco informado das ofensivas planejadas pelos adversários republicanos do ditador. Ele permanecia semanas a fio incógnito na Espanha, ignorando o trabalho que se acumulava em sua mesa em Berlim. Sentia-se mais uma vez em casa, como em 1919, quando lutava ao lado dos Freikorps e tramava nos bastidores. A guerra civil fez com que o general espanhol e o chefe do serviço secreto alemão se tornassem amigos para a vida toda. Após a vitória de Franco em 1939, sempre que Canaris viajava para Madri o generalíssimo o recebia. O chefe do Abwehr mantinha o retrato de Franco em sua mesa em Berlim e dizia que planejava viver na Espanha quando se aposentasse.

Aquele, porém, não era o momento de Canaris pensar na aposentadoria. O Abwehr se expandia sem parar e, apesar de todos os conflitos com o SD de Heydrich, a posição dele dentro da Wehrmacht parecia inabalável. No início de 1938, sua promoção a vice-almirante era iminente. Na verdade, tudo parecia caminhar bem para Wilhelm Canaris naquele período de desilusão nacional, quando a maioria dos alemães ainda gostava de pertencer à *Volksgemeinschaft*, ou "comunidade nacional", de Hitler. No entanto, esse foi exatamente o momento em que algo começou a mudar em Canaris. A equipe de seu departamento percebeu tal mudança pelo comportamento cada vez mais estranho apresentado pelo chefe. O amor que nutria por seus dois dachshunds de pêlo longo, Seppel e Sabine, deixou de ser uma singularidade de Canaris e se transformou em uma obsessão. Quando viajava, às vezes passava horas ao telefone perguntando sobre o estado de espírito e a digestão de seus amores. Como relembra um integrante de sua equipe, quem não tratasse os cachorros com o devido respeito era imediatamente demitido. Mesmo em seu lendário diário, que desapareceu após a guerra sem deixar vestígios, Canaris dispensava muita atenção a seus "*Dackels*". Um oficial do Abwehr conta que o chefe "costumava pôr os cachorros acima das mulheres, em geral com frases engraçadas".

Ponha sua fé na bondade dos animais. Veja só, meus dachshunds ficam em silêncio e nunca me trairão.

Quem maltrata animais não pode ser uma boa pessoa.

Canaris

Era evidente que Canaris estava se tornando mais solitário. Apreensivo em relação à sua saúde, tomava enormes quantidades de remédios diferentes. Se algum integrante de sua equipe pegasse um resfriado, ele ficava apavorado e o mandava para casa no mesmo instante. Um subordinado de Canaris disse que o chefe foi "o superior mais difícil que ele teve em 30 anos de carreira militar". Ao viajar de trem, não era nada incomum, como aconteceu certa vez durante o trajeto entre Wiesbaden e Berlim, Canaris mandar seu ajudante pedir ao maquinista que aumentasse a velocidade.

Porém, apenas alguns de seus colegas mais próximos reconheceram que tal mudança de comportamento expressava uma crise interna. Quando o antecessor de Canaris, Conrad Patzig, visitou-o na primavera de 1937, ficou bastante surpreso ao encontrar o mesmo homem que dois anos antes dizia que "lidaria" com Heydrich e Himmler resmungando decepcionado: "De cima a baixo, são todos criminosos e estão arruinando a Alemanha." Quando Patzig o aconselhou a renunciar, Canaris respondeu: "Se eu me afastar, Heydrich assumirá, e isso será o fim." O que havia acontecido nos dois anos em que chefiou o serviço secreto? Não restam dúvidas de que Canaris continuou se considerando um servente leal ao Führer. Durante suas palestras, nas quais dizia que "hoje é natural que todos sejam nacional-socialistas", suas palavras ainda transmitiam convicção. No entanto, as primeiras dúvidas começavam a surgir. Para um cristão como Canaris, o poder totalitarista que ganhava forma diante de seus olhos na SS de Himmler, a perseguição aos judeus e aos inconformados com o regime e o clima de terror eram sinais de degeneração moral. No entanto, ele continuava acreditando que uma mudança era possível. Ainda não tinha abandonado a esperança de conter a derrocada, caso necessário, com seus próprios esforços: uma pessoa civilizada não pode "tomar decisões com base na conveniência," disse ele a um amigo na época, "precisa também preservar uma base ética".

À medida que suas dúvidas aumentavam, aproximava-se mais do homem a quem seu destino estaria ligado até o triste fim de sua vida: Hans Oster, um coronel da Divisão III (contra-espionagem) de seu departamento. Como Canaris, Oster pertencia à geração de oficiais da Primeira Guerra Mundial que, relutante, aceitou vestir o uniforme da República. À primeira vista, os dois tinham pouco em comum: Oster era filho de um pastor da Saxônia, um típico valentão espirituoso que freqüentava os locais da moda; Canaris era mais introvertido, e às vezes um tanto tímido. Enquanto a parede do gabinete de Oster exibia o lema "As águias não comem moscas", a mesa de seu chefe era enfeitada com esculturas de bronze dos três macacos sábios da filosofia oriental, com as mãos cobrindo os ouvidos, os olhos e a boca respectivamente: "Não ouça o mal, não veja o mal, não fale o mal."

Contudo, os dois logo desenvolveram uma forte ligação e passaram a trocar informações. Oster sempre foi mais radical. Começou a criticar o regime, a liderança da SA e o assassinato de Ernst Röhm antes de Canaris – ainda em 1934. Desejava realizar ações mais enérgicas do que as defendidas pelo chefe. Diferentemente de Canaris, Oster nunca se identificou com os fanáticos slogans nazistas. Em vez disso, costumava fazer declarações, tanto no trabalho como em casa, que "o mandariam para um campo de concentração" caso chegassem aos ouvidos errados, como definiu um de seus subordinados.

Para os dois amigos, 1938 viria a ser o ano da decisão. Tudo começou com um ataque totalmente imprevisto de Hitler à liderança do Exército, ao qual os historiadores se referem, de forma a não dar muita importância, como o caso "Blomberg-Fritsch". Em um espaço de seis meses, Blomberg, ministro da Guerra do Reich, e Fritsch, chefe do Estado-Maior do Exército, foram obrigados a renunciar: o primeiro por ter se casado com uma prostituta, e o outro devido a uma armação suja, feita pela Gestapo, envolvendo um garoto de programa. Hitler então se nomeou comandante-em-chefe da Wehrmacht (as três Armas combinadas) e substituiu Fritsch pelo submisso Brauchitsch. A agitação provocada pela falsa "questão de honra" afetou o corpo de oficiais da Wehrmacht de tal forma que, num primeiro momento, poucos reconheceram o significado estratégico de tais mudanças de pessoal. Essa foi a tacada final da "tomada de poder", só então o ditador conseguiu poderes totalitários.

Canaris, que há muito tempo era um dos homens mais bem-informados do Reich, logo percebeu o rumo que as coisas estavam tomando. Lembrava-se bem das anotações de um dos ajudantes de Hitler, Hossbach, feitas durante um discurso secreto do Führer em 5 de novembro de 1937. Para um seleto grupo de chefes, Hitler anunciou claramente seu desejo de iniciar uma guerra o mais rápido possível. "Agora, a força pode ser o único caminho para a solução do problema alemão", dizem as anotações. O objetivo era um "ataque rápido à Tchecoslováquia". Hossbach percebeu ainda que Blomberg e Fritsch foram veementemente contra e que uma discussão "acalorada" teve início. O almirante juntou os fatos. Hitler se deu conta de que, com a posição sustentada pelos dois responsáveis pelo Exército, não conseguiria vitória alguma, tampouco a conquista de mais "espaço vital". O afastamento dos dois significava que o cenário para a guerra estaria armado.

Canaris ficou arrasado. Também considerava suicidas as ações pretendidas por Hitler. "Os primeiros tiros dessa guerra", previu pessimista, "serão o fim da Alemanha." Além disso, a maneira desleal pela qual Fritsch e Blomberg haviam sido afastados de seus cargos feria profundamente seu senso de decência. Se Hitler podia agir dessa forma com seus generais mais experientes, quais seriam os valores que ainda imperavam na Alemanha além da vontade do ditador? Richard Protze, amigo próximo do chefe do Abwehr desde os tempos de cadete na Marinha Imperial, viu essa experiência como um momento de virada para Canaris: "Se procurarmos um fato para explicar o início da oscilação da lealdade de Canaris para com Hitler, tal acontecimento é este."

Em um período de seis meses, o hesitante chefe da inteligência se transformou em um opositor ativo – e isso ocorreu apesar da onda de entusiasmo nacionalista que se seguiu à anexação da Áustria. Hitler declarou durante um discurso para oficiais em Viena no dia 22 de abril de 1938: "Hoje, todos nós vemos com admiração o acontecimento que acelera os corações de todos os alemães E temos as seguintes palavras em nossas bocas: *ein Reich, ein Volk, ein Führer.* Acontecimento que por tanto tempo desejamos, pelo qual tanto lutamos." Em 14 de setembro, o mesmo Canaris mandou um de seus chefes de seção, Georg Groscurth, providenciar armas, munição e explosivos para uma força-tarefa comandada pelo major Heinz. A missão de Heinz seria nada menos do que prender o Führer.

Este seria o clímax de um "plano de paz", que quase veio a se concretizar naquele fatídico verão de 1938. A força motriz e o comunicador por trás do plano era Hans Oster. O chefe do Estado-Maior do Exército, Halder, também fazia parte, assim como seu antecessor, Beck, o secretário permanente do Ministério das Relações Exteriores, Ernst von Weizsäcker e o ex-prefeito de Leipzig, Carl Goerdeler. Todos eles queriam evitar que Hitler levasse o novo Reich alemão à destruição – mesmo que, aos olhos da maioria deles, o ditador tivesse feito um grande trabalho ao reconstruir o Reich. A seção de assuntos internacionais do Abwehr, com suas fontes de informação, havia provado ser o aparato ideal para camuflar e coordenar as várias frentes de oposição. Canaris criou um novo departamento para Oster – a Seção Z – para que ele pudesse realizar suas atividades sem ser incomodado. Estabelecido oficialmente para "centralizar a administração", o propósito da nova seção era político. Reinhard Spitzy, na época integrante do Abwehr e cujo escritório ficava a duas salas da de Oster, conta que a "'Seção Z' era na verdade a 'Seção Golpe de Estado'."

O plano começou com o sensato reconhecimento de que os dissidentes eram uma minoria. A tentativa de convencer o Alto Comando militar a realizar um tipo de greve geral caso uma guerra contra a Tchecoslováquia fosse deflagrada foi um fracasso total. Grande parte certamente compartilhava da visão de seu ex-chefe de Estado-Maior, Beck, que acreditava que, devido à posição estratégica da Alemanha, uma guerra seria algo inviável. Mas os generais seniores não estavam preparados para se rebelar contra o comandante supremo. Até 1945, tal fato se aplicaria à esmagadora maioria desses oficiais – o paradigma trágico e a culpa histórica de uma geração de militares que não teve coragem de priorizar justiça e moralidade em detrimento de obediência a ordens.

A segunda grande decepção dos conspiradores foi a atitude das potências ocidentais: integrantes da resistência fizeram verdadeiras peregrinações a Paris e Londres suplicando por uma posição firme contra os desígnios expansionistas de Hitler e implorando-lhes apoio. Porém, todos os esforços foram em vão. Ao que parece, a Europa Ocidental ainda não havia percebido a ameaça que Hitler representava. Em Londres, uma oposição formada pela "alta sociedade prussiana e por generais" não parecia uma alternativa muito atraente. A precária posição dos "rebeldes" era tão incompreendida que o lorde Vansittart, principal consultor do governo britânico para questões internacionais, disse a um atônito Goerdeler que aquilo era "traição".

Foram duas lições que Canaris jamais esqueceria. Desgastado, retirou-se da liderança dos conspiradores, embora não tivesse abandonado o objetivo maior. "Vocês, companheiros, continuem lidando com isso", disse a Oster. A partir desse momento, passou a se interessar pouco pelos detalhes dos preparativos. Será que duvidava do sucesso da ação ou desejava se proteger caso fracassassem? Para Halder, sucessor de Beck como chefe do Estado-Maior do Exército, era difícil decifrar o comportamento de Canaris: "Muitas vezes, não era possível entender o que ele estava tentando dizer."

Porém, a política de Hitler de aumentar cada vez mais a pressão sobre Praga forçou os conspiradores a agir. O Alto Comando da Wehrmacht tinha recebido metas e já sabia quando o ataque seria realizado. Canaris pediu: "Ajam de uma vez só!" Naquele momento, Oster conseguiu convencer um comandante do Exército, Erwin von Witzleben, a participar dos esforços para derrubar Hitler. Como comandante do distrito militar de Berlim, tinha unidades da 23ª Divisão a seu dispor. Um plano foi traçado: os escritórios e quartéis da SS e da Gestapo seriam ocupados. Havia, inclusive, dois homens do lado nazista envolvidos no plano: o chefe da polícia de Berlim e veterano da SA, Wolf-Heinrich von Helldorf, e o chefe da Gestapo na capital, Arthur Nebe. Isso significava que, por algum tempo, não precisariam temer uma intervenção por parte da polícia. O plano tinha grandes chances de dar certo.

A unidade do major Heinz seria responsável por prender Hitler. O que fariam depois com "Emil", maneira como os conspiradores desdenhosamente chamavam seu principal adversário, era algo que dividia opiniões. Canaris e Halder queriam que ele fosse declarado insano por um comitê médico ou mandado a julgamento. Um advogado do governo, Hans von Dohnanyi, a quem Canaris traria para o Abwehr um ano mais tarde, preparava, desde 1933, um volumoso arquivo com todos os crimes do ditador. O assassinato do Führer, planejado em segredo por Heinz, fora rejeitado por Canaris "devido, sobretudo, à sua profunda religiosidade", relembra Franz Liedig, seu colega de serviço na época dos Freikorps.

O plano, porém, desmoronou como um castelo de cartas. Em um dia de céu azul, o primeiro-ministro britânico, Neville Chamberlain, voou para a Alemanha a fim de garantir concessões importantes a Hitler acerca da questão dos Sudetos. Tal fato pôs um fim abrupto a qualquer perspectiva de um golpe de Estado. No momento em que triunfaria como o salvador da paz, Hitler não podia ser derrubado. Aconteceu o que Canaris e outros conspiradores nunca poderiam ter imaginado: os Aliados ocidentais sacrificaram sua aliança com a Tchecoslováquia. Chamberlain acreditava que, ao agir dessa forma, estaria satisfazendo permanentemente as exigências de Hitler e sustentou seu erro fatal com o slogan "Paz em nosso tempo", pateticamente otimista.

A visão de Canaris era mais realista. A sorte parecia estar ao lado do Führer. Com a visita histórica do premier britânico, o ditador havia, sem ter se dado conta, escapado de dois perigos: da guerra que tanto queria, que na visão dos historiadores militares teria terminado em uma derrota para a Alemanha, e da destruição de seu regime por forças internas. "Teria sido o fim de Hitler", como Goerdeler, um dos rebeldes frustrados, comentou com triste resignação.

Assim, os soldados alemães entraram na região dos Sudetos, na Tchecoslováquia, sem que um único tiro fosse disparado. Da mesma forma como ocorreu com a anexação da Áustria, uma onda de entusiasmo varreu o país e a fé na "capacidade do Führer" ganhou novo fôlego. Sem qualquer inibição aparente, até mesmo Canaris endossou o coro de felicitações. Mandou Oster destruir imediatamente todos os documentos relacionados ao golpe. De todo modo, a rede de conspiradores já havia começado a se desfazer. Witzleben estava irritado com as análises incorretas acerca das intenções dos outros países fornecidas por Canaris e Weizsäcker, enquanto o chefe do Abwehr, mais uma vez, sofria com o amadorismo e o "desleixo irresponsável" dos homens que cercavam Oster. Canaris afastou-se e naquele momento não queria mais saber dos planos para derrubar Hitler.

Voltou para sua função de chefe de departamento e seguia todas as ordens do Partido Nazista, transformando-se em um fiel vassalo de Hitler. Dirigia a sede de Hamburgo do Abwehr, sempre fazendo a saudação nazista quando alguém se reportava a ele. As cavalgadas matinais com Heydrich, que aparentemente não suspeitava do *putsch* fracassado, tornaram-se mais freqüentes e nada parecia mais importante para Canaris do que a crescente expansão de seu serviço de inteligência. As primeiras vitórias de sua nova rede de espionagem vieram a tempo de fazer com que todos esquecessem a série de relatórios com informações equivocadas feitos pelo Abwehr durante a crise dos Sudetos. Dos Estados Unidos, seus espiões investigavam projetos de um novo plano de desenvolvimento de explosivos para aviões de combate que eram bastante superiores aos armamentos alemães. De Paris, seus escritórios recebiam os códigos secretos utilizados pela Marinha francesa. O chefe do Abwehr logo voltaria a ser *persona grata* para Hitler, sendo autorizado a acompanhar o ditador em eventos oficiais, como na inauguração do navio de guerra *Tirpitz* e no triunfal retorno da "Legião Condor", que voltava da Espanha.

Hitler achava que Canaris era um chefe de espionagem incomparável. E ninguém o convencia do contrário.

Reinhard Sipitzy, integrante da seção internacional do Abwehr

Será que tudo isso não passava de um blefe brilhante por parte de um integrante da resistência que esperava pela próxima oportunidade – como alegado após a guerra pelos defensores da reputação de Canaris? Dificilmente. A verdade é que o almirante não precisaria disfarçar. Afinal de contas, sua maior preocupação, de que Hitler levasse a Alemanha a uma guerra que terminaria com a destruição da nação, provou-se infundada. Tanto a anexação dos Sudetos quanto a "tomada de Praga" ocorreram sem derramamento de sangue. Canaris estava errado – o Führer estava certo o tempo todo. Diante de tais vitórias, o chefe do Abwehr não era o único propenso a acreditar em milagres. Caso Hitler tivesse sido deposto ou assassinado naquela época, os alemães provavelmente passariam a considerá-lo o maior estadista da história do país, como sustenta seu biógrafo Joachim Fest.

Infelizmente, poucos foram os que não se deixaram enganar, entre eles, o chefe demitido do Exército, Werner von Fritsch, que na época profetizou: "Esse homem é o fado da Alemanha, para o bem ou para mal, e tal fado seguirá seu caminho até o fim; caso vá para o abismo, iremos com ele. Não há nada que possamos fazer a respeito." Mas dessa vez Canaris não estava entre os sensatos; sua transformação súbita, de rebelde a legalista, era conduzida pela ilusão de que a guerra tinha sido evitada. Assim, é possível entender o alívio que sentiu por não ter promovido um golpe contra um tipo de governo que, ao lado da monarquia, ele sempre considerou ser o que de melhor havia para a Alemanha.

Há uma expressão tipicamente austríaca perfeitamente adequada para Canaris: "apaziguador oficial". Ele precisava aplacar ambos os lados, e isso não era algo fácil.

Wilhelm Höttl, SS *Obersturmbannführer*

Também é significativo o fato de ele ter continuado a acreditar que era possível "manter o terror controlado" enquanto cumpria seu dever. Após as atrocidades anti-semitas da Noite dos Cristais, em 9 de novembro de 1938, entregou um relatório detalhado sobre o comportamento repugnante da "corja parda" a Wilhelm Keitel, chefe da Wehrmacht, na esperança de provocar protestos da liderança militar. Keitel, porém, desdenhou do relatório com o comentário irritado de que as questões domésticas não estavam sob sua esfera de atuação – o que não foi suficiente para impedir Canaris de seguir enviando listas com os crimes cometidos pelos nazistas para seu superior. O chefe do Abwehr, para quem as regras dos tempos do kaiser representavam as normas a serem almejadas, agarrou-se a seu próprio conceito de lei e ordem, como um náufrago a uma bóia. No entanto, uma tempestade se formava no horizonte. Tempestade que viria a arrasar todas as esperanças de Canaris.

Na madrugada de 26 de agosto de 1939, às 3h55, 13 homens vestindo roupas civis e um de uniforme abriram fogo na estação de trem de Mosty, na passagem de Jablunka, importante em termos estratégicos, no Sul da Polônia. Os soldados que vigiavam o local acordaram assustados. Minutos depois, o prédio da estação estava nas mãos dos invasores. O líder da seção mandou uma mensagem de rádio a seu posto de comando: "Estação de Mosty tomada. Perdas: um ferido." Esta mensagem lacônica anunciou o primeiro conflito da Segunda Guerra Mundial, seis dias antes da deflagração oficial da batalha. O comandante da missão, *Oberleutnant* Herzner, atuava sob as ordens da Divisão II da seção de assuntos internacionais do Abwehr, responsável pelas operações de comando e sabotagem. Os primeiros tiros da guerra, que Canaris acreditava ser o fim da Alemanha, foram disparados por homens de seu próprio serviço secreto – sem uma declaração de guerra e burlando todas as leis internacionais.

As semanas que antecederam os eventos expuseram o dilema do almirante de forma cruel. As políticas de agressão de Hitler em relação à Polônia e o pacto com Stálin, que ia contra todos os seus princípios ideológicos, destruiu qualquer ilusão de que a ocupação de Praga pudesse trazer tranqüilidade para a política internacional. Como chefe do Serviço Secreto, Canaris cumpria ordens e, com uma ingenuidade considerável, começou a realizar a tarefa de sabotar pontes importantes, caminhos pelas montanhas e instalações industriais, fornecendo informações sobre o poder e o arranjo das forças polonesas e camuflando os preparativos dos alemães para uma invasão.

Mas como oponente secreto da guerra que estava prestes a estourar, ao mesmo tempo disseminava informações sobre a inevitabilidade do conflito em dois fronts e tentou, de novo em vão, conseguir aliados no Estado-Maior Geral. Dessa vez, não havia qualquer plano sério para um golpe de Estado. A decepção com o fracasso do ano anterior era grande demais. No entanto, por um breve momento a esperança ressurgiu. Em 25 de agosto, dois relatórios enviados quase em simultâneo de Roma e Londres tumultuaram a chancelaria do Reich. Mussolini anunciou que, se uma guerra começasse, a Itália não poderia oferecer qualquer apoio; e de Londres veio a notícia de um pacto entre Grã-Bretanha e Polônia. Hitler perdeu a cabeça. Às pressas, cancelou o ataque marcado para a manhã seguinte, embora a maior parte das tropas já estivesse a caminho. Foi um milagre terem conseguido impedir o avanço de todas as unidades, exceto a do destacamento do *Oberleutnant* Herzner.

Um grande peso saiu das costas de Canaris. O ditador havia se exposto ao ridículo. "A cada minuto tudo pode mudar", brincavam os assistentes nas sedes do Abwehr. Em seu gabinete, o chefe não tentou esconder a satisfação: "Ele jamais se recuperará desse golpe. Teremos paz pelos próximos 20 anos." Sua única dor de cabeça era a unidade de comando nos túneis de Jablunka. E se o *Oberleutnant* Herzner tivesse gerado uma crise internacional e iniciado a guerra que Hitler acabara de cancelar? É verdade que os homens de Herzner já se encontravam sob o fogo das unidades polonesas quando receberam a mensagem de rádio ordenando uma retirada. Uma vez que a tropa não sofreu baixas e ninguém foi feito prisioneiro, os poloneses não tinham provas de quem havia tomado sua estação de trem. A questão foi encerrada sem qualquer conseqüência mais séria.

No dia da deflagração da guerra, 1º de setembro, qualquer resquício de constrangimento por parte de Hitler já havia se apagado. Sem nenhum sinal de desobediência às ordens, a Wehrmacht devastou a vizinha Polônia. Na noite anterior, quando as diretivas para um ataque ao país chegaram a Canaris, ele não tinha mais ilusões. Canaris não era um pacifista, mas era realista: a lógica da situação internacional inevitavelmente acabaria por levar a uma derrota alemã. Havia muito tempo que ele acreditava nisso, da mesma forma que estava ciente do terrível poder dos armamentos modernos, que gerariam um número de mortos bastante superior ao da Primeira Guerra Mundial. Ele também estava certo neste aspecto. Um colega do círculo de Oster, o ex-oficial da Gestapo Hans Bernd Gisevius, teve uma reunião com o almirante no prédio do Abwehr em 31 de agosto, exatamente na véspera do início da Segunda Guerra Mundial. De acordo com Gisevius, era como se Canaris estivesse em transe. Com a voz embargada, o chefe do Abwher disse com um mau pressentimento: "Será o fim da Alemanha."

Em um primeiro momento, os relatórios com as vitórias iniciais afastaram os pensamentos mais sombrios. A Wehrmacht massacrou os poloneses bem mais rápido do que o previsto, graças em grande parte ao trabalho da seção internacional do Abwehr. Canaris usufruiu do sucesso de suas operações de comando e sabotagem por algum tempo. Por exemplo: quando o general Busch, comandante do 8º Corpo do Exército, elogiou os 400 combatentes recrutados pela unidade do Abwehr em Breslau, a equipe na sede do serviço secreto vibrou com a glória dos colegas. Porém, logo as informações obtidas pelos postos avançados do serviço de inteligência modificaram o humor de Canaris, pois revelavam a verdadeira natureza do ataque. A máquina de propaganda de Hitler divulgou que a verdadeira causa da guerra havia sido um "ataque polonês" à estação de rádio alemã em Gleiwitz, perto da fronteira com a Polônia.

Mas Canaris ficou sabendo da verdade. O ataque fora realizado por homens do SD vestidos com uniformes poloneses. Os corpos deixados pelo ataque, apresentados pela imprensa como baixas de guerra, na verdade foram trazidos de necrotérios dos campos de concentração nazistas. E os uniformes poloneses para esse primeiro crime de guerra foram obtidos por nada menos do que o próprio Abwehr. Uma semana após o início do conflito, Heydrich revelou-lhe que os relatórios sobre assassinatos sistemáticos cometidos pelos Einsatzgruppen não eram exagerados. "Pretendemos poupar o cidadão comum", explicou com frieza seu parceiro de cavalgadas, "mas aristocratas, padres e judeus precisam ser mortos." Visitas à linha de frente e viagens de carro pela bombardeada Varsóvia foram a gota d'água. "Os filhos de nossos filhos carregarão a culpa por isso", gritou estarrecido diante da visão das enormes concentrações de refugiados e as toneladas de destroços. "O julgamento de Deus recairá sobre nós."

Talvez seja um tanto surpreendente o fato de o homem que sabia de cada detalhe sobre o impacto e os objetivos dos armamentos alemães ter ficado tão atordoado com a destruição causada por esses mesmos armamentos. É verdade que o conflito interno entre lealdade e resistência tivera um sério impacto sobre a sensível saúde mental do almirante. Porém, o terror que tomou conta dele em meio ao tumulto da batalha significou mais do que um ataque de nervos – trouxe a pavorosa percepção de que todos os valores nos quais ele, Wilhelm Canaris, acreditou durante toda a vida não valiam nada.

A campanha de Hitler contra a Polônia já não era uma guerra em que a fórmula de Clausewitz, "a continuação da política externa por outros meios", pudesse ser aplicada. Uma ideologia assassina tomava os campos de batalha, os objetivos não eram expressos em termos de vitória ou derrota, e sim sobrevivência ou aniquilação. O cadete do kaiser se via imerso no abismo aberto por seu ditador. "Uma guerra conduzida sem nenhum compromisso com qualquer tipo de ética jamais poderá ser vencida", disse ele a Bürkner, seu interino. "Existe uma justiça divina na Terra."

Canaris fez o que precisava ser feito, apesar de todos os maus pressentimentos. Em 12 de setembro de 1939, no trem pessoal do Führer, o chefe do Abwehr fez um relatório dos crimes cometidos atrás das linhas de frente. Mais uma vez, o destinatário era Wilhelm Keitel. As anotações feitas nessa reunião foram utilizadas mais tarde nos tribunais de Nuremberg como provas. "Chamei a atenção do *Generaloberst* Keitel para o fato de eu saber que assassinatos em grande escala estavam sendo planejados na Polônia", anotou Canaris. "Disse que o mundo acabaria por responsabilizar a Wehrmacht pela utilização desses métodos, uma vez que tais coisas aconteciam debaixo do nariz das Forças Armadas." Keitel respondeu rudemente que o Führer já havia decidido sobre "tais coisas" e que se a Wehrmacht "quisesse ficar fora disso" teria que aceitar "perder espaço para a Gestapo e a SS". Mais uma vez, Canaris batia de frente com o chefe do Estado-Maior da Wehrmacht, cuja resposta demonstrava toda a extensão de seu envolvimento nos crimes.

Sob o comando de Canaris, o Abwehr passou a subverter o regime de terror. O proeminente rabino-chefe de Varsóvia, Schneersohn, fugiu do país com a ajuda do serviço secreto, após um pedido de ajuda discreto feito pelo consulado geral norte-americano. Canaris também facilitou a fuga para a Suíça da viúva do antigo adido militar polonês, Szymanski, a quem conhecera em Berlim. Ela e os filhos passaram a se sustentar com uma generosa ajuda financeira do Abwehr. Esses foram os primeiros registros das operações de resgate realizadas por Canaris, e muitas ainda estariam por vir. Sua motivação seria a compaixão pelas vítimas da perseguição.

O risco de que a Gestapo ou o SD ficassem sabendo de suas operações era grande. Mas Canaris ainda tinha poder suficiente para impedir as investigações ou fazer com que suas operações de resgate se passassem por missões regulares do serviço secreto. Sempre que conhecidos, empregados ou mesmo a esposa do almirante, Erika, pediam ajuda para os perseguidos, Canaris, Dohnanyi e Oster entravam em ação. Em geral as vítimas eram simplesmente trazidas para o Abwehr a fim de se protegerem da perseguição. O motivo do infortúnio não tinha importância. Podiam ser "socialistas, comunistas, maçons, judeus ou pregadores cristãos", relembra Franz Josef Furtwängler, amigo de Canaris.

No entanto, a coragem com a qual o almirante e seus assistentes "destruíam os planos" da máquina assassina (para utilizar as palavras de Helmuth James von Moltke, que também participou das operações de resgate), não era apenas uma manifestação de humanidade e senso de justiça. Canaris também tinha dores na consciência ocasionadas por outra divisão do Abwehr. Trabalhando lado a lado com os Einsatzengruppen de Heydrich, uma unidade do Abwehr saiu à caça de judeus poloneses, aristocratas e padres: era a chamada Polícia Secreta de Campo (Geheime Feldpolizei – GFP). Antes da guerra, o comandante da organização, *Oberst* Wilhelm Krichbaum, da Divisão III do Abwehr (contra-espionagem), dispunha do posto de SS *Standartenführer* e trabalhava na sede do SD. Agora, seus antigos contatos possibilitavam que ele colaborasse tranqüilamente com os Einsatzgruppen.

A unidade logo se tornou tão eficiente na missão de combater "todos os movimentos que ameaçavam a nação alemã e o governo" que, em 15 de setembro de 1939, Heydrich pediu à GFP que "se encarregasse dos assassinatos". Na época da campanha russa, a unidade, que agora reunia cerca de 6 mil membros, distinguia-se dos pelotões assassinos da SS apenas pelo fato de vestirem os uniformes da Wehrmacht. Eles supervisionavam os assassinatos em massa, coordenavam as operações dos "companheiros da SS" e eram especialmente conhecidos por perseguirem a minoria judaica que vinha sendo poupada até aquele momento.

Na verdade, a GFP usufruía de certo isolamento e independência dentro do Abwehr, mas podemos imaginar o sofrimento causado a Canaris pelos relatórios entregues por sua Divisão III; quão desconfortável estava ao perceber que a unidade, expandindo-se de maneira constante, havia se tornado uma ferramenta eficiente de um tirano assassino. Algumas pessoas próximas a ele falam de conversas nas quais uma possível exoneração era exaustivamente discutida. O argumento mais utilizado para que se mantivesse no cargo era que, nas mãos de Himmler ou Heydrich, o Abwehr se tornaria uma arma ainda mais mortal para a difusão do terror; e de fato foi isso que aconteceu após o afastamento de Canaris. Seria admissível que tomasse para si a responsabilidade por esses crimes, a fim de evitar "que coisas piores acontecessem?"

Um olhar um pouco mais atento em seu departamento seria suficiente para Canaris se dar conta de como era desesperadora a situação em que ele, Oster e alguns colegas se encontravam. Durante a guerra, a equipe do Abwehr cresceu, chegando a mais de 10 mil integrantes. Destes, no máximo 50 sabiam sobre as operações secretas de resgate, e o número de pessoas envolvidas nos planos para derrubar o regime nazista era ainda menor. A grande maioria defendia Hitler e agia mais ou menos de acordo com as linhas do Partido Nazista. A Divisão III, devido à conexão com o Escritório Central de Segurança do Reich (RSHA), era vista como uma fortaleza de fanatismo. Também existia um número crescente de indivíduos de patentes mais baixas que se utilizavam de suas posições no Abwehr para fins meramente pessoais enquanto, de forma convincente, repetiam os slogans nazistas.

Os rivais de Canaris que vestiam o uniforme negro da SS o criticavam constantemente dizendo que o departamento do almirante era "corrupto e se esquivava de suas obrigações", como definiu um oficial do RSHA, Wilhelm Höttl. Walter Schellenberg, chefe de Höttl, resumia a situação da seguinte forma: "Ao lado de algumas pessoas de primeira linha, havia um bando de incompetentes inúteis, além de uma porção de indivíduos bastante dúbios."

Diante das mudanças em seu próprio departamento, Canaris sentia-se, mais do que nunca, tomado por um sentimento de solidão e fatalismo, do qual tentava escapar com viagens oficiais cada vez mais freqüentes. Aqueles que o acompanhavam costumavam encontrá-lo na semi-escuridão das igrejas católicas romanas, que ele, protestante, escolhia para meditar em silêncio. A vitória surpreendentemente rápida contra a Polônia não era mais capaz de desviá-lo da verdade. "A guerra está perdida", confidenciou a um antigo colega dos Freikorps chamado Erhardt, "independentemente da quantidade de outras vitórias que consigamos." No dia da rendição de Varsóvia, Hitler informou o alto escalão militar de suas intenções de realizar ataques no oeste, se possível antes de novembro. Canaris não foi o único a encarar tal declaração com descrença. Para a maior parte dos generais, iniciar uma nova invasão no inverno, com as tropas ainda enfraquecidas pela campanha polonesa, parecia um plano suicida.

Os antigos conspiradores do golpe de 1938 farejaram um recomeço. Halder, chefe do Estado-Maior do Exército, foi temporariamente bem-sucedido em obter o apoio do comandante-em-chefe Brauchitsch para um novo plano de paralisação por parte de todos os generais. Canaris fez pressão novamente. Como Halder relatou mais tarde, o almirante desempenhou o papel de "mobilizar pessoas para a ação". Visitou pessoalmente os generais no comando dos Grupos de Exércitos no oeste. Sua bagagem continha arquivos sobre os crimes cometidos pelos alemães na Polônia e análises das perspectivas em caso de uma continuação da guerra.

Logo, porém, Canaris seria obrigado a aceitar, decepcionado, que os generais preferiam cumprir as ordens para a invasão suicida a se rebelarem no meio da guerra. Recebeu uma recusa atrás da outra. Embora uma série de comandantes do Exército concordasse com sua avaliação, nenhum teve a coragem de fazer o que precisava ser feito. Na ocasião em que, no quartel-general do general Reichenau, o almirante falou dos crimes alemães cometidos na Polônia, o chefe do Estado-Maior do general, Paulus – que viria a se tornar a figura trágica de Stalingrado –, disse que tais ações sangrentas seriam "necessidades de guerra". Canaris então descobriu que Brauchitsch, em vez de agir, solicitou uma reunião com Hitler, na qual fora repreendido severamente. Isso fez com que Canaris perdesse as esperanças em uma resistência unificada com a liderança da Wehrmacht. "Ele não queria mais contato com aqueles generais fracos", comentou o confiável Groscurth.

Esse segundo fracasso provocou em Canaris a mesma reação que ele teve em 1938. Aparentando indiferença, começou a trabalhar pela guerra que na verdade desejava evitar. Na invasão à Dinamarca e à Noruega em abril de 1940, e mesmo durante os preparativos para a ofensiva ocidental marcada para o verão daquele ano, o Abwehr mais uma vez lutou nas posições mais avançadas. Cumprindo ordens de Canaris, o avião da Luftwaffe utilizado para reconhecimentos fotografou as fortificações belgas e francesas e, novamente, os agentes da Divisão II roubaram uniformes dos Exércitos inimigos. O chefe do Abwehr passou a ser convidado regularmente para as "reuniões de guerra" de Hitler. A ata de uma dessas conferências revela que Canaris era um especialista muito bem-informado sobre os bunkers inimigos e os pontos de detonação de explosivos para a destruição de pontes.

Uma nova formação especial do Abwehr, o batalhão "Brandenburgo" (mais tarde transformado em divisão) fora escalado para um papel importante no primeiro dia da campanha no oeste: dominar as pontes sobre o rio Mosa. Canaris parecia ter voltado para a "Távola Redonda", e até seus amigos mais próximos não sabiam dizer se ele tinha apenas trocado de máscara ou se de fato mudara de lado. Em 1º de abril de 1940, foi promovido de vice-almirante a almirante.

Agora, o chefe do Abwehr se distanciava, tanto interna quanto externamente, dos revolucionários de seu serviço secreto. Oster e Dohnanyi desejavam agir sem o apoio do Exército. Para eles, as novas palavras de ordem eram: livrar-se de Hitler e depois encontrar uma solução para os outros problemas. No desespero, esqueciam-se das precauções fundamentais. Oster carregava uma lista com o nome de todos os possíveis conspiradores quando viajava de uma reunião para outra, como se estivesse imune às investigações da Gestapo. O general Von Witzleben, que na verdade era favorável a todos os planos para derrubar os nazistas, expulsou Oster de seu quartel-general após ter olhado o conteúdo dos documentos que Oster carregava em sua maleta. Halder proibiu o "eterno rebelde" de falar com qualquer membro do Estado-Maior Geral do Exército. Nem mesmo o chefe da Divisão II do Abwehr, Erwin Lahousen, demonstrou qualquer surpresa quando Oster lhe perguntou sem mais nem menos se ele conseguiria explosivos e detonadores para um ataque contra Hitler. Quando Lahousen indagou se Canaris sabia disso, Oster respondeu: "Não, ele já está suficientemente atrapalhado com tudo isso."

Naquele momento, Canaris e Oster tomaram caminhos totalmente distintos. O almirante retomou suas funções como capanga de Hitler, enquanto o amigo percebia que a segunda tentativa de assassinar o ditador havia fracassado. Hans Oster optou por um caminho solitário. Presumiu que se o Exército era incapaz de se libertar por conta própria do demônio que o liderava, apenas uma derrota arrasadora abriria os olhos dos generais. Oster estava preparado para sacrificar a vida dos soldados alemães pela causa: isso significava que ele se dispunha a cruzar um limiar que Canaris nunca ultrapassaria. Oster iria cometer um ato de traição.

A partir de novembro de 1939, utilizou-se de um conhecido, o adido militar holandês Gijsbertus Sas, para fornecer informações ao oeste sobre os planos de invasão da Wehrmacht. Ao mesmo tempo, outro agente do Abwehr, Josef Müller, um católico bávaro que havia sido advogado em seus tempos de civil, informou amigos confiáveis no Vaticano a respeito dos preparativos militares dos alemães, embora oficialmente sua missão fosse supervisionar os termos de paz britânicos.

Sem o conhecimento de Canaris, ambas as fontes começaram a divulgar informações que não fizeram a menor diferença para o curso da história.

Devido à troca de datas da invasão à Noruega e aos diversos adiamentos da ofensiva no oeste, os agentes do Abwehr repassavam informações diferentes. No entanto, essa "inflação" de datas para o início dos ataques levantou suspeitas – da mesma forma que a falta de autenticidade das fontes. Assim, a frota invasora alemã que se aproximava dos fiordes noruegueses não foi recebida por um bloqueio de navios de guerra britânicos, tampouco o governo holandês havia colocado seu Exército em alerta.

No final das contas, Hans Oster arriscou sua vida por nada. Mais uma vez, Hitler celebrou a vitória da *blietzkrieg*, que fortaleceu ainda mais sua aura de invencível. Sem qualquer tom de ironia, o chefe do Estado-Maior da Wehrmacht, Wilhelm Keitel, passou a chamá-lo de "o maior líder militar de todos os tempos". Para a resistência militar, as vitórias alemãs significaram um golpe duro. Entre muitos dos generais que ainda podiam ser considerados conspiradores em potencial, difundiu-se uma euforia cega em relação ao Führer. Isso explica por que o auge da fama de Hitler como líder militar também representou o pior momento para a resistência contra o ditador.

Ironicamente, o ato desesperado de Oster não teve qualquer impacto até o final da guerra. Na busca por culpados pela derrota alemã, os ex-nazistas e neonazistas exploraram a "traição" do coronel, acusando inclusive Canaris de envolvimento no caso. Em 1955, por exemplo, uma publicação neonazista, o *Heidebote*, exibiu a seguinte manchete: "Traição de Canaris é desmascarada". E abaixo da fotografia que mostrava os soldados da infantaria alemã marchando, a legenda dizia: "Seus esforços foram completamente em vão." A filha do almirante, Brigitte Canaris, também é testemunha de experiências semelhantes, variando de problemas com as autoridades alemãs à difamação pessoal. A família de Canaris optou por passar os primeiros anos do pós-guerra na Espanha. Esses com certeza são indicativos das prioridades históricas da década de 1950, quando a busca por motivos para a derrota da Wehrmacht ganhava mais atenção do que a indagação a respeito de por que ela cumprira ordens dos maiores criminosos do século XX.

Em junho de 1940, Canaris descobriu o vazamento de informações acerca da ofensiva em direção ao oeste. Como era de se esperar, as conversas telefônicas feitas por Oster a Sas tinham sido gravadas. Agora, a transcrição de tais telefonemas encontrava-se sobre a mesa de seu chefe. A única informação que faltava era o nome de quem dera o telefonema. O almirante ficou atordoado. "Aquele que ousar levantar a mão contra a pátria," escreveu ele em uma instrução à sua Divisão III, "pode esperar apenas pela morte." Não se tratava de uma frase vazia, mas sim da expressão de sua convicção mais sincera. Em 1937, ele justificou a sentença de morte dada a um capitão do Exército alemão, que passou informações para a Tchecoslováquia, com frases bombásticas. Canaris disse na época que o traidor havia "perdido a honra e trazido um sofrimento imensurável para a própria família e também para outras".

Agora, junto com Heydrich, estava diante de um Hitler furioso, que mandava perseguir e aniquilar os traidores. Canaris espalhou seus agentes de contra-espionagem. Os investigadores voltaram com resultados que ele preferiria não ter recebido. Certa manhã do verão de 1941, Oster e o chefe da Divisão III F, Joachim Rohleder, entraram no gabinete de Canaris aparentando preocupação. Rohleder pôs um arquivo sobre a mesa do chefe. A capa trazia o título "Ramo de Palmeira". O tarimbado caçador de espiões disse, sem rodeios, que suas investigações em Roma revelaram que ninguém menos que o *Oberleutnant* Josef Müller e o *Oberst* Oster eram os responsáveis pelo vazamento das datas do início da invasão ao oeste. Oster se defendeu com pouca convicção. Rohleder disse mais tarde que Canaris "ficou visivelmente perplexo". Seu amigo Hans Oster era um traidor! Certamente ele tinha sido movido por razões com as quais Canaris também concordava. Para o almirante, contudo, tomar uma atitude drástica como essa era inimaginável.

Porém, mais uma vez, a longa amizade dos dois foi mais forte do que o desgosto causado pela ação de Oster. Rohleder ficou atônito quando Canaris informou que as investigações do caso "Ramo de Palmeira" deveriam ser interrompidas por falta de provas convincentes. O ambicioso chefe da Divisão III F, que nunca fizera parte do grupo interno dos mais bem-informados, protestou com veemência. Ele sabia que tinha provas contundentes nas mãos. Tomou, então, a liberdade de dizer que a Gestapo poderia ter conduzido "a mesma investigação com semelhante sucesso".

A maior preocupação do almirante era com seus rivais do RSHA (Escritório Central de Segurança do Reich). Será que Heydrich ficara sabendo da "asneira" de Oster? Para o alívio de Canaris, tudo indicava que não. Tanto nas cavalgadas matinais quanto em sondagens informais nos escritórios dos opositores, não percebera qualquer sinal de suspeita. No SD, ninguém estava a par do assunto, embora os insistentes esforços do Abwehr para conseguir informações sobre o progresso da investigação fossem "visíveis", como disse mais tarde um dos oficiais de Heydrich.

Oster saiu ileso do episódio, mas seu chefe e seus colegas não queriam mais ouvir falar em planos para um golpe. Canaris, irritado, ordenou que todos os documentos relacionados a conspirações anteriores fossem destruídos. No armário de arquivos de Oster e Dohnanyi ainda havia esquemas secretos e planos de ação para o grande dia que nunca chegou.

Dohnanyi, porém, não tinha qualquer intenção de cumprir tal ordem. Desde os tempos em que fazia parte do Ministério da Justiça, o advogado juntava indícios contra o regime nazista e provas para a posteridade de que existia um espírito de resistência; não tivera todo esse trabalho para que tudo virasse cinza de uma hora para outra. Ele observou mais tarde que a razão para continuar guardando tais documentos era "um dia provar que nós, civis, realmente tínhamos feito algo". Dohnanyi conseguiu que a maior parte desses papéis fosse guardada em um cofre no quartel-general do Exército em Zossen, perto de Berlim; decisão que lhe custaria a vida.

No verão de 1940, o ditador convocou o chefe do serviço secreto, de quem ainda não tinha qualquer suspeita, para uma reunião. Após a vitória sobre a França, a atenção do Führer se voltava para a Espanha. Hitler achava que Franco retribuiria a ajuda prestada pelos alemães na Guerra Civil Espanhola ficando a seu lado, ou pelo menos apoiando um ataque a Gibraltar, que a Espanha há tanto tempo reivindicava. O estreito era considerado o calcanhar-de-aquiles dos impertinentes britânicos. Alfred Jodl, um dos estrategistas preferidos de Hitler, dizia que se a passagem marítima para o Mediterrâneo fosse obstruída, "o poder de resistência dos britânicos seria destruído". O homem com as habilidades diplomáticas necessárias para convencer Madri não era o ministro das Relações Exteriores, Ribbentrop, com seu nacionalismo violento, mas alguém que conhecia a língua e a mentalidade espanhola. Hitler lembrou-se então do papel desempenhado por Canaris na Guerra Civil Espanhola e confiou-lhe a missão.

Pouco tempo depois, em 23 de julho de 1940, Canaris estava diante de Franco, seu antigo companheiro de luta. O caudilho estava visivelmente receptivo a uma aproximação alemã. Com a ajuda dos agentes da inteligência espanhola, Canaris e uma equipe do Abwehr passaram a estudar as possibilidades de um ataque a Gibraltar. O nome "Operação Félix" logo foi inventado. Da vizinha Algeciras, analisaram, com o uso de binóculos, os bunkers e a posição das armas em Gibraltar.

Canaris vestia um terno de flanela cinza e um chapéu de feltro com abas largas. Para se registrar em um hotel, mostrou um passaporte argentino com o nome de Guillermo – uma obra-prima das oficinas de falsificação do Abwehr. Canaris estava feliz por voltar à Espanha e realizar uma tarefa que nada tinha a ver com traição ou conspiração. Começou a trabalhar exaustivamente nos planos para a "Operação Félix". Uma possibilidade seria mandar a "força Bradenburgo", usando roupas civis, marchar por estradas pouco movimentadas da Espanha; outra descrevia em detalhes os ataques aéreos e as sólidas barragens de artilharia necessárias para conter os britânicos antes de Gibraltar ser bombardeada. Os preparativos alemães estavam a todo vapor, mas ainda faltava o fator decisivo – a aprovação de Franco.

O ditador espanhol estava visivelmente indeciso, pois não queria fazer a escolha errada. O fato de Hitler ter abandonado os preparativos para uma invasão à Inglaterra e as perdas crescentes sofridas pela Luftwaffe seriam sinais de que a sorte do Führer talvez estivesse em declínio. De todo modo, entrar na guerra ao lado da Alemanha estava fora de questão, dado o estado deplorável do Exército espanhol; mas apenas deixar que as tropas alemãs marchassem por seu país também poderia arrastar a Espanha para o caos que estava prestes a pôr um fim ao "Reich de Mil Anos". Hitler ficou decepcionado com a relutância de Franco, porém fez de tudo para tentar convencê-lo. Os dois ditadores concordaram em se encontrar em novembro na fronteira da Espanha com a França para continuar com as negociações. Mais uma vez, caberia a Canaris preparar o terreno para tal reunião e em meados de setembro o almirante foi visitar o caudilho.

Mas o enviado não completou sua missão. Naquele momento, Canaris já sabia que Franco havia mudado de opinião e também estava a par dos planos para a "Operação Barbarossa", a invasão alemã à Rússia. O almirante não tinha a intenção de fazer o que Hitler havia mandado. Em vez disso, de sua maneira confusa, aconselhou o ditador espanhol a evitar qualquer compromisso com a suástica. O entusiasmo com a "Operação Félix" foi deixado de lado. Canaris desejava fazer tudo que estivesse ao seu alcance para preservar o canto da Europa que mais gostava.

Em um relatório enviado para Berlim, descreveu a situação da Espanha como sendo tão ruim que, se um "não" viesse de Madri, seria algo esperado. "A situação política interna da Espanha", dizia o relatório de forma exagerada, "está muito, muito complicada, e a posição de Franco não é confiável." O ator havia trocado de papel. Em vez de seduzir o caudilho, como lhe foi pedido, agiu a favor da neutralidade espanhola. Franco nunca se esqueceria disso. Quando a viúva do almirante e suas filhas se estabeleceram em Madri após a guerra, um apartamento espaçoso e uma ajuda financeira as aguardavam.

Embora tivesse uma vida familiar muito harmônica com a esposa e as duas filhas, que ainda eram pequenas na época, ele nunca teve de fato uma vida privada fora do âmbito profissional, e, que eu saiba, durante todos os anos em que trabalhamos juntos, nunca tirou férias.

Werner Best, SS *Obergruppenführer*

Em Berlim, Canaris ficou impressionado ao descobrir que Hitler não havia descoberto seu jogo duplo, tampouco estranhado o fracasso de sua missão na Espanha. Na verdade, o ditador caracterizou as ações de seu mestre em espionagem como "particularmente habilidosas", como lembrou Karl Wolff, tenente ligado a Himmler, após a guerra. Mas o chefe do Abwehr não viria a desfrutar dessa opinião por muito tempo. A partir do início de 1941, era crescente o número de documentos acerca da campanha contra a União Soviética que passavam por sua mesa. Mais uma vez, Canaris se via imerso no mesmo dilema que qualquer novo ato de agressão promovido por Hitler causava nele.

Por um lado, buscava parceiros que pudessem se opor às intenções do ditador. Falou com Halder, Weizsäcker e até mesmo com Keitel; todos eles tinham dúvidas quanto à empreitada na Rússia. Dois dos mais notórios capachos de Hitler, Keitel e Ribbentrop, até mesmo encenaram um tipo de revolta na tentativa de dissuadir Hitler do projeto. No fim das contas, entretanto, todos seguiram as ordens do Führer e se mantiveram em seus postos – assim como Canaris. Todos estavam presos pelos grilhões da lealdade. E talvez a previsão do ditador, de que a gigante Rússia sucumbiria ao primeiro ataque da Wehrmacht, ainda se tornasse realidade...

Ao mesmo tempo que conspirava com os opositores da "Operação Barbarossa", Canaris realizava o trabalho do serviço secreto com uma energia que só pode ser explicada por sua natureza versátil. No início, o Abwehr se deparou com o problema de não ter agentes na União Soviética. O culpado por tal infortúnio era o próprio Hitler, pois, após a conclusão do pacto com Stálin em agosto de 1939, todas as atividades do serviço secreto contra o novo aliado haviam sido proibidas.

Nessa situação difícil em que a própria Alemanha se colocou, até mesmo antigos documentos secretos sobre a União Soviética, roubados da Polônia em 1939, foram postos em circulação. Mais uma vez, os aviões de reconhecimento passaram a ser utilizados em todas as missões, o que ao menos possibilitava a visualização da disposição das tropas soviéticas. Contudo, no que diz respeito à capacidade de produção das fábricas de armamentos soviéticas, os militares alemães continuavam no escuro. Em poucos meses, essa falta de informação ficaria evidente.

A segunda grande dificuldade era camuflar o avanço da Wehrmacht. Como é possível esconder 3 milhões de soldados e mais de 3 mil tanques? Canaris começou a espalhar notícias extravagantes por toda a Europa. Por vezes, disseminava um boato de que a movimentação de tropas da Wehrmacht para o leste era, na verdade, uma manobra para encobrir uma iminente invasão à Inglaterra; em outro momento, o boato era de que Hitler atacaria no Mediterrâneo. Uma grande quantidade de informações propositalmente desencontradas era fornecida aos adidos militares estrangeiros em Berlim, e até mesmo Goebbels, ministro da Propaganda, entrou no jogo de cabra-cega quando, em 13 de junho, deu a entender no jornal do partido, o *Völkischer Beobachter*, que haveria um ataque à Inglaterra. O próprio Canaris deve ter se surpreendido com o sucesso de sua estratégia.

No amanhecer do dia 22 de junho de 1941, quando as formações de ataque da Wehrmacht invadiram a Rússia, elas encontraram o Exército Vermelho praticamente desprevenido. Em diversos locais, os alemães tiraram os inimigos da cama. Não encontraram posições eficazes de defesa em lugar nenhum. O principal responsável por esta catástrofe sangrenta foi, sem dúvida, o próprio Stálin. Sua teimosia ao desconsiderar todos os inúmeros alertas provavelmente custou centenas de milhares de vidas ao Exército Vermelho. Mas é preciso que se dê o devido crédito ao Abwehr por sua contribuição nesse erro fatal de cálculo. Em termos históricos, as operações de desinformação que antecederam a "Operação Barbarossa" talvez tenham sido sua maior vitória.

Logo depois do início da campanha russa, os arquivos de Dohnanyi começaram a apresentar vários registros de atrocidades cometidas em nome da Alemanha. Lahousen, chefe da Divisão II, retornou de uma visita ao front com o relato de que não havia espaço para ilusões. Tendo ele próprio testemunhado o fuzilamento em massa de judeus, escreveu: "As situações criadas são tão perturbadoras que me é impossível descrevê-las. O impacto que têm sobre as unidades alemãs é inevitável. Em geral, apenas homens embriagados são capazes de levar a cabo as execuções." Mais uma vez, a atuação das unidades da Polícia Secreta de Campo (GFP) era notável nessas caçadas humanas. Na cidade bielo-russa de Kodyma, por exemplo, uma tropa da GFP propôs aos assassinos do Einsatzgruppe designados para a missão que realizassem os fuzilamentos em massa conjuntamente.

Canaris ficou sabendo do início do genocídio por meio de relatos de sua própria Divisão III, da qual a GFP fazia parte. Há muito ele já estava convencido de que a Alemanha precisaria carregar essa culpa por muitas gerações. "O pessimismo, que era um elemento básico da natureza de Canaris", escreveu Werner Best, da SS, outro companheiro de cavalgadas do almirante, "tornou-se o aspecto dominante de sua personalidade, de tal forma que estar com ele era deprimente." As poucas operações de resgate de Dohnanyi e Oster não conseguiam aplacar a falta de esperança do chefe do Abwehr.

No entanto, com a segunda leva de assassinatos em massa, iniciada com a "Operação Barbarossa", passou a acreditar que havia algo a ser feito. Os mais de 3 milhões de prisioneiros de guerra soviéticos eram empilhados em condições que ameaçavam suas vidas. Lahousen, ao retornar de sua viagem, relatou vários casos de "canibalismo". Ante a uma "Solução Final" determinada por questões ideológicas, reclamações oficiais não surtiam efeito.

Mas no caso dos prisioneiros, os interesses diretos do Abwehr foram afetados. Em 15 de setembro de 1941, Canaris entregou um relatório a Keitel que havia sido compilado por especialistas do Abwehr em direito internacional e pelo conde Helmuth James von Moltke, figura mais importante do grupo de resistência conhecido como Círculo Kreisau. Nele, o almirante argumentava que a ilegalidade do tratamento dispensado aos prisioneiros ameaçava "a manutenção da disciplina e da capacidade de combate de nossas próprias tropas". Em linguagem formal e ponderada, advertiu sobre "as inexoráveis conseqüências prejudiciais do ponto de vista político e militar".

> *... as medidas aprovadas estão fadadas a gerar maus-tratos e assassinatos arbitrários. ... O estabelecimento de uma força policial no campo de prisioneiros equipada com porretes, chicotes e armas do gênero fere o código militar ...*
>
> TRECHO DO RELATÓRIO DE CANARIS AO CHEFE DO COMANDO SUPREMO DA WEHRMACHT, WILHELM KEITEL, SOBRE O TRATAMENTO DISPENSADO AOS PRISIONEIROS DE GUERRA RUSSOS, 15 DE SETEMBRO DE 1941

Entretanto, o relatório não foi respondido. Com um desprezo cínico pela humanidade, Keitel fez uma observação na margem do documento de Canaris: "Estas preocupações pertencem ao conceito de guerra de cavalheiros. Estamos empenhados na destruição de uma ideologia. Por este motivo, aprovo e apóio tais medidas." Outras abordagens semelhantes foram igualmente infrutíferas. O único benefício que resultou desse protesto oficial foi a garantia, dada pelo chefe da Gestapo, Heinrich Müller, de que, a partir daquele momento, as execuções de prisioneiros soviéticos não seriam, na medida do possível, realizadas na presença das tropas. Seis meses depois, na primavera de 1942, o principal ideólogo nazista, Alfred Rosenberg, revelou a terrível estimativa de que dos 3 milhões de soldados do Exército Vermelho capturados, apenas 1 milhão permanecia vivo.

Com o fracasso do conceito de guerra relâmpago na Rússia, Canaris estava visivelmente perdendo a preferência de seu cada vez mais instável líder. Em 20 de julho de 1941, no quartel-general de Hitler, Canaris ouviu que "estavam tentando jogar a culpa pra cima do Abwehr". Lahousen escreveu em seu diário que o Führer "declarou que se tivesse sabido da existência dos tanques e blindados superpesados dos russos, a guerra sequer teria sido travada". É claro que Canaris sabia que suas fontes na União Soviética eram, para dizer o mínimo, inadequadas. Havia bastante tempo que ele tinha deixado de nutrir ilusões a respeito das perspectivas de sucesso da "Operação Barbarossa". Mas ninguém queria prestar atenção a seus alertas. E agora Hitler queria transformá-lo, logo ele, em bode expiatório. Como oficial, não podia aceitar isso. Ordenou a seus chefes de divisão: "Compilem todo o material que comprove que há muito tempo estamos chamando atenção para todas essas coisas (isto é, a força do Exército Vermelho)."

Contudo, todas as justificativas foram inúteis. Canaris mal havia sido convocado ao quartel-general e sua estrela já começava a perder o brilho. Com um faro certeiro para oportunidades na selva nazista, Himmler e Heydrich agora aproveitavam a chance para realizar um ataque frontal. De acordo com Engel, um dos ajudantes-de-ordens de Hitler, em uma reunião o *Reichsführer*-SS fez tantas menções à "atitude positiva" de Canaris em relação aos judeus, o que segundo ele ficava evidente pela quantidade de agentes judeus no serviço secreto, que Hitler teve um de seus notórios ataques de fúria. Convocou Keitel e ordenou que afastasse o almirante imediatamente.

De acordo com Engel, Canaris pegou um avião para a "Toca do Lobo" e ele próprio convenceu o ditador a reintegrá-lo. Que tipo de poder de retórica ou quais garantias de lealdade foram necessárias para tal, nem mesmo o ajudante poderia dizer ao certo. No entanto, ainda que antigas afeições tivessem mais uma vez impedido sua queda, para Canaris o fato representou algo alarmante. Se alguns poucos comentários feitos pelo principal inquisidor da SS eram suficientes para abalar sua posição, então o equilíbrio de poder devia ter mudado de maneira drástica, e certamente não a seu favor.

Precisamos abrir uma barraquinha de café no porto de Piraeus. Eu faria o café e você o serviria. Seria maravilhoso viver de forma assim tão simples.

Canaris para o amigo Otto Wagner em 1942

Poderíamos nos perguntar por que o almirante estava tão ansioso para ser readmitido. Sinais inconfundíveis de que estava cansado do trabalho e sobretudo sua opinião acerca dos crimes nazistas fariam de seu afastamento um fato totalmente compreensível. Poderia ter se mudado para o exterior com a família – vários depósitos em contas de outros países foram feitos pelo Abwehr, segundo disse seu secretário. Mas Canaris preferiu ficar. Jamais saberemos até que ponto a vaidade fez parte da equação, tampouco se a decisão foi tomada pela convicção de que, como oficial em tempos de guerra, devia permanecer em seu posto, ou se foi o desejo de impedir que algo ainda pior acontecesse. Seja qual for a verdade, ele deixou passar a última oportunidade de separar o próprio destino da já fadada destruição do Reich de Hitler. Talvez estivesse convencido de que precisava passar pela mesma "penitência", da qual, de acordo com seu ponto de vista, o povo alemão não poderia escapar.

A discussão sobre os "fracassos" do Abwehr no início da campanha russa botou em xeque a real qualidade da rede de espionagem do almirante Canaris. (A munição foi fornecida pela nada gloriosa seção "Exércitos Estrangeiros Leste" do Estado-Maior, chefiada por Reinhard Gehlen, que mais tarde chefiou o serviço de inteligência da Alemanha Federal no pós-guerra.) Nesse caso, o veredicto dos ex-integrantes do Abwehr não fornece mais informações do que as opiniões dos antigos adversários da Alemanha. Ambos os lados são conhecidos por supervalorizarem os fatos.

Entretanto, o consenso é que a guerra travada às escondidas em ambos os lados se caracterizava por grandes perdas e incontáveis catástrofes. Um número muito pequeno de operações teve algum tipo de influência sobre o curso da guerra, e uma das poucas que atingiram tal feito foi a "Operação Pólo Norte", na qual o Abwehr conseguiu envolver toda uma rede de espionagem britânica e utilizá-la a favor da Alemanha por mais de um ano, fornecendo-lhe desinformação meticulosamente calculada. Dessa forma, centenas de incursões aéreas aliadas lançaram suas bombas em locais descampados. E havia também o lendário espião e empresário chamado "Klatt", que, por meio de contatos nos Bálcãs, ficava sabendo de decisões do Estado-Maior soviético e as transmitia por rádio para o Abwehr. Mas Klatt também trabalhava para o outro lado.

O que é mais surpreendente é o quanto o outro lado *não* foi capaz de descobrir por meio de espionagem. Por exemplo: os Aliados foram pegos de surpresa pela ofensiva nas Ardenas no inverno de 1944-45; também ficaram surpresos com o tamanho das instalações alemãs para fabricação do "foguete milagroso" V2. Não tinham sequer idéia do "ataque suicida" de Manstein na invasão à França em 1940, nem qualquer informação concreta sobre a tentativa de Stauffenberg de matar Hitler em julho de 1944.

Contudo, os serviços de inteligência alemães, o Abwehr e o SD, também tateavam no escuro com grande freqüência. Tanto Canaris quanto Himmler jamais tomaram conhecimento do fato de os ingleses terem conseguido decifrar os sinais de rádio alemães, codificados com a máquina

"Enigma", que era considerada totalmente segura; tampouco sabiam em quais praias seria feita a invasão aliada no Norte da França. O programa norte-americano da bomba nuclear também permaneceu em total segredo, assim como a chegada das divisões siberianas de elite, que impediram o avanço da Wehrmacht fora de Moscou no inverno de 1941.

O resultado da Segunda Guerra Mundial não foi determinado pela espionagem, mas pela capacidade industrial e pelo número de tropas disponíveis de cada lado. Com esse pano de fundo, as muitas atividades de alto risco realizadas por agentes de ambos os lados eram, principalmente, operações de combate com grandes perdas e poucos ganhos. Entre estas, o posicionamento da "Força Clima" no gelo permanente do Ártico e a expedição no deserto comandada pelo conde húngaro Almassy, que, a serviço do Abwehr, estava encarregado de descobrir uma rota por trás das posições britânicas no Egito – este episódio serviu de base histórica para o romance e o filme *O paciente inglês*.

Além disso, são significativas nos registros do Abwehr as inúmeras operações políticas realizadas pela Divisão II, comandada por Lahousen. Dinheiro e explosivos eram fornecidos aos sabotadores do IRA, e rifles, aos combatentes antibritânicos da Palestina ao Afeganistão; também se fomentava a agitação entre os povos não-russos da União Soviética. Tudo isso visava enfraquecer os inimigos dos alemães. Dessa forma, atentados a bomba em Belfast a Cabul eram feitos com explosivos alemães.

Nem mesmo essa quinta coluna foi capaz de mudar o curso da história de forma decisiva em favor do Reich. Após a declaração de guerra de Hitler aos Estados Unidos em dezembro de 1941, o país passou também a ser alvo dos exportadores de sabotagem alemães. Assim, Canaris se deparou com o mesmo problema que enfrentara seis meses antes no início da "Operação Barbarossa": a falta de agentes em campo. Mas Hitler não ouvia a ninguém. O ditador comentou rispidamente que havia massas de germano-americanos que estavam apenas esperando para "lançar as bombas que lhes enviarmos", e então a "Operação Pastorius" foi iniciada. Ela possibilitou que submarinos alemães na costa leste norte-americana desembarcassem agentes alemães que já haviam morado nos Estados Unidos.

De acordo com as ordens de Hitler, esses homens montariam uma rede de sabotagem e organizariam ataques contra a indústria aeronáutica norte-americana. Logo encontraram oito voluntários, todos nazistas fervorosos que estavam dispostos a arriscar a vida pela causa. Lahousen, que, assim como Canaris, tinha dúvidas quanto à operação como um todo, lembra que um deles até foi condecorado com a medalha de ouro do Partido Nazista.

Nos dias 12 e 17 de junho, dois grupos de agentes desembarcaram em praias de Long Island e da Flórida, respectivamente. Uma semana depois, todos os oito candidatos a sabotadores foram presos. A "Operação Pastorius" havia sido delatada – não uma vez, mas duas: a primeira por um espião norte-americano infiltrado nas tripulações dos submarinos alemães, e depois pelo próprio líder da operação, um tal Georg Dasch, que, ao se deparar com a possibilidade de ter de enfrentar a pena de morte no estado de Nova York, ficou com medo e telefonou para o FBI. Uma onda de indignação se espalhou pelos Estados Unidos. Norte-americanos se apresentavam em grande número para fazer parte do pelotão de fuzilamento encarregado de liquidar os "agentes de Hitler". No episódio, seis dos culpados foram executados na cadeira elétrica, os outros dois, inclusive Dasch, foram sentenciados a prisão perpétua.

Na Alemanha, a notícia da prisão dos agentes também provocou raiva e confusão – embora em um círculo restrito. No dia 30 de junho, Canaris e Lahousen foram convocados à "Toca do Lobo". "Exijo uma explicação", bradou Hitler ao recebê-los. "Por que tenho um serviço secreto se acontecem desastres como esse?" O ditador estava fora de si. Segundo a descrição de Lahousen, Canaris baixou a cabeça. "Você é o responsável por isso", disse Hitler em tom ameaçador. "Ao menos devia ter escolhido melhor aquelas pessoas." O chefe do Abwehr não disse nada até que a longa torrente de palavras se extinguisse. "*Mein* Führer", disse em um tom de voz baixo, quase com humildade, "todos que fizeram parte da operação eram membros do partido. Eles chegaram até mim por meio da organização internacional do partido e foram descritos como nacional-socialistas convictos. O organizador da operação possui a *Blutorden* (a Ordem de Sangue, condecoração nazista)."

Essa resposta provavelmente visava minimizar os danos. Mas Hitler reagiu com uma sugestão inesperada: "Se é assim que você trabalha, então deveria usar criminosos ou judeus." Dito isso, encerrou a reunião e saiu da sala sem dizer mais nada. No entanto, Canaris permaneceu lá, sem parecer estar abalado. De acordo com a memória de Lahousen, o almirante, com um prazer evidente, continuou repetindo: "Então use criminosos ou judeus."

Inspiradas por essa frase de Hitler, algumas coisas começaram a acontecer. Hans von Dohnanyi começou a organizar uma grande operação para salvar judeus. Por meios legais, famílias de Berlim, sobretudo judias, recebiam passaportes e eram enviadas para países neutros em missões secretas do

Abwehr. Uma revolta de caráter humanitário passando-se por cumprimento de ordens. Por exemplo: sob o código "Operação Sete", no final de setembro de 1942, bem depois de os trens de deportação de Auschwitz começarem a funcionar, 12 "agentes" judeus, inclusive mulheres e crianças, pegaram um trem noturno para Basiléia, na Suíça. O grupo, munido da documentação necessária, incluía a família de um advogado judeu chamado Fliess. Sua filha, Dorothee Fliess, lembra-se até hoje da chegada à Basiléia, quando um oficial da alfândega pediu aos viajantes que removessem a estrela amarela de Davi, de suas roupas. "Na verdade, ele nos entregou um par de tesouras. Minha mãe retirou as estrelas dela e de meu pai. A minha foi ainda mais fácil, pois não estava costurada, só presa com botões de pressão."

Os agentes da "Operação Sete" estariam entre as últimas almas a serem salvas por Canaris. À medida que o poder do almirante começava a se enfraquecer, o mesmo ocorria com as oportunidades de fornecer ajuda humanitária sob o disfarce de atividades "normais" do Abwehr. Adolf Eichmann, principal caçador de judeus, havia aparecido no escritório do almirante para vetar pessoalmente todo e qualquer tipo de ajuda aos refugiados por parte do Abwehr. Keitel também interveio. Quando, no começo de 1943, o jornalista Franz Josef Furtwängler procurou Canaris com outro pedido de ajuda para um amigo ameaçado de deportação, ele "passou por uma experiência devastadora. O chefe do Abwehr nos confessou que estava praticamente com as mãos atadas".

Era Himmler quem estava finalmente tomando a dianteira, o almirante não tinha mais o poder de proteger quaisquer indivíduos nem de recrutá-los para o serviço de inteligência. Parecia uma declaração de falência. Além disso, havia outros sinais do declínio de Canaris. O uniforme do almirante estava mal-ajambrado e seus olhos pareciam fundos. Um de seus adversários do RSHA teve a impressão de que o almirante estava "velho, cansado e consumido". O biógrafo de Canaris, Heinz Höhne, foi um dos que concluiu que, em seus últimos anos de serviço, o chefe do Abwehr tinha simplesmente desistido. Havia perdido o controle do trabalho e tentava escapar das obrigações por meio de viagens oficiais freqüentes e desnecessárias.

No entanto, de sua aflição surgiu a força para uma última e desesperada batalha contra Hitler – uma batalha que ganhou novo fôlego quando a guerra se voltou contra a Alemanha em Stalingrado. Mais uma vez, os dois principais personagens foram Oster e Dohnanyi. Canaris não estava a par de tudo que faziam, e é muito provável que não quisesse estar, mas aprovou tacitamente grande parte. A decadente situação militar alemã transformou os objetivos dos conspiradores. É verdade que a prioridade número um ainda era derrubar Hitler; porém, uma ênfase cada vez maior era dada ao plano de estabelecer uma paz em separado com as potências ocidentais e depois continuar a luta lado a lado contra os soviéticos.

Tais idéias fizeram surgir a última gota de energia de Canaris, um anticomunista declarado. Estendendo seus tentáculos em várias direções ao mesmo tempo, tentava sondar a possibilidade de o oeste mudar de front. Mais uma vez, é claro, tudo foi feito como se fosse uma operação "rotineira" do Abwehr. Moltke fez sondagens em Istambul, os contatos com o Vaticano foram restabelecidos, os intermediários do almirante foram à Suíça e o próprio chefe do Abwehr já havia marcado uma reunião em Santander, no norte da Espanha, com os chefes dos serviços secretos dos Estados Unidos, Donovan, e da Inglaterra, Menzies.

Contudo, todas essas tentativas de paz tiveram o mesmo resultado. Os Aliados insistiam em reivindicar uma rendição incondicional e não estavam dispostos a abrir mão da aliança que tinham com Stálin. Donovan e Menzies, que talvez estivessem abertos à idéia de realizar uma aliança contra os soviéticos, foram contidos por seus respectivos governos. Os fatores decisivos foram o estado deplorável em que se encontrava a resistência alemã, que anunciava desde 1938 a intenção de remover Hitler do poder, e as previsões equivocadas dos serviços secretos aliados de que o Reich de Hitler iria cair ainda em 1943.

A resposta negativa das potências ocidentais forçou os conspiradores do Abwehr a adotarem uma postura cada vez mais defensiva. Se não houvesse alguma ponta de esperança de se conseguir uma paz em separado, nenhum marechal-de-campo iria liderar suas tropas contra Hitler. O único caminho possível era realizar um atentado contra a vida do ditador sem qualquer garantia de que a isso se seguiria um golpe de Estado bem-sucedido. Mesmo assim, Oster e Dohnanyi estavam dispostos a correr este risco junto com um grupo de oficiais mais jovens do Exército liderados pelo conde Von Stauffenberg. O lema do grupo fora cunhado por Henning von Tresckow: a resistência alemã deve desferir um golpe com força suficiente para mostrar ao mundo que ela de fato existe.

O que se seguiu foi uma série de atentados à vida de Hitler que não renderam resultados até 20 de julho de 1944. Muitos ficaram intrigados com o fato de Hitler sempre escapar ileso. Teria sido uma simples coincidência, falha técnica ou conseqüência das freqüentes mudanças de planos, sempre de última hora, por parte do ditador? Ou será que faltava um comprometimento verdadeiro aos conspiradores? "Ele simplesmente tinha uma sorte danada", diz um dos confidentes mais próximos de Stauffenberg, Ewald von Kleist.

Canaris estava pessoalmente envolvido em pelo menos uma tentativa de assassinato. As duas bombas-relógio colocadas no avião de Hitler em 13 de março de 1943, que não explodiram devido ao frio intenso, haviam chegado ao quartel-general do Grupo de Exércitos Centro na bagagem do almirante. Lahousen, chefe da Divisão II do Abwehr, descreveu os acontecimentos que levaram a esse atentado. Em fevereiro de 1943, Oster e Dohnanyi haviam lhe perguntado se o Grupo de Exércitos Centro tinha explosivos suficientes com dispositivos de detonação automática. "Respondi afirmativamente", disse Lahousen. "Mesmo assim, o dr. Von Dohnanyi sugeriu fornecer ao comando II do Abwehr os tipos mais modernos de explosivos e detonadores." Lahousen percebeu que isso só poderia ser um pretexto.

No dia 7 de março, Canaris e Dohnanyi voaram para Smolensk e "se aproveitaram da oportunidade para levar com eles um carregamento de tais materiais explosivos". Portanto, Canaris atuou como contrabandista da bomba destinada a matar Hitler! Os biógrafos do almirante optaram por não abordar esse episódio por ele estar em desacordo com a imagem de um homem cujos princípios cristãos supostamente o levaram a resistir a um tiranicídio. Entretanto, na verdade é bastante improvável que Lahousen soubesse da finalidade dos explosivos, mas seu chefe sabia – sobretudo porque carregar explosivos em um avião era algo bastante incomum. Até o próprio Lahousen "tinha a impressão de que Canaris estava ciente do verdadeiro propósito dos explosivos que levávamos conosco".

Não havia mais tempo para a preparação de um novo plano de assassinato. O Abwehr corria grande perigo. Tudo começou com um inocente esquema financeiro ilegal envolvendo Wilhelm Schmidhuber, dono de uma cervejaria na Baviera e cônsul honorário de Portugal. Schmidhuber, que trabalhava na sede do Abwehr em Munique e era amigo de Dohnanyi, vinha acumulando uma considerável soma de dinheiro com transações ilegais de dólares. Quando os funcionários da alfândega começaram a investigar suas armações, o engenhoso cônsul veio com a extravagante desculpa de que o contrabando de moeda na verdade se tratava de uma operação extremamente importante do Abwehr. As contradições da história foram tantas que o caso chegou à Gestapo. Canaris e Oster intervieram e o despacharam para a Itália com o pretexto de uma viagem oficial de negócios. Mas a intervenção dos dois fracassou. Schmidhuber foi preso pelos carabinieri e entregue à Gestapo.

Desesperado e convencido de que havia sido abandonado pelo Abwehr, Schmidhuber resolveu falar. O dono da cervejaria contou das reuniões de Müller no Vaticano em 1940, falou de "um acordo de alta traição liderado pelo *Generaloberst* Beck, por Goerdeler e outras figuras", e também sobre as operações de resgate de judeus comandadas pelo Abwehr, para as quais havia sido aberta uma reserva de $100 mil na Suíça. O principal interrogador da Gestapo, Sonderegger, mal podia acreditar no que ouvia. Finalmente tinha nas mãos as provas contra o Abwehr que há tanto procurava. Acabava de descobrir a fonte dos telegramas interceptados que vinham de Roma e informavam a data do início da ofensiva no oeste. Não restavam dúvidas, acreditava Sonderegger, de que a queda de Canaris era iminente. Mas o oficial da Gestapo recebeu um golpe que destruiu sua fé na coesão interna do Terceiro Reich. O relatório feito por ele e entregue a seu chefe, o famigerado "Gestapo-Müller", voltou com um comentário de Himmler feito de próprio punho: "Apenas deixe o velho Canaris em paz!" Sonderegger não teve escolha, o caso foi entregue, a mando do *Reichsführer*-SS (Himmler) ao departamento jurídico da Wehrmacht e a Gestapo passou a desempenhar um papel apenas auxiliar, já que havia o risco de "Canaris se utilizar dos artifícios de seu departamento".

> *É certo que por muito tempo, na verdade por vários meses, ele continuou sendo respaldado pelo topo da hierarquia.*
>
> WILHELM HÖTTL, SS *OBERSTURMBANNFÜHRER*

> *A sensação de segurança, ou de estar sendo protegido, sempre esteve presente naqueles que eram próximos a ele.*
>
> PAUL LEVERKUEHN, INTEGRANTE DA SEÇÃO INTERNACIONAL DO ABWEHR

Será que Himmler estava realmente agindo como protetor de Canaris? Essa de fato não foi a primeira vez que o carrasco de Hitler defendeu o chefe do Abwehr. Como Sonderegger relatou após a guerra, em pelo menos outras três ocasiões o chefe da SS tinha vetado investigações sobre o serviço secreto. Quanto ao motivo disso, podemos apenas especular. O *Reichsführer* flertou com a resistência mais de uma vez, tentando fazer contato com Oster e Dohnanyi. A razão por trás disso provavelmente seria o cálculo de que os dias de Hitler estavam contados e que a SS precisava manter as portas abertas para o período que viria a seguir.

Josef Müller, confidente de Dohnanyi e integrante do governo da Baviera após a guerra, falou sobre as discussões internas da resistência anti-Hitler com relação a explorar a grande influência de Himmler nos planos de derrubar o regime. Outro motivo talvez fosse a sensata percepção de que o Abwehr ainda seria forte demais para que o RSHA o enfrentasse. Sem líder e dividido, era provável que o departamento de Canaris perdesse a eficácia. Além de tudo isso, Himmler também tinha grande respeito por Canaris, que, nos encontros pessoais com o chefe da SS, sempre foi capaz de inspirar sua admiração e boa vontade. Até mesmo nos julgamentos de Nuremberg, o réu Alfred Jodl se referiu a "uma simpatia excepcional" entre Himmler e Canaris.

Estou pasmo por eles ainda permitirem que Canaris circule livremente.

Coronel Piekenbrock, chefe de uma seção do Abwehr, a um dos integrantes de sua equipe

Mas no final das contas, nem mesmo a proteção do *Reichsführer* foi capaz de ajudar. Como o caso passou a ser conduzido pelo departamento jurídico da Wehrmacht, entrou em cena um homem que desempenharia a função com a tenacidade de um cão de guarda: o *Oberkriegsgerichtsrat* Manfred Roeder, um experiente promotor militar. Ele era conhecido por ser um dos advogados militares mais severos do Terceiro Reich. Embora não fosse um nazista ferrenho, era um jurista que sabia se utilizar da força bruta para fazer valer a lei – independentemente de se tal lei era criminosa.

Em março e abril de 1943, a seção de assuntos internacionais do Abwehr recebeu diversas advertências. Na noite de 4 de abril, um antigo perito do Abwehr, Reinhard Spitzy, entrou na sede do serviço secreto por uma porta lateral para avisar que estavam preparando uma ação contra Canaris, da qual tomara conhecimento por meio de um velho conhecido no SD. A única pessoa a quem encontrou no Abwehr foi Karl Ludwig von Guttenberg, consultor de Oster. Spitzy o fez prometer que pediria ao almirante e aos colegas mais próximos dele para, "pelo amor de Deus, livrarem-se de uma vez por todas daqueles documentos imediatamente". Spitzy, que já havia trabalhado para Oster, sabia que, em desacordo com as ordens de seu chefe, os arquivos incriminadores de Dohnanyi ainda existiam.

Na manhã seguinte, às 10h, um homem baixo e robusto vestindo o uniforme da Luftwaffe e um outro de aspecto comum estavam diante da mesa de Canaris: Roeder e Sonderegger. O promotor militar disse ao chefe do Abwehr que tinha ordens para prender Dohnanyi e realizar uma busca no gabinete dele. Canaris ficou perplexo demais para oferecer qualquer resistência. Em vez de tentar ganhar tempo utilizando sua autoridade para expulsar o investigador do prédio, ele se levantou e levou os dois ao escritório de Oster. Quando Canaris explicou a seu velho amigo o que eles queriam, Oster disse num impulso: "Peço-lhes que me prendam também, pois sempre estive ciente de tudo o que *Herr* Von Dohnanyi fazia."

Logo depois, os quatro apareceram no escritório de Dohnanyi. Roeder anunciou a prisão do oficial do Abwehr e começou a vasculhar seus arquivos. Oster e Dohnanyi ficaram pálidos. Não estavam preparados para um ataque-surpresa como esse. Afinal, Canaris dissera, poucos dias antes, que não havia o que temer por algum tempo. Em pânico, Oster tentou salvar o que podia – mas sem sucesso. "Durante as buscas", disse Sonderegger mais tarde, "o general Oster foi até a mesa em que estava o documento mencionado anteriormente, tentou pegá-lo pelas costas com a mão esquerda mas eu e o dr. Roeder percebemos ao mesmo tempo."

Não era mais possível reverter o estrago. De uma só vez, a Gestapo conseguira provas excelentes de atividades subversivas na sede do Abwehr: os arquivos de Dohnanyi. Ele, sua esposa, Josef Müller e até o teólogo Dietrich Bonhoeffer, que vinha promovendo a causa da resistência no exterior, foram presos e Oster foi afastado de suas atividades. Não havia mais nada que Canaris pudesse fazer para ajudar os colegas. Pior do que isso, sua própria posição era muito difícil e seria apenas uma questão de tempo até que os agentes, agora em alerta, descobrissem seu envolvimento nos planos para o golpe de Estado. Se Keitel e Himmler concordassem em deixá-lo permanecer no cargo, seria apenas para manter a máquina do Abwehr funcionando. Para a resistência alemã, esse foi o "golpe mais severo que o destino poderia desferir", definiu Bernd Gisevius, um dos conspiradores. No entanto, o amargo arrependimento veio acompanhado de severas críticas à falta de cuidado demonstrada por Oster e Dohnanyi. "Se os 'mocinhos' não sabem agir como cobras e são totalmente verdadeiros, nenhum objetivo poderá ser alcançado", escreveu Ulrich von Hassel em seu diário.

A partir daquele momento, Canaris foi obrigado a assistir à própria destruição. Novos oficiais foram designados para muitos dos cargos mais elevados do Abwehr. Era óbvio que a SS preparava o terreno para assumir definitivamente o serviço secreto militar. Em suas últimas viagens oficiais, o almirante se comportou como se aqueles fossem seus últimos dias. Em Roma, surpreendeu o chefe do serviço secreto italiano, Amé, com um pedido um tanto incomum. Queria visitar a Basílica de São Pedro mais uma vez. "Em uma nave lateral da enorme catedral," observou o italiano, "Canaris demonstrou grande emoção. Falou do sangue e das lágrimas derramadas no regime cruel de Hitler e das conseqüências que se abateriam sobre sua pátria." Foi igualmente franco com o general Köstring, a quem acompanhou em uma visita à Ucrânia. O general ficou perplexo com o ódio e o asco demonstrados por Canaris em relação a Hitler.

O chefe do Abwehr logo perceberia que Roeder lhe passava apenas informações superficiais sobre o progresso das investigações. Estava claro que o próprio Canaris era suspeito. Seguindo seu velho instinto para detectar perigos iminentes, Canaris se dizia distante de seus ex-colegas quando participava de interrogatórios oficiais como testemunha. Ao mesmo tempo, por intermédio de contatos discretos, continuava mandando mensagens de solidariedade para os homens agora presos no quartel-general da Gestapo na Prinz-Albrecht-Strasse. Mas o tempo em que algumas poucas palavras de Canaris eram capazes de libertar qualquer um de uma cela era coisa do passado.

> *Ele é o exemplo típico de um conspirador muito refinado e inteligente.*
>
> Otto Nelte, advogado de defesa de Keitel em Nuremberg, ao falar de Canaris

No dia 11 de fevereiro, tudo chegou ao fim. Gafes relativamente menores no funcionamento do Abwehr provocaram outro ataque de fúria em Hitler. O ditador bradou que "estava farto de *Herr* Canaris e de todo seu serviço secreto". Então, transferiu todo o departamento para as mãos do *Reichsführer*-SS. O Terceiro Reich passou a ter o "superserviço secreto" com o qual os agentes da SS sempre sonharam. Nas últimas reuniões da era nazista, Himmler estava mais perto do que nunca do poder absoluto. "Bem, agora você já conseguiu tudo o que queria, não?", perguntou Hitler ironicamente a Ernst Kaltenbrunner, o número dois do império da SS.

Keitel e Jodl, os dois oficiais mais experientes do Alto Comando da Wehrmacht, foram visitar Canaris para presenteá-lo com a Cruz Germânica de prata por seus "excepcionais serviços na conduta militar da guerra" e para transmitir-lhe algumas palavras cordiais de despedida por parte de Hitler. Canaris foi obrigado a esvaziar sua mesa. Hitler deu ordens para que ele fosse mandado para um tipo de detenção honorária no castelo de Lauenstein. Levando apenas uma pequena mala, mas com os dois dachshunds, Canaris concordou em ser levado para a Alta Francônia por um carro oficial. Meses antes, havia transferido a família para uma casa no interior da Baviera, onde estariam protegidos dos bombardeios aliados.

Para Canaris, a passagem pelo remoto castelo de Lauenstein foi como um exílio. É verdade que Hitler não o tinha prendido de fato, o que era um bom sinal. Mas sem receber informações de Berlim, podia apenas supor quão perto de descobrir a verdade sobre ele os investigadores da Gestapo estavam. Quanto ao ressurgimento do movimento de resistência em 1944 sob a liderança de Stauffenberg, Canaris soube apenas de forma vaga. O atentado contra a vida de Hitler, em 20 de julho, foi uma surpresa para ele. E quando soube que o Führer sobrevivera, mandou um telegrama de felicitações para a "Toca do Lobo".

Mas os tempos de falsidade haviam chegado ao fim. Três dias depois, em 23 de julho, Canaris foi preso por um integrante do esquadrão de vingança do ditador. Um dos antigos colegas de cavalgadas do almirante, Walter Schellenberg, chefe do SD, foi buscá-lo pessoalmente. Mais tarde, Schellenberg contou ter dito a seu antigo rival que lhe daria uma hora. "Durante esse tempo", o oficial alegou ter falado, "você pode fazer o que quiser." Mas Canaris respondeu: "Não, Schellenberg. Fugir está fora de questão; e também não vou me matar. Estou certo da minha causa." O almirante foi trocar de roupa e voltou com uma pequena mala de viagem – e com lágrimas nos olhos.

Começava ali o último estágio da vida de Canaris. Apesar de ter usado uma brutalidade sem paralelo, o chefe da investigação, Walter Huppenkothen, teve dificuldades em desvendar a conspiração. O chefe do Abwehr provou ser um osso duro de roer. Mais uma vez, o antigo entusiasmo diante de situações difíceis falou mais alto. Não importava o quanto seus carcereiros o atormentavam, se usavam uma luz forte para mantê-lo acordado durante toda a noite ou se o faziam se arrastar pelos corredores da prisão – o almirante mantinha uma inescrutabilidade indecifrável. Existem registros de que ele disse o seguinte acerca dos planos de Oster: "Em todas essas questões, nunca imaginei que pudessem existir considerações sérias. Jamais duvidei que uma mudança de governo durante a guerra seria vista como uma punhalada pelas costas e que destruiria a solidariedade interna." Os documentos descobertos no armário de arquivos de Dohnanyi eram, até onde sabemos, nada mais do que material para as "jogadas" do serviço secreto. Com declarações desse tipo do ex-chefe do Abwehr, as acusações contra ele nunca poderiam ter sido provadas em um tribunal. Graças à falta de provas, continuou sendo poupado de um julgamento diante do "Júri Popular".

No dia 3 de fevereiro de 1945, um pesado ataque aéreo norte-americano a Berlim atingiu a prisão da SS na Prinz-Albrecht-Strasse. Parte da ala das celas foi destruída. Müller, chefe da Gestapo, ordenou a imediata transferência de seu prisioneiro ilustre para um local protegido. Tal fato rendeu novas esperanças a Canaris: se a SS estava poupando-o dos ataques aéreos, era óbvio que desejava mantê-lo vivo, talvez como um objeto de barganha para as negociações com os vitoriosos aliados. Os prisioneiros foram levados para o campo de concentração de Flossenbürg. Canaris foi autorizado a vestir um terno claro, em vez da roupa de prisioneiro. Seu vizinho de cela, um oficial do serviço secreto dinamarquês chamado Hans Lunding, testemunhou os últimos dias do almirante. Trocava informações com Canaris percutindo sinais em código Morse. Primeiro, os sinais vindos da cela 22 pareciam otimistas, uma vez que os prisioneiros de Flossenbürg sabiam da aproximação dos exércitos aliados.

Mas eis que o pior aconteceu. No início de abril de 1945, nas profundezas de um bunker do quartel-general do Exército em Zossen, no sul de Berlim, oficiais encontraram um cofre que guardava os lendários diários de Canaris. Pouco tempo depois, o segundo homem na hierarquia da SS, Kaltenbrunner, estava diante de Hitler narrando para o ditador algumas passagens das anotações do antigo chefe do Abwehr. Do mundo fantástico que era seu bunker embaixo da chancelaria em Berlim, imaginou uma grande conspiração contra a vitória final da Alemanha. Espumando de raiva, ordenou o assassinato dos conspiradores.

Em 8 de abril, apenas um mês antes da rendição alemã, um tribunal marcial se reuniu no gabinete do comandante do campo de Flossenbürg. O objetivo era executar os assassinatos determinados por Hitler sob um manto de legalidade. O juiz do julgamento era Otto Thorbeck, e o promotor, Huppenkothen, que havia conduzido as investigações. Às 20h, Canaris foi levado para o "tribunal", ao qual nem as leis do ilegal regime nazista davam crédito. Mas mesmo diante da certeza de sua condenação, ele não desistia. Huppenkothen descreveu mais tarde como Canaris "contestou cada argumento da promotoria para tentar salvar seu pescoço. Tivemos muito trabalho com ele".

Thorbeck então chamou Oster, que já havia sido condenado à morte. O velho amigo de Canaris disse que o ex-chefe estivera envolvido nos planos para derrubar o regime; afinal de contas, os dois atuaram juntos. O almirante continuou impávido: "Você sabe muito bem que era tudo fingimento da minha parte." Ao que Oster replicou: "Não, isso não é verdade. Digo apenas o que sei. Não sou desonesto." Quando o juiz perguntou de novo a Canaris se as acusações contra ele eram injustas, o almirante respondeu com um discreto "não".

Essa foi sua confissão final. Desde sua nomeação para chefe do serviço secreto, sempre evitou se comprometer. Mas agora o fazia, e isso acabou por redimi-lo. Desde o momento em que foi nomeado chefe do serviço secreto, ele tentou jogar uns contra os outros, mas ficou desesperadoramente encurralado entre a obediência e a moralidade, entre o patriotismo e o bem da humanidade. Trabalhar para o bem e para o mal ao mesmo tempo foi a armadilha que destruiu Canaris. Sem sua ajuda, muita gente não teria sido salva; graças a suas ordens, muitos morreram. Quais alternativas tinha ele? Um heroísmo maior, como o de Oster, teria lhe trazido a morte ainda mais depressa. Dessa forma, tanto os desafortunados conspiradores quanto os corajosos salvadores teriam tido menos tempo. Canaris se manteve firme em seu posto, mesmo à custa de uma violação moral sem limites. Ele e muitos outros conservadores da era do kaiser acreditavam estar servindo à pátria, mais do que ajudando Hitler. Continuou agarrado à sua crença equivocada até o último momento.

A sentença foi morte por enforcamento. Naquela noite, Lunding, o dinamarquês da cela ao lado, ouviu outra mensagem mandada por Canaris: "Nariz quebrado no último interrogatório. ... Não sou traidor. Cumpri meu dever como alemão. Se você sobreviver, transmita meu amor à minha mulher." No amanhecer escuro do dia seguinte, a sentença foi aplicada a Canaris, Oster, Bonhoeffer e a duas outras vítimas. Hans von Dohnanyi já havia sido morto no campo de concentração de Sachsenhausen. Poucos dias depois, tropas norte-americanas chegaram a Flossenbürg.

Foi notório como demoraram essas execuções. Pelo que me lembro, apenas Canaris e Oster foram executados dessa maneira terrível e prolongada. Na realidade, foi por estrangulamento. Os outros foram enforcados da maneira habitual. Devem ter levado de oito a dez minutos para morrer.

Jörgen Mogensen, ex- prisioneiro em Flossenbürg

A do pequeno almirante durou muito tempo. Ele foi erguido e abaixado diversas vezes.

Declaração de uma testemunha das execuções

Em 1956, a Suprema Corte Federal alemã determinou que os julgamentos de Flossenbürg estavam de acordo com a lei. Thorbeck foi absolvido. Huppenkothen foi condenado a seis anos de prisão por não ter obtido o aval da corte para as execuções. Só em 1996 o Tribunal Provincial de Berlim anulou oficialmente as sentenças de Thorbeck e reabilitou as vítimas do dia 9 de abril de 1945.

Crédito das imagens

Todos os esforços foram feitos para identificar as fontes das imagens aqui reproduzidas. Estamos prontos a incluir eventuais omissões em futuras edições.

Archiv Rüdiger von Manstein: p.132

Bildarchiv Preussischer Kulturbesitz: p.83, 187

Bundesarchiv: p.21

Süddeutscher Bilderdienst: p.227, 271

Índice Remissivo

Lembrete: as entradas principais estão em ordem cronológica, quando apropriado.

E

F

G

O

P

Q

R

T

U

V

W

Z

Este livro foi composto em Minion e impresso
pela Geográfica Editora em fevereiro de 2009.